한국사회와

갑질문화

모든 갑질은
청와대에서 시작된다

이진호 편저

한국 사회와

갑질문화

이담
Books

갑질은 인간이 욕구를 표출하고 실현하는 과정에 나타나는 현상이다. 갑질을 하는 사람이 의식하든 의식하지 못하고 행동하든 갑질은 그 행위를 통하여 무엇을 얻거나 무슨 일을 하고자 바라는 일이 있고, 무엇인가 부족한 상태를 보충하고 과잉상태를 배제하려는 행동, 병리적인 원인에 의해 발생한다. 즉 갑질은 크게 보면 욕구 표출과 병리적인 원인에 의해 발생하는 것으로 볼 수 있다. 오늘날 우리나라에서 갑질은 일상적으로 일어난다. 지금도 갑질은 우리 주위 곳곳에서 누군가에게 가해지고 있다. 누군가는 갑질을 하고 누군가는 갑질을 당해 아파한다. 갑질을 하는 사람은 대수롭지 않게 생각하는 경향이 있지만, 그것을 당하는 을은 죽을힘을 다해 참는다.

갑질을 유발하는 핵심 원인은 힘에 대한 잘못된 인식이다. 힘을 순리대로 사용하지 않고 자신의 이기주의 실현을 위해 사용하기 때문에 일어난다. 그러므로 갑질이 많이 일어나는 사회는 그만큼 이기적인 사람이 많다는 것을 의미한다. 갑이 이기주의 실현을 위해 가장 널리 사용하는 도구가 상명하복이다. 정당한 상명하복은 문제될 것이 없지만, 힘을 가진 자들은 일일이 상명하복의 정당성을 따지지 않고 자신이 가진 권력을 행사할 수 있다는 점을 이용한다. 그들은 자기 편익 실현을 위해 감정을 개입하고 자의적으로 권한과 힘의 사용을 해석하는 이른바 왜곡된 상명하복을 앞세운다. 여기서 갑질이 양산된다.

이 책 중에는 사회문제의 특성상 객관성 확보와 전문성 제고, 갑질에 대한 다양한 지식 제공과 독자의 이해 증진을 위해 전문적인 영역인 병리와 역사 관련 부분, 전문용어 설명, 사례 부문에 사전, 다른 서적, 인터넷 자료, 언론 보도 내용 등을 많이 인용했다. 될 수 있으면 원문 그대로 인용을 하기 위해 노력하였으나 한글 맞춤법에 따른 교정, 외래어 주석 첨부, 글의 전체적인 흐름, 시점 변화 등을 고려하여 일부 용어나 표현, 내용 등은 이 책의 특성에 맞게 편집 또는 첨삭을 통해 수정했음을 밝힌다. 특히 사례로 인용된 일부 기사는 이미 보도된 점을 고려하여 갑질을 이해하는 데 도움이 될 수 있도록 핵심 내용을 중심으로 재정리했다. 이 점과 관련해 사전 동의 없이 인용하거나 정리한 부분에 대해 해당 언론사와 출판사, 글을 쓴 저자 등 저작권을 가진 업체에 공개적인 양해를 구한다. 또한 이렇게 대폭적인 인용이 이루어진 점을 고려하여 편저로 하였음을 밝힌다.

갑질은 2013년 4월 말 이후 한국 사회에서 가장 중요한 사회적 관심사 중 하나이다. 이 책은 본인과 우리 가족의 체험을 바탕으로 오늘날 한국인과 한국 사회에서 일상적으로 일어나는 갑질의 실체를 누구나 이해하기 쉽게 심층적으로 분석 정리함으로써 갑질에 대한 이해를 돕고 관련 지식을 제공, 갑질 문제를 해결하고 우리나라의 민주화 완성과 국민이 행복한 선진사회를 건설하는 기틀을 마련하는 데 작은 도움이 되었으면 하는 바람이다.

2018년 10월 1일
이진호

목차

제2장 ⋮⋮⋮ 갑질 이해

제3장 ::::: 외국 사례와 논란 대상 주제별 갑질 논의

제1장

갑질의 기반
개념 이해

제1절 욕구 이해

1. 욕구 개념

갑질을 제대로 이해하기 위해서는 여러 가지 기본적인 지식이 필요하다. 그중 한 가지가 욕구이다. 욕구(欲求, need)는 무엇을 얻거나 무슨 일을 하고자 바라는 일, 생활체(生活體)의 생리적·심리적 기구(機構)에 생기는 부족 상태를 보충하고 과잉상태를 배제하려는 생리적·심리적 과정이다.[1] 기본적 욕구(基本的 欲求, basic needs)는 인간행동의 원동력으로서, 존재하는 여러 욕구 중에서 가장 기본이 되는 중요한 욕구이다. 기본적 욕구의 수나 분류에 관해서는 여러 학설이 있으나, 생리적·생물학적 욕구와 사회적·심리적 욕구 두 가지로 크게 구별하는 것이 일반적이다.

생리적·생물학적 욕구는 생물학적 존재로서의 인간이 개체(個體)의 생명을 유지하며 종족을 보존하기 위한 욕구로, 다른 동물에서도 공통으로 볼 수 있는 것이다. 즉 음식물·물·성(性)·공기·온도·휴식·배설 등에 대한 욕구를 말한다. 이것은 기본적 욕구 중에서도 가장 기본적인 것이어서 일차적 욕구라고도 한다. 그러나 이같은 욕구는 일반 사회생활에서 비교적 쉽게 충족시킬 수 있는 것으로, 부적응의 원인이 되는 일은 별로 없다.

---

[1] 두산백과.

이에 비해 사회적·심리적 욕구는 사회적 존재로서의 인간 특유의 욕구이며, 사람으로부터 사랑을 받고 싶은 애정의 욕구, 집단 속에서 어떤 위치를 차지해보고 싶은 소속의 욕구, 무엇인가 가치 있는 일을 해보고 싶은 성취의 욕구, 자신이 결정해서 그 결과에 대하여 책임을 져보고 싶은 독립의 욕구, 사람들로부터 인정 및 칭찬을 받고 싶은 사회적 승인의 욕구, 새로운 경험을 찾는 욕구, 우월감을 느껴보고 싶은 욕구 등을 들 수가 있는데, 이것들을 통틀어 이차적 욕구라고도 한다. 이것들은 인간의 사회생활에서 그의 행동을 결정하는 중요한 요소가 되는데, 그 충족도(充足度) 여하가 그 사람의 정신위생을 크게 좌우하게 되는 것이다. 개인의 행동은 몇 가지 욕구들이 서로 관련되어 표출(表出)되며, 그 강약은 개개인에 따라 다르다.[2] 이차적인 욕구는 문화·역사·사회에 따라 달라진다.[3]

갑질은 인간이 욕구를 표출하고 실현하는 과정에 나타나는 현상이다. 갑질을 하는 사람이 의식하든 의식하지 못하고 행동하든 갑질은 그 행위를 통하여 무엇을 얻거나 무슨 일을 하고자 바라는 일이 있고, 무엇인가 부족 상태를 보충하고 과잉상태를 배제하려는 행동, 병리적인 원인에 의해 발생한다. 즉 갑질은 크게 보면 욕구 표출과 병리적인 원인에 의해 발생하는 것으로 볼 수 있다.

2. 욕구 단계 이론

욕구 단계 이론(hierarchy of needs theory)은 인간의 욕구는 위계

---

[2] 두산백과.
[3] 두산백과.

적으로 조직되어 있으며 하위 단계의 욕구 충족이 상위 계층 욕구의 발현을 위한 조건이 된다는 매슬로(Abraham Harold Maslow)의 동기 이론이다. 매슬로는 인간의 동기가 작용하는 양상을 설명하기 위해 동기를 생리적 욕구, 안전 욕구, 애정과 소속의 욕구, 존중 욕구, 그리고 자아실현 욕구의 5단계로 구분했다. 매슬로는 인간의 욕구는 우성 계층(hierarchy of prepotency)의 순으로 배열되어 있다고 보았다. 즉 어떤 욕구는 다른 욕구보다 우선권을 가진다는 것이다. 이러한 욕구의 위계적 계층은 고정되어 있다기보다는 상대적인 것으로서 하위 계층의 욕구가 어느 정도 충족되면 상위 계층의 욕구가 나타난다. 그림에서 보는 것처럼 욕구 피라미드의 하단에 위치한 4개 층은 가장 근본적이고 핵심적인 욕구로 구체적으로는 생리적 욕구, 안전의 욕구, 애정과 소속의 욕구, 그리고 존중의 욕구이다. 욕구별 특징을 살펴보면 다음과 같다.

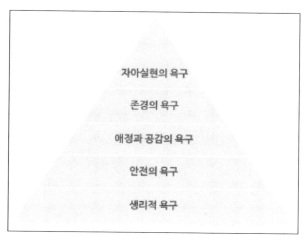

매슬로의 욕구 피라미드[심리학용어사전]

생리적 욕구(physiological needs)는 인간에게 나타나는 가장 기본적이면서도 강력한 욕구로 욕구 피라미드의 최하단에 위치한다. 인간 생존을 위해 물리적으로 요구되는 필수 요소이기 때문에 생리적 욕구가 충족되지 않으면 인간의 신체는 제대로 기능하지 못한다. 따라서 적응적 생존이 불가능하게 된다. 음식, 물, 성, 수면, 항상성, 배설, 호흡 등과 같이 인간의 생존에 필요한 본능적인 신체적 기능에 대한 욕구가 생리적 욕구이다. 가장 기본적이면서 중요한 욕구이므로 다른 어느 욕구보다도 먼저 충족되어야 한다.

생리적 욕구가 어느 정도 충족되면 안전의 욕구(safety needs)가 우위를 차지한다. 안전의 욕구는 두려움이나 혼란스러움이 아닌 평상심과 질서를 유지하고자 하는 욕구로, 안전의 위협을 느낀 사람들은 불확실한 것보다는 확실한 것, 낯선 것보다는 익숙한 것, 안정적인 것을 선호하는 경향을 보인다. 전쟁이나 자연재해, 가정 폭력, 유아 학대와 같이 개인의 물리적 안전이 보장되지 못할 경우 사람들은 외상 후 스트레스 증후군(post traumatic stress disorder, PTSD)을 경험할 수 있다. 경제 위기나 실업 등으로 인해 개인의 경제적 안전이 보장되지 못하면 사람들은 고용보장제도에 대한 선호, 고충처리제도(grievance procedure) 등과 같은 방식으로 안전의 욕구를 나타낸다. 현대사회에서는 보험 가입, 종교 귀의 행위 등에서 안전의 욕구를 실현하는 모습을 볼 수 있다. 안전과 안정의 욕구는 개인적인 안정, 재정적인 안정, 건강과 안녕, 사고나 병으로부터의 안전망과 같은 영역을 포함한다.

생리적 욕구와 안전의 욕구가 충족되면 대인관계로부터 오는 애정과 소속의 욕구(need for love and belonging)가 나타난다. 애정과 소속의 욕구는 사회적으로 조직을 이루고 그곳에 소속되어 함께 하려는 성향으로, 생존을 위해 무리를 지어 다니는 모습은 근본적으로 동물적 수준의 사회적 성향을 반영하는 것으로 볼 수 있다. 다시 말하면 사회적인 상호작용을 통해 전반적으로 원활한 인간관계를 유지하고자 하는 욕구를 말한다. 이 욕구는 특히 다른 발달 단계보다도 애착이 중요한 어린아이에게서 강하게 나타나며, 심지어 학대 부모의 자녀에게서는 안전의 욕구보다 더 중요하게 나타나기도 한다. 폭력, 방만, 회피, 외면과 같이 애정과 소속의 욕구를 결핍시키는 요인이 나타나면 교우관계, 가족관계를 포함한 전반적인 사회적 관계를 맺고 유지하는 데 큰 장애를 형성할 수 있다.

매슬로에 의하면 인간은 누구나 규모가 크든 작든 사회집단에 소속되어 수용되고자 하는 욕구가 있다. 규모가 큰 사회집단의 예로는 직장동료, 종교단체, 전문적 조직, 스포츠팀과 같은 것이 있으며, 소규모 사회집단의 예로는 가족 구성원, 연인관계, 멘토(Mentor),[4] 친구관계 등이 있다. 사람은 사랑하기를 원하고 다른 이에게서 사랑받기를 원한다. 많은 사람은 사랑과 소속의 욕구가 결핍되었을 때 외로움이나 사회적 고통을 느끼며, 스트레스나 임상적인 우울증 등에 취약해진다.

모든 사람은 존중받고자 하는 욕구(need for esteem/respect)가 있다. 존중은 타인으로부터 수용되고자 하고, 가치 있는 존재가 되고자 하는 인간의 전형적인 욕구를 나타낸다. 사람들은 종종 어떤 홀

---

4) 멘토(Mentor)는 현명하고 동시에 정신적으로나 내면적으로도 신뢰할 수 있는 상담 상대, 지도자, 스승님, 선생의 의미로 쓰이는 말. '멘토'라는 단어는 <오디세이아Odyssey>에 나오는 오디세우스의 충실한 조언자의 이름에서 유래한다. 멘토의 상대자를 멘티(mentee) 또는 멘토리(mentoree), 프로테아제(Protege)라 한다. [나무위키]

룡한 일을 하거나 무엇을 잘함으로써 타인의 인정을 얻고자 한다. 이러한 활동은 사람들에게 자신이 가치 있다고 느끼거나 자신이 무언가에 기여하고 있다는 느낌이 들게 해준다. 이러한 존중의 욕구가 충족되지 않거나 욕구에 불균형이 생기면 사람들은 자아 존중감(self-esteem)이 낮아지거나 열등감을 느끼게 된다. 자아 존중감이 낮아지면 사람들은 종종 명예나 영광과 같은 것들을 찾기도 한다. 그러나 명성과 같은 것은 사람들이 스스로가 누구인지를 충분히 인정하고 내적으로 안정된 자아를 찾기 전까지는 진정한 자아 존중감을 쌓는 데 도움이 되지 않는다. 우울증과 같은 심리적 불균형은 높은 수준의 자아 존중감이나 자기 존중을 형성하는 데 방해 요소가 된다.

대부분의 사람은 안정된 자아 존중감을 느끼기를 원한다. 매슬로는 '낮은' 수준과 '높은' 수준이라는 두 종류의 존중감을 이야기한다. '낮은' 수준의 존중감은 타인으로부터 존중받고자 하는 욕구이다. 이는 지위나 인정, 명성, 위신, 주목에의 욕구와 같이 외적으로 형성된 존중감이다. '높은' 수준의 존중감은 자기 존중(self-respect)에 대한 욕구이다. 이를테면 사람들은 강인함, 경쟁력, 어떤 것의 숙달, 자신감, 독립성, 혹은 자유와 같은 가치를 갖고자 한다. 이러한 높은 수준의 존중감은 낮은 수준의 존중감보다 우위에 있는데, 그 이유는 높은 수준의 자기 존중은 경험을 통해 형성된 내적인 자기 경쟁력을 갖게 해주기 때문이다. 이렇듯 존중 욕구의 두 가지 측면이 결합하여야, 즉 스스로가 자신을 중요하다고 느낄 뿐 아니라 다른 사람으로부터도 인정을 받아야 비로소 궁극적인 의미에서 존중의 욕구가 충족되었다고 볼 수 있다. 존중의 욕구가 결여되었을 때 사람들은 열등감, 나약함, 무력감과 같은 심리적 불안정에 시달릴 수 있다.

욕구 피라미드의 최상부에 위치한 자아실현 욕구(self-actualization needs)는 각 개인의 타고난 능력 혹은 성장 잠재력을 실행하려는 욕구라 할 수 있다. 자아실현 욕구는 자신의 역량이 최고로 발휘되기를 바라며 창조적인 경지까지 자신을 성장시켜 자신을 완성함으로써 잠재력 전부를 실현하려는 욕구이다. 매슬로는 앞선 4개의 욕구는 충족되지 않았을 경우에 생긴 긴장을 해소하려는 방향으로 욕구 해소의 동기가 작용하는 반면, 자아실현 욕구는 결핍 상태에서 출발하는 것이 아니라 성장을 향한 긍정적 동기의 발현이라는 점에서 바람직하고 성숙한 인간 동기라고 주장했다. 자신이 원하는 바를 이루고자 하는 욕구는 때때로 한계에 부딪히지만, 이를 극복하면서 더욱 분발하는 것을 뜻하며, 매슬로는 이러한 자아실현의 욕구를 가장 인간다운 욕구로 중요하게 생각했다. 자아실현의 욕구는 사람마다 다르게 구현되며 구체적으로 나타난다. 이를테면 어떤 사람은 이상적인 부모가 되는 것으로 자아실현을 이룩하고자 하며, 다른 사람은 화가가 되거나 가수가 되는 것이 궁극적으로 자아실현을 이루는 것으로 생각한다. 중요한 것은 이러한 방향이 자기 내면의 경험을 기반으로 반추하면서 내재적 동기가 중심이 되어 이루어져야 한다는 것이다.

매슬로의 욕구 단계는 5단계로 시작하였으나 존중 욕구와 자아실현 욕구 사이에 인지적 욕구(cognitive needs)와 심미적 욕구(aesthetic needs)를 추가하여 7단계로 수정했다. 그리고 말년에 초월 욕구를 주장하며 이를 자아실현 욕구 위에 놓음으로써 자기 초월을 가장 높은 단계의 동기 혹은 인간 삶의 완성이라고 주장했다.

매슬로의 욕구 단계 이론은 각 욕구의 동태적인 모습을 설명하지 못했다는 점에서 한계와 문제점을 극복하고 보완하고자 하는 시도에서 클레이턴 앨더퍼(Clayton P. Alderfer)는 매슬로의 욕구 단계 이론을 토대로 개인의 욕구 동기를 3단계로 축약하여 제시했다. 매슬로의 5단계 욕구를 이루는 핵심 요소를 공통되는 부분을 중심으로 묶어 존재 욕구(existence needs), 관계 욕구(relatedness needs), 성장 욕구(growth needs)의 3단계(ERG)로 축소한 것이다. 매슬로는 주요한 다섯 가지 욕구에 관한 인간의 동기를 내재하여 있는 것, 세계적으로 보편적으로 주어진 것으로 상정하는 태도를 보였다. 최근의 연구에서는 진화론, 생물학, 인류학, 심리학 등의 다양한 학문을 바탕으로 욕구 이론을 설명하려는 새로운 시도가 이루어지고 있다.[5]

3. 갑질과 관련된 욕구

갑질은 인간의 사고와 감정 등 여러 가지 복잡한 작용을 통해 일어난다. 특정한 한 가지 이유가 원인이 되는 경우도 있지만, 여러 가지 요소가 복합적으로 작용하여 일어나는 경우가 더 많다. 욕구가 갑질의 원인이라는 관점에서 볼 때 갑질은 이차적 욕구 또는 사회적·심리적 욕구에 의해 표출된다. 하지만 사회적·심리적 욕구가 있다고 하여 모든 사람이 갑질을 하는 것은 아니다. 사람에 따라 다르다. 갑질의 원인으로 작용하는 몇 가지 욕구들을 살펴보면 다음과 같다.

---

5) 심리학용어사전.

인정 욕구

인정 욕구란 모든 동·식물에서 발견 가능한 생물의 욕구로, 인정을 받고자 하는 심리적 욕구이다. 인간은 선천적으로 자신의 생존 이유에 대해 늘 어떤 확신을 해야 하는데 그 확신으로 인해 인간은 생존력을 완성하게 된다. '살고자 하는 의지'를 '생존력'이라고 할 수 있다면, 생존력의 완성을 위해 필요한 욕구 중 식욕과 수면욕이 인간의 생존을 위해 꼭 필요한 생리적 욕구이고, 인정 욕구는 인간의 생존을 위해 꼭 필요한 심리적 욕구이다.

남에게 혹은 자기 자신에게 자기의 어떠한 종류의 능력이 뛰어나다는 것을 인정받는 일은, 자기가 생존할 이유가 충분하다는 것을 확신하는 일로서, 자신이 가치 있는 존재라는 믿음, 다시 말해 자신감이나 자부심을 느끼게 함으로써 살아갈 맛을 느끼게 하고 삶의 목표가 생기게 만드는 기제이다. 그러나 이러한 욕구는 남(혹은 스스로 설정한 특정 수준으로 그것은 남이 이뤄낸 어떤 수준)과의 비교나 대결이나 투쟁을 통해 해결되거나 좌절되는데, 이러한 대결 구도에서 선천적 혹은 후천적으로 인정 욕구가 강한 사람을 우리는 승리욕이 강하다고 한다.

승리욕이 강한 것은 긍정적인 면에서는, 뛰어난 능력을 일궈내 그 능력이 좋은 곳에 쓰여 이 세상의 진화에 밑거름이 될 수 있다. 그러나 부정적인 면에서는, 타인보다 높은 계급에 올라 낮은 계급을 무시하거나 군림하는 일과 오른 그 계급을 유지하기 위해 부정을 저지르는 일까지 낳기도 한다. 또한 이러한 적극적 인정 욕구 외에 자신의 욕망을 인정받으려는 욕구, 자신의 처지에 대해 인정받고 싶은 욕구도 있다. 자신의 욕망이 남에게 인정받아 그 욕망을 방해받지 않고 표출하고 해결하고 싶은 욕구, 자신의 현재 모습이 어쩔 수 없는 결과라는 것을 인정받고 이해받고 싶은 욕구이다. 이렇듯 인정 욕구는 타인에게 혹은 자신에게 '너는 생존할 가치가 있다'는 말을 듣고 싶은 욕구라고 요약할 수 있을 것이다.[6]

우월 욕구

남보다 뛰어나다고 인정받고 싶은 욕구가 우월 욕구이다. 우월 욕구는 대등 욕구에서 벗어나거나 대등 욕구를 무시하는 것이 아니라 오히려 대등 욕구의 이면이다. 우월 욕구는 대등 욕구를 침해하기보다는 '대등 욕구를 기반'으로 하면서도, 공동체를 위해 '남들보다 더 나은 능력을 발휘'하려고 하는 장점을 지닌다. 우월 욕구는 대등 욕구를 해치지 않으면서도 동시에 사회에서 좋은 방향으로 발휘되는 욕구이다.

자유로운 민주사회를 이루기 위해 대등 욕구가 실현되어야 하지만, 현재보다도 더 나은 수준의 문화, 더 나은 경제, 더 나은 정치 등을 창출하기 위해서는 이러한 우월 욕구가 있어야 한다. 남들보다 더 뛰어난 사람이 되고 싶은 욕구를 지닌 사람은 그 욕구를 실현하기 위해 남들보다 더 노력한다. 그 노력의 결과가 공동체의 삶 곳곳에 투영되면 사회 발전과 개혁을 주도하고, 때로는 급격한 변화를 일으키더라도 보다 발전된 사회를 만드는 데 일조하게 된다.

'우월 욕구'는 타인보다 내가 우월하다는 데서 오는 위계의식이 아니라 오히려 '역사 발전의 원동력'으로 작용할 수 있다. 더 발전된 미래를 창출하기 위해 우월 욕구는 필요하며, 역사는 이미 우월

---

6) 위키백과.

욕구에 힘입어 더 나은 상태로 발전해왔음을 증명해주었다. 그러나 우월 욕구를 지나치게 강조하다 보면 순수성이 상실되고 우월 욕구가 배태하는 '대등 욕구라는 이면이 망각'되는 경우가 생겨난다. 나와 타인의 동등성이 사라지고 한쪽의 우월성이 주목받다가, 급기야 명예심과 자긍심이 누구에게나 실현 가능한 것이 아니라 자신과 같은 특별한 존재에게만 가능하다는 오해를 낳게 된다.

명예심은 애초에는 대등 욕구의 실현이었다. 그러나 명예로운 시민은 명예롭지 않은 시민보다 더 우월하기 때문에 다른 시민보다 발언권이 더 강하며 그의 의견이 공동체의 의견이 되어야 한다는 식으로 변질하면, 명예로운 시민의 '특수성'이 마치 사회 전체의 '보편성'이라는 발상을 낳게 된다. 이런 발상을 갖게 되면, 보편성이 상호 인정 속에서 창출되는 것이 아니라 우월 욕구를 지닌 자의 특수성으로 오인된다. 그래서 자신의 특수한 욕구나 능력이 보편적 욕구나 능력이어야 한다는 왜곡된 태도가 형성된다. 즉 '지배 욕구'로 변질하는 것이다.

게르만 민족의 특수성을 우수성이라고 생각한 히틀러가 자신의 우월 욕구를 왜곡하여 보여준 잔혹한 사례가 유대인 학살이다. 오늘날 같은 자유민주주의 국가인데도 불구하고 자신들을 평화의 수호자이며 자유의 창출자로 간주하는 집단 안에서도 변질한 우월 욕구가 나타나고 있다. 이처럼 잔혹하고 변질한 우월 욕구는 이제 대등 욕구에 기초한 발전적인 우월 욕구가 아니라 대등 욕구를 무시하고 오로지 위계적 질서에만 관심이 있는 '지배 욕구'에 지나지 않게 된다. '지배 욕구'는 '왜곡된 우월 욕구'이다.[7]

---

7) 이정은(2005), 『사람은 왜 인정받고 싶어하나』, 살림출판사.

지배 욕구

사람들은 욕구 충족의 용이성을 위해 상대방을 억누르고 타인을 자신의 지배 아래 두려고 한다. 이렇듯 타인의 존엄성과 자유를 박탈하고 자신의 특수성을 부각하려고 하는 욕구가 '지배 욕구'이다. 지배 욕구는 언제라도 발생할 수 있다. 인정 욕구가 상호 인정을 실현하기는커녕 오히려 지배 욕구로 변질하므로, '권력'과 '폭력'이 창출된다. 한 집단의 장이 되고 싶은 욕구, 그래서 부하 직원에게 일방적으로 명령하고 싶은 욕구, 타국을 자신의 논리대로 지배하려는 식민지적 발상, 다국적 기업을 통한 세계 경제의 잠식, 자유와 평화의 수호자라는 이름을 내걸고서 자신의 정치 체제를 관철하려는 태도, 자신의 종교만을 진리로 간주하면서 행하는 종교 탄압 등은 '대등 욕구'가 무시되고 '지배 욕구'로 전락한 것들이다.

이렇듯 인정 욕구가 대등 욕구에 머무르지 않고 대등 욕구를 일탈하여 지배 욕구로 변질하는 이유는 무엇인가? 사람들은 자신의 자유와 독자적인 인격성을 인정받으려고 할 뿐만 아니라, 대등 욕구를 제대로 실현하기 위해 헌신하는 가운데 '명예심'과 '자긍심'을 갖기도 한다. 명예심과 자긍심은 '대등 욕구에 기초'한다. 그러나 명예심과 자긍심은 모두에게서 발견되는 것이 아니며, 한 개인을 남다른 존재로 만들기도 한다. 왜냐하면 명예심과 자긍심은 '동등한 시민이면서도 동시에 우수하고 탁월한 시민'으로 인정받을 때 생겨나는 감정이기 때문이다. 이것들은 대등 욕구를 전제하고 대등 욕구에서 '출발'하지만, 대등 욕구를 넘어서서 자신이 타인보다 우수하다는 '우월 욕구'를 낳는다.

'지배 욕구'는 '왜곡된 우월 욕구'이다. 지배 욕구를 지니는 사람은 상대방에게서 자신의 지배성을 인정받으려고 하며, 상대방이 순순히 인정하지 않으면 상대방에게 폭력을 행사하기도 한다. 이렇듯 지배 욕구가 나타나는 곳에서는 어디에서나 억압과 갈등과 폭력과 싸움이 일어날 수밖에 없다. 헤겔(Georg Wilhelm Friedrich Hegel, 철학자)의 주인과 노예의 변증법에서 주인은 '왜곡된 우월 욕구'인 '지배 욕구'를 노예에게 관철하면서 노예로부터 일방적으로 인정을 받으려고 하기에, 결국은 공허감에 휩싸이고 만다. 이런 지배 구조에서는 상호 인정을 이루지 못한 반쪽 인정이, 더 나아가 '인정의 상호 부인'이 일어나기 때문이다.[8]

권력 욕구

맥클리랜드(David C. McClelland)는 개인의 동기가 개인이 사회문화 환경과 상호 작용하는 과정에서 조성되고 학습을 통하여 개인의 동기가 개발될 수 있다는 것을 전제로 하는 성취동기이론(achievement motive theory) 또는 학습된 동기이론(learned motive theory)을 제시하며, 개인의 욕구 중에서 사회문화적으로 습득된 욕구를 성취 욕구(Need of achievement), 친교 욕구(Need of affiliation), 권력 욕구(Need of power)로 나누었다.

권력 욕구는 타인에게 영향력과 통제력을 행사하려는 욕구를 의미한다.[9] 즉 다른 사람에게 영향력을 미치고 통제하려는 욕구이다. 이런 권력 욕구가 강한 사람들은 경쟁적이고, 신분 지향적 성향이 높다는 것이 보편적이다. 이들은 어떤 일에 영향력을 행사하는 것

---

8) 이정은(2005), 『사람은 왜 인정받고 싶어하나』, 살림출판사.
9) HRD 용어사전.

을 즐기며, 통제하는 위치에 오르는 것에 희열을 느낀다. 자리 맡는 것을 좋아하며, 그러다 보니 한정된 자리에 앉기 위해 자리 쟁탈전에 막무가내로 뛰어들기도 한다. 이들의 문제점은 실제적인 업무 성과나 선의의 목표 달성보다는 높은 지위에 올라 타인에게 영향력을 행사하는 것에 지대한 관심을 보인다. 따라서 권력을 얻기 위해 자신을 추종하는 사람들에게 지위와 보상을 제공하기도 한다.[10]

권력 욕구는 책임 있는 위치에 있기를 좋아하는 사람들의 전형이다. 그들은 개인적인 권력과 제도적 권력 두 가지 유형으로 구분될 수 있다. 개인적인 권력 욕구가 매우 높은 사람들은 다른 사람들을 이끌고 영향을 미치기를 원한다. 이에 비해 제도적 권력 욕구가 높은 사람들은 다른 사람들의 노력을 동원하여 조직의 목적을 달성하기를 좋아한다.[11] 권력 욕구가 강한 사람들은 책임을 선호하고 경쟁적이고 신분 지향적 성향이 높다고 평가된다. 이들은 타인에 대해 영향력을 행사하며 통제할 수 있는 일에 자극을 받는다. 책임을 맡는 것을 즐기며, 주도권(hegemony) 쟁탈전이 심한 상황에 기꺼이 참여한다. 실무적인 업무 성과보다는 높은 지위에 올라서 타인의 영향을 미치는 것에 관심을 가지고 자신을 추종하는 사람들에게 지위와 보상을 제공하는 사람들에 대해 많은 신경을 쓴다.[12]

과시 욕구

과시 욕구는 자신의 소유, 장점 등을 다른 사람에게 드러내거나 과시 또는 사실보다 크게 나타내어 보이는 심리 및 그에 따른 행동

---

10) 성결신문(2015.03.02).

11) 12manage.

12) 한국리더십컨설팅 인재양성연구소.

을 말한다. 과시 욕구는 때로는 다른 사람을 흥분시키기도 하고, 매혹 또는 즐겁게 해주며 충격을 주어 웃음을 자아내기도 한다. 이것은 인간의 본능과 같은 심리적 행동으로서 아름다운 외모를 가진 여성은 자신의 모습을 과시하고 싶어 하고, 잘 발달한 근육을 가진 우람한 몸매의 남성은 자신의 근육을 과시하고 싶어 한다. 학벌을 가진 사람은 자신의 지식을 과시하고 싶어 하며, 경제적 부를 가진 사람은 돈을 과시하려고 한다. 자신이 가지고 있는 것을 상대방에게 드러내어 그것을 장점으로 인정받고 존중받고 싶어 하는 것은 인간 누구나 가지고 있는 본능이다. 다만 잘 보이고 싶다는 욕구 때문에 필요 이상으로 지적 수준을 과시하며 잘난 체를 하려고 하는 것은 바람직하지 않다는 점이다. 이러한 과시 욕구는 교만한 태도로 상대방을 대하게 되고 상대방에게 감정을 상하게 할 수도 있다.13)

대등 욕구

공동체에서 나와 타인은 서로의 가치를 대등하게 존중한다. 인간으로 태어난 사람이면 누구나 시간·공간·위계적인 차이를 초월하여 서로의 권리를, 각 개인의 자연법적 기본권과 인간 존엄성을 같이, 즉 대등하게 인정받아야 한다. 기본적인 권리와 그에 따른 존엄성이 인정될 때, 사람들은 자기에 대한 존중감과 자존심을 확립하게 된다. 이는 인간이 실현해야 할 목표이면서 동시에 모든 사고와 행위의 근저에 깔린 전제이다. 이것이 갖추어질 때 나와 타인이 지닌 생각, 습성, 계획, 목표 등을 동등하게 고려할 여지가 생긴다. 그러므로 상호 인정을 이루려면 기본적으로 '대등 욕구'를 이해하고

---

13) 건강과 생명(2011년 5월호).

실현하는 데서 출발해야 한다. 내가 자유롭듯이 타인도 동등하게 자유롭고, 내가 존엄하듯이 타인도 동등하게 존엄하다. 나와 타인은 동등하게 자유롭고 동등하게 존엄한 평등한 존재이다.

내가 나의 자립성을 주장하고, 그 속에서 주체성을 발휘하듯이 타인도 타인의 자립성을 주장하고, 그 속에서 주체성을 발휘한다. 내가 나의 자기의식적인 사유의 지평을 형성하면서 나의 아집에서 벗어나듯이, 타인도 자기의식적인 사유의 지평을 형성하면서 자신의 아집에서 벗어난다. 자유로운 존재인 나와 타인, 자기의식적 존재인 나와 타인은 욕구를 발휘할 때도, 욕구를 실현하기 위해 노동을 할 때도 대등한 위치를 지닌다. 그러므로 대등 욕구가 제대로 실현되어야만 바람직한 민주주의, 즉 자유와 자기의식과 존중감을 지니는 인격체들의 민주주의가 달성된다. 그러나 '대등 욕구'가 제대로 실현되지 못하고 '왜곡'된다면, 지배·예속적 형태가 나타나게 될 것이다.[14]

---

14) 이정은(2005), 『사람은 왜 인정받고 싶어하나』, 살림출판사.

제2절 문화 이해

1. 문화의 개념

문화(文化)는 자연 상태에서 벗어나 일정한 목적 또는 생활 이상을 실현하고자 사회 구성원에 의하여 습득, 공유, 전달되는 행동 양식이나 생활양식의 과정 및 그 과정에서 이룩하여 낸 물질적·정신적 소득을 통틀어 이르는 말이다. 의식주를 비롯하여 언어, 풍습, 종교, 학문, 예술, 제도 따위를 모두 포함한다.

2. 갑질과 문화

1) 수직문화 수평문화

수직문화의 핵심은 계급, 통제나 강제, 차등, 이기를 기본개념으로 하는 문화이다. 수직문화의 가장 대표적인 특징은 상명하복이 통용되는 일방성 문화라는 점이다. 강자가 약자에게, 윗사람이 아랫사람에게 지시하고 명령하고 요구한다. 큰 힘을 가진 사람이 작은 힘을 가진 사람을 통제하고 마음대로 움직여 자신의 목적을 달성하려는 경향이 나타난다. 갑질은 수직문화에서 주로 발생한다. 갑질의 근원으로 지목되는 대표적인 수직문화에는 유교문화와 군대문화가 있다. 유교문화는 전체적인 흐름과 틀에서 보면, 그 사상적 기조 등에서 계급이나 서열을 중시하는 수직문화적인 측면이 있어도 배울 점이 많다. 그런데도 군대문화와 함께 유교문화가 갑질의 근원으로 지목되는 것은 상명하복이 통용되는 기강을 사회질서 유지의 토대로 하기 때문이다. 하지만 문제의 본질은 상명하복 자체가 아니다. 그것을 왜곡하여 잘못 해석하고 이해하여 자신의 편익에 이용하는 것이 문제다.

수평문화의 핵심은 협력 봉사, 존중, 자율, 평등, 자유, 배려를 기본개념으로 하는 문화이다. 수평문화라고 강자나 약자, 상하 관계가 없는 것은 아니다. 또한 힘의 차이나 계급이 있다고 수평적일 수 없는 것은 아니다. 수장의 조직운영 방식과 리더십, 구성원의 의지와 노력에 따라 수직문화 속에서도 얼마든지 수평문화가 형성되고 존재할 수 있다. 강자와 약자, 상하 관계 속에서도 상호역할과 존재가치를 인정하며 서로 소통과 협력을 통해 일을 하고 문제를 해결하는 발전을 지향하는 문화는 양방향 문화이다. 대표적인 수평문화는 이상적인 민주주의와 리더십이 추구하는 문화이다. 수평문화에서는 갑질이 잘 일어나지 않는다.

2) 승자독식문화

승자독식사회(The Winner-Take-All Society)는 로버트 프랭크와 필립 쿡이 저술한 ≪승자독식사회≫(The Winner-Take-All Society)에서 나온 말로 20 : 80의 사회를 넘어 소수의 사람이나 소수의 회사가 사회의 거의 전부의 부를 차지하게 되는 사회로 나아가는 현상을 표현한 말이다.[15) 20 대 80 법칙은 전체 인구 중 20%가 전체부의 80%를 차지하고 있다는 이론이다. 19세기 영국의 부와 소득 유형을 연구하던 중에 발견한 부의 불균형 현상이다. 이탈리아 경제학자 빌프레도 파레토(Vilfredo Pareto, 1848~1923)가 처음 주창했다. 이후 20 대 80 법칙은 1997년 한스 피터 마르틴과 하랄드 슈만이 쓴 ≪세계화의 덫≫이라는 책을 통해 세간에 널리 알려졌다. 이론에 따르면, 세계화 시대에서는 전 세계 인구 중 20%만이 좋은 일자리를 가지고 안정적인 생활을 유지하지만, 대다수인 나머지 80%는 사실상 20%에 빌붙어 살아가야 한다. 즉 빈곤층 80%와 부유층 20%로 사회가 양분된다는 설명이다.16)

오늘날 민주주의 체제에서는 상당 부분 승자독식이 일상화되어 있다. 특히 승자는 상패, 상금이나 격려금, 대중의 지지나 후원, 역량을 발휘할 기회 제공 등 전부를 가지지만, 패자는 아무것도 주어지지 않는 것은 물론 패배에 따른 책임이나 비난, 경쟁 과정에 소모된 비용 등 각종 부담을 스스로 안고 감수해야 하는 극단적 승자독식도 있다. 운동경기, 시험, 선거, 경연, 선발 등 공개적으로 이루어지는 일상적인 많은 일이 극단적 승자독식의 방식으로 진행하고, 이러한 일들을 사람들은 당연한 것으로 받아들인다.

롱 테일 법칙(Long Tail Theory)은 80%의 비핵심 다수가 20%의 핵심 소수보다 더 뛰어난 가치를 창출한다는 이론이다. 이 용어는 2004년 10월 미국의 인터넷 비즈니스 관련 잡지 와이어드(Wired)의 편집장 크리스 앤더슨(Chris Anderson)이 처음 사용하였다. 앤더슨의 주장에 따르면, 많이 판매되는 상품 순으로 그래프를 그리면 적

---

15) 위키백과.
16) 매경 시사용어사전.

게 팔리는 상품들은 선의 높이는 낮지만 긴 꼬리(Long Tail)처럼 길게 이어진다. 이 긴 꼬리에 해당하는 상품을 모두 합치면 많이 팔리는 상품들을 넘어선다는 뜻에서 롱 테일 법칙이라고 이름 지어졌다. 인터넷(Internet) 기반 서점 아마존닷컴(http://www.amazon.com/)이 책 목록 진열에 제한이 없는 인터넷에서 잘 팔리는 책 20%보다 적게 1~2권씩 팔리는 책 80%의 매출이 훨씬 높다는 것에서 기인하여 만든 법칙이다. 전체 결과의 80%가 전체 원인의 20%에서 일어나는 현상을 가리키는 파레토 법칙과는 반대되는 개념으로 역파레토 법칙으로 불리기도 한다.[17]

3) 갑을문화와 갑질문화

한국언론진흥재단의 DB[18] '미디어가 온'(http://www.mediagaon.or.kr/)을 검색한 결과, '갑을관계'나 '갑을문화'라는 말의 용례가 나타난 것은 2004년이다. 1997년 11월 한국의 IMF(International Monetary Fund, 국제 통화 기금) 사태 이후 민주화·정보화의 진전과는 반대로 일부 대기업에 권력이 집중되는 분위기가 팽배하면서, 강자와 약자의 관계를 '갑을'로 치환하는 경향이 나타난 것이다.[19] 김기찬 가톨릭대 경영학부 교수는 "갑을 문화는 우리의 성공 지향적인 수직적 문화가 만든 대표적 병폐"라면서 "대기업이나 공무원이 우리 사회가 수직적 문화에서 수평적 문화로 바뀌는 시점이라는 점을 인식하고 사고의 틀을 바꿔야

---

17) 매경 시사용어사전.
18) DB(data base)는 관련 데이터를 수집·정리·통합해 접속 이용토록 한 것.[네이버 영어사전]
19) 조선일보(2013.04.30).

한다"고 말했다.[20)

갑을문화는 갑과 을의 정상적인 계약이나 거래 등을 포함하는 포괄적인 용어이다. 우리 사회에는 일부 갑질이 갑을문화에서 발생하는 것으로 주장하는 사람들이 있다. 또 '갑'은 군림하고 '을'은 비위를 맞추는 '갑을'(甲乙)문화는 개발 경제 시대를 거치면서 나온 뿌리 깊은 병폐다. 기업이 고도성장 과정에서 과실을 따 먹기 위해, 대기업은 관청에 청탁하고 중소기업은 대기업 납품에 매달리는 구조가 정착됐기 때문[21)이라며, 갑을문화가 마치 산업화 과정에서 생긴 것처럼 분석하는 사람도 있다. 하지만 이러한 편협한 분석으로는 부분적인 설명은 할 수 있을지 몰라도, 오늘날 우리 사회 전반에 걸쳐 나타나고 있는 갑질을 설명하는 데는 무리가 따른다. 갑을관계에서 강자인 갑이 모두 약자에게 갑질을 하는 것도 아니고, 모든 대기업이 중소기업에 갑질을 하는 것도 아니다. 갑을관계는 갑을문화보다, 갑을문화는 갑질이라는 용어보다 먼저 통용되었다. 하지만 현상으로서의 갑질은 아주 오랜 옛날부터 존재해왔다.

갑질문화는 갑질을 하는 일이 구성원에 의하여 습득, 공유, 전달되는 행동양식이나 생활양식으로 사회 곳곳에 배어 자리를 잡은 것을 말한다. 오늘날 한국 사회에는 권력, 금력, 완력 등 힘을 가진 자의 갑질에 따른 횡포로 억울한 일을 당하고 고통을 받은 사람이 많다. 즉 갑질이 사회 저변에 확산하여 문화로 정착되었다. 상당수 을이 위험 부담을 안고 갑질을 폭로하고 있지만, 쉽게 근절되지 않고 있다. 이러한 현상이 나타나는 것은 갑질이 이미 우리 생활 속에 깊은 뿌리를 내려 정착했음을 의미한다.

---

20) 조선일보(2013.04.30).
21) 조선일보(2013.04.30).

4) 한의문화

(1) 한의문화의 개념

한국의 문화를 한의문화라고 표현하는 사람이 적지 않다. 한의문화는 무엇인가? 한의문화는 몹시 원망스럽고 억울하거나 안타깝고 슬퍼 응어리진 마음이 일정한 목적 또는 생활 이상을 실현하고자 사회 구성원에 의하여 습득, 공유, 전달되는 행동 양식이나 생활양식의 과정 및 그 과정에서 이룩하여 낸 물질적·정신적 소득으로 형성되는 데 크게 작용했음을 상징적으로 표현한 것이다. 즉 우리 민족의 행동 양식이나 생활양식의 과정 및 그 과정에서 이룩하여 낸 의식주를 비롯하여 언어, 풍습, 종교, 학문, 예술, 제도 따위를 모두 포함한 물질적·정신적 산물에 한이 어떠한 현상을 일으키거나 강하게 영향을 미쳐 형성된 것들이 많다는 뜻이다.

(2) 한의문화 형성 배경과 갑질

한의문화는 왜 생겼는가? 한의문화는 우리 민족이 역사적으로 내외부적인 문제로 원망스러운 일, 억울한 일, 슬픈 일, 안타까운 일을 많이 당했기 때문에 생겼다. 그렇게 당한 원망스러운 일, 억울한 일, 슬픈 일, 안타까운 일로 말미암아 사람들 마음에 응어리진 것이 사회 곳곳에 배어 생활의 한 부분이 되거나 관습으로 이어지는 것이 많음을 의미한다. 그런데 중요한 것은 한국의 한의문화는 과거의 일이 아니라 현재까지 이어지는 현재진행형이라는 점이다.

우리 사회에는 오늘날에도 여전히 갑질을 당하여 아무 잘못 없이 꾸중을 듣거나 벌을 받아 분하고 답답해하고, 원통한 일을 겪거나 불쌍한 일을 보고 마음이 아프고 괴롭고, 뜻대로 되지 아니하거나 보기에 딱하여 가슴 아프고, 못마땅하게 여겨 탓하거나 불평을 가지고 미워하고 싶은 마음 상태에 있는 사람이 많다. 이러한 것들이 가슴속에 한이나 불만 따위의 감정으로 쌓여, 못마땅하게 여기어 탓하거나 불평을 품고 미워하는 사람이 많다. 그러면서도 다른 한편으로는 강자에게는 약하고 약자에게는 강한 모습을 보이며 갑질을 일삼는 사람이 적지 않다. 아직은 우리 스스로 강국이 되지 못하고 주변 강국에 싸여 있어 우리나라는 앞으로도 한의문화가 지속할 가능성이 높다.

5) 인터넷문화

(1) 네티즌

인터넷과 네티즌은 전 세계를 연결하는 통신망과 그 이용자를 말한다. 인터넷(internet)은 정보를 교환할 수 있도록 전 세계의 컴퓨터가 연결된 통신망, 네티즌(netizen)은 인터넷에서 만들어지는 공간에서 활동하는 사람[22]을 말한다. 네티즌(netizen)은 누리꾼과 같은 말이다. 누리꾼은 사이버 공간에서 활동하는 사람이다. 네티즌(netizen)은 '네트워크(network, 망)'와 '시민'을 의미하는 '시티즌(citizen)'의 합성어다. 처음에는 인터넷을 사용하는 모든 일반 시민을 가리키는 말로 사용되었다. 하지만 점차 신문과 방송, 잡지의 인터넷 통신망을 사용해 하나의 여론 집단으로 구성된 시민들을 일컫는 말로 의미가 구체화하였다. 인터넷은 공간을 초월하는 넓은 통

---

22) 초등국어 개념사전.

신망을 바탕으로 21세기 가장 강력한 의사소통 도구 중 하나로 부상하고 있는데, 네티즌은 바로 이를 통해 여론을 형성하는 사람들이나 그들의 행동을 의미한다.

가령 2003년 12월 한국에서 개봉된 007시리즈 <어나더데이>가 한반도 상황을 왜곡했다는 이유로 네티즌들 사이에서 영화 안 보기 운동이 일어났다. 네티즌들의 영향력을 무시한 배급사는 무리하게 개봉을 강행했지만, 결국 국내 흥행에 참패했다. 세계 각국에서 흥행 성적 상위권을 차지한 이 영화가 유독 한국에서만 5위로 뒤처진 이유는 한국 네티즌들의 결집한 영향력 때문이었다.[23]

(2) 인터넷 보급 확산과 SNS의 발달

SNS의 개요

소셜 네트워크 서비스(Social Network Service, SNS)는 온라인상에서 여러 사람과 관계를 맺을 수 있는 서비스,[24] 인터넷 또는 인트라넷 등의 전자 네트워크로 서로의 소식을 주고받는 등 사교활동을 하는 전반적인 서비스,[25] 사용자 간의 자유로운 의사소통과 정보 공유 그리고 인맥 확대 등을 통해 사회적 관계를 생성하고 강화해주는 온라인 플랫폼을 의미한다.[26] 초창기 소셜 네트워킹 웹사이트들은 일반화된 온라인 커뮤니티 형태로 시작하였다. 사람들을 모아놓고 대화방에서 대화할 수 있게 해주기도 하였고, 개인 정보나 개인 작성 글들을 개인 홈페이지에 출판할 수 있게 해주는 출판 도

---

23) 대중문화사전.
24) 네이버 영어사전.
25) 나무위키.
26) 위키백과.

구(publishing tools)를 제공하기도 하였다. 이외에도 단순히 전자우편 주소만을 가지고 사람들을 엮어주는 커뮤니티(community, 공동사회)도 있었다.27)

분류

소셜 네트워크 서비스(SNS)의 유형 중 가장 많은 유형은 사람들을 특성에 따라 분류해주고 있는 서비스로서 아이러브스쿨(http://www.iloveschool.co.kr/)과 같이 학교 동기, 동창으로 나누는 것이 그 예이다. 친구(보통 자기소개 웹페이지)들과 연락을 주고받을 수 있는 수단을 제공해주는 SNS, 사용자들의 신뢰 관계를 기반으로 무언가를 추천하는 시스템을 갖추고 있는 SNS가 흔하다. 또한 불특정 다수와 네트워크를 형성하는 트위터, 페이스북 등의 개방형 SNS와 지인들 위주로 네트워크를 형성하는 미니홈피, 밴드, 카카오스토리(https://story.kakao.com) 등의 폐쇄형 SNS가 있다.

지인 기반의 SNS에 피로감을 느낀 사람들이 관심사 기반의 SNS로 이동하기 시작하였다. 페이스북에 게시물을 올릴 때는 '이걸 보는 사람이 나를 어떻게 판단할까'라는 점 때문에 상당한 심리적 압박감을 느끼지만, 관심사를 SNS에 게시물로 올릴 때는 이런 압박감 없이 편하게 올릴 수 있다는 것이 장점이다. 코리안클릭에 따르면 2015년 2월 관심사 기반 SNS의 순 이용자 수는 인스타그램(http://www.instagram.com)이 311만 명으로 1위를 고수하고 있고 피키캐스트(http://www.pikicast.com)는 237만 명, 빙글은 52만 명으로 가파르게 추격하고 있다.28)

---

27) 위키백과.

기능

소셜 네트워크 서비스(Social Network Service, 이하 SNS)는 2가지 효과를 가지고 있는데, 하나는 기존 오프라인(off-line)에서 알고 있었던 이들과의 인맥관계를 강화하고, 다른 하나는 온라인(on-line)을 통해 형성된 새로운 인맥을 쌓을 수 있는 장점이 있다. 따라서 인터넷에서 개인의 정보를 공유할 수 있게 하고, 의사소통을 도와주는 소셜 미디어(social media), 1인 커뮤니티라고도 불린다. 인맥 형성 외에도 SNS는 다양한 활용범위가 있는데 마케팅은 물론 소셜 커머스, 지식 판매, 공공부문, 게임 등에 이용될 수 있다.

- 소셜 커머스(Social commerce): 소셜 커머스는 소셜 네트워크를 이용해 이뤄지는 전자상거래를 의미한다. 현재 시장에서 주목 받고 있는 소셜 커머스는 바로 공동구매형이다. 인기의 원인은 온라인상에서 매일 하나의 상품에 대해 지정된 수량 이상의 판매가 이루어질 때 대폭의 할인율을 적용해주기 때문에 사용자들이 자발적으로 트위터 등의 SNS를 통해 내용을 전하고 있다.
- 지식 판매: 화장품이나 옷 등의 물건을 판매하는 것이 아니라 패션, 연애, 음악 등에 대한 지식을 직접 찍어서 판매하는 지식 시장이 SNS가 확산함에 따라 더욱 활성화되고 있다.
- 공공부문: SNS를 통해 정책을 홍보하거나 민원을 접수할 수도 있고, 민원 해결 과정을 보여줌으로써 기관의 이미지를 상승시킬 수 있다. 공공부문에서의 SNS 활용은 운영정책이 수립된 이후에야 이루어질 수 있다.

---

28) 위키백과.

- 게임: 게임 시스템에 SNS를 도입하여 게임을 더욱 재미있게 만들기도 한다.29)

급속한 발달

SNS는 초기에는 지인 간 소식을 공유하는 데서 출발했지만, 지인을 통해 세상을 바라보는 플랫폼(platform)으로도 진화하고 있다. VR(virtual reality, 가상현실 또는 그 체험 장치)이 등장하면서 가상현실을 활용한 서비스도 등장했다.30) 또한 최근 페이스북(Facebook)과 트위터(Twitter) 등의 폭발적 성장에 따라 사회적·학문적인 관심의 대상으로 부상했다. SNS는 컴퓨터 네트워크의 역사와 같이할 만큼 역사가 오래되었다. 하지만 현대적인 SNS는 1990년대 이후 월드와이드웹 발전의 산물이다. 신상 정보의 공개, 관계망의 구축과 공개, 의견이나 정보의 게시, 모바일 지원 등의 기능을 갖는 SNS는 서비스마다 독특한 특징을 가지고 있으며, 따라서 관점에 따라 각기 다른 측면에 주목한다. SNS는 사회적 파급력만큼 많은 문제를 제기하며 논란의 중심에 서 있다. SNS의 폭발적인 성장은 2000년 이후로, 2004년 서비스를 개시한 페이스북은 세계에서 가장 큰 SNS로 성장했다.31)

SNS에서 가장 중요한 부분은 이 서비스를 통해 사회적 관계망을 생성, 유지, 강화, 확장해나간다는 점이다. 이러한 관계망을 통해 정보가 공유되고 유통될 때 더욱 의미 있을 수 있다. 오늘날 대부분의 SNS는 웹 기반의 서비스이며, 웹 이외에도 전자 우편이나 인스

---

29) 위키백과.
30) 나무위키.
31) 이재현(2013), 『멀티미디어』, 커뮤니케이션북스.

턴트 메신저를 통해 사용자들끼리 서로 연락할 수 있는 수단을 제공하고 있다. 또한 SNS는 광범위하고 동시에 특정 성향의 집단으로 분류될 수 있는 서비스 이용자들을 데이터베이스에 의해 파악하고 관리할 수 있다는 점에서 마케팅 활용가치가 날로 부상하고 있다. 이 같은 장점을 통해 기업 입장에서는 저비용으로 표적 집단에 효율적으로 도달할 수 있는 맞춤형(customized) 마케팅을 집행할 수 있기 때문이다. SNS 업체 또한 SNS 페이지 상의 광고 스페이스 판매와 소셜게임이나 아이템 판매 등을 통해 강력한 수익모델을 구축해 나가고 있어 향후 SNS 시장은 계속 성장해나갈 것으로 전망된다.[32]

2010년대에 대세가 되다

대한민국은 물론 해외에서 스마트폰(smartphone)이 대중화되고 인터넷에 쉽게 접속할 수 있는 환경이 조성되면서 오프라인은 물론 온라인상에서도 쉽게 친구나 지인 또는 불특정의 사람들을 만나 이야기를 나눌 수 있으며 사진과 동영상 등 여러 가지 공유 가능한 것들이 있는 것도 장점이다. 오프라인에서 실제로 모임을 하려면 장소와 시간 등 고려할 것이 많지만, SNS로 이야기해놓으면 누구든 쉽고 편하게 볼 수 있으니 그 확장성은 무시무시하다.

사실 이 개념은 인터넷이 구축되던 초기부터 만들어지기 시작했다. 아파넷(ARPAnet)이나 유즈넷 등 초기 인터넷에서도 소셜 서비스를 구축하기 위한 노력이 있었다. 하지만 월드 와이드 웹의 등장 이후 웹 포털들과 함께 자연스럽게 등장한 커뮤니티들이 실질적인 SNS의 시작이라 볼 수 있다. 이러다 1990년대 중반부터 등장한 동

---

32) 위키백과.

창회 서비스들(한국으로 치면 아이러브스쿨)이 등장하고, 90년대 말 이후로 한국의 싸이월드와 미국의 마이스페이스가 등장하면서 좀 더 명확해진다. 당시에는 SNS라는 말이 없었지만, 사실 저 두 서비스가 인기를 끌기 시작했을 때, SNS의 개념은 대부분이 확립되었다고 할 수 있다. 그러나 저 두 서비스가 각각 소강상태로 접어들었을 때, 미국에서 만들어진 트위터와 페이스북이 미국만이 아니라 전 세계적으로 인기를 끌면서 SNS의 개념을 세계적으로 확립시켰다. 그 때문에 이 두 서비스와 비슷한 서비스들만 좁은 의미에서의 SNS로 정의된 것이다.

현재 세계에서 가장 인기 있는 SNS는 페이스북이다. 가입자가 2016년 4월 기준으로 16억 5,000만 명이다. 대부분의 국가에서 페이스북이 최고의 인기를 구가하고 있으나, 러시아나 중국 등 국가별로 토종 SNS들이 압도적으로 유행하는 경우도 있다. 한국에서는 '유행'이라는 표현을 쓰기에는 좀 늦은 감이 있으나 1,000만을 넘는 회원을 지닌 싸이월드를 예로 들을 수 있을 것이다. SNS는 각종 보안문제에 취약하며, 생각 없이 내뱉은 말 한마디로 자기 앞길을 망칠 뿐만 아니라, 유명인과 일반인들에 대한 루머 유포로 극심한 피해를 주기도 한다. 게다가 사진 한 장, 글자 몇 마디로 쉽게 선동할 수 있기에 사실상 각종 루머와 유언비어, 가짜뉴스가 퍼지는 속도가 타의 추종을 불허한다. 그뿐만 아니라 군사적으로도 여러 사건 사고를 일으킨 바 있다.

SNS의 문제점은 여러 가지가 있다. 그중에서도 보안과 개인정보 문제, 유언비어의 확대생산, 자신의 주장이 옹호 받는다는 착각, 타인의 사생활이나 취미 등을 무시하거나 타인의 인격을 아예 무시하는 경우33) 등이 대표적이다. 이러한 문제점에도 불구하고 SNS를 활용하는 사람들이 계속 늘어나는 것은 개인 간 친목 도모와 정보 교환, 여론 조성을 통한 사회문제 해결에 도움이 되는 등 긍정적인 측면도 많기 때문이다.

(3) 익명성 인터넷 활성화 배경

인터넷 활성화의 배경은 정보통신기술과 관련 산업의 발전, 정부의 장기간에 걸친 통신망 구축 등 여러 가지 요인이 있다. 그중에서도 특히 우리나라 인터넷과 SNS 이용 활성화는 익명성이 중요한 역할을 하고 있다. 갑질과 관련하여 무차별적 폭로인 신상털기나 공조 공격을 통한 불매운동 등에 익명성이 크게 기여했다. 현재 상태에서 개인정보의 추적이 불가능한 것은 아니다. 하지만 사건 수사와 관련된 수사기관이 아닌 개인의 경우 개인정보보호법 시행 등으로 보호하고 있어, 누리꾼들이 익명성을 활용하여 다양한 활동을 전개하고 있다. 이러한 경향은 만약 앞으로 인터넷 실명제가 시행되면 현재보다는 상당 부분 위축될 것으로 보인다.

익명성(匿名性, anonymity)은 대중(大衆)이 중요한 구성원을 이루고 있는 현대사회에서 대중이 옆에 있는 사람이 누구인가를 모르는 현상이다. 대중과 구별되는 엘리트는 사회의 지도자적인 위치에 있기 때문에 그의 이름이 알려지고 그는 신분에 맞게 행동해야 하지만, 대중은 그 신분과 이름이 다른 사람에게 알려지지 않으므로 행동에 구속을 당하지 않는다. 무조직과 익명성은 대중의 특징인데 이는 가끔 대중의 비합리적인 행동의 원인이 된다. 또 익명적인 대

---

33) 나무위키.

중에게는 독창적인 개성이 허용되지 않고, 오직 평균인(平均人)만이 존재할 수 있을 뿐이다. 상품생산과 서비스의 제공은 특정 개인을 대상으로 하지 않고 평균적이고 익명에 의한 대중을 대상으로 할 뿐이며, 이로부터 깊은 사고를 수반하지 않는 즉석(instant) 소비문화가 범람하게 되고 대중사회 특유의 외부지향성과 자기소외 등 비인간화의 현상이 나타나게 된다.[34]

보편적으로 인터넷상에서 익명성은 관례화되고 있고, 보통 자기의 본이름을 제외한 ID(identification, 같은 사람이라는 증명물)나 별명을 사용한다. 익명성을 무기 삼아 악용하는 사례가 무수히 넘쳐나고 있다. 사이버(cyber, 컴퓨터의 또는 가상현실의) 세상에서 자신이 외부에 노출되어 있지 않다는 것을 이용해 자기 생각과 다른 의견에 대해 욕설, 인신공격 등을 가한다. 이에 대해 인터넷상에서의 규제는 사실상 불가능한 부분이 많다. 인터넷상에서는 자신을 드러나지 않는 익명성이 강하기 때문에 더욱 엄격한 도덕성이 요구되지만, 현실은 그렇지 못하다.

그 해결책의 하나로 '이름과 주민등록 번호가 일치하지 않으면 회원으로 가입할 수 없습니다'라는 문구를 띄워 사이버 공간에서도 실명제를 도입하고 있다. 하지만 인터넷의 가장 기본적인 속성인 익명성이 무시될 경우, 인터넷은 무한한 가능성의 공간이 아닌 제한적인 도구로 전락할 수도 있다. 제한적 인터넷 실명제는 명예훼손, 사생활 침해 등의 역기능을 보완하기 위한 장치로 사이트에 회원가입을 할 때 본인 확인 절차를 거치지 않았으면, 글 등을 올릴 때 본인 확인을 할 수 있도록 사이트 운영자가 시스템을 마련해야 한다.[35]

---

34) 교육학용어사전.

(4) 악성 댓글 인터넷 문화의 폐단

악성 댓글의 개념 이해

악성 댓글(惡性 댓글) 또는 악성 리플(惡性 reply, 간단히 악플)은 사이버 범죄의 일종으로 인터넷상에서 상대방이 올린 글에 대한 비방이나 험담을 하는 악의적인 댓글을 말한다.[36] '악(惡)'과 영어의 'reply'가 합쳐진 말로, '악의적인 댓글' 즉 고의적인 악의가 드러나는 비방성 댓글을 가리킨다.[37] 한국의 독특한 인터넷 문화를 대표하는 것 중 하나가 바로 '리플'이다. reply를 가리키는 '리플'은 '댓글', '꼬리말' 등으로 표현되기도 하는데, 정도나 내용이 심한 것들을 통칭해 '악플(악성 리플)', 악플을 쓰는 사람들을 '악플러(악플+er, 악성 댓글 게시자)', '키보드 워리어(keyboard warrior)' 또는 '인터넷 전사(戰士)'라 부른다.

악플의 반대는 선플(善+reply, 선의의 리플 또는 격려 댓글)이며, 베플(최고 추천 댓글)도 있다. 베플은 '베스트 리플'의 준말로 게시판에 달린 수많은 리플 가운데 누리꾼들의 추천을 가장 많이 받은 것을 뜻한다. 악플은 심각한 사회적 문제로 대두된 지 오래다. 포털 사이트 규정에 따르면, '타인에 대한 욕설과 비방, 사생활 침해, 개인정보 유출, 저작권 침해, 폭력이나 사행성 조장, 성매매 알선, 음담패설, 광고·도배글' 등을 악플로 본다. 악플러는 '전사'형, '스토커'형, '스트레스 해소'형, '관심 가져주세요'형, '도배·광고'형 등 다섯 가지 유형으로 분류하는 사람도 있다. 악플러들은 일상에서는 자기주장이 강하지 않고 소심한 편이고, 초중고생이나 무직이 많고,

---

35) 통합논술개념어사전.

36) 위키백과.

37) 대중문화사전.

다른 가족 없이 원룸 등에 혼자 사는 사람이 상당수이다. 이들은 또 특정 연예인이나 특정 정당에 대한 '안티(anti, 반대하는 사람)' 세력이 아니라, 주목을 받는 이슈나 인물에 무조건 악플을 다는 성향이 있다.38)

악성 댓글은 언어폭력으로, 근거를 갖춘 부정적 평가와는 구별해야 한다. 악성 댓글은 상대방에게 모욕감이나 치욕감을 줄 우려가 있다. 악성 댓글은 법적으로 제한되기도 하는데, 대한민국에서는 보통 정보통신망 이용촉진 및 정보보호 등에 관한 법률 또는 형법에 의해 규제하고 있다.39) 악플을 통해 '~라 하더라' 식의 자극적인 내용이 사실 여부와 상관없이 인터넷을 통해 무차별적으로 퍼져나갈 수 있다는 점에서, 악플의 피해자들이 겪는 고통은 일반적인 상상을 뛰어넘는다. 일단 표적이 정해지면 벌떼처럼 몰려들어 사이버 폭격을 퍼붓는 악플러들은 특정 사안을 반대하는 것이 아니라 사람들의 시선을 끄는 모든 것에 조건 없는 반감을 표현한다.40)

악성 댓글의 원인

네티즌들이 익명성을 악용하여 논리적이기보다는 감정적인 언어폭력이나 인신공격 등을 행함으로써 악성 댓글의 악순환으로 이어지는 경향이 있다. 외적인 요인으로는 옐로 저널리즘(yellow journalism)의 선정적 보도가 네티즌의 마녀사냥을 유도하거나 부추기는 면이 있고, 댓글 아르바이트는 집단적인 분위기를 조장하거나 막는 데 역할을 하기도 한다. 옐로 저널리즘41)은 원시적 본능을 자극하고,

---

38) 강준만(2008), 『선샤인 지식노트』, 인물과사상사.
39) 위키백과.
40) 대중문화사전.

흥미 본위의 보도를 함으로써 선정주의적 경향을 띠는 저널리즘으로 특정 사안에 대해 네티즌들의 폭발적인 반응을 불러일으킨다. 이는 엄청난 악성 댓글로 이어져 해당 피해자를 강타하기도 한다.[42]

악성 댓글의 피해와 위험성

근거 없는 비방, 인신공격성 악성 댓글은 상대방에는 정신적인 피해를 줄 뿐만 아니라 이로 인해 자살을 초래할 정도로 심각하다. 또한 댓글을 통한 허위사실 유포를 통해, 개인뿐만 아니라 기업이나 회사의 이미지에 큰 타격을 주기도 하고, 나아가 국제적으로 국가의 위상과 이미지를 떨어트리기도 하며, 인권을 침해하기도 한다. 대체로 마녀사냥으로 흐르고 있어 대중의 집단적 광기가 엿보인다. 범위는 정치, 연예, 사회 등 다양하다.[43]

SNS를 통한 을의 반란은 법치를 흔들기도 한다. 현대 법치국가의 근간은 관습에 의한 형벌을 금지하는 것이다. 승무원을 폭행한 이른바 '라면상무'는 직장을 잃었고, 가족의 신상까지 인터넷을 통해 유포됐다. 호텔 지배인 뺨을 때린 제빵업체 회장의 폐업 선언으로 이 업체 근로자들은 일자리를 잃을 위기에 처하기도 했다. 한 식품업체 관계자는 "SNS에 뜨면 사실 여부와 관계없이 순식간에 악덕 기업이 된다"며 "사실이 아닌 것으로 밝혀져도 여론 재판이 끝난 후라 의미가 없다"고 말했다. 경제·사회적 약자인 을의 반란이, 여론의 약자인 '또 다른 을'을 만들 수 있다고 우려한다. 위기관리 컨설팅 전문기업 스트래티지샐러드의 송동현 부사장은 "남의

---

41) 옐로 저널리즘(yellow journalism)은 독자의 관심을 끌기 위하여 흥미 본위의 저속하고 선정적인 기사를 주로 보도하는 신문 또는 그런 신문 논조.[네이버 국어사전]

42) 위키백과.

43) 위키백과.

신상을 털고 잘못을 마음대로 재단하면 결국 모두에게 부메랑이 돼 돌아올 수 있다는 점을 경계해야 한다"고 말했다.[44]

(5) 갑질에 대응하는 인터넷을 통한 을의 활동 경향

갑질에 대응하는 인터넷을 통한 을의 활동은 '갑의 횡포'에 반성을 끌어내는 등 사회 부조리를 개선하는 데 기여하는 긍정적인 측면도 있지만, 검증 안 된 여론재판 우려의 목소리도 나온다. 갑질에 대응하는 인터넷을 통한 을의 활동은 여러 가지가 있다. 가장 대표적인 것이 집단행동이다.

집단행동(集團行動)은 한 집단이 같은 목표와 의식을 가지고 행하는 행동이다. 집단행동의 가장 대표적인 형태 중 하나가 단체행동이다. 단체행동(團體行動)은 같은 목적을 달성하기 위하여 모인 사람들이 일정한 형태로 몸을 움직여 동작을 하거나 어떤 일을 함이다. 동일한 목적을 추구하는 사람들의 의도적인 집단행위라고 할 수 있다. 과거에는 국민이 집단행동을 통해 의사를 표출하는 가장 일반적인 방법이 규탄과 시위였다. 주로 규탄대회를 가진 후 시위를 진행하는 일이 많았다. 규탄(糾彈)은 잘못이나 옳지 못한 일을 잡아내어 따지고 나무람을 뜻한다. 시위(示威)와 시위운동은 같은 뜻이다. 시위운동(示威運動)은 많은 사람이 공공연하게 의사를 표시하여 집회나 행진을 하며 위력을 나타내는 일이다. 오늘날도 규탄대회나 시위가 없어진 것은 아니지만, 집단행동 경향이 인터넷을 통한 활동으로 급속하게 전환되는 추세다. 특히 갑질과 관련한 을의 대응 경향은 더욱 그렇다. 집단행동 중에서 대표적인 것 몇 가지를 소개하면 다음과 같다.

---

44) 중앙일보(2013.05.10).

집단 공격

집단 공격은 집단행동의 종류 중 하나이다. 공격(攻擊)은 싸움의 상대를 이기기 위한 적극적인 행동, 남을 비난하거나 반대하여 나섬이다. 인터넷을 통한 갑에 대한 을의 집단 공격은 주로 인신 공격적으로 이루어지고 있다. 인신공격(人身攻擊)은 남의 신상에 관한 일을 들어 비난함이다. 인신공격은 주로 개인의 학력, 경력, 가족관계, 과거 행적, 현재 활동 등에 관한 정보를 폭로하는 방식으로 이루어진다. 오늘날 인터넷에서 집단 공격의 방법으로 가장 많이 사용되는 것이 공조 공격이다. 공조 공격은 여러 사람이 함께 도와주거나 서로 도와주며 하는 공격을 말한다.

집단 응징

응징(膺懲)은 잘못을 깨우쳐 뉘우치도록 징계함이다. 집단 응징은 여러 사람이 문제를 유발한 특정인이 잘못을 깨우쳐 뉘우치도록 징계하는 것을 말한다. 갑을 관계의 오랜 폐단에 대한 문제의식은 사회생활을 하다 보면 누구나 가지게 된다. 그러다 보니 기존 갑을 관계를 뒤집는 '을의 반란' 움직임도 나타나고 있다. 포스코에너지 임원 A 씨의 '기내 승무원 폭행' 사건에서 보인 대중의 반응이 대표적인 예라고 할 수 있다. 대중은 거의 뭇매에 가까운 수준으로 A 씨를 비판하고 심지어 조롱했다. 이는 비즈니스석 승객 대(對) 승무원이라는 확실한 갑을 관계에서 발생한 부당한 '갑(甲)질'에 대한 집단 응징이라고도 볼 수 있다.[45]

---

45) 조선일보(2013.04.30).

조리돌림

조롱(嘲弄)은 비웃거나 깔보면서 놀림이다. 조롱에서 한 걸음 더 나아간 것이 조리돌림이다. '조리돌리다'는 '죄를 지은 사람을 벌하기 위하여 끌고 돌아다니면서 망신을 시키다'라는 뜻이다. 조리돌림은 형벌의 일종으로서 육체적 체벌은 없지만, 해당 죄인의 죄상을 아주 노골적으로 드러내서 죄인에게 수치심을 극대화하기 위해 고의로 망신을 주는 행위이다. 주로 벌거벗기거나 해당 범법자의 범법 내용을 적은 팻말을 목에 걸고 손, 발을 포박한 상태에서 길거리로 이리저리 끌고 다니면서 망신을 주는 행위이다.46)

경찰청 통계자료에 따르면 2016년 경찰에 접수된 사이버 명예훼손 사건은 1만 4,908건에 달한다. 2014년 8,880건과 비교하면 1.6배 증가한 수치다. 현행 정보통신망 이용촉진 및 정보보호 등에 관한 법률 제70조는 사람을 비방할 목적으로 정보통신망을 통하여 공공연하게 사실을 드러내어 다른 사람의 명예를 훼손한 자는 3년 이하의 징역 또는 3천만 원 이하의 벌금을 물린다. 사람을 비방할 목적으로 정보통신망을 통하여 공공연하게 거짓의 사실을 드러내어 다른 사람의 명예를 훼손한 자는 7년 이하의 징역, 10년 이하의 자격정지 또는 5천만 원 이하의 벌금에 물린다고 규정하고 있다.47)

- 집단행동 조리돌림 이제 일반인까지

익명에 기대 불특정 다수가 특정인을 무조건 비방하는 행동은 어제오늘 일이 아니다. 과거 유명인사에 적용되던 인터넷 조리돌림은 최근 일반인으로 확장되고 있다. '240번 버스' 사건이 대표적이다.

---

46) 위키백과.
47) 이데일리(2017.12.01).

즉 누구나 피해자가 될 수 있다는 뜻이다. 인터넷 조리돌림에 피해자는 있지만, 가해자는 없다. 그렇지만 당사자에게 남긴 마음의 상처는 뚜렷하다. 2017년 9월 발생한 '240번 버스' 사건은 240번 버스 기사가 어린아이를 먼저 하차시킨 후 출발해 모자(母子)가 생이별했다는 목격담에서 출발했다. 서울시가 진상조사에 나서기도 전에 네티즌들은 공분했다. 뒤늦게 버스 기사의 딸이라 밝힌 네티즌의 반박 글로 상황은 재조명됐다. 목격담을 최초 작성한 네티즌은 정확하지 않은 글에 대해 사과했지만, 240번 버스 기사와 가족의 상심은 달랠 수 없었다.48)

- 피해자만 남아 ··· '마녀사냥' 되풀이

일상에서 벌어지는 집단 따돌림과 인터넷 조리돌림은 크게 다르지 않다. 차이점은 전자는 가해자가 비교적 뚜렷하지만, 후자는 그렇지 않다는 점이다. '240번 버스' 사건의 진상이 밝혀진 후 책임을 진 사람은 없다. 인터넷 공간이 워낙 광범위하고, 경로를 일일이 추적하는 일은 상당한 노력과 대가를 필요로 한다. 누군가는 공명심에 글을 올리고 옮겼다. 고소해도 처벌 가능성이 불투명하다. 그만큼 개개인의 판단력이 중요하다.

2012년 벌어진 '채선당 사건'은 식당 종업원이 임산부의 배를 걸어찼다는 인터넷 카페 글에서 시작했다. 네티즌들은 해당 식당에 전화를 걸어 욕설을 퍼붓는 등 직접 분노를 분출했다. 경찰 조사와 식당 CCTV(Closed-circuit Television 폐쇄회로 텔레비전)로 해당 게시물이 거짓임이 밝혀졌다. 식당은 이미 문을 닫은 후였다. 당시

---

48) 이데일리(2017.12.01).

'마녀사냥'에 대한 자정의 움직임이 있었지만, 안타깝게도 되풀이되고 있다. 무책임한 일부 언론에 대한 비난의 목소리도 높다. 논란의 소지가 있는 온라인 게시물을 사실관계 확인 없이 보도함으로써 인터넷 조리돌림을 부추긴다는 주장이다. 또한 언론사 간 과도한 경쟁이 구조적 문제점으로 지적됐다.49)

불매운동

불매운동(不買運動)은 어떤 특정한 상품을 사지 아니하는 일이다. 보통 그 상품의 제조 국가나 제조업체에 대한 항의나 저항의 뜻을 표시하기 위하여 행한다. 불매운동은 매출감소로 이어져 기업이 타격을 받게 하는 방법이다. 불매운동은 주로 갑질을 한 갑이 기업의 고위간부나 소유자일 때 행해진다. 갑에게 직접 타격을 가하는 가장 대표적인 방법이다. 그냥 말로 했을 때 잘못을 인정하지 않고, 제대로 반성하지 않는 사람에게 본때를 보여줄 수 있는 좋은 방법에 속한다. 하지만 불매운동은 지나치면 해당 기업에 종사하는 선량한 사원들에게까지 본의 아닌 갑질이 되어 피해를 줄 수 있으므로 신중히 처리할 필요가 있다.

폭로

폭로의 초기 형태는 주로 정보 공유에서 시작된다. 정보 공유는 관찰이나 측정을 통하여 수집한 자료를 실제 문제에 도움이 될 수 있도록 정리한 지식 또는 그 자료를 두 사람 이상이 한 물건을 공동으로 소유하는 것이다. 폭로(暴露)는 알려지지 않았거나 감춰져

---

49) 이데일리(2017.12.01).

있던 사실을 드러냄이다. 흔히 나쁜 일이나 음모 따위를 사람들에게 알리는 일을 이른다. 무차별적으로 이루어지는 폭로를 신상털기라고 말한다.

신상털기는 '신상(身上)'과 '털기'의 합성어로 특정인의 신상 관련 자료를 인터넷 검색을 이용하여 찾아내어 다시 인터넷에 무차별 공개하는 사이버 테러의 일종이다. 네티즌들이 온라인 정보 체계를 바탕으로 특정인의 신상 정보를 찾아내고, 이를 유포시켜 사생활 침해가 이루어져 사회적으로도 파장을 일으키고 있다. 이는 개인의 명예를 심각하게 훼손하고 정보보호에 관한 법률을 위반하는 명백한 불법행위이다.[50] 그런데도 신상털기를 하는 목적은 갑에게 도덕적 상처를 주고 부정적 평판이 형성되도록 하는 데 도움이 되기 때문이다.

어느 사회에서나 비도덕인 사람은 나쁜 사람으로 인식하는 경향이 있다. 나쁜 사람과 어울리면 자신도 나쁜 사람으로 인식될 것을 우려하여 사람들은 그들과 만나고 어울리는 것을 꺼린다. 한번 나쁜 사람이라는 인식이 굳어지면 자신도 그로부터 피해를 보는 일을 당할까 봐 경계한다. 사안에 따라 도덕적 상처는 어느 정도 시간이 지나면 사람들의 기억 속에서 잊혀 더는 문제가 되지 않는 경우도 있지만, 꼬리표처럼 평생 따라다니며 부담이 되는 낙인으로 작용하는 경우도 있다. 비도덕적 행위는 일시에 거래나 인간관계 단절을 불러올 수 있다. 특히 공인이나 권력자의 경우 비도덕적 행위는, 자신이 평생 공을 들여 쌓아온 사회적 지위나 인기 등 공든 탑을 하루아침에 무너지게 하는 치명타로 작용할 수 있다.

---

50) 위키백과.

평판(評判)은 세상 사람들의 비평이다. 부정적 평판이 심화하면 사람들이 같이 어울리지 않으려고 한다. 친목이나 교류하는 것을 꺼리고, 심한 경우 사람들이 따돌리고 배척하게 함으로써 참여를 통한 성장이나 발전 기회를 빼앗아가고 공격 대상이 되게 하여, 자존감에 상처를 주게 할 수 있다. 같이 어울리려는 사람이 줄어들면 그의 사회적 활동은 점차 위축될 수밖에 없다. 폭로는 주로 갑질을 한 사람에게 도덕적 상처를 주고 부정적 평판이 형성되게 할 목적으로 이루어진다.

처벌과 대책 마련 요구 압력 행사

정부의 가장 기본적인 역할 중 한 가지는 질서유지와 갈등 예방을 위해 잘못된 일을 하는 사람을 제지하고, 잘못을 저질렀을 때는 처벌하고 교화하고 반복된 일이 발생하지 않도록 감독을 강화해야 한다. 더 나아가 필요한 경우 정책이나 제도, 법률을 손질하는 일을 선도해야 한다. 정부의 역할에 맞게 대통령과 행정부, 국회와 정당이 제대로 일을 하면 많은 국민이 나서 처벌과 대책 마련을 요구하는 압력행사를 하지 않아도 된다. 그런데 오늘날 우리 사회는 국민의 기대 수준은 높은데 대통령과 행정부, 정치권은 이에 제대로 부응하지 못하고 있다. 그 결과 수많은 갑질이 일상화된 지 오래다.

누리꾼들이 처벌과 대책 마련을 요구하는 압력 행사에 나서면, 그때야 정부와 국회가 뒷북을 치며 무엇인가 하는 것 같은 모습을 보여준다. '요란한 소리로 뒷북을 치며 검찰이나 경찰이 수사한다. 세관과 국세청, 공정거래위원회가 조사에 나선다. 대통령이 대책 마련을 지시하고, 국회에서 관련 법률의 개정이나 제정을 추진하기도 한다.' 그나마 이런 보여주기 행동도 그렇게 오래가지 않는다. 다른 사회적 관심사가 생기면 금방 잊히기 일쑤다.

입법 청원

갑질이 발생하는 구조적인 문제를 해결하기 위해 을은 갑이 더는 갑질을 하지 못하도록 하는 법규 제정을 청원하기도 한다. 청원(請願)은 국민이 법률에 정한 절차에 따라 손해의 구제, 법률·명령·규칙의 개정 및 개폐, 공무원의 파면 따위의 일을 국회·관공서·지방 의회 따위에 청구하는 일이다. 정부는 물론 국회의원이나 그가 소속된 정당에 여론을 주도하는 다수 국민의 요구는 그 자체가 압력 행사이고 시위이다. 특히 정부 여당과 대통령에게는 더욱 그렇다. 사회문제를 해결하지 못하면 능력 부족으로 국민에게 비칠 수 있고, 국민의 청원을 무시하면 비판 세력으로 전환되는 데다 상대 정당 지지로 이어지면, 정권 유지에 직접적인 위협이 될 수 있다. 정치인과 공무원은 이런 사실을 잘 알고 있음에도, 오늘날 우리 정부와 정당에 선도적인 서비스를 기대하기는 어렵다. 많은 국민이 아우성을 치고 무엇인가 요구를 하거나 시위를 하면 그때 가서야 마지못해 듣는 척 시늉만 낸다. 시간 지나고 보면 거의 바뀌는 것이 없다.

지지 철회 상대 지지

지지(支持)는 어떤 사람이나 단체 따위의 주의·정책·의견 등에 찬동하여 이를 위하여 힘을 씀 또는 그 원조, 철회(撤回)는 이미 제출하였던 것이나 주장하였던 것을 다시 회수하거나 번복함이다. 현재 정권을 차지하고 있는 정치가와 정당에 가장 큰 위협이 되는 것은 사회 여론을 주도하는 세력과 그들의 행동이다. 권력을 가진 자신들에게 유리한 여론이 형성되면 권력 유지에 도움이 되지만, 불리한 여론이 형성되면 권력을 잃을 수 있으므로 심각한 문제로 인식한다. 불리한 여론이 경쟁 대상이 되는 상대 정치가나 정당 지지로 이어질 경우 바로 정국의 주도권이 넘어가고 이어서 선거를 통해 권력이 이양될 수 있기 때문이다. 그동안 대중은 선거 때마다 개인적인 의사 선택이나 표출 또는 집단적인 지지를 통해 특정 정치인이나 정당에 지지표를 행사하여 정치인이 바뀌고 정권이 보수와 진보, 진보와 보수로 정당이 바뀌기도 했다.

(6) 인터넷의 위력

SNS 폭로 갑을관계 틀 바꾼다.

남양유업 김웅 대표(앞줄 오른쪽 둘째) 등 임직원들이 2013년 5월 9일 오전 브라운스톤서울에서 '영업사원 막말'과 '밀어내기' 등에 대해 잘못을 인정하는 기자회견을 마친 뒤 고개를 숙이고 있다. 김 대표는 이 자리에서 "사회적 물의를 일으킨 일련의 사태에 대해 회사 대표로서 책임을 통감하며 진심으로 국민 여러분께 사과드린다"고 말했다.[뉴시스]

김웅(60) 남양유업 대표이사는 2013년 5월 9일 대국민 사과를 했다. 그는 "진심으로 고개 숙여 사과드린다"며 "환골탈태의 자세로 사태가 재발하지 않도록 하겠다"고 말했다. 1분 남짓 사과문을 읽는 동안 그는 세 번 허리를 90도로 굽혔다. 이 회사 영업사원이 재고를 대리점 주인에게 떠넘기는 '밀어내기'를 하며 욕설과 막말을 한 녹취가 소셜 네트워크 서비스(SNS)를 통해 공개된 지 6일 만이었다. 남양유업은 대리점 지원금을 250억 원에서 500억 원으로 늘리겠다는 약속도 했다.

숨죽이고 있던 을(乙)이 들고일어났다. SNS를 통한 폭로와 여론 호소를 통해서이다. 물의를 빚은 기업은 사장이 직접 나와서 머리를 숙였다. 불공정 거래 감시·개선 등 진작 해야 했을 일을 SNS에 내준 국회와 정부는 뒤늦게 부산하다. 커진 을의 목소리는 변화를 만들고 있다. 공정거래위원회는 8일 우유업계의 밀어내기 관행에 대한 조사에 착수했다. CJ대한통운은 택배기사의 열악한 근무환경 등에 대한 비판이 SNS를 통해 퍼지고, 일부 기사가 운송 거부에 들어가자 "연말까지 기사 수익을 40% 이상 올리겠다"고 선언했다. 현대백화점은 10일부터 계약서에 '갑(甲)'과 '을' 대신 '백화점', '협력사'를 쓰기로 했다. 말만 바꾸는 게 아니라 협력사 고충을 듣는 프로그램도 마련했다. 국회에는 하도급법·가맹사업법 등에 대한 개정안이 쏟아졌다.

신광영 중앙대 사회학과 교수는 "경제민주화 바람으로 과거 관행에 대한 약자의 비판적 목소리가 커졌다"며 "50~60대와 달리 권위적 문화에 익숙하지 않은 20~30대는 이런 목소리에 더 적극적인 지지를 보낸다"고 분석했다. 을의 SNS 폭로는 기존 제도와 담당 부처가 약자의 목소리를 담아내지 못했기 때문에 더 큰 파장을 일으킨다. 밀어내기 관행은 어제오늘의 일이 아닌데 공정위는 문제가 커지고서야 조사를 확대했다. 가맹사업법 등이 있지만 여전히 가맹점주들은 본사의 인테리어 강제 교체 등의 압박에 시달린다. 그만큼 법이 허술한 셈이다. 조동근 명지대 경제학과 교수는 "공정위가 물가 잡기 등에 동원되면서 본업인 불공정 거래 단속, 경쟁 촉진에는 소홀했다"고 평가했다.51)

한국은 갑질 회장도 있는데…자사 택배원 폭행당하자 "직원 지킬 것" 외친 中

2016년 4월 17일 오전 9시 베이징(北京)시 둥청(東城)구의 고급아파트 단지에서 폭행 사건이 발생했다. 순펑그룹 소속 택배기사가 삼륜차를 몰고 택배를 배달하던 중 도로를 가로막은 검은색 승용차와 가벼운 접촉사고를 냈다. 택배원은 차주에게 공간이 좁으니 승용차를 옆으로 비켜달라고 했다. 이에 차주는 승용차를 옆으로 옮기고 택배원은 좁은 공간을 지

택배기사(왼쪽 첫째)에게 욕설하며
손찌검을 한 운전자(가운데)
[웨이보, 중앙일보]

나가고 있었는데 갑자기 승용차가 후진해 사고가 난 것이다.

문제는 그다음 벌어졌다. 운전자는 승용차에서 내리자마자 택배기

---

51) 중앙일보(2013.05.10).

사의 뺨을 후려치며 욕을 했다. 운전자의 손찌검에도 택배기사는 아무 말도 못 하고 맞기만 했다. 이를 촬영한 동영상은 중국판 트위터인 웨이보에 올라와 네티즌들의 분노를 자아냈다. 한 네티즌은 "1분여 동안에 택배기사는 6차례 맞고 수차례 욕설을 들었다"면서 분노했다. 택배기사는 결국 그 자리에서 400위안(약 6만 원)을 차주에게 합의금으로 주고 나머지 배달을 계속했다고 CCTV(china central television, 中国中央电视台 중국중앙텔레비전 또는 중국중앙전시대)가 보도했다.

이 소식을 접한 순펑그룹(중국 4대 택배업체 중 하나) 왕웨이(45) 회장은 "이번 사건의 책임은 끝까지 물어야 한다"면서 "그렇지 않으면 나는 순펑 회장 자격이 없다"는 메시지를 올렸다. 왕웨이 회장은 택배기사 출신으로 자수성가해 순펑을 창업했다. 그는 평소 "기업의 최대자산은 직원"이라는 경영철학을 고수해왔다. 왕웨이 회장은 "우리 택배기사들은 20세 남짓한 청년들이다. 비가 오나 눈이 오나 택배를 배달하고 힘들고 지쳐도 웃는 얼굴로 서비스한다"면서 "우리 회사 직원이 잘못한 점이 있었다면 해결하겠다. 가장 중요한 것은 존중하는 마음"이라고 말해 상대방 운전자를 비판했다. 왕웨이는 "이미 폭행당한 기사가 누군지 확인했다. 정성을 다해 보살필 것이니 다들 안심하라"고 전했다. 여론이 들끓으면서 택배기사를 폭행한 운전자 리(57)는 자기가 때린 택배기사에게 사과하고 10일간 구류를 사는 것으로 사건은 마무리될 전망[52]이라고 당시 언론은 보도했다.

---

52) 중앙일보(2016.04.20).

제3절 갑질에 대한 병적 현상 이해

1. 병적 장애

갑질의 원인으로 작용하는 병적 장애는 여러 가지가 있다. 그중에서 여기서는 인격장애, 분노조절장애에 대해 살펴보면 다음과 같다.

1) 인격장애

인격장애는 갑질의 병리적인 측면에서 접근하기 위해서는 반드시 살펴보아야 할 부분이다. 인격장애는 성격장애라고도 한다. 양자는 영어단어(personality [pɜːrsə|næləti] 1. 성격, 인격)의 뜻 해석에 따른 표현 차이이다. 사전에서는 양자의 의미를 약간씩 다르게 표현하므로 다른 용어로 오해할 수 있지만, 사실상 같은 용어의 다른 표현이다.

성격장애(personality disorders)는 타인에게 괴로움을 주는 병리적인 정서이자 부적응적 행동유형을 말한다. 흔히 '인격장애'라고도 불린다. 사춘기나 성인기 초기에 발달한 성격이 성숙하지 못하고 왜곡된 성격 구조를 보이다가 시간이 지남에 따라 개인의 특질로 굳어지면 성격장애로 이어진다. 이미 개인의 특질로 굳어진 성격은 개인의 행동에 영향을 주고, 또한 잘 변하지 않는다. 특히 성격장애

를 가진 사람들은 본인이 타인에게 피해를 주는 유형의 인간이라고 생각하지 못할 수도 있다.[53]

국가건강정보포털 의학 정보에 소개된 내용을 인용하여 인격장애(personality disorder)의 의미와 특징을 정리하여 소개하면 다음과 같다. 인격(Personality)은 어떤 한 개인을 특정 짓는 비교적 안정적이고 예측 가능한 전반적인 행동 경향과 사고 및 감정적 성향을 말한다. 즉 한 개인이 일반적인 상황 또는 특정한 상황에서 독특하지만, 예측 가능한 감정과 생각을 가지고 전형적인 행동을 하는데, 이러한 것을 성격이라고 말한다. 따라서 인격장애란 그러한 성격의 경향이 보통 사람들보다 수준을 벗어나는 편향된 상태를 말하는 것이다. 즉 인격장애는 한 개인이 지닌 지속적인 행동 양상과 성격이 현실에서 자신에게나 사회적으로 주요한 기능의 장애를 일으키게 되는 성격 이상으로 정의할 수 있다.

인격장애는 특징적 행동이 비슷한 것들끼리 모아서 크게 A, B, C 세 군집으로 나눈다. A군에는 편집성, 분열성, 분열형 인격장애가 포함되며 괴상하고 별난 경향을 보이는 것이 특징이며, B군은 히스테리성, 자기애적, 반사회적 및 경계형 인격장애가 해당하는데 대체로 극적이고 감정적이며 변덕스러움이 특징이다. C군은 회피성, 의존적 및 강박적 인격장애인데 억제되어 있고 불안해하고 두려움을 가진 것처럼 보인다.

---

53) 이동귀(2017), 『상식으로 보는 세상의 법칙: 심리편』, 북이십일 21세기북스.

인격장애의 분류[보건복지부 · 대한의학회]

편집성 인격장애

편집성 인격장애는 일반적으로 타인의 행동을 계획된 요구나 위협으로 보고 지속적인 의심과 불신을 갖는 경우이다. 이 경우에 속하는 사람들은 주로 고루한 고집쟁이, 부정행위 수집가, 배우자에 대해 병적 질투심을 갖는 자, 사소한 일에 소송을 남발하는 사람 등이다. 아마도 인구의 0.5~2.5% 정도가 편집성 인격장애를 가지고 있을 것으로 보인다. 이들은 타인의 행동을 의도적으로 자신을 기죽이려는 행동이나 위협하는 행동으로 해석하며, 늘 남이 자신을 괴롭히고 착취하며 해치려 한다고 생각한다. 정당한 이유 없이 의심하며 질투도 심하다. 감정적인 반응이 상당히 제한되어 있어서 늘 긴장되어 있고 냉담하고 무정한 면을 보이고 자만심을 보이며 유머 감각이 부족하다.

분열성 인격장애

분열성 인격장애는 일생 사회로부터 고립되어 있으며 다른 사람들과의 관계 형성 능력과 적절히 반응하는 능력에 심각한 장애가 있고 지나치게 내향적이며 온순하고 빈약한 정서가 특징이다. 이들은 다른 사람들이 볼 때 괴벽스럽고 외톨이처럼 보인다. 혼자 지내고 정서적으로 냉담하고 무관심하며 타인에 대해 따뜻함이나 부드러움이 없으며, 이성 교제에 대한 욕구도 거의 없고, 타인의 느낌, 칭찬, 또는 비평에 무관심하다. 가족을 포함해서 친밀한 관계에 있는 사람은 단지 한두 사람뿐이다. 멍하고 무감동적인 표정, 눈 맞춤을 지속시키지 못하며 무기력, 사회적 위축과 거리감, 유행에 뒤지는 옷차림을 볼 수 있다. 또한 혼자서 일하는 비경쟁적인 직업을 갖는 경우가 많다.

분열형 인격장애

분열형 인격장애 환자의 행동은 일반 사람들의 눈에도 괴이하거나 이상하게 보인다. 사회적 고립, 텔레파시 같은 마술적 사고, 관계사고(주변에 일어난 일들이 자신과 관련되어 있다고 느끼는 것), 피해의식, 착각, 이인증 등이 특징이다. 이는 정신분열증과 비슷하나 정신병적이 아닌 경우에 해당한다(정신병적이란 환청, 환시나 심각한 망상이 나타나는 경우를 말한다). 언어표현이 괴이하고 우회적이며 가까운 친구가 없고 사회적으로 고립되어 있다.

히스테리성 인격장애

히스테리성 인격 장애자들은 흥분을 잘하고 감정적인 사람들로 행동이나 말, 외모가 다양하고 화려하고 극적이며 외향적이다. 또한 자기주장이 강하고 자기 과시적인 경향을 보이며 일반적인 표현으로는 허영심이 많다. 다른 사람들의 관심과 주의를 끌기 위해 과장된 표현을 하지만, 실제 마음속으로는 의존적이고 대인관계를 지속시킬 수 있을 만큼 안정되지 못하여 지속해서 깊은 인간관계를 맺지 못한다. 원인은 확실히 규명되지는 않았지만, 정신분석에서는 오이디푸스 콤플렉스와 관련성을 이야기한다. 때에 따라서는 반사회적 인격장애적인 행동도 같이 나타나는 것으로 보아 남성에서 반사회적 인격장애, 여성에서는 히스테리성 인격장애가 생물학적인 기반으로 공유하고 있다고 설명하기도 한다. 그런 면에서는 생물학적 원인도 성격장애의 발생에 영향을 주는 것으로 보인다. 이들은 주의를 끌기 위한 행동이 심하여 자기 생각이나 느낌을 과장한다.

자기애적 인격장애

일반적으로 자아도취라고 하는 나르시시즘과 유사한 의미의 인격장애이다. 자기애적 인격장애에서는 자신의 재능이나 성취 정도, 중요성 등에 대해 과대적인 느낌을 가지고 있으며 타인이 자신을 비판하는 것에 예민하다. 사람 중 1% 이하에서 나타난다고 하며 원인은 정확히 모른다. 환자는 자기를 중요하다고 믿기 때문에 특별한 대우를 기대한다. 자존심이 불안정하여 다른 사람이 자기를 얼마나 좋게 보고 있는지에 항상 집착되어 있고 지속적인 관심과 칭찬을 요구한다. 사소한 일에도 쉽게 분노와 패배감, 열등감, 모욕감을 느끼고 우울감에 빠진다.

반사회적 인격장애

반사회적 인격장애가 있는 사람은 자기중심적이고 교묘하며 계속해서 사회 규범과 법을 어기는 행위를 한다. 아마도 인구의 1%는 반사회적 인격장애를 갖고 있을 것으로 생각되며 교도소 수감자 중에서는 15~70%가 여기에 해당할 것이라는 보고가 있다. 이들은 겉보기엔 똑똑해 보이고 말도 합리적이지만, 신의가 없고 성실성이 결여되어 있으며 반복적인 반사회적 행동의 동기가 모호한 것이 특징이다. 또한 자기중심적이고 자기애적이며 가끔 남을 위하는 체하지만 깊은 정서 관계는 갖지 않는다.

경계성 인격장애

경계성 인격장애는 생각, 행동 및 대인관계의 불안정과 주체성의 혼란으로 모든 면에서 변동이 심한 이상 성격을 나타낸다. 항상 위기상태에 있는 것처럼 보이며 어떤 위기 상황에 놓일 때 참을 수 없는 분노를 나타내고, 논쟁적이고 요구가 많으며 자신의 문제를 다른 사람의 책임으로 전가하려 한다. 평상시에도 기분 변동이 심하며 만성적으로 공허감과 권태를 호소하기도 하다. 대인관계에서 의존과 증오심을 동시에 갖고 있기 때문에 불안정하고 강렬하며 자신도 조절할 수 없는 분노 반응을 나타낸다.

강박적 인격장애

강박적 인격장애는 심한 완벽주의가 특징이다. 정신과 진단에서 얘기하는 강박장애와 구별이 필요한데 강박장애에서와 마찬가지로 지속적이거나 반복되는 생각과 충동이 있으나 그 생각은 행동으로 나타날 만큼 영향력이 강하지는 못하여 강박적 행위를 조절하지 못할 정도는 아니다. 강박적 인격장애는 초기 아동기에 나타나는 경우가 흔하다. 환자는 일과 소유에 대해 완벽주의가 있어서 인간관계에는 관심을 두지 않는다. 그들은 일을 완벽히 수행해내려는 생각에 사로잡혀 있으나 우유부단한 성격으로 괴로워한다. 강박적 인격은 옳은 일만을 행하려는 강직한 마음을 가지고 있으면서 도덕적이고 비판적이다. 그들은 소유물에 대해서 값어치와 상관없이 감정적으로 늘 쥐고 있으려고 하며 인색하고 나눌 줄 모른다.

회피성 인격장애

회피성 인격장애는 거절에 대해 극심하게 민감하여 사회적인 관계 자체를 피하는 것이 특징이다. 부끄러움이 많지만, 친밀한 인간관계에 대한 욕구가 높으며 대인관계를 유지하기 위해서는 거의 무비판적으로 수용해줄 수 있는 대상이 필요하다. 회피성 인격장애는 흔한 편으로 일반인구의 1~10% 정도가 해당한다. 거절에 대한 심한 불안이 가장 특징적으로, 표면적으로는 소심하고 부끄러움이 많은 양상으로 나타난다. 다른 사람과 대화할 때는 자신감이 없어 보이고, 확신을 잘 표현하지 않으며, 자기를 내세우지 않으려고 한다. 다른 사람들의 말을 자신에 대한 경멸이나 조롱하는 것으로 오해하곤 한다.

의존성 인격장애

의존성 인격장애는 다른 사람으로부터 보살핌을 받는 것을 가장 중요하게 여기며, 이를 위해서는 자신의 필요성보다 타인의 필요성을 우선시하면서 순종적인 태도를 보이고, 혼자 있게 되는 상황에

서 불안을 느낀다.[54]

인간은 불완전한 존재이다. 누구나 언제든지 병리적인 현상에 속하는 행동을 할 수 있다. 나의 행동으로 다른 사람들이 고통받는 피해를 보는 일이 없는지 자신을 되돌아보며 살 필요가 있다.

2) 분노조절장애

분노는 말과 행동이 돌발적으로 격렬하게 표현되는 본능적인 감정이다. 과도한 스트레스에 장기간 노출되거나 가슴속에 화가 과도하게 쌓여 있으면 이것이 잠재되어 있다가, 감정을 자극하는 상황이 생기면 화가 폭발하게 된다. 특히 성장 과정에서 정신적 외상이 있으면 분노 조절이 더 안 되는 경우가 있다. 분노는 표현하는 방식에 따라 드러내거나, 품는 방식을 사용하는데 두 가지가 조화를 이루지 못하고 병적으로 분노가 표출될 때 분노조절장애라고 한다. 이전에는 지나친 분노 억압으로 인한 울화병이 많았지만, 지금은 지나친 분노 폭발로 인해 분노조절장애가 많아지고 있다.

분노조절장애는 충동적인 분노 폭발형과 습관적 분노 폭발형 등 크게 두 가지 양상을 보인다. 충동형 분노조절장애는 도저히 화를 참을 수 없어 분노가 폭발하는 것으로 이 사람들을 흔히 다혈질이라고 한다. 습관적 분노조절장애는 어떤 목적을 달성하기 위해서 분노 표현 자체가 효과적이라는 것을 학습한 사람들로 목소리가 크면 이긴다는 식의 경험을 통해 시간이 갈수록 분노 표출 빈도가 커진다.[55]

---

54) 국가건강정보포털 의학정보.
55) 질병백과.

2. 트라우마

사람들이 경험하는 정신적 상처를 '트라우마'라고 한다. 트라우마에는 큰 트라우마, 작은 트라우마, 단일 트라우마, 복합성 트라우마가 있다.

큰 트라우마(Big Trauma)는 전쟁, 재난, 강간, 아동기 성폭행처럼 일상을 넘어서는 커다란 사건이 한 개인의 삶에 극적인 영향을 주는 경험을 말한다. 작은 트라우마(Small Trauma)는 각 개인의 삶에서 자신감 혹은 자존감을 잃게 만드는 일상에서의 경험, 사건을 말한다. 예를 들어 어린 시절 친구로부터 반복적으로 놀림을 받은 경험, 너무 급한 나머지 교실에서 소변을 본 경험, 혹은 발표할 때 실수를 했거나 하는 경험 등이 여기에 속한다고 볼 수 있다. 단일 트라우마는 일회성으로 일어난 경우를 말한다. 대개 충격의 강도가 큰 트라우마(Big Trauma)가 이에 해당하는 경우가 많다. 충격의 강도가 크기 때문에 단일한 경험이어도 감정과 행동에 영향을 미치게 된다. 복합성 트라우마는 반복적인 트라우마로 말미암아 여러 가지 복잡한 심리적 문제를 가지게 되는 경우를 말한다. 어린 시절부터 학대를 지속해서 경험했다던가, 학교에서 왕따를 경험하는 등 어떤 사건을 반복적으로 경험하게 되면 자신감은 없어지고 우울하게 될 것이다. 이러한 증상들이 견고해지게 되면 마치 인격적 특성으로 비치기도 한다.

정신의학적으로는 생물학적, 심리적, 사회적 그리고 더 나아가 영적인 요소가 복합적으로 작용하여 사람의 생각과 행동, 그리고 정신과 질환에 영향을 미친다고 설명하고 있다. 어느 한 가지 원인으로 특정 질환을 설명하지 않는다. 그러나 예외가 있다. 바로 '외상 후 스트레스장애(PTSD, Post Traumatic Stress Disorder)'이다. 이는 전쟁, 재난, 성폭력 피해, 가까운 사람의 죽음을 목격하는 등의 큰 트라우마(big trauma)를 경험한 이후 공포·불안, 회피, 놀람과 각성 반응이 나타난다는 개념이다. 최근 미국정신의학회가 개정한 정신질환분류체계(DSM-V)는 기존의 큰 트라우마에 의한 장애에 더하여 복합성 트라우마에 의한 '외상 후 스트레스 장애'의 개념을 추가하였다.

이것은 곧, 대형 사건이나 사고로 인한 트라우마 외에도, 성장환경과 일상적 생활 상황에서 경험할 수 있는 크고 작은 트라우마로 인한 불안, 우울 및 회피 등의 정서적 문제도 '질환'으로 정의할 수 있다는 뜻이다. 사람들은 어느 누군가 경험해왔던 과거의 일들은 전혀 모르면서도, 불안해하거나 우울해하는 사람들에 대해서 은근히 '마음이 심약한 사람', 또는 '뭔가 부족한 사람'으로 생각하는 경향이 있다. 그러나 그것은 또 다른 형태의 편견이 될 수 있다.[56)]

3. 스트레스

스트레스라는 말은 원래 19세기 물리학 영역에서 "팽팽히 조인다"라는 뜻의 'stringer'라는 라틴어에서 기원했다. 의학 영역에서는 20세기에 이르러 캐나다의 내분비학자 셀리에(Hans Selye)가 '정신적 육체적 균형과 안정을 깨뜨리려고 하는 자극에 대하여 자신이

---

56) 대한신경정신의학회, 『정신이 건강해야 삶이 행복합니다』, HIDOC.

있던 안정 상태를 유지하기 위해 변화에 저항하는 반응'으로 발전시켜 정의하게 되었다. Selye는 스트레스를 ① 경보 반응(alarm) → ② 대응-저항 반응(resistance) → ③ 탈진 반응(exhaustion)의 3단계로 나누었다. 스트레스 요인이 오랫동안 지속하여 마지막 단계인 탈진 반응에 빠지게 되면, 신체적 정신적 질병으로 발전할 수 있다는 이론을 함께 제시하였다.

스트레스는 긍정적 스트레스(eustress)와 부정적 스트레스(distress)로 나눌 수 있다. 당장에는 부담스럽더라도 적절히 대응하여 자신의 향후 삶이 더 나아질 수 있는 스트레스는 긍정적 스트레스이고, 자신의 대처나 적응에도 불구하고 지속하며 불안이나 우울 등의 증상을 일으킬 수 있는 스트레스는 부정적 스트레스라고 할 수 있다. 적절한 스트레스는 우리의 생활에 활력을 주고 생산성과 창의력을 높일 수 있다. 즉 스트레스에는 긍정적 혹은 부정적 생활사건 모두가 포함될 수 있으나, 주로 부정적 생활사건과 관련된 스트레스만을 가리킬 때를 일반적으로 스트레스 상황으로 인식한다.

미국의 심리학자 라자루스(Lazarus)는 같은 스트레스 요인이라고 할지라도 받아들이는 사람에 따라 긍정적 스트레스로 작용하느냐, 부정적 스트레스로 작용하느냐로 달라질 수 있다고 보고하였다. 스트레스 요인이 발생하면 먼저 그것이 얼마나 위협적인가 또는 도전해볼 만하냐 하는 일차 평가가 일어나게 된다. 만약 위협적이라고 평가한 경우라면 위협에 따른 부정적인 감정을 처리하기 위한 다양한 대처를 고려하는 다음 단계(이차 평가)를 거치게 된다. 따라서 스트레스 상황을 부정적으로 받아들이면 결국 질병으로 가게 되지만, 긍정적으로 받아들이면 생산적이고 행복해질 수 있다. 긍정적 스트레스의 경우 생활의 윤활유로 작용하여 자신감을 심어주고 일의 생산성과 창의력을 높여줄 수 있다는 점에서 긍정적 효과도 나타난다. 결국 앞서 설명한 좋은 스트레스로 받아들이는 것이 건강, 행복, 성공의 열쇠가 될 수 있다.[57]

스트레스란[보건복지부·대한의학회]

해로운 인자나 자극을 스트레서(stressor)라 하고, 이때의 긴장 상태를 스트레스라고 한다. 스트레스 반응은 자극 호르몬인 아드레날린이나 다른 호르몬이 혈중으로 분비되어 우리 몸을 보호하려고 하는 반응으로, 위험에 대처해 싸우거나 그 상황을 피할 힘과 에너지를 제공한다. 스트레스 반응에 대한 신체의 변화는 다음과 같다. ①

---

57) 국가건강정보포털 의학정보.

근육, 뇌, 심장에 더 많은 혈액을 보낼 수 있도록 맥박과 혈압의 증가가 나타난다. ② 더 많은 산소를 얻기 위해 호흡이 빨라진다. ③ 행동할 준비 때문에 근육이 긴장한다. ④ 상황 판단과 빠른 행동을 위해 정신이 더 명료해지고 감각기관이 더 예민해진다. ⑤ 위험을 대비한 중요한 장기인 뇌·심장·근육으로 가는 혈류가 증가한다. ⑥ 위험한 시기에 혈액이 가장 적게 요구되는 곳인 피부·소화기관·신장·간으로 가는 혈류는 감소한다. ⑦ 추가 에너지를 위해서 혈액 중에 있는 당·지방·콜레스테롤의 양이 증가한다. ⑧ 외상을 입었을 때 출혈을 방지하기 위해 혈소판이나 혈액응고인자가 증가한다.

스트레스의 원인을 스트레서 또는 유발인자(trigger)라고 한다. 그 원인은 외적 원인과 내적 원인으로 나눌 수 있는데, 대부분 자기 자신에 의한 내적 원인에 기인한다. 외적 원인은 소음, 강력한 빛·열, 한정된 공간과 같은 물리적 환경, 무례함·명령, 타인과의 격돌과 같은 사회적 관계, 규칙·규정·형식과 같은 조직사회, 친인척의 죽음, 직업상실, 승진과 같은 생활의 큰 사건, 통근 등 일상의 복잡한 일 등이 있다. 내적 원인은 카페인, 불충분한 잠, 과중한 스케줄과 같은 생활양식의 선택, 비관적인 생각, 자신 혹평, 과도한 분석과 같은 부정적인 생각, 비현실적인 기대, 독선적인 소유, 과장되고 경직된 사고와 같은 마음의 올가미, 완벽주의자·일벌레 등 스트레스가 잘 생길 수 있는 개인특성 등이 있다.

일반적인 증상은 다양하지만 4가지 범주로 나눌 수 있다. ① 신체적 증상: 피로·두통·불면증·근육통·위병이나 경직(특히 목, 어깨, 허리), 심계항진(맥박이 빠름), 흉부 통증, 복부 통증, 구토,

전율, 사지냉감, 안면홍조, 땀, 자주 감기에 걸리는 증상이 나타난다. 특히 스트레스를 받아 위병이 나는 원인은 내분비를 통한 반응과 자율신경을 통한 반응이 복합적으로 작용하기 때문이다. 스트레스를 받은 뇌는 위산 분비를 촉진시킨다. 한편, 자율신경에서는 위점막의 혈관이 좁아지고, 혈액이 모두 도달하지 않게 되면서 점막의 방어기능이 저하된다. 결국 위산이 위벽 일부를 파괴하면서 속이 아파지는 것이다. ② 정신적 증상: 집중력이나 기억력 감소, 우유부단, 마음이 텅 빈 느낌, 혼동이 오고 유머 감각이 없어진다. ③ 감정적 증상: 불안, 신경과민, 우울증, 분노, 좌절감, 근심, 걱정, 불안, 성급함, 인내 부족 등의 증상이 나타난다. ④ 행동적 증상: 안절부절못함, 손톱 깨물기·발 떨기 등의 신경질적인 습관, 먹는 것, 마시는 것, 흡연, 울거나 욕설, 비난이나 물건을 던지거나 때리는 행동이 증가한다.

스트레스는 무조건 건강에 좋지 않은 영향만 끼치는 것은 아니다. 적당하면 오히려 신체와 정신에 활력을 주는 것으로 알려져 있다. 그러나 내·외적 자극에 대해 한 개인이 감당할 능력이 약화하거나, 이러한 상태에 장기간 반복적으로 노출되면 스트레스는 만성화되어 정서적으로 불안과 갈등을 일으키고, 자율신경계의 지속적인 긴장을 초래하여 정신적·신체적인 기능장애나 질병을 유발한다. 특히 노이로제 또는 심신장애의 병적인 증상이 진행하거나 악화하여 온갖 장애와 만성질환에 걸리게 된다.[58]

---

58) 두산백과.

4. 불안

불안(不安)은 몸이나 마음이 편하지 아니하고 조마조마함, 심리학에서는 특정한 대상이 없이 막연히 나타나는 불쾌한 정서적 상태, 안도감이나 확신이 상실된 심리 상태이다. 일반적으로 불안은 근심과 걱정으로 인해 마음이 죄어지는 느낌, 숨이 차고 빨라지는 맥박과 호흡 등의 증상으로 나타난다. 이러한 증상이 더 심해져서 안절부절못하고 죽을 것 같은 느낌이 들거나 심지어 기절하는 상황이 발작적으로 오는 경우도 있다. 공황발작이다.

불안은 다가오는 상황에 대해 몸이 미리 준비하게 하는 역할을 한다. 불안을 느끼면 몸은 혈압을 높이고 맥박을 빠르게 하여 판단을 담당하는 뇌와 움직임을 담당하는 근육에 혈액의 공급을 원활하게 한다. 아드레날린이 증가하여 각성도가 증가하고 주변의 작은 변화에도 예민하게 반응할 수 있도록 준비해준다. 또한 불안은 다른 감정이나 정보들보다 빠르게 전염되는 특성이 있다. 누군가가 불안해하거나 무서워하면 옆의 사람들도 불안하거나 무서워지게 되는 것이다. 오랜 옛날부터 집단생활을 이어온 인간은 다른 사람의 불안과 공포를 금방 알아차리고 이를 정보로 이해하고 타인에게 빨리 전달해야 위험에 대비하고 살아남을 수 있었다. 불안과 두려움이 다른 어떤 정보보다 빠르게 퍼지고 전염되는 이유다.59)

---

59) 대한신경정신의학회, 『정신이 건강해야 삶이 행복합니다』, HIDOC.

5. 화와 분노

화(火)는 몹시 못마땅하거나 언짢아서 나는 성, 분노(憤怒)는 분
개하여 몹시 성을 냄 또는 그렇게 내는 성이다. 화와 분노에 대한
이해를 돕기 위해 대한신경정신의학회에서 저술한 "정신이 건강해
야 삶이 행복합니다" 중 화와 분노 부분에 대한 내용을 일부 발췌
하여 인용하면 다음과 같다.

화와 분노

분노는 괴로움과 동격인 감정이다. 어떤 형태의 우울증은 분노의
감정으로 나타나기도 하는데, 이는 분노를 뜻하는 영어 단어 'anger'
가 괴로움을 뜻하는 'anguish'와 같은 어원이라는 면에서도 유사성을
확인할 수 있다. 한국인에게 많은 '화병(火病)'은 형태적으로는 신체
형 장애와 유사하지만, 감정적으로는 우울증과 유사하다. 그래서 '울
화병(鬱火病)'이라는 말을 쓰기도 한다. 그런 면에서 '화병'은 한국의
억압적 문화 속에서 변형된 우울장애로 볼 수도 있을 것이다.

어떠한 이유로 분노에 휩싸이면 사람들은 위압적인 태도를 보이
게 된다. 험한 말과 행동을 하기도 하고, 심하게는 폭력이나 살인
같은 극단적인 사건을 저지르기도 한다. 이러한 분노는 질투나 두려
움, 원한 등 여러 가지 원인에서 시작되지만, 대개는 부정적인 결과
를 낳고 끝나버린다. 또한 분노의 대상은 가까운 가족이나 동료인
경우가 많아서 인간관계에 큰 악영향을 미치고 주변 사람들을 불행
하게 만들기도 한다.

그렇다고 해서 억지로 화를 참는 것도 능사는 아니다. 마음속에

꾹꾹 눌러 담은 화는 스트레스가 되어 여러 신체 증상으로 나타나기도 하고, 정서적으로는 우울감이나 불안감 등으로 표현되기도 한다. 때로는 이런 억압된 분노가 대상에 대한 수동공격형 방어로 나타나는 경우도 있다. 수동공격성은 잘 드러나지 않는 방법으로 고집을 부리거나 삐딱한 태도를 보이고 지시에 꾸물거리는 등의 소극적인 방법으로 상대에게 분노를 표출하는 것을 말한다. 요즘 말로 흔히 얘기하는 '소심한 복수'다. 직장이나 군대 등 조직사회에서 불만을 가진 부하들이 이런 식으로 분노를 표출하는 것을 심심찮게 볼 수 있다. 그러나 이는 결국 인간관계와 작업능률에 지장을 주어 스스로 피해를 가져오는 결과를 낳는다.

분노는 개인이나 집단에 대개 부정적인 결과를 가져온다. 그 때문에 거의 모든 문화권에서 화는 집단을 해칠 수 있는 부정적인 감정으로 취급하고, 억누르도록 가르치고 있다. 그러면 인간은 이러한 화와 분노의 마음을 도대체 왜 가지고 있는 것일까? 인간은 사회적 동물로 하루에도 수많은 만남을 통해 사람들과 관계를 맺으며 살고 있다. 이 중에는 이해관계가 부딪히거나, 적대적인 감정 교감이 일어나는 등의 위협적인 대상이 생기기도 한다. 일반적으로 우리는 위협적인 대상과 맞닥뜨리게 될 경우 협상, 도망, 투쟁의 세 가지 전략 중 하나를 선택한다.

처음에는 우선 협상을 통해서 대상의 공격성을 누그러뜨리려고 하지만, 그것이 통하지 않으면 대뇌 편도체가 활성화되면서 도망치는 전략을 구사한다. 그러나 이마저 여의치 않으면 편도체가 최대로 활성화되어 분노가 동반된 적극적인 공격을 시도하게 된다. 이것이 화다. 물론 사회적 부조리에 항거하는 정당한 분노는 우리 사회를 발전시키는 큰 힘이 되어온 것이 사실이다. 그러나 개인의 수준에서 분노를 다스리지 못하는 것은 여러모로 대단히 불리하다.

분노가 잘 조절되지 않는 것은 상대가 나를 화나게 했기 때문이 아니라, 나의 마음이 충분히 수양되지 않았기 때문이다. 설령, 정말 부당한 대우를 받는 상황이라도 분노를 직접 겉으로 드러내는 것보다는 평온하고 침착한 마음으로 차분하게 대처하는 것이 훨씬 유리하다. 분노로 감정을 쏟아내기 전에 자기 자신의 마음을 다스리는 방법을 먼저 배워야 한다.[60]

〈사례 1-1〉

비닐봉지 값 20원 요구했다고 살인 범죄가 된 분노

조 모(52) 씨는 한겨울 편의점에서 생면부지 아르바이트생을 흉기로 8차례 찔렀다. 피를 흘리며 달아나려는 아르바이트생 머리를 밟았다. 잔혹한 살해의 동기는 비닐봉지 값 20원이었다. 만취한 조 씨가 건넨 숙취해소음료 3병을 봉투에 담아주지 않는다고 실랑이를 벌이다 아르바이트생이 경찰에 업무방해로 신고한다고 하자 분노가 폭발, 집에서 흉기를 들고 돌아왔다. 사건 겉모습은 언론에 보도됐다. 사소한 시비로 터진 분노범죄에 사람들은 경악했다.

현실 불만이 분노범죄의 방아쇠

분노의 근원은 2017년 재판 과정에서 밝혀졌다. 2010년 한국에 건너와 자동차공장에서 일했던 재중동포 조 씨는 가족 생활비를 책임지느라 빚더미에 올랐다. 사건 직전에는 자녀가 암 수술 뒤 악화했다는 소식까지 들었다. 우울감이 심신을 뒤덮었지만, 홀로 사느라 속을 털어놓을 상대도 없었다. 현실 불만은 쌓여만 갔다. 대구고법은 "가족의 건강 문제와 경제적 부담감으로 우울감을 겪어 왔는데, 이런 정신건강 상태가 일부 범행에 영향을 미친 것으로 보인다"고 설명했다.
평범해 보이는 이웃, 손님, 행인이 '욱' 하는 순간이 범죄로 치닫는 상황은 이제는 남

---

60) 대한신경정신의학회, 『정신이 건강해야 삶이 행복합니다』, HIDOC.

얘기가 아니다. 2015년 경찰청 통계에 따르면, 상해나 폭행 등 폭력범죄 37만 2,000 건의 41.3%는 분노(우발적 범죄, 현실 불만)가 동기다. '화가 나서' 사람을 해친다는 얘기다. 급기야 경찰은 2017년 처음 도로 위 분노범죄인 보복운전 통계(2,168명)를 집계했다. 우리는 분노가 범죄가 된 현실을 마주하고 있다. 이런 분노범죄는 크게 현실 불만, 만성 분노, 정신 장애 3가지 범주(한국형사정책연구원)로 나뉜다. 조 씨 사건은 현실 불만에 따른 것이다. 2017년 6월 충북 청주에서 인터넷 서비스 방문 수리기사를 등 뒤에서 칼로 찔러 살해한 권 모(55) 씨는 주식 투자 실패 등 경제적 어려움이라는 현실 불만을 극도의 분노로 표출했다. 대검찰청에 따르면, 2017년까지 최근 5년간 분노범죄(묻지마 범죄) 231건 중 52건(22.5%)은 현실 불만을 이유로 발생한 것으로 추산된다.

불만이 만성 분노로, '시한폭탄'

현실 불만은 만성 분노로 악화한다. 이동귀 연세대 심리학과 교수는 미국 예일대 심리학자들이 고안한 '좌절-공격 이론'을 들어 "목표가 거듭 좌절되고 현실의 벽에 자주 부딪히면 사람 심리가 공격적으로 변한다"고 설명했다. 현실 불만보다 더 위험한 단계다.

인천 남구 한 빌라에서 2017년 5월 새벽 주민 A(34) 씨는 '펑' 하는 소리가 들려 문밖으로 뛰쳐나갔다가 봉변을 당했다. 복도에 나와 있던 B(24) 씨에게 "이게 무슨 연기냐"고 묻자 다짜고짜 욕부터 했다. A 씨 멱살을 잡고 흔들던 B 씨는 집에서 빈 와인병을 들고 나와 A 씨 머리를 후려쳤다. 심지어 식칼까지 들고 나와 휘둘렀다. B 씨가 내세운 이유는 반말을 했다는 것이다. 인천지법은 B 씨 범행 동기를 만성 분노로 봤다. "어머니의 부재와 멘토의 결핍 등으로 어렵고 상처받은 성장기를 지냈다"는 것이다. "분노조절장애나 폭력 성향이 치유되지 않는다면 극도로 흥분된 상황에 직면할 경우 또다시 자해를 하거나 재범할 가능성을 배제하기 어렵다"고 덧붙였다.

만성 분노는 오랜 기간 겪은 불평등, 그로 인해 현실 불만이 축적된 상태라 범죄 '시한폭탄'에 가깝다. 2012년도 발생 분노범죄 수사·재판기록을 전수 분석한 한국형사정책연구원에 따르면, 재판에 넘겨진 48명 대부분이 사회·경제적 약자였다. 36명은 직업이 없었고 11명은 일용직이었다. 35명은 월평균 소득이 전혀 없었다. 절반(24명)이 최종 학력 중졸 이하거나, 유년기 가족불화를 겪었다. 잦은 실패와 좌절, 현실적 어려움이 범죄로 이어진다는 방증이다.

정신병력도 분노 키워

2017년 5월 중순 서울 강서구 한 도매시장에서 때아닌 칼부림이 벌어졌다. 이날 처음 아르바이트를 시작한 정 모(30) 씨가 하역작업이 끝나던 자정쯤 전혀 알지 못하던 한 직원의 목을 찔렀다. 정 씨는 앞서 작업 도중 다른 직원에게 "도움이 안 된다"는 말을 듣고 크게 화를 내며 욕설을 하고 싸웠다. 흉기를 들고 작업이 모두 끝날 때까지 기다렸지만 이 직원을 찾지 못하자 엉뚱한 사람에게 달려든 것이다.

정 씨가 오래전부터 우울증 등 정신 장애에 시달렸다는 사실은 재판 과정에서 드러났다. 무시당한다는 생각이 들면 분노와 적대감에 쉽게 사로잡혔고, '죽고 싶다'는 생각에 두 차례나 자살을 시도했다. 서울남부지법은 "정신병력으로 사물을 변별할 능력이나 의사를 결정할 능력이 미약한 상태에서 범죄를 저질렀다"라며 2년 치료감호를 명했다. 이처럼 일부 분노범죄는 정신병력으로 피해의식이 과도해진 상태에서 발생한다. 이수정 경기대 범죄심리학과 교수는 "최근 정신건강복지증진법이 개정돼 입원 기준이 강화됐지만 쏟아져 나오는 환자들에 대해 우리 사회는 충분한 준비가 되어 있지 않다"고 우려했다.

사회 구조 개선, 화내지 않는 사회

분노범죄 근절의 근본 해결책은 결국 사회 구조의 체질 개선이다. 노중기 한신대 사회학과 교수는 "경쟁 중심 교육, 복지제도 부실 등 분노가 폭발할 수 있는 저변이 두텁게 축적된 게 현실"이라며 "분노범죄를 사회문제가 아닌 개인 문제로 치부하는 사회 분위기부터 바꿔야 한다"고 지적했다. 단기적으로는 개개인의 분노 게이지가 올라가지 않도록 지역사회가 움직여야 한다. 김석호 서울대 사회학과 교수는 "가족과 친구를 제외하면 한국 사회에 개인 분노와 정신건강을 다스리게 도와줄 제도적 장치가 없다"며 "지역사회에 '히키코모리(引き籠もり, 은둔형 외톨이) 지원센터'를 운영하는 일본 사례를 참고할 만하다"고 말했다.[61]

---

61) 한국일보(2018.01.01).

제4절 갑질의 원인이 되는 힘
그리고 강자와 약자 이해

1. 갑과 을의 우열을 가르는 핵심 요소는 힘

　현실에서 갑과 을을 형성하는 우위와 열위의 구분 기준은 힘이다. 즉 갑질을 하는 갑과 갑질을 당하는 을의 우위와 열위를 가르는 핵심요소는 힘이다. 갑질과 관련된 힘은 지력, 권력, 금력, 완력, 상대적 관계력, 조직력이 있다. 갑과 을의 우위와 열위는 일반적으로 양자의 위치, 수준, 상태를 총칭하여 잠재하고 발휘되는 힘으로 인식하여 구분한다. 보다 더 좋거나 앞서 있는 것은 우위, 비교 대상에 미치지 아니하는 것은 열위가 된다. 그러나 여기서 유의할 점은 우위와 열위가 반드시 양자의 총량적 힘으로 결정되는 것도 고정된 것도 아니라는 사실이다. 특정한 사건이나 관계적 상황에 따라 역학적 관계는 얼마든지 변화할 수 있다.

　평상시에는 힘이 있다고 거들먹거리며 갑질을 하는 사람들도 자신에게 필요할 때는 을에게 협조를 구하는 일이 생길 수 있다. 실제 현실에서 대기업도 특정한 일을 하기 위해서는 의사 결정권을 가진 실무자, 강력한 영향력을 행사할 수 있는 개인, 특별한 기술을 가진 사람에게 때로는 허리를 굽히고 예우를 하며 그들의 도움을 받아 일을 추진하는 일이 적지 않다.

2. 갑질을 유발하는 원인 힘의 차이

갑질은 오로지 힘의 상대적 차이에서 발생한다. 큰 힘을 가진 사람과 비슷한 크기의 힘을 가진 사람은 상대에게 보복하여 피해를 주거나 맞대응할 수 있고, 그렇게 하면 싸움이 된다. 그러므로 갑질이 성립하지 않는다. 상대적인 관계에서 큰 힘을 가진 사람이 약한 힘을 가진 사람에게 횡포를 부리고 부당행위를 하면 약자도 싸움을 걸 수 있다. 실제 싸움을 하면 패하기 쉽지만, 간혹 이기는 경우도 있다. 하지만 이긴다고 하더라도 그 과정에 비용이 들거나 수익이 줄어들고 갑과 을의 관계가 변화하지 않는 경우가 많아 실익이 적다. 또 지면 혹독한 보복을 당할 수 있다는 정세 판단이 작용한다. 이것이 을이 싸움을 안 하고 갑질을 당하는 쪽을 택하는 이유이다.

현실은 냉엄하다. 자연계에는 먹이사슬이 존재하고 약육강식이 통용된다. 먹이사슬은 생태계에서 먹이를 중심으로 이어진 생물 간의 관계이고, 약육강식(弱肉強食)은 약한 자가 강한 자에게 먹힌다는 뜻으로, 강한 자가 약한 자를 희생시켜서 번영하거나, 약한 자가 강한 자에게 끝내는 멸망됨을 이르는 말이다. 인간의 세계도 예외는 아니다. 다만 인간은 법규를 통해 이 질서를 조정한다. 이것이 갑질 문제의 해결을 위해 체계를 바꾸어야 한다고 주장하는 근거가 된다.

3. 갑질을 유발하는 6가지 힘

갑질을 유발하는 힘은 크게 보면 지력, 금력, 권력, 완력, 상대적 관계력, 조직력 등 6가지이다. 병적인 원인도 있지만, 병적 원인은 대개 힘과 연관되어 나타난다. 즉 병이 있어도 상대적인 힘의 우위에 있을 때 갑질이 일어난다. 갑질을 유발하는 6가지 힘에 대해 살펴보면 다음과 같다.

지력

지력(知力)은 지식의 능력, 지식의 힘을 뜻한다. 이를 일상적인 표현으로 바꾸면 '아는 것이 힘이다'라는 말이 된다. '알아야 면장을 하지'라는 관용구는 어떤 일이든 그 일에 관련된 학식과 실력이 있어야 한다는 말이다. 특히 정규 교육을 제대로 받지 못한 사람들이 마음의 상처를 많이 받는 것 중 하나가 '배운 것이 없다'와 '무식하다'는 말을 듣는 것이다. 아는 것의 차이는 따돌림의 원인 중 하나다. 개중(個中)에는 자신과 대화가 통하지 않거나 현저한 수준 차이가 나면 같이 어울리지 않으려고 하는 태도를 보이는 사람들도 있다. 이러한 태도가 갑질의 형태로 나타나는 대표적인 것이 따돌림이다. 같은 무리끼리 서로 내왕하며 사귄다는 유유상종(類類相從)이라는 말이 생긴 것은 그만한 이유가 있다. 2018년 간호사들 사이에서 발생하여 사회적 논란이 된 태움의 바탕에는 아는 것의 차이가 중요한 원인으로 작용했다.

금력

금력(金力)은 돈의 힘 또는 금전의 위력을 말한다. 돈의 힘은 대단하다. 이것을 단적으로 표현하는 말이 유전무죄 무전유죄이다. 유전무죄 무전유죄(有錢無罪 無錢有罪)는 돈이 있을 경우 무죄로 풀려나지만, 돈이 없으면 유죄로 처벌받는다는 말이다. 법률소비자연대의 조사에 따르면, 국민의 80%가량이 유전무죄 무전유죄에 동의한다고 하였다. 이러한 국민의 생각은 대한민국 사회의 사법부와 검찰에 대한 불신과 연결되어 있다. 재벌에 대한 솜방망이 처벌이 하나의 근거로 제시된다. 1990년 이후 대한민국 내의 10대 재벌 총수 중 7명은 모두 합쳐 23년의 징역형을 선고받았으나 형이 확정된 후 평균 9개월 만에 사면을 받고 현직에 복귀했다.[62] 이렇게 돈은 때로는 법 앞의 평등을 무너뜨릴 힘을 가지고 있다.

인간 세상에서 돈은 삶을 유지하는 매개 수단으로 그 자체가 힘의 상징으로 작용한다. 돈이 있으면 많은 것을 할 수 있지만, 돈이 없으면 생존과 관련된 의식주는 물론 하고 싶은, 갖고 싶은 것, 이루고 싶은 것을 실현하기 어렵게 하는 요소로 작용하기 때문이다. 그러므로 사람들은 돈을 모으기 위해 온갖 노력을 한다. 갑질은 돈을 가진 사람과 갖지 못한 사람, 상대적으로 돈을 많이 가진 사람과 적게 가진 사람, 돈을 벌려고 하는 사람과 돈을 쓰려고 하는 사람 사이에서도 발생한다. 고객에 대한 구매자의 갑질은 돈을 쓰려고 하는 사람과 그들을 통해 돈을 벌려고 하는 사람 사이에 발생하는 갑질에 해당한다. 여기에는 블랙컨슈머[63] 문제도 있지만, 기업

---

62) 위키백과.
63) 블랙컨슈머(black consumer)는 부당한 이익을 취하고자 고의로 악성 민원을 제기하는 소비자이다. 악성을 뜻하는 블랙(black)과 소비자란 뜻의 컨슈머(consumer)를 합친 말로, 기업 등을 상

들의 잘못된 고객 만족과 상관의 갑질이 상승작용을 한다.

권력

유권무죄 무권유죄(有權無罪 無權有罪)는 직역하면 권력이 있는 자는 무죄이고, 권력이 없는 자는 유죄라는 뜻이다. 유전무죄 무전유죄(有錢無罪 無錢有罪)라는 말을 응용한 말로 '과연 법은 만인에게 평등한가'에 대한 사회적 불평등의 문제를 풍자하는 표현[64]이다. 권력(權力)은 남을 복종시키거나 지배할 수 있는 공인된 권리와 힘이다. 특히 국가나 정부가 국민에 대하여 가지고 있는 강제력을 이른다. 정부는 물론 사회 각 조직에서는 계급제도에 따라 구성원에게 지위와 그에 부수하여 권력을 준다. 권력을 가진 사람은 의사를 결정하고 그것을 실행할 수 있는 권한을 가진다. 권력 행사를 통하여 다른 사람의 행동을 통제하고 집단이나 상사인 자신이 원하는 일을 하게 한다. 권력 관계에서는 일반적으로 큰 권력을 가진 쪽이 작은 권력을 가진 쪽에 갑질을 행사한다. 상사와 부하, 상급기관과 하급기관, 큰 권력을 가진 부서와 작은 권력을 가진 부서, 감사와 검사권을 가진 부서와 감사와 검사를 받는 부서 사이에서 발생하는 갑질이 대표적인 사례이다.

대로 개인적 이익을 챙기려고 일부러 악성 민원을 제기하는 소비자를 가리킨다. 과거에는 품질 불량에 대한 보상 요구가 많았다면 최근에는 업체에 연락해 폭언이나 폭설, 인터넷 유포 위협 등은 물론이고 제품을 갈취하거나 금품을 요구하는 경우가 늘고 있다. 이러한 악성 민원은 기업의 비용부담을 늘려 화이트 컨슈머(선량한 소비자)에게까지 악영향을 미치게 된다.[시사상식사전]

64) 네이버 국어사전.

완력

사전적 의미의 완력(腕力)은 팔의 힘, 육체적으로 억누르는 힘이다. 하지만 여기서 말하는 완력은 육체적인 힘인 체력과 싸움을 잘하는 기술을 총칭한다. 싸움을 잘하는 기술은 각종 무술을 연마하는 것이 포함된다. 육체적인 힘이 세거나 싸움을 잘하는 기술을 가진 사람이 힘이 약하거나 싸움을 못하는 사람에게 갑질을 한다. 이러한 힘은 주로 폭력을 행사하는 갑질을 할 때 사용된다. 하지만 현실에는 오히려 힘이 약하고 싸움하는 기술도 없는 사람이 힘이 세거나 싸움을 잘하는 기술을 가진 사람에게 갑질을 하는 사례가 적지 않다. 이런 경우 갑질을 하는 사람은 완력의 크기를 넘어서는 지력, 금력, 권력, 상대적 관계력, 조직력 등을 앞세워 갑질을 한다. 일반적으로 여성을 포함한 노약자가 힘이 센 사람에게 하는 갑질은 완력 이외의 힘이 세기 때문에 가능하다.

상대적 관계력

상대적 관계력은 상대적 관계에서 우위를 차지하는 힘이다. 주로 직무 수행 등 일을 할 때 상대적 관계에 있는 사람들 사이에 작용하는 힘을 말한다. 개인이 가진 힘보다는 관계를 형성하는 조건이나 질서, 배경, 법규나 정책 등에 나타나는 우대 조건, 지지나 동조 세력, 여론 등이 중요한 요소로 작용한다. 개인 대 개인의 측면에서 볼 때는 더 큰 힘을 가져 힘의 우위에 있는 사람들도, 사회 활동을 수행하는 과정에서 상대적 관계에 의해 힘의 열위가 되어 갑질을 당하는 일이 비일비재하다. 고객과 점원의 관계, 대기업 직원과 하청업체 사장, 돈을 빌려주는 금융회사와 돈을 빌리는 회사나 개인,

권력자나 돈이 많은 가족 또는 친구를 둔 사람과 그렇지 않은 사람 등 자신의 힘과 상관없이 상대적 관계나 상황에 의해 힘의 우위와 열위가 발생하고 그것에 의해 갑질이 일어난다.

조직력

조직력(組織力)은 조직으로 뭉쳐진 힘이나 집단이 갖는 총체적인 힘을 의미한다. 가장 대표적인 조직력이 한 나라의 국력이다. 국력 (國力)은 한 나라가 지닌 정치, 경제, 문화, 군사 따위의 모든 방면 에서의 힘이다. 국력은 여러 가지가 결합한 힘으로 집단의 힘을 상 징한다. 강대국은 약소국, 힘이 강한 집단은 힘이 약한 집단이나 개 인을 대상으로 갑질을 한다. 즉 집단과 개인은 물론 조직과 조직 사이에 발생하는 갑질은 조직력이 큰 쪽이 작은 쪽에 행사한다.

4. 절대 강자와 절대 약자

강자(強者)는 힘이나 세력이 강한 사람이나 생물 및 그 집단, 약자 (弱者)는 힘이나 세력이 약한 사람이나 생물 또는 그런 집단이다. 상 대적(相對的)은 서로 맞서거나 비교되는 관계에 있는 또는 그런 것을 말한다. 강자와 약자는 상대적 관계에 따라 결정되는 일이 많다.

1) 절대 강자와 절대 약자

절대 강자는 비교되거나 맞설 만한 사람이 없을 정도로 힘이나 세력이 강한 사람을 말한다. 절대 약자는 비교되거나 맞설 만한 사람이 없을 정도로 힘이나 세력이 약한 사람이다. 세상에 절대적 강자와 절대적 약자는 많지 않다. 단지 상황에 따라 결정되거나 자신이 절대적 강자나 절대적 약자라고 생각하는 사람이 많을 뿐이다. 세상 모든 것은 변화한다. 그러므로 현재 지위는 언제 변화할지 모른다. 그러므로 강자라고 약자에게 군림하려 들어서도 안 되지만, 약자라고 비굴하게 살아서도 안 된다.

2) 상대적 강자와 상대적 약자

상대적 강자는 서로 맞서거나 비교되는 관계에 있는 사람 중에서 힘이나 세력이 강한 사람을 말한다. 상대적 약자는 서로 맞서거나 비교되는 관계에 있는 사람 중에서 힘이나 세력이 약한 사람이다. 강자와 약자의 위치는 맞서는 상대나 비교되는 관계에 따라 달라진다. 그러므로 상대적 관계에서 강자라도 또 다른 상대적 관계에서는 언제든지 약자로 위치가 바뀔 수 있다. 이렇게 상대적 위치는 변화의 가능성이 상존한다.

3) 사회적 강자와 사회적 약자

우리 사회에서 요즘 많이 사용되는 용어 중 하나가 바로 '사회적 약자'이다. 한국경제신문 검색란에서 '사회적 약자'라는 검색어를 넣어보면, 사회적 약자라는 용어는 1990년대 초반부터 등장하지만, 본격적으로 사용되는 것은 김대중 정부 때부터이다. 그 이전에는 사회적 약자라는 용어보다는 '경제적 약자'라는 용어가 사용되었다. 그러다가 1996~1997년이 되면 우리 사회에 사회적 약자라는 용어가 자주 등장하게 되고, 또한 이때부터 사회적 약자는 경제적 약자만이 아니라 '여성, 아동, 노인, 장애인 등 우리 사회에서 자신의 권리를 확보하지 못하고 불평등한 삶을 살아가는 사람들'이라는 의미의 약자(弱者)를 지칭하는 말로 사용되고 있다. 네이버(Naver) 지식백과에는 "사회적 약자나 소수자는 '신체적 문화적 특징으로 인해 사회의 주류 집단 구성원에게 차별받으며, 자신도 차별받는 집단에 속해 있다는 의식을 가진 사람들'이라고 정의할 수 있다"고 되어 있다(Naver 지식백과, 『청소년을 위한 사회학 에세이』, 「나도 사회적 약자일까?」).65)

나무위키에 따르면, 사회적 강자는 신체적·종교적·사회적 특징 등의 측면에서 자신들이 사는 국가나 사회의 지배적 가치와 기준이 비슷하거나 높은 사람을 칭한다. 단, 사회적 강자에 해당하는 인물들은 어디까지나 사회적 약자와 대비됨과 동시에 속해 있는 사회가 요구하는 사회적 강자의 의무를 지킬 때만 사회적 강자로서 취급되기 때문에 상황에 따라서는 사회적 강자가 약자가 되는 경우도 있고, 역으로 사회적 약자가 사회적 강자가 되는 경우도 있다. 사회적 약자(社會的 弱者)는 신체적·종교적·사회적 특징 등의 측면에서 자신들이 사는 국가나 사회의 지배적 가치보다 기준이 낮아 차별의 대상이 되거나 불평등한 대우를 받는 자들을 의미한다.66)

어떤 사람들이 사회적 약자인지는 꽤 상대적인 개념이다. 시대와 문화에 따라 전혀 다를 수 있다. 기독교도가 미국에서는 결코 사회적 약자가 아니다. 하지만 중동에서는 사회적 약자이듯이, 같은 대

---

65) 조선뉴스프레스(2013.10.15).
66) 나무위키.

상을 놓고 볼 때 약자인지 아닌지가 논란이 되는 경우도 있다. 예를 들어 전과자의 경우 사회적 약자로 간주하는 시선도 있고, 그렇지 않다고 보는 시선도 있다. 가부장제 아래의 여성은 사회적 약자의 사례에 속한다. 헌법 34조 ③ '국가는 여자의 복지와 권익의 향상을 위하여 노력하여야 한다'라고 명시하고 있다, 이 내용에 따라 국가가 여성을 개인적 능력과는 관계없이 사회적 약자로 규정하는 것으로 해석할 수 있다. 하지만 한편에서는 성 평등을 실현하기 위해서 여성이 사회적 약자라는 인식을 버려야 한다고 주장하는 사람도 있다. 여성이 약자라는 것이 성차별로 연결될 수 있어서다.[67] 여성이 약자라면 남녀가 동등한 위치에 있지 않게 되기 때문이다.

사회적 강자와 사회적 약자의 구분에는 상당한 모순이 나타난다. 예를 들어 모든 대한민국 국민 중 아동과 청소년은 사회적 약자다. 그렇다면 아동과 청소년을 제외한 모든 성인 남녀는 사회적 강자가 된다. 아동과 청소년을 제외한 모든 성인 남녀 중 여성은 사회적 약자다. 따라서 모든 성인 남성은 사회적 강자다. 성인 남성 중 남성 노인은 사회적 약자다. 그렇다면 모든 성인 남성 중 청년, 중장년층이 사회적 강자가 된다. 모든 청년과 중장년 중 비정규직 근로자는 사회적 약자다. 따라서 모든 청년과 중장년 중 정규직 근로자와 이들을 고용하고 있는 사용자는 사회적 강자다. 이들 중 근로자는 사회적 약자이다. 따라서 대한민국에서 이제 사회적 강자로는 사용자만이 남는다. 그런데 사용자 중에서도 영세·중소기업 사용자가 있고 대기업 사용자가 있다.

영세·중소기업은 사회적 약자이고, 대기업은 사회적 강자다. 따

---

67) 나무위키.

라서 중소기업의 사용자는 사회적 약자이고, 대기업의 사용자는 사회적 강자가 된다. 이제 대기업의 사용자만이 사회적 강자로 남는다. 그런데 이 대기업의 사용자들은 대부분 나이를 먹은 노인들이다. 그리고 노인들은 사회적 약자다. 이렇게 사회적 약자를 제외하는 뺄셈을 계속하다 보면 남게 되는 사회적 강자는 없다. 사정이 이렇다 보니 사회적 약자가 과연 누구인지, 그것을 언급하는 자들은 자신이 무슨 말을 하고 있는지조차 모를 정도가 되었다. 귀에 걸면 귀걸이, 코에 걸면 코걸이 식의 사회적 약자 용어 사용은 스스로 자체 모순에 빠지기도 한다.68)

위의 예에서 보는 것처럼 사회적 강자와 사회적 약자는 상대적 개념이다. 강자로 인식되는 사람 중에도 약자가 있고, 약자로 인식되는 사람 중에도 강자가 있다. 또한 수장은 절대적인 강자인 것 같아도, 민심을 잃으면 하루아침에 권좌에서 밀려나기도 한다. 세상에 영원한 것은 없다. 절대적인 강자도 없다. 강자와 약자는 고정된 것이 아니다. 양자는 관계와 상황, 시대와 문화, 바라보는 관점 등에 따라 언제든지 바뀔 수 있다.

사회적 강자와 사회적 약자라는 용어는 상대적 약자와 상대적 강자를 계층적으로 확대하여 적용한 다분히 정치적인 용어이다. 여기서 정치적 용어라는 말은 정치와 관련되거나 정치의 수단과 방법을 실현할 목적으로 사용되는 용어라는 의미이다. 사회적 강자나 약자의 경우 같은 군집에 속하는 사람 중에 다시 사회적 강자와 약자로 재분류할 수 있는 등 갑질을 사회적 강자와 사회적 약자라는 용어로 설명하기에는 어려움이 많다.

---

68) 조선뉴스프레스(2013.10.15).

예를 들어 남성은 사회적 강자, 여성은 사회적 약자라고 분류한다고 하자. 이런 경우 같은 성(性)인 어떤 남성이 다른 남성에게, 어떤 여성이 다른 여성에게 갑질을 하는 것, 여성이 남성에게 갑질을 하는 것은 누구나 이해할 수 있도록 명쾌하게 설명할 수 없다. 그런데도 갑질을 남성과 여성, 가진 자와 못 가진 자, 상사와 부하 같이 대결적 구도에서 일어나는 일로 이해하는 사람들은 갑질과 관련하여 말을 하거나 글을 쓸 때 종종 사회적 강자나 사회적 약자라는 용어를 사용하기도 한다.

4) 비열한 강자

비열한 강자는 학문이나 생각 따위가 얕아 말이나 행동 등 사람의 하는 짓이 교양이 없으며, 성품이 너그럽지 못하고 생각이 좁아 옹색하고 변변치 아니하며 앞뒤를 재어보는 세심함이 없이 섣부른 데도 힘이나 세력이 강한 사람이나 집단을 말한다. 강자라고 모두 갑질을 하는 것은 아니다. 학문, 지식, 사회생활을 바탕으로 이루어지는 품위나 몸가짐의 수준이 높고 훌륭한 사람, 즉 고상하고 교양이 있는 사람은 강자라도 약자에게 함부로 대하지 않는다. 강자 중에서도 갑질을 주로 하고 문제가 되는 사람은 대개 비열한 강자이다.

제2장

갑질 이해

제1절 갑질 어원과 용어 탄생 과정

1. 갑과 을의 의미와 기본개념

1) 갑과 을의 의미와 갑질

갑(甲)과 을(乙)은 두 개 이상의 사물이 있을 때 그중 하나의 이름을 대신하여 이르는 말로 사용되기도 한다. 그러나 갑질에서 '갑'은 차례나 등급을 매길 때 첫째, 을(乙)은 차례나 등급을 매길 때 둘째를 이르는 말이다. '질'은 일부 명사 뒤에 붙어 주로 좋지 않은 행위에 비하하는 뜻을 더하는 접미사이다. 갑질은 양자의 차이에서 우위에 있는 사람의 좋지 않은 행위를 비하하는 말로 널리 사용된다. 대개 횡포를 부리는 갑의 행위를 지칭할 때 사용되는 경향이 있다. 일반적으로 상대적 관계에서 우위에 있는 사람이 제멋대로 굴며 몹시 난폭한 행동을 하는 것을 보고 '갑질을 한다'는 표현을 사용한다. 횡포는 갑질의 대표적인 현상을 표현한 것으로 사람들이 공감하는 넓은 의미의 갑질은 횡포에 국한되는 것은 아니다. 현실에서 갑질에 대한 사람들의 인식은 다양하다.

2) 갑을 관계 이해

'갑'과 '을'은 원래 계약서상에서 계약 당사자를 순서대로 지칭하는 법률 용어다. '갑은 을에게 필요한 조치를 취할 수 있다'는 식이다. 통상 '갑'이 '을'보다 상대적으로 지위가 높은 당사자일 경우가 많다. 여기서 권력적 우위인 쪽을 '갑', 그렇지 않은 쪽을 '을'이라 부르며 '갑을 관계를 맺는다'는 표현이 생겨났다. 지금은 대기업과 협력업체, 업주와 종업원, 상사와 직원, 고객과 서비스업체까지 폭넓게 쓰이고 있다.[1]

3) 갑질의 기본개념

갑질의 근본이나 기초가 되는 현상에 대한 일반적인 지식은 '억울하다'와 '괴롭히다'라는 것이다. '억울하다'는 아무 잘못 없이 꾸중을 듣거나 벌을 받거나 하여 분하고 답답하다. '괴롭다'는 몸이나 마음이 편하지 않고 고통스럽다는 뜻이다. 괴롭힘이 있어도 억울하지 않으면 갑질이 아니고, 억울해도 괴롭힘이 없으면 갑질이 아니다. 그러므로 잘못이 있으면 괴롭힘을 당해도 갑질이 아니고, 잘못이 없는데 괴롭힘을 당하는 것이 갑질이다. 즉 갑질은 자신이 잘못하지 않았는데 다른 사람이 힘을 앞세워 괴롭혀 억울하다고 느끼는 것이다. 괴롭힘 대신 피해라고 말할 수도 있다. 갑질로 정신적, 육체적, 물질적 피해를 보는 일이 많기 때문이다.

갑질은 갑의 행위 전부를 가리키는 것이 아니다. 그의 행위 중 좋지 않은 행위, 좀 더 구체적으로 정도를 넘은 잘못된 행위로 상대에게 피해를 주는 행위를 말한다. 정도를 넘은 행위는 당하는 을이 인식하는 것도 있고, 인식하지 못하는 것도 있다. 어느 쪽이든

---

1) 조선일보(2013.04.30).

사회 구성원이 일반적으로 정도를 넘는 행위로 인식하는 것은 갑질에 속한다. 을은 자신의 필요나 지식적 한계 등으로 갑의 행위를 용인하거나 잘못 인식할 수 있기 때문이다.

2. 갑질의 어원과 사용 확산

어원의 발생을 기준으로 할 때 갑질이라는 용어는 2010년대 초반에 생긴 것으로 보인다. 처음에 인터넷 등에서 개인들 사이에 대화 중에 통용된 용어로 추정되므로 정확한 최초 사용 시기와 사용자, 사용 장소 등을 알 수 없다. 그 확산 과정은 개인 간에 인터넷상에서 사용되던 것이 여러 사람에게 퍼지고 언론 보도를 통하여 대중화하는 단계를 거쳐 하나의 용어로 자리 잡은 것으로 보인다. 언론에서는 주로 라면상무 사건을 계기로 인터넷에서 사용되던 용어를 보도에 사용하기 시작했다. 특히 조선일보에서 2013년 4월 30일자 기사에서 사용함으로써 다른 언론은 물론 우리 사회 전반에 확산하는 중요한 계기가 되었다.

이처럼 갑질이라는 용어는 2018년을 기준으로 할 때 우리 사회에서 사용되기 시작한 지 불과 10여 년이 채 되지 않는다. 하지만 현상으로서의 갑질의 존재는 인류의 기원으로 거슬러 올라간다. 갑질이라는 용어가 생기기 전에는 사람들은 강자의 약자에 대한 괴롭힘을 주로 부당행위나 횡포 같은 용어로 표현해왔다. 내용상으로 볼 때 갑질은 인류 초기에서부터 존재했다. 그 후 인구가 증가하면서 국가의 출현과 군주제도 도입, 봉건제도의 시행과정을 거치면서 일반화되었다. 단지 과거에는 그것이 권력자에 의해 정당화되고 당연한 일로 받아들여져 제도적으로 용인되던 시절이 있었다. 그 잔재는 아직도 남아 있다. 하지만 이때에도 힘이 약해서 억울한 일을 당한 사람들의 마음속에는 우위인 힘을 이용해 부당행위나 횡포를 부려 약자를 괴롭히는 사람들에 대한 불만과 반발은 끊이지 않았다. 이것이 우리나라에서는 2013년 라면상무 사건과 남양유업 대리점 사건을 계기로 갑질이라는 용어로 특정되어 널리 사용되기 시작했다.

사회적인 공론과 일반화를 고려할 때 우리나라의 갑질은 차례나 등급을 매길 때 첫째를 이르는 말인 갑(甲)과 주로 좋지 않은 행위에 비하하는 뜻을 더하는 접미사 '-질'을 결합해 2013년 4월 말과 5월 초에 걸쳐 만들어진 신조어이다. 4월 말은 라면상무 사건, 5월 초는 남양유업 대리점 사건과 관련이 있다. 라면상무 사건에서 전국적으로 확산하여 남양유업 대리점 사건을 계기로 사회적인 관심사로 공론화하였다. 갑질이라는 용어가 생긴 지 얼마 되지 않은 2014년 12월 5일 발생한 대한항공 땅콩회항 사건을 계기로 울트라 갑질과 슈퍼(super) 갑질이라는 새로운 표현이 유행했다. 양자는 현저하게 큰 힘을 가진 사람에 의한 갑질 또는 현격한 힘의 차이에서 발생하는 갑질을 표현한 것이다. 하지만 울트라(ultra, 최고) 갑질은 상대적으로 우위에 있는 자가 상대방에게 매우 오만무례하게 행동하거나 이래라저래라 하며 제멋대로 구는 짓[2])이라고 규정하여 사용하는 사람들도 있다.

---

2) 다음 국어사전.

3. '갑질' 용어 탄생 배경이 된 3가지 사건

갑질이라는 용어 탄생의 배경이 된 사건은 라면상무 사건과 빵회장 사건, 남양유업 대리점 사건 등 3가지이다. 하지만 결정적인 역할을 한 것은 라면상무 사건과 남양유업 대리점 사건이다.

1) 포스코 계열사 포스코에너지 라면상무 사건

'갑의 횡포' 논란을 공론화시킨 첫 번째 사건은 2013년 4월 일어난 '라면상무' 사건이다. 당시 포스코에너지에 다니던 A 상무는 대한항공 여객기를 타고 출장을 가던 중 기내식 서비스에 불만을 표했다. "밥이 설었다"며 라면을 끓여오게 하고, 라면을 끓여오면 "덜익었다", "너무 짜다" 등의 이유로 계속 퇴짜를 놓았다. 결국에는 "너 왜 라면 안 줘? 나 무시해?"라고 말하면서 손에 들고 있던 잡지로 승무원의 눈두덩을 때렸다. 승무원은 로스앤젤레스 공항에 도착한 뒤 현지 경찰에 피해 사실을 알렸고, A 상무는 LA 공항에서 입국하지 못한 채 그대로 귀국했다. 포스코에너지는 파문이 걷잡을 없이 커지자 즉각 사과문을 발표하고 해당 임원을 보직 해임했다.[3] 라면상무 사건은 한국 사회의 고질병 중 하나인 자기 회사만 믿고 공공예절을 무시하는 간부의 자화상을 보여준 셈이다.[4]

---

3) 쿠키뉴스(2015.01.07).
4) 나무위키.

2) 빵회장 사건

'빵회장' 논란의 당사자인 강수태 프라임제과 회장이 2013년 8월 26일 서울 소공동 롯데호텔 앞에서 기자회견을 열고 있다.[아시아경제]

빵회장 사건은 강수태 프라임베이커리 회장이 롯데호텔 지배인을 지갑으로 폭행한 사건이다. 프라임베이커리가 제빵업체여서 빵회장 사건으로 불리게 됐다. 제과업체 '프라임베이커리'의 강수태 회장은 2013년 4월 24일 정오쯤 서울 소공동 롯데호텔 1층 임시주차장에서 자신의 승용차를 정차했다. 이 주차장은 공무상 호텔을 방문한 차량을 위한 공간으로 강 회장은 호텔 측의 허락을 받고 정차한 것으로 알려졌다. 그러나 강 회장 차량의 정차시간이 길어져 다른 차의 진입을 막자 호텔 측 현관지배인인 A 씨가 이동을 요구했고 강 회장의 난동은 이때부터 시작됐다. 강 회장은 A 씨의 차량 이동 요구가 계속되자 욕설을 퍼부었다. A 씨가 "입대한 아들도 있는 50대인데 욕설 없이 말하면 안 되느냐"고 하자 강 회장은 "나는 70대다"라고 되받으며 지갑으로 A 씨의 뺨을 때리고 다시 욕설을 쏟아냈다.[5]

호텔 주차 관리원을 폭행해 이른바 '빵회장' 논란을 일으켰던 강수태 프라임베이커리 회장이 4개월 만에 사건 발생 장소에 나타나 입을 열었다. 이 자리에서 강 회장은 "개인정보 유출과 악의적인

---

5) 쿠키뉴스(2013.04.30).

보도 탓에 수십억 원의 피해를 봤다"고 주장했다. 강 회장은 2013년 8월 26일 서울 소공동 롯데호텔 앞에서 시위를 벌이며 "주차원 폭행 사건 이후 롯데호텔 측이 개인정보를 유출했다"며 "롯데호텔을 개인정보 유출로 고소할 예정"이라고 밝혔다. 사건 당일 당사자 간의 사과 후 강 회장이 당직 지배인에게 전달한 명함을 롯데호텔이 유출했다는 것이다.

롯데호텔 관계자는 강 회장의 주장에 대해 "전혀 사실무근"이라며 "사건 당일 상황은 고객 개인정보 보호 차원에서 확인해 줄 수 없다"고 말했다. 당시 사건은 강 회장이 호텔 입구에 차를 정차하는 과정에서 발생했다. 호텔 앞에 세워둔 차를 다른 롯데호텔 현관 서비스 지배인(도어맨)이 이동해 달라고 요구하면서 실랑이가 벌어졌다. 강 회장은 "당시 '반말을 왜 하느냐'며 따지는 지배인에게 나이를 확인시켜주기 위해 신분증을 꺼내 보여줬고, 이 과정에서 화가 나 지갑으로 뺨을 한 차례 때렸다"며 "이후 해당 지배인과 함께 당직 지배인을 찾아가 서로 사과를 해 사건이 마무리되는 줄 알았다"고 말했다. 하지만 사건은 며칠 뒤 한 신문사에서 보도했고, 이 사건은 '갑의 횡포' 사례로 비화하며 소셜 네트워크 서비스(SNS)를 통해 퍼졌다. 이 때문에 주요 거래처였던 코레일 납품이 중단돼 수억 원의 손실을 보았다는 게 강 회장의 주장이다.6)

빵회장 사건은 내용을 살펴보면 대인관계 갈등에서 일어날 수 있는 일로 사회적인 논란의 대상이 될 만한 정도는 아니었다. 문제는 사건 발생과 보도 시점이었다. 라면상무 사건으로 여론이 극도로 악화하여 있는 가운데 이 사건이 보도되었다는 점이다. 특히 재계

---

6) 아시아경제(2013.08.26).

에서 기업 고위직에 있는 사람에 의해 유사한 갑질이 발생했다는 점이 시민들을 분노하게 했다.

3) 남양유업 대리점 사건

남양유업 대리점 사건은 남양유업 사태, 남양유업 대리점 상품 강매 사건, 조폭우유 사건이라고도 불린다. 2013년 1월, 남양유업이 지역대리점에 물건을 밀어내기(강매) 한다는 주장과 관련되어 5월의 녹취록 공개로 파문이 확산한 사건이다. 포스코 계열사 임원 기내 승무원 폭행 사건과 프라임베이커리 회장 호텔 직원 폭행 사건에 이은 사건이다. 하지만 이 사건의 시작은 1월 26일, 남양유업에서 지역대리점에 물건 밀어내기(강매)를 한다는 주장이 제기되면서 시작되었다.[7]

남양유업의 전·현직 대리점 업주들이 본사가 제품을 강매하고, 명절 '떡값'이나 임직원 퇴직위로금을 요구하는 등 불공정행위를 했다며 공정거래위원회에 신고했다. 남양유업은 2006년에도 대리점에 제품 구매를 강제했다가 공정위로부터 시정명령을 부과받은 바 있었다. 2013년 1월 25일 이 씨 등 대리점 업주 3명은 남양유업을 공정위에 신고했으며, 남양유업 대리점 관계자 30여 명은 1월 28일 서울 중구 남양유업 본사 앞에서 '불법적 대리점 착취 중단'을 요구하는 집회를 열었다.[8]

이 당시에만 해도 남양유업에 대한 언론의 관심은 별로 높지 않았으며, 몰락의 전조도 발견되지 않았다. 그러나 2013년 5월 남양

---

7) 나무위키.
8) 경향신문(2013.01.28).

유업의 한 영업사원이 대리점주를 상대로 막말과 욕설을 퍼부은 음성 파일이 인터넷에 공개돼 논란이 됐다. 당시 남양유업 영업사원은 대리점주에게 "물건 못 받는다고? 그만 소리하지 말고 알아서 해. 죽여버린다. 진짜. 씨X 그럼 빨리 넘기던가. 씨X 잔인하게 해줄게 내가. 핸드폰 꺼져 있거나 하면 알아서 해. 망해라고요 XXXX 아"라고 욕설을 내뱉었다. 남양유업 사태는 '갑의 횡포' 논란을 주요 사회 의제로 올려놓았다.9)

이 녹취록이 퍼져서 이슈화되기 이전에는 적반하장으로 피해 가맹점주들을 명예훼손으로 고소했었으며, 사과문을 낸 상황에서도 소송 취하는커녕 여전히 피해 가맹점주들에게 고압적인 태도로 일관하고 있었다. 녹취록 파문 이후에도 반성은커녕 항의에 가담한 대리점주들에게 보복성 계약해지를 한 것이 드러났다. 대리점 계약을 해지당할 경우 전적으로 대리점주의 귀책사유가 되기 때문에 권리금 1억 5천만 원은 반환받지 못한다. 거기에 욕설을 한 해당 사원은 이미 해고된 뒤 더 이상 살 수 없다고 하소연하기까지 했다.

7월 8일, 공정거래위원회 조사결과 대리점주들의 폭로가 사실로 드러났다. 밀어내기 관행이 아예 전산화, 시스템화되었고, 관료제적 업무분담 속에 완전히 자리 잡아버렸던 것이었다. 전체 71개 품목 중 21개 품목에서 밀어내기 관행이 확인되었고, 수요예측 실패로 인한 초과생산량을 대리점에 그냥 떠넘겼으며, 취급 기피 품목은 전산 조작을 통해 본사가 직접 주문량을 할당했고, 이때 최초 대리점의 주문기록을 삭제함으로써 조작 사실에 대한 은폐를 시도하였다. 그것도 모자라 판촉사원 인건비를 대리점에 부당하게 전가한

---

9) 쿠키뉴스(2015.01.07).

것도 확인되었다.[10)]

　이후 남양유업은 나쁜 기업의 대명사가 됐다. 남양유업 임직원들은 고개를 숙이며 대국민 사과했다. 사과문에서 "이러한 사태가 재발하지 않도록 임직원들의 인성교육체계를 재편하고 대리점 관련 영업환경 전반에 대해 자세히 조사해 철저하게 조치하도록 하겠다"고 밝혔다. 폭언을 한 직원은 사표를 내고 퇴사했으며, 남양유업은 상당기간 실적 부진에 시달렸다.[11)]

---

10) 나무위키.
11) 쿠키뉴스(2015.01.07).

제2절 갑질의 실체 접근과 일반적 범주

1. 갑질의 역사적 근원

갑질의 역사적 근원은 쉽게 말하면 '갑질은 언제부터 시작되었는가?'라는 것이다. 기존에 우리나라에서 갑질이 시작된 시점을 진단하는 사람들이 보이는 경향을 살펴보면 크게 두 가지이다. 첫째는 1960년대 이후 산업화를 통한 고도 성장기를 거치면서 갑질이 시작되었다는 주장이다. 둘째는 위계질서를 중요시하는 유교문화에서 비롯되었다고 하는 주장이다. 내용적인 측면에서 이러한 진단들은 아주 많이 잘못된 것으로 보기는 어렵다. 부분적으로는 맞기 때문이다. 하지만 이러한 시작 시점의 파악은 우리나라에 지나치게 집착해 해석한 근시안적인 진단이다.

갑질은 우리나라와 우리 시대만의 문제가 아니다. 인류 전체의 문제이다. 갑질이 시작된 것은 역사적으로 볼 때, 인류의 출현 시점으로 거슬러 올라간다. 힘을 가진 사람이 의식주를 비롯한 생존과 관련된 문제 해결에 주요한 역할을 하면서 갑질이 시작되었다. 힘이 센 사람이 자연히 우두머리가 되어 집단을 이끌고 다스렸다. 특히 원시시대에 갑질이 가장 극심했던 부분이 전쟁의 상대자들이었다. 전쟁은 힘이 약한 사람이 가진 것을 약탈하고 그들을 죽이거나 잡아 노예로 부려먹는 일을 일상화시켰다. 인류 역사상 수많은 전쟁이 생활기반이 되는 영토 확장, 경제적 측면에서 물자 충당을 위한 약탈과 노동 착취를 목적으로 이루어졌다.

그 후 다른 한편에서는 점차 인구가 늘어나고 문화가 발전하면서 양식이 있는 지식인을 중심으로 다각적인 부당행위와 횡포 해결 노력이 시도되었다. 오늘날의 민주주의도 그 산물 중 하나이다. 하지만 아직도 힘의 논리는 여전히 통용되고 있고, 앞으로도 계속될 것이다. 힘의 우열이 존재하는 한 갑질은 없어질 수 없다. 그것을 얼마나 줄여 피해를 최소화하느냐 하는 것은 이 시대를 사는 우리가 해결해나가야 할 과제다.

2. 갑질의 실체

갑질 문제를 총체적으로 접근하고 해결하기 위해서는 '갑질의 실체가 무엇인가'라는 점을 알아야 한다. 오늘날 우리 사회에서는 갑질의 실체에 대해, 지식인이나 언론인을 중심으로 글을 통해 자신의 식견 또는 막연한 느낌을 담아 두루뭉술하게 표현하고, 그것이 대중에게 전달되면서 일반인이 공감하는 형태로 확산하는 경향이 있다. 그런데 내용을 살펴보면 말하는 사람마다 약간씩 다르다. 그러다 보니 정작 중요한 갑질의 실체가 무엇인지 파악하기 어렵다. 이제 우리는 진짜 갑질의 실체를 분석해볼 필요가 있다. 이 일은 갑질 문제의 근본적인 해결을 위해 대단히 중요하다.

1) 관계 접근

갑질의 유래에 대해 계약서상에서 돈을 주고 일을 시키는 당사자와 돈을 받고 일을 하는 상대를 가리키는 일명 갑을(甲乙) 관계에서 비롯됐다[12]고 생각하는 사람이 많은 것 같다. 갑과 을의 관계를 동등한 것이 아니라 힘의 우열이 있는 계약관계로 규정할 때는 갑질이 계약관계에서 발생한다고 생각할 수 있다. 실제 갑질은 힘의 우열이 있는 계약관계에서 상당히 많이 일어난다. 하지만 갑질 탄생의 배경이 된 라면상무 사건, 남양유업 사태, 빵회장 사건의 내용을 살펴보면 계약이나 갑을 관계로만 설명하기 어려운 부분이 있다. 라면상무 사건, 빵회장 사건에 등장하는 사람들은 서비스 이용자와 대가를 제공하고 이용하는 사람으로 갑과 을로 직접적인 계약을 맺지 않았다.

계약(契約)은 관련되는 사람이나 조직체 사이에서 서로 지켜야 할 의무에 대하여 글이나 말로 정하여 둠 또는 그런 약속이다. 법률에서는 일정한 법률 효과의 발생을 목적으로 두 사람의 의사를 표시함을 말한다. 청약과 승낙이 합치해야만 성립하는 법률 행위로서, 매매·고용·임대차 등의 채권관계를 성립시킨다. 계약관계나 갑을 관계가 형성된다고 갑이 모두 갑질을 하는 것은 아니다. 갑질은 계약관계를 배경으로 하던 하지 않던 사회적으로 우위에 있는 사람들의 개인적인 잘못된 행위에서 비롯된다. 그러므로 갑질은 근본적으로 갑을의 관계나 계약의 문제라기보다는 잘못된 개인 행위의 문제이다. 하지만 행위의 문제도 여러 가지 변수를 따져보면 갑

---

12) 시사상식사전.

질에 해당하는 것도 있고 아닌 것도 있다.

2) 행위 접근

행위(行爲)는 사람이 의지를 가지고 하는 짓이다. 철학에서는 분명한 목적이나 동기를 가지고 생각과 선택, 결심을 거쳐 의식적으로 행하는 인간의 의지적인 언행을 말한다. 윤리적인 판단의 대상이 된다. 갑질이 관계의 문제가 아니라 행위의 문제라고 했을 때 '사람이 하는 행위가 모두 갑질인가?' 갑질에 속하는 것도 있고 아닌 것도 있다. 또 갑질에 속한다고 할 때 '어떤 행위는 갑질이고 어떤 행위는 갑질이 아닌가를 구분하는 기준은 무엇인가?' 사람들이 보편적으로 인식하는 갑질에 속하는 행위는 횡포와 부당행위이다. 그럼 '횡포와 부당행위는 모두 갑질인가?' 아니다. 자신은 아무런 잘못을 하지 않았는데 갑이 일방적으로 횡포를 부리거나 부당행위를 하는 것이 갑질이다. 그러므로 '자신이 원인을 제공했느냐 아니냐'가 중요한 기준으로 작용한다. 자신이 원인을 제공했을 때는 시비와 논란의 여지가 있기 때문에, 갑이 상당 부분 횡포를 부리고 부당행위를 수반하는 행위를 했더라도 대부분 갑질이 아닌 것으로 인식한다.

(1) 횡포와 부당행위 접근

우리 사회에는 갑질에 대해 갑의 횡포로 보는 사람들과 갑의 부당행위로 보는 사람이 상당수 있는 것 같다. 횡포로 보는 사람 중에는 사회적 강자가 자신의 우월한 지위를 악용해 약자에게 횡포를 부릴 때 흔히 '갑질한다'고 표현[13]하기도 한다. 이러한 표현이 사회에 퍼져 상당수 사람이 갑질은 상대적인 힘의 우위에 있는 갑의 횡포로 인식하는 경향이 있다. 그러나 횡포 자체가 갑질의 실체는 아니다. 횡포는 외형적으로 나타난 현상에 불과하다. 이를테면 대표적인 표현이라고 할 수 있다. 횡포(橫暴)는 제멋대로 굴며 몹시 난폭함을 말한다. 그 의미를 풀어서 살펴보면, 갑이 을에게 아무렇게나 마구 또는 제가 하고 싶은 대로 행동하거나 대하는 등 행동이 몹시 거칠고 사나운 것을 말한다. 이러한 갑의 행동은 공격적인 경향이 있고 정도가 심해 을이 무서움을 느끼는 경우가 많다. 하지만 갑질 중에는 압력행사, 청탁, 무시, 무례한 언행, 은근한 따돌림, 부당행위의 방조 등 횡포로 보기 어려운 부분이 많이 있다.

부당행위는 사람이 의지를 가지고 하는 짓 중 이치에 맞지 아니한 것을 말한다. 부당행위는 법률과 도덕은 물론 자연적인 이치까지 고려되는 개념이다. 그러므로 부당행위가 횡포보다 더 포괄적이다. 실제 횡포는 그 내용을 살펴보면 넓은 의미의 부당행위에 모두 포함된다. 하지만 부당행위나 횡포는 상당히 추상적인 표현이다. 같은 행위에 대해 누구는 횡포나 부당행위라고 느끼지만, 다른 사람은 그렇게 느끼지 않을 수도 있다. 현실에서 누가 어떤 행동을 했을 때, 그것이 자신에게 횡포나 부당행위를 한 것인지 아닌지 구분하는 일은 쉽지 않다. 그런데도 사회적인 판단기준으로 볼 때 횡포나 부당행위를 갑질의 실체로 볼 수 있는 측면이 있다. 하지만 개인이 횡포나 부당행위라고 생각하고 갑질이라고 느끼는 것이 모두 갑질은 아니다. 적어도 그 사회에 존재하는 대중이 갑질이라고 공

---

13) 시사상식사전.

감할 수 있어야 갑질이 된다. 그런데 대중의 인식과 개인의 인식에는 차이가 있는 경우가 많다. 즉 대중이 갑질이라고 생각하는 것 중 본인이 갑질이라고 생각하지 않는 것도 있다.

(2) 괴롭힘과 억울함 접근

괴롭힘은 몸이나 마음이 편하지 않고 고통스럽게 하는 것을 말한다. 괴롭힘에는 따돌림, 꼬투리 잡기, 부당한 인사, 폭언이나 폭행 등 여러 가지가 있다. 하지만 괴롭힘을 당했다고 모두 갑질에 해당하는 것은 아니다. 자신의 잘못으로 원인을 제공한 것은 갑질에 해당하지 않는다. 일반적인 측면에서 볼 때, 갑질은 상대인 갑이 어떤 행위를 했던 을이 스스로 몸과 마음이 편치 않고 고통을 느껴야 한다. 을이 불편이나 고통을 느끼지 않는다고 반드시 갑질이 되지 않는 것은 아니지만, 단지 사회 문제가 되지 않거나 문제가 잘 확대되지 않는 경우는 있다.

갑이 을에게 교묘하게 횡포나 부당행위를 부리거나 제삼자를 내세워 이런 일을 할 때는 분명히 무엇인가 문제가 있어 몸과 마음이 편치 않거나 고통스러운 데도 그 실체를 제대로 파악하지 못하는 일이 있다. 또 현상적 측면에서 자신이 다른 사람과의 관계에서 잘못한 일이 없음에도 괴로움을 느낀다면, 그것은 어떤 형태로든 갑질이 존재한다고 볼 수 있다. 즉 을 측면에서 볼 때, 갑질의 실체는 괴롭힘이다. 괴롭힘은 직접적인 가해행위는 물론 배후 조종, 삼자 개입, 영향력 행사, 선동 등 본인이 전면에 나서지 않고 간접적인 행위로도 가능하다. 괴롭힘과 함께 갑질이 되기 위해 반드시 요구되는 것 중 한 가지가 억울함이다. 억울하다는 아무 잘못 없이 꾸중을 듣거나 벌을 받거나 하여 분하고 답답하다는 뜻이다. 즉 을이 억울함을 주장하기 위해서는 자신에게 잘못이 없어야 한다.

3. 갑질의 성립 조건

어떤 힘 있는 사람이 약자에게 부당행위를 했다고 하더라도 그것이 모두 갑질이라고 단정할 수는 없다. 만약 누군가가 자신이 갑질을 당했다고 폭로하더라도, 그것이 실제 갑질인지 아닌지는 따져 보아야 한다. 인간은 완전한 존재가 아니다. 누구든 평생 이치에 맞는 행동만 하고 살 수는 없다. 또 사람들은 이치에 맞지 아니한 행동을 했다고, 그것을 모두 갑질이라고 생각하지 않는다. 즉 부당행위 중에서도 용인할 수 있는 것은 갑질이라고 하지 않는다. 이처럼 사람들의 생각과 가치는 다양하다.

특정인의 같은 행위에 대해 어떤 사람은 갑질이라고 생각하고 다른 사람은 갑질이 아니라고 생각하기도 한다. 또 어떤 때는 아무런 반응을 보이지 않거나 묵인하고 넘어가지만, 다른 때는 공분을 표출하기도 한다. 이처럼 상황이나 대상에 따라 사람들의 개인적인 감정 표현이나 대응 행동에 차이가 난다. 이것이 갑질의 성립 조건이 필요한 이유이다. 갑질이 되려면 일정한 조건이 필요하다. 농담이나 장난, 웃기려고 하는 행동 등과 갑질을 구분하기 위해서는 갑질이라고 하려면 적어도 여섯 가지 조건을 충족해야 한다. 그래야 갑질이라고 할 수 있다.

1) 상대적 관계를 형성하는 사람의 존재

갑질이 성립하기 위해서는 먼저 상대적 관계를 형성하는 사람이 존재해야 한다. 반드시 갑질이 되려면 어떤 형태가 되던 상대가 존재해야 한다. 양자는 아는 사이가 많지만, 꼭 아는 사이일 필요는 없다. 일반적으로 이해관계가 존재하는 경우가 많지만, 반드시 이해관계가 존재해야 하는 것은 아니다. 또 양자가 모두 상대를 인식해야 하는 것도 아니다. 갑질은 당사자 사이에만 발생하는 것은 아니다. 상대적 관계에서 갑질은 집단이나 제삼자를 매개로 해서 발생하기도 한다. 그러므로 한쪽만 상대로 인식하고 다른 쪽은 상대를 인식하지 못할 수도 있다. 갑과 을은 각각 또는 양자, 한쪽이 특정인인 경우가 대부분이지만, 불특정 다수일 수도 있다. 하지만 어떤 형태가 되든지, 일방이 의식하든 쌍방이 의식하든 행동 대상으로서 반드시 상대적 관계를 형성하는 사람이 존재해야 한다. 혼자서 한 어떤 행위에 다른 힘이 약한 사람이 우연히 피해를 보더라도, 그것은 갑질이 아니다. 갑질은 상대적 관계에서 갑의 의식적 일방행위로 이루어져야 한다.

2) 힘의 차이

갑질은 차이에서 발생한다. 나음과 못함, 서로 같지 아니하고 다름 또는 그런 정도나 상태, 강하고 약함, 강자와 약자 사이에서 일어난다. 그러므로 갑질이 되려면 힘의 우열 같은 차이가 존재해야 한다. 갑질은 상대적 관계에서 힘이 나은 사람이 못한 사람에게 하는 부당한 행위이다. 힘이 비슷한 수준에서는 이치에 벗어난 행동을 하면 맞대응이 가능하다. 상대가 맞대응하면 양쪽 모두 피해를 볼 수 있다는 점을 안다. 그러므로 힘이 비슷할 때는 갑질이 거의 일어나지 않는다. 만약 일어난다고 하더라도 언제든지 보복을 할 수 있다.

3) 갑의 의식적 일방적 행위

갑질은 갑의 의식적 일방적 행위가 있어야 한다. 이 행위의 내용은 괴롭힘이지만, 부당행위와 횡포로 인식하는 사람도 많다. 가해행위가 존재하지 않는데 피해를 보았다는 것은 논리 모순이다. 물론 자연적 재해같이 가해 행위를 한 사람은 없지만, 누군가 피해를 보는 일도 있다. 하지만 이런 것은 갑질이 아니다. 또 고래 싸움에 새우 등 터진다고 다른 사람의 싸움에 피해를 보는 경우도 갑질이 아니다.

자신보다 힘이 센 상대를 건드리면, 오히려 자신이 큰 피해를 볼 가능성이 있다는 것을 사람들은 잘 안다. 그러므로 자신보다 힘이 세다고 느끼면, 그의 비위를 거스르지 않기 위해 노력한다. 갑질은 상대가 자신보다 힘이 약하다는 것을 알고, 자신의 마음대로 행동을 하는 것이다. 상대가 어떤 행동을 했을 때, 그것이 사회적 관점에서 옳고 그른 것은 갑에게 그다지 중요하지 않다. 자신의 기분, 마음, 감정의 상태이다. 이에 따라 행동한다. 기분이 좋으면 실수나 잘못도 그냥 넘어가거나 용서해주지만, 기분이 나쁘면 아무런 잘못을 하지 않았는데도 괜히 시비를 걸고 트집을 잡고 폭력적인 언행 등을 일삼는다.

4) 을의 억울함

억울(抑鬱)은 아무 잘못 없이 꾸중을 듣거나 벌을 받거나 하여 분하고 답답함 또는 그런 심정을 말한다. 일반적으로 갑질의 판단은 을의 관점이 기준이 된다. 갑이 갑질을 했다고 을이 주장하려면 기본적으로 자신의 잘못이 없어야 한다. 또 잘못이 있었다 하더라도 그 내용이 가벼운 것이어야 한다. 누가 보더라도 보통 사람이라면 그냥 넘어갈 수 있을 정도로 을의 잘못이 사소한 것을, 갑이 일부러 물고 늘어지며 꼬투리를 잡거나 시비를 걸며 지나치게 행동하는 것이야 한다. 즉 갑질에서 을이 억울한 일을 당했다고 말하는 것이 사회 통념으로 인정될 수 있어야 한다. 을이 자신의 감정이나 이해에 치우친 주관적인 판단에 의해 억울하다고 생각하는 것은 해당하지 않는다. 을이 억울하다고 생각하는 것에 대해 다른 사람들이 공감할 수 있어야 한다.

5) 을의 피해

을에게 피해가 있어야 한다. 즉 갑이 갑질을 했을 때 반드시 을이 피해를 보아야 한다. 을이 아무런 피해를 보지 않으면 갑질이 아니다. 그것은 누구나 할 수 있는 일상적인 행위로 인식하므로 문제가 되지 않는다. 피해의 내용은 정신적, 육체적, 물질적 피해 모두 포함된다. 문제가 되는 것은 피해의 정도이다. 갑질이 되려면 객관적으로 당사자나 삼자가 문제가 있다고 인식하거나 공감할 수 있는 정도 이상의 피해가 존재해야 한다. 정도가 지나친 것은 모두 포함된다. 하지만 누구나 용인할 수 있는 정도의 아주 가벼운 것은 갑질로 생각하지 않는다. 또 을에게 피해가 발생하지 않으면 갑질은 성립하지 않는다.

6) 잘못된 행위에 대한 사회적 공감

갑이 한 잘못된 행위에 대해 사회적으로 공감할 수 있어야 한다. 사회에는 관습, 법규, 문화, 도덕 등 질서를 유지하는 여러 가지 판단기준이 있다. 개인의 지식이나 생각이 사회에 일반적으로 통용되는 것은 아니다. 그러므로 갑의 행위가 잘못된 것으로 그 사회 다수 구성원이 공감할 수 있어야 한다. 만약 누군가 어떤 행동을 했을 때, 자신은 갑질이라고 인식하지 않더라도 사회 구성원이 보기에 갑질이라고 인식하는 것도 있을 수 있고, 자신은 갑질로 인식하는 것에 대해 다른 사람들은 갑질이 아니라고 인식할 수도 있다. 그러므로 갑질이 되려면 잘못된 행위에 대한 사회적 공감이 필요하다.

4. 갑질의 긍정적인 요소와 부정적인 요소

갑질에 대한 일반적인 사람들의 인식은 부정적이다. 즉 좋지 않은 것으로 생각한다. 물론 갑질은 좋지 않은 것이다. 그럼 '갑질은 나쁘기만 한 것인가?' 갑질은 불합리하고 불공정하고 불평등한 성질을 갖고 있기 때문에 바람직하지 않은 것임이 틀림없다. 여기서 바람직하지 않다고 말하는 것은, 일반적인 측면에서 볼 때 갑질이 생각이나 바람대로 어떤 일이나 상태가 이루어지거나 그렇게 되었으면 하고 생각할 만한 쓸모나 중요성이 있는 것이 아니라는 의미이다. 하지만 갑질이라고 모두 부정적인 요소만 있는 것은 아니다. 적지만 긍정적인 부분이 있다.

인생에 있어 절대적인 손해는 없다. 어떤 경험이나 일을 통하여 교훈을 얻거나 그것이 자신을 변화시키고 분발하게 하는 원인으로 해석하고 받아들여 활용하면 이익이 될 수 있다. 즉 상대가 악의로 한 일이라도 자기 생각과 행동 태도에 따라 유익한 것으로 전환할 수 있는 것이 인간이다. 물론 상대가 악의적인 행동을 하는 동안, 그것을 내 의지와 능력으로 대응하기 어려울 때는 긴 고통과 인내가 요구되는 등 힘든 시간을 보내야 한다.

1) 긍정적인 요소

세상 모든 것이 그렇듯이 모두 좋은 것과 모두 나쁜 것은 거의 존재하지 않는다. 좋은 것도 정도가 지나치면 나쁜 것이 되고, 나쁜 것에서도 교훈을 얻으면 좋은 것이 될 수도 있다. 이렇듯 절대적으로 모두 부정적인 요소를 갖거나 모두 긍정적인 요소를 갖는 것은 거의 존재하지 않는다. 이런 현상이 발생하는 이유는 인간과 인간을 둘러싸고 있는 환경요소가 완전하지 않기 때문이다. 우선은 긍정적인 요소로 작용하거나 부정적인 요소로 작용하더라도 시간이 지나면서 가치가 변화하면 다르게 평가되는 경우도 있다. 또 긍정적인 요소가 부정적인 영향을 미칠 수 있고, 부정적인 요소가 긍정적인 영향을 미칠 수 있는 부분도 있다. 갑질도 마찬가지이다. 갑질도 모두 부정적인 요소로 작용하는 것은 아니다. 긍정적인 요소로 작용하는 부분도 있다.

갑질의 긍정적인 요소는 크게 보면 두 가지 측면이 있다. 첫째는 선의의 갑질이다. 선의의 갑질은 상대의 잠재력을 일깨우고 오기가 발동하게 하는 등 도전의식을 길러주고 자신의 현실을 반성하고 분발하도록 자극할 목적으로 의도적으로 괴롭히는 것을 말한다. 선의의 갑질을 당한 사람 중에는 독한 마음을 먹고 '내가 반드시 당신을 능가하는 사람이 되겠다'는 각오를 다져 성공한 사람이 적지 않다. 선의의 갑질이 긍정적인 요소로 작용하여 성공한 사람 중에는 훗날 갑질을 한 사람이 자신에게 은혜를 베풀어주었다고 감사를 표시하는 사례가 많다. 그러나 갑의 의도가 을에게 제대로 먹히지 않으면 선의의 갑질도 을에게는 그냥 갑질로 여겨질 뿐이다. 둘째는 반면교사이다. 반면교사(反面敎師)는 사람이나 사물 따위의 부정적인 면에서 얻는 깨달음이나 가르침을 주는 대상을 이르는 말이다. 사람은 좋지 않은 것을 보면 거기서 교훈을 얻고 자신의 현실을 되돌아보며 반성하고 개선 노력을 한다. 즉 다른 사람의 좋지 않은 모습을 보고 '나는 저런 일은 하지 않아야 하겠다. 나는 저런 사람은 되지 않아야 하겠다'며 마음을 다져 먹거나 더 나아가 적극적으로 잘못된 것을 바로잡기 위해 노력하는 사람도 많다. 정상적인 사람들은 좋지 않은 것을 방치하면 결국 자신도 언젠가는 피해자가 될 수 있다고 인식한다. 이러한 인식은 사람들이 개혁하게 하는 중요한 동기 중 하나이다. 개혁이 모두 성공하는 것은 아니지만, 그 자체로 의미가 있다. 특히 성공하는 개혁은 발전의 원동력으로 작용해, 세상이 더 낫고 좋은 상태나 더 높은 단계로 나아가게 한다.

2) 부정적인 요소

갑질의 부정적인 요소는 크게 세 가지로 나누어 볼 수 있다. 첫째는 갑질은 당하는 사람에게 피해를 준다. 단순하게 그 순간 기분이 나쁘고 힘들게 하는 경우가 많지만, 사람에 따라 정도가 심하면 몸과 마음, 건강에 부정적 영향을 미쳐 고통스럽고 불행한 삶을 살게 하는 원인이 된다. 둘째는 행동 강화 기제로 작용한다. 특히 반복적인 행동은 인간에게 경험을 통해 자신의 행동을 강화하는 기제로 작용한다. 대부분의 사람은 '처음 하는 것이 어렵지 두 번째 하는 것은 그렇게 어렵지 않다'는 점에 공감한다. 실제로도 사람은 한번 해본 일을 더 잘하는 경향이 있다. 일탈 행위에 속하는 비도덕적인 행위나 반사회적인 행위 등 좋지 않은 행위도 마찬가지이다. 갑질도 반복해서 하다 보면 습관적이고 일상적으로 하게 된다. 셋째는 갑질의 확산이다. 사람은 다른 사람이 행동하는 것을 보고 배운다. 이것을 사회적 학습이라고 한다. 사회적 학습은 갑질이 확산하도록 하는 확대 재생산 기능을 한다. 사회적 학습을 통해 다른 사람이 갑질하는 모습을 본 사람들은 자신도 그런 행동을 해보고 싶은 욕구를 느끼기도 한다. 갑질은 일반적으로 자신이 가진 힘을 드러내 욕구를 실현하고자 하는 본능이 작용하는 것이지만, 그것을 행하는 방법은 대부분 사회적 학습을 통하여 습득된 것이다.

5. 갑질의 시작과 갑질의 크기

갑질이 시작되는 시점과 '누가 가장 큰 갑질을 하는가'라는 점을 파악하는 일은 갑질을 이해하는 데 상당한 의미가 있다. 먼저 갑질은 언제 시작되는가? 갑질은 상대적인 힘의 우위 확보에서 시작된다. 좀 구체적으로 사례를 들어 설명하면, 권력의 경우 당선으로부터 갑질이 시작된다. 대부분의 당선자는 선거 결과가 발표되면 감사의 인사를 한다. 그것은 불과 몇 분 안 된다. 곧바로 권력 인수 절차에 들어가면서 자신이 한 공약을 이행하고, 인사권을 행사하는 일부터 갑질이 바로 시작된다. 당선자들은 공약이행이 당연한 일이라고 생각하지만, 실제 가장 큰 갑질이 공약이행에서 시작된다는 점을 잘 모른다. 모든 공약 내용의 이행이 갑질에 해당하는 것은 아니다. 하지만 전임자가 해온 정책이나 사업을 특별한 이유 없이 폐지하거나 중단하는 것, 자신의 공약 중 합리성을 벗어난 것이나 큰 이해관계를 갖는 것은 반대자들에게 모두 갑질로 인식된다.

다음은 갑질의 크기이다. 이것은 '누가 가장 큰 갑질을 하는가'라는 점과 관련이 있다. 갑질의 크기를 측정하기는 쉽지 않다. 그러나 갑질의 크기는 기본적으로 갑이 가진 힘의 크기에 비례하는 측면이 있다. 대개 큰 영향력을 행사할 수 있는 사람이 큰 갑질을 한다. 이런 점을 고려하면, 가장 큰 갑질은 한 국가의 경우 대통령이 한다고 볼 수 있다. 집단을 기준으로 할 때 우리나라는 청와대이다. 즉 모든 갑질은 권력의 상징인 청와대에서 시작된다. 온 나라를 시끄럽게 한 적폐 청산이 이를 잘 증명하고 있다. 대통령은 가장 높은 지위를 차지하여 가장 큰 권력을 가지므로 가장 큰 갑질을 한다. 또 청와대 비서실은 대통령을 등에 업고 일선 행정기관과 기업 등에 공공연하게 갑질을 한다.

대부분의 사람은 자기중심적 사고를 하므로 자신이 갑질을 하면서도 하지 않는다고 생각하는 경향이 있다. 대통령도 마찬가지이다. 특히 대통령은 합법적인 권한이 주어져 있으므로 자신은 갑질을 하지 않는다고 생각한다. 자신이 추진하는 정책이나 제도, 관리 직무 수행이 모두 정당한 것으로 생각하지만, 그것은 착각이다. 세상에 완벽한 사람은 없다. 또 권력자 중에 권력을 전혀 남용하지 않는 사람은 아무도 없다. 모든 대통령은 어떤 형태로든 반드시 갑질을 한다. 그것도 가장 큰 갑질을 한다. 단지 사람에 따라 정도의 차이가 있을 뿐이다.

누구나 인식할 수 있는 우리나라 대통령의 가장 대표적인 갑질은 인사 및 정책과 관련이 있다. 자기 성향에 맞는 사람만 골라 주요 공직에 의도적으로 대거 보임하게 하고, 임기가 남은 공공기관과 공기업의 임원을 자기 추종자나 자신이 소속된 정당 관계자 및 지지자로 교체하는 것이다. 또 섣부른 공약 이행이나 정책 도입, 제도를 시행한다며 밀어붙여 혼란을 불러일으키고 국민의 반발 여론에 부딪혀 이행을 중단하는 것 등을 들 수 있다. 너무 많아 사례를 일일이 열거하지 않는다. 또 대통령은 갑질을 막아야 할 막중한 책임이 있다. 그런데도 우리 사회에 갑질이 만연하는 것은 대통령이 제대로 갑질을 예방하지 않고, 관리하지 못하고 있다는 것을 의미한다. 대통령의 갑질과 갑질 묵인 또는 방조는 국가원수로서 국민을 하나로 통합하여 이끌어가야 하는 책임과 동시에 사당의 대표로서 출신 또는 소속 정당과 지지자들의 이익을 대변하는 일을 해야 하는 모순, 득표와 공적 쌓기를 위한 무리한 공약, 리더십 등 능력 부족, '우리의 신념만 옳다'는 자기중심적인 사고 때문에 주로 발생한다.

6. 갑질의 본질과 속성

갑질의 본질은 갑이 자기 마음대로 하는 것이고, 갑질의 속성은 지배이다. 지배(支配)는 어떤 사람이나 집단, 조직, 사물 등을 자기의 의사대로 복종하게 하여 다스림이다. 갑질을 하는 사람들은 지배적인 속성을 드러내 을에게 굴종을 요구하는 마음이 바탕에 깔려 있다. 굴종(屈從)은 제 뜻을 굽혀 남에게 복종함이다. 즉 을이 뜻을 굽혀 갑 자신의 명령이나 의사를 그대로 따라서 좇을 것을 요구한다. 결국 갑이 요구하는 전형적인 을은 인격과 자기 사고를 하는 인간으로 존중받고, 존엄성을 실현하는 주체적인 인간이어서는 안 된다. 오로지 갑이 원하는 대로 그것에 맞추어 행동하고 막대해도 모두 감수하고 불만이나 항의를 표시해서는 안 되는 종이나 노예와 같은 존재이다.

지배적인 속성을 가지며 갑질을 하는 사람들에게 나타나는 공통적인 성향은 힘을 앞세워 자기 마음대로 행동하며 을을 괴롭힌다는 점이다. 여기서 중요한 것은 갑질의 본질인 자기 마음대로이다. 을에게 가장 어려운 것이 갑의 마음이다. 럭비공처럼 어느 방향으로 뛸지 모르기 때문이다. 그런데 갑 중에는 자기 마음대로 한다고 생각하는 사람도 있고, 그렇지 않은 사람도 있다. 하지만 을이 보기에 갑의 행위는 자기 마음대로 하는 것이다. 실제 갑의 행동 중에는 왜 저런 행동을 하는지 이해하기 어려운 것이 많다. 합리성, 보편성 등 상식을 벗어난 갑의 행동이 을의 눈에 자기 마음대로 하는 것으로 보이고 또 그렇게 느낀다.

실제 을이 갑의 행위에 대해 따지거나 문제를 제기하면 갑은 대개 힘이나 힘의 바탕이 되는 지위, 관계 등을 앞세운다. 이들은 자신이 하는 행동에 합리적인 근거를 내세우기 곤란하면 '내 마음이다'라는 말을 한다. 유식한 척하며 재량권이라고 말하는 사람도 있다. 올바른 재량권의 사용은 문제가 되지 않는다. 그러므로 재량권이 문제가 아니다. 힘을 남용하는 잘못된 행동을 재량권이라고 우기는 것이 문제다. 근본적으로 갑질은 옳지 않고 바르지 않고 이치에 맞지 않는 행동을 하는 것이다. 옳고 바르고 이치에 맞는 행동은 정상적인 행동으로 갑질이 아니다. 지배는 옳지 않고, 바르지 않고, 이치에 맞지 않음에도 자신의 마음대로 하는 것이기에 사람들은 지배를 단호하게 거부하는 것이다.

7. 갑질의 일반적인 범주

오늘날 우리 사회에서 갑질을 단순하게 갑의 횡포나 부당행위로 이해하는 사람이 많다. 이러한 현상은 언론의 영향도 있다. 하지만 갑의 행위나 그 행위에서 받는 느낌에 대한 적절한 표현을 찾지 못한 갑질을 당한 을의 위치에 있었던 사람들이, 갑이 자신에게 제멋대로 굴며 몹시 난폭한 행동을 하거나 부당한 행위를 한 것으로 이해하고 말하기 때문이다. 그러나 내용적인 면에서 볼 때 갑질을 횡포나 부당행위로 표현하는 것은 지나치게 추상적이고 포괄적이다. 갑질의 속내를 이루는 것은 다양하다.

갑질은 그 범위를 구체적으로 선을 긋듯이 정하기가 어렵다. 같은 갑의 행동에 대해 을의 위치에 있는 사람 중에 어떤 사람은 갑질이라고 생각하는 사람도 있고, 다른 사람은 갑질이 아니라고 생각하는 사람도 있다. 이처럼 생각과 관점 등에 따라 이해하고 수용하고 대하는 태도가 다를 수 있다. 그럼 '무엇을 어디까지 갑질이라고 해야 할 것인가?' 여기에는 두 가지 접근이 필요하다. '무엇'에 해당하는 내용 측면과 '어디'에 해당하는 범위의 측면이다.

먼저 내용 측면이다. 일반적으로 갑질의 내용에 해당하는 것은 갑이 을에게 한 모든 좋지 않은 행위를 통칭한다. 여기서 말하는 좋지 않은 행위는 남보다 나은 위치나 수준인 우위(優位)인 힘을 이용하여 을에게 부담을 증가하고 압박감을 느끼게 하고 정신적 육체적 물질적 피해를 주는 모든 행위를 말한다. 좀 더 구체적으로 살펴보면 이치나 순리에 어긋나는 행위, 법규나 선량한 사회 풍습에 벗어난 행위, 비도덕적 행위, 불쾌감을 안겨주고, 희생과 부담, 압박, 지나친 간섭, 부당한 강요, 억지를 부리는 행위, 화풀이, 권력 남용, 따돌림, 무시 등 여러 가지가 있다.

범위 측면에서 보면 갑질이 되려면 기본적으로 두 가지 요건을 충족해야 한다. 첫째는 갑의 행동에 대해 을이 부당하다고 인식하는 것이어야 한다. 둘째는 사회 통념상 대중이 정도가 심해 부당하거나 잘못이라고 공감하는 것이어야 한다. 누구나 공감할 수 있는 갑질이 되려면 이 두 가지를 모두 충족해야 한다. 단 예외적으로 을이 갑의 행위에 대해 부당하다고 인식하지 않는 것 중에, 대중이 정도가 심해 부당하거나 잘못이라고 공감하는 것은 갑질이 될 수 있다. 이것은 을의 식견 부족이나 열악한 성장 환경, 의식화 교육 영향 등으로 을이 갑질에 대해 제대로 이해하지 못하거나 이해하더라도 불이익을 우려하여 감수해야 할 일로 인식하고 행동할 수 있는 점을 고려하기 때문이다. 반대로 을이 부당하다고 인식하고 주장하더라도, 대중이 정도가 심해 부당하거나 잘못이라고 공감하지 않는 것은 갑질이 아니다.

8. 갑질 유발 핵심 원인과 가장 많이 일어나는 곳

갑질을 유발하는 핵심 원인은 힘에 대한 잘못된 인식이다. 힘을 순리대로 사용하지 않고 자신의 이기주의 실현을 위해 사용하기 때문에 일어난다. 그러므로 갑질이 많이 일어나는 사회는 그만큼 이기적인 사람이 많다는 것을 의미한다. 갑이 이기주의 실현을 위해 가장 널리 사용하는 도구가 상명하복이다. 정당한 상명하복은 문제가 될 것이 없지만, 힘을 가진 자들은 일일이 상명하복의 정당성을 따지지 않고 자신이 가진 권력을 행사할 수 있다는 점을 이용한다. 그들은 자기 편익 실현을 위해 감정을 개입하고 자의적으로 권한과 힘의 사용을 해석하여 남용함에도 그것이 잘못이라고 말하는 을을 항명한다고 몰아세우는 이른바 왜곡된 상명하복을 앞세운다. 여기서 갑질이 생긴다. 오늘날 한국사회의 민주주의는 왜곡된 상명하복 앞에 멈췄다. 상관의 비리를 폭로하고 잘못을 지적하려고 하면 항명이라고 몰아세운다. 중요한 것은 사실이고 잘잘못의 소재인데 그런 것은 뒷전으로 밀어버리기 일쑤다.

우리나라에서 갑질이 많이 일어나는 대표적인 곳은 정당, 공무원 조직, 기업, 군대, 학교 등이다. 이들 조직의 공통점은 상명하복을 조직 유지의 토대로 삼고 있다는 점이다. 그리고 갑질을 많이 하는 사람은 대통령, 국회의원을 비롯한 정치인, 검찰과 경찰은 물론 일반 공무원, 기업의 임원과 간부, 군대의 상관이나 선임 병사, 교사와 교수, 공사 감독, 생산관리자나 현장 책임자, 가게의 사장, 감사나 검사 업무를 하는 사람, 악질 소비자 등이다. 오늘날 한국 사회는 전반에 걸쳐 갑질이 일어나지 않는 곳이 없다. 즉 갑질이 일반화되어 있다. 문제는 갑질을 내버려두면 선진사회로 나아갈 수 없다. 국민의 만족과 행복도 요원하다. 한국인의 행복지수가 낮은 가장 대표적인 원인 중 한 가지가 갑질이다.

유엔 산하 자문기구인 지속가능발전해법네트워크(SDSN)는 세계 156개국을 상대로 국민 행복도를 조사한 결과를 담은 '2018 세계 행복보고서'를 2018년 3월 14일 바티칸에서 발표했다. 보고서에 따르면 한국은 10점 만점에 5.875점으로 57위에 올랐다. 2017년 5.838점을 획득해 55위를 기록한 한국은 2018년 점수가 약간 올랐으나 순위는 2계단 떨어졌다.14)

---

14) MBN(2018.03.15).

제3절 갑질의 종류와 유형

1. 갑질의 종류

오늘날 우리나라에서는 온갖 종류의 갑질이 행해지고 있다. 소유주(owner) 갑질, 사장님 갑질, 부장님 갑질, 정규직 갑질, 공무원 갑질, 대기업 및 본사 갑질, 을의 갑질, 임금 갑질, 잡무 갑질, 노동시간 갑질…. 참 말도 많다.15) 하지만 이 모든 갑질을 분류하고 설명하는 것은 큰 의미가 없다. 용어 자체만으로도 쉽게 이해되는 것이 많고, 갑질의 유형과 중복되는 것도 있기 때이다. 구체적인 내용은 갑질의 유형에서 살펴보기로 하고 여기서는 선의의 갑질과 악의의 갑질에 대해서 알아보면 다음과 같다.

1) 선의의 갑질

선의(善意)는 좋은 뜻이다. '좋다' 말에는 여러 가지의 뜻이 있지만, 여기서는 '몸이나 건강에 긍정적인 효과를 미치는 성질이 있다'는 의미로 쓰인다. 즉 선의의 갑질은 을의 삶은 물론 몸이나 건강에 긍정적인 효과를 미치는 성질이 있다. 선의의 갑질은 주로 이타주의를 실현하기 위해 하는 행동이다. 이타주의(利他主義)는 사랑을

---

15) 세계일보(2018.05.04).

주의로 하고 질서를 기초로 하여 자기를 희생함으로써 타인의 행복과 복리의 증가를 행위의 목적으로 하는 생각 또는 그 행위를 말한다. 선의의 갑질은 모두 의도적으로 이루어진다. 상대의 잠재력을 일깨우고 도전의식을 길러주고 분발하게 할 목적으로 의도적으로 괴롭히고 자극하는 행동을 한다. 선의의 갑질은 대개 시간이 지나면 갑이 을 자신에게 도움을 주기 위해 일부러 짓궂게 굴었다는 것을 깨닫고 고마워하는 일이 많다. 하지만 갑질을 당하는 순간은 대부분 불만을 느끼고 이해하지 못하는 경향이 있다.

2) 악의의 갑질

악의(惡意)는 나쁜 마음, 좋지 않은 뜻이다. '나쁘다'는 '좋지 아니하다'와 '옳지 아니하다'는 두 가지 뜻이 있다. 여기서 좋지 아니하다는 '몸이나 건강에 부정적 효과를 미치는 성질이 있다', 옳지 아니하다는 '사리에 맞지 않고 바르지 않다'는 의미로 쓰인다. 그러므로 악의의 갑질은 사리에 맞지 않고 바르지 않은 것으로 을의 몸이나 건강에 부정적 효과를 미치는 성질이 있다. 악의의 갑질은 갑이 이기주의를 실현하기 위해 하는 행동이다. 이기주의(利己主義)는 자기 자신의 이익만을 꾀하고, 사회 일반의 이익은 염두에 두지 않으려는 태도를 말한다. 악의의 갑질을 하는 사람들은 다른 사람이야 어떻게 되든 나만 좋고 편하고 나에게 이익이 되면 어떤 행동을 해도 괜찮다는 의식을 가지고 있다.

2. 갑질의 유형

유형(類型)은 성질이나 특징 따위가 공통적인 것끼리 묶은 하나의 틀 또는 그 틀에 속하는 것이다. 갑질의 유형이 다양하다는 것은 그만큼 그 사회에 갑질이 널리 퍼져 있다는 것을 의미한다. 또한 갑질이 이미 사회에 문화로 정착해 일상화되어 있다는 것을 뒷받침해주는 중요한 증거이기도 하다. 아마도 갑질의 유형을 대하게 되면 '아, 나도 이런 유형의 갑질을 당했구나. 맞아 그것이 갑질이었구나' 하고 맞장구를 치는 사람이 많을 것이다. 이제까지 한국사회에 나타난 갑질 사례 분석을 통해 정리된 대표적인 갑질 유형을 소개하면 다음과 같다.

1) 의식 유무에 따른 분류

의식형

의식(意識)은 깨어 있는 상태에서 자기 자신이나 사물에 대하여 인식하는 작용이다. 의식형은 계획형과 무계획형이 있다. 계획형은 자신이 사물을 분별하고 판단하여 알고 있는 상태에서 무엇을 하고자 하는 생각이나 무엇을 하려고 꾀하기 위해 앞으로 할 일의 절차, 방법, 규모 따위를 미리 헤아려 작정하고 행동하는 유형이다. 즉 계획형은 의식하고 의도적으로 계획을 세워 그에 따라 일이나 행동을 하므로 의도하는 목적이 달성되지 않으면, 달성될 때까지 집요하게 상대를 괴롭히는 경향이 있다. 이에 반해 무계획형은 주로 기분에 좌우되어 행동하는 유형이다. 앞으로 할 일의 절차, 방법, 규모 따위를 미리 헤아려 작정하지 않고 어떤 상황에서 순간적인 감정, 생각, 판단에 의존하여 갑질을 하는 경향이 있다.

무의식형

무의식형 갑질에는 의식불명형과 무감각형이 있다. 의식불명형은 의식이 분명하지 않아 자신의 행동이 다른 사람에게 갑질이 되는 것을 모르는 상태에서 행위를 하는 것과 사리에 어두운 상태에서 하는 것이 있다. 전자는 과다한 음주에 따라 순간적으로 의식을 잃거나 의식이 희미한 상태에서 행동하지만, 시간이 지난 후에 자신이 기억하지 못하는 경우가 있다. 후자는 지식 부족 등으로 자신의 행동이 다른 사람에게 갑질로 여겨질 수 있다는 것을 인식하지 못하는 상태에서 갑질이 되는 행동을 하는 것이다. 무감각형은 처음에는 갑질이라는 것을 알았거나 반드시 갑질이 아니라도 좋지 않은 행위라는 것을 알았지만, 반복해서 같은 행동을 습관적으로 하다 보니 일상화되어 갑질 행위로 인식하지 못하는 경우에 해당한다.

2) 상대적 관계에 따른 분류

대인 사이의 갑질

대인 사이의 갑질은 상대적 관계에 있는 특정한 사람들 사이에 일어나는 갑질이다. 대인 사이의 갑질은 가해자와 피해자가 뚜렷하게 나타나고 책임소재도 뚜렷하다. 가장 많이 일어나는 것이 대인 사이의 갑질이다.

집단과 대인 사이의 갑질

집단과 대인 사이의 갑질은 조직과 대인 사이의 갑질이라고도 한다. 조직은 집단을 조직화한 것이다. 그러므로 두 사람 이상의 모임을 말하는 집단에는 조직이 포함된다. 조직과 대인 사의의 갑질은 상대 중 한쪽이 국가 등 행정조직, 공공기관, 기업, 사회단체이고 다른 한쪽인 개인 사이에 일어나는 갑질이다. 집단과 대인 사이의 갑질은 대인이 한 사람일 경우도 있고, 개별성을 갖는 몇 명일 경우도 있다.

집단 내 갑질

집단 내 갑질은 조직 내 갑질이라고도 한다. 대인 사이의 갑질, 집단과 대인 사이의 갑질, 집단 사이의 갑질 성격을 종합적으로 갖는 갑질이다. 집단 내 갑질은 크게 보면 두 가지 유형이 있다. 첫째는 집단 내 구성원 사이의 갑질이 있다. 이것은 대인형이다. 가장 대표적인 것이 상사와 부하 사이에 일어나는 갑질이다. 둘째는 같은 조직 내 상급기관과 하급기관 사이에 일어나는 갑질이 있다. 이것은 집단 사이의 갑질로도 볼 수 있다. 여기에는 힘의 우위를 갖는 부서와 열위인 부서 간의 갑질도 포함된다. 거대 조직 내에서는 상위기관과 하위기관, 상대적 관점에서 우선순위 등 특권이나 더 큰 권력을 가진 조직이 지휘를 받는 작은 권력 기관이나 사람을 대상으로 갑질을 하는 일이 많이 일어난다. 국가 차원에서 보면 중앙정부와 지방정부, 중앙부처와 관계기관, 공공기관과 기업, 대기업과 계열사 사이에 일어나는 갑질이 대표적이다.

집단 내 갑질을 부문별로 좀 더 살펴보면 다음과 같다. 사회에는 여러 가지 조직이 있다. 각각의 조직은 업무 종류, 목적이나 특성, 수장에 따라 조직 내에서 특유한 갑질이 발생한다. 널리 알려진 조직 내 갑질은 가정 내 갑질, 학교 내 갑질, 군대 내 갑질, 회사 내 갑질 등이 있다. 가정 내 갑질은 가족 사이에서 일어나는 갑질을 말한다. 가장 대표적인 것이 부부갈등이나 고부갈등과 연관된 가정폭력, 시누 갑질 등이 있다. 특히 우리나라에서 가정 내 갑질의 대명사는 고부갈등이다. 고부(姑婦)는 시어머니와 며느리를 아울러 이르는 말이고, 갈등(葛藤)은 칡과 등나무가 서로 얽히는 것과 같이, 개인이나 집단 사이에 목표나 이해관계가 달라 서로 적대시하거나 충돌함 또는 그런 상태를 뜻한다.

　고부갈등은 간단하게 말하면 시어머니와 며느리 사이에 사고의 차이, 목표나 이해관계가 달라 서로 적대시하거나 주도권을 두고 충돌할 때 나타나는 현상을 말한다. 현실에서는 고부갈등이라는 용어 대신 '구박한다'라거나 '홀대한다'는 우회적인 표현을 사용하기도 한다. 과거 유교의식이 강한 가정에서는 효를 강조하고 대가족 중심으로 대부분 시어머니가 갑질을 하였으나, 산업화하고 민주화된 오늘날의 핵가족 사회에서는 일정하지 않다. 아직 기득권을 가진 시어머니가 갑질을 하는 경우가 많기는 하지만, 가정에 따라 며느리가 시어머니에게 갑질을 하는 경우도 심심찮게 나타난다. 시어머니와 며느리 사이의 갑질은 그 내용으로 보면 때리거나 욕을 하고 잘하지 못한다고 지적을 하고 지나치게 간섭을 하고 핀잔을 주고 모욕하는 등 못 견디게 괴롭히는 것, 소홀히 대접하는 것 등 여러 가지가 있다. 고부갈등에서 폭행하는 경우도 있지만, 그보다는 괴롭히는 것이 많다.

가정 폭력은 세 가지 차원에서 일어난다. 첫째는 부부 사이의 폭행이나 폭언이다. 여기서는 폭행만 언급한다. 남편이 아내를 폭행하는 경우와 아내가 남편을 폭행하는 경우이다. 전체적인 흐름에서 보면 남편이 아내를 폭행하는 사례가 많지만, 가정에 따라 아내가 남편을 폭행하는 경우도 있다. 둘째는 부모 자식 사이의 폭행이다. 부모와 자식 간의 폭행은 자녀가 어릴 때는 아버지나 어머니가 아이들을 폭행한다. 이때 교육 차원에서 아이들을 때리는 것은 폭행이라고 표현하지 않는다. 음주 후 등 상습적으로 아이들을 때리거나 병력에 의해 아이들을 때리는 것을 말한다. 반대로 부모가 연로할 때는 아들이나 딸이 부모를 때리는 경우도 있다. 고부 사이의 폭행도 부모 자식 사이의 폭행에 준하여 일어난다. 셋째는 자녀 사이의 폭행이다. 자녀 사이의 폭행은 일반적으로 형이나 누나, 언니가 동생을 때리는 것을 말한다.

학교 내 갑질은 상대적 관계에 따라 교사에 의한 학생과 학부모에 대한 갑질, 선배의 후배에 대한 갑질, 동급생 간에 발생하는 갑질로 구분할 수 있다. 회사 내 갑질은 상사와 부하 간의 갑질과 큰 권력을 가진 부서와 작은 권력을 가진 부서의 갑질이 많이 일어난다. 군대 갑질은 상관의 부하에 대한 갑질, 선임의 후임에 대한 갑질이 가장 대표적이다.

집단 사이의 갑질

집단 사이의 갑질은 조직 사이의 갑질이라고도 한다. 권력기관, 기업, 국가 사이 등 이해관계가 있는 독립된 활동 주체인 특정한 조직과 다른 조직 사이에 일어나는 갑질이다. 집단 사이의 갑질은 위의 집단 내 갑질과 겹치는 부분이 있으므로 여기서는 국가 간 갑질에 대해 주로 살펴보면 다음과 같다. 강대국의 약소국에 대한 갑질도 집단 사이의 갑질에 포함된다. 국가 간의 갑질은 두 가지 형태로 나타난다. 하나는 약소국과 '상호 국가이익'을 추구하는 선의를 포함하는 갑질이고, 또 하나는 약소국에 일방적이거나 부당한 요구로 '자국만의 국가이익'을 취하려는 갑질이다. 후자는 전형적인 약육강식의 관계로, 자국의 이익과 맞지 않으면 은연중(隱然中)에 압력을 가하거나 조장해 제재하는 형태다. 반면에 전자는 국제 규범상 상호이익을 기반으로 하는 갑질이다. 이는 강대국과 약소국이 상호 국가이익이 일치했을 때 행해지는 관계이므로 갑을 관계라기보다는 '전략적 관계'라고 볼 수 있다.16)

3) 감정 대응 경향에 따른 분류

욱형

'욱하다'는 동사로 앞뒤를 헤아림 없이 격한 마음이 불끈 일어난다는 뜻이다. 욱형은 어떤 상황, 현상, 장면, 사실, 사건을 접하게 되었을 때 순간적으로 감정을 제어하지 못하고 화를 내고 그 화가 풀릴 때까지 갑질을 하는 유형이다. 욱형은 거친 말과 폭력적인 행동을 하는 사례가 많다.

막무가내형

막무가내(莫無可奈)는 달리 어찌할 수 없음이다. 막무가내형에는

---

16) 경기일보(2018.01.01).

자기 마음대로형과 자기 정당화형이 있다. 자기 마음대로형은 법규와 같은 기준, 상대의 의사와는 상관없이 자신의 마음대로 행동해야 직성이 풀리는 유형이다. 정당화(正當化)는 정당성이 없거나 정당성에 의문이 있는 것을 무엇으로 둘러대어 정당한 것으로 만듦을 뜻한다. 자기 정당화형은 이유 같지도 않은 이유나 자신만의 논리를 앞세워 자신이 하는 행동이 항상 정당하고 자기 생각이나 자신이 하는 말은 모두 옳다고 주장하는 유형이다. 대체로 막무가내형은 항상 자신이 옳다고 우기고 끝까지 자신의 주장을 굽히지 않으면서 오히려 상대에게 잘못 인정과 사과를 강요하는 사례가 많다. 고객을 상대하는 서비스업에 종사하는 사람들을 가장 곤혹스럽게 하는 유형이다.

기분풀이형

기분풀이형은 감정풀이형과 화풀이형이 있다. 감정(感情)은 어떤 현상이나 일에 대하여 일어나는 마음이나 느끼는 기분이다. 감정풀이형은 기분에 크게 좌우되는 행동을 하는 유형이다. 기분이 좋을 때는 상대가 웬만한 실수나 잘못을 해도 용서하고 못 본 척하고 넘어가는 등 관대한 모습을 보인다. 또 자신에게 좋은 일이 있을 때는 주위 사람들에게 선심을 쓰고 베푸는 모습을 보이기도 한다. 그러다가도 기분이 나쁘면 지난 일까지 끄집어내 기분이 풀릴 때까지 괴롭히는 사례가 많다. 화풀이형은 주로 을의 행동이나 태도가 자신의 마음에 안 들 때 갑질을 하는 유형이다. 을의 행동이나 태도 등이 자신이 보기에 정도가 지나쳐 마음에 들지 않아 노엽거나 언짢게 여겨 일어나는 불쾌한 감정을 느끼면, 그 불쾌한 감정이 누그러질 때까지 화풀이 갑질을 한다. 갑의 기분이 좋지 않을 때 을이 실수 등 잘못을 하면 갑질의 상승작용을 한다. 그러므로 을은 느낌이 이상하다고 생각되면 불똥이 자신에게 튀는 것을 피하려고 갑의 기색을 살피며 행동을 조심한다.

습관형

습관(習慣)은 어떤 행위를 오랫동안 되풀이하는 과정에서 저절로 익혀진 행동 방식이다. 습관형은 오랫동안 되풀이하여 저절로 몸에 익혀져 일상적으로 갑질을 하는 유형이다. 이들 중에는 갑질이 행동 방식의 일부로 굳어져 갑질이 잘못된 것이라는 점을 인식하지 못하는 사람이 많다.

갚음형

갚음형은 주로 우열의 역전이 일어났을 때 하는 갑질의 유형이다. 세상에는 남에게 당하고는 억울하고 분해서 못 산다는 사람이 있다. 이런 유형의 사람들은 대개 자신에게 피해를 준 사람에게 반드시 자신이 받은 피해 이상으로 갚아주겠다는 생각을 하는 경향이 있다. 과거에 '네가 나에게 갑질을 했을 때는 내가 힘이 약해 당했지만, 이제는 내가 너보다 힘이 세다. 너도 나에게 한번 당해보아라'며 갑질을 하는 유형이다. 간단하게 정리하면 갚음형은 자신이 갑질을 당한 것만큼 상대에게 갑질을 하는 것을 말한다. 앙갚음은 남이 저에게 해를 준 대로 저도 그에게 해를 줌이라는 뜻이므로 갚음형은 앙갚음형이라고도 한다. 또 달리 표현하면 보복형이라고도 한다.

갚음형에는 직접형과 제삼자형이 있다. 직접형은 갑질을 한 상대에게 갚는 유형이다. 제삼자형은 제삼자에게 갚는 유형이다. 여기서 제삼자는 자신에게 갑질을 한 사람의 친인척, 그와 친분이 있거나 거래를 하는 사람 등 직간접적으로 그와 관련이 있는 사람이 대상이 되는 경우가 많다. 하지만 전혀 상관이 없는 부하나 후임, 사회 일반인을 향하여 분풀이하는 사례도 흔하다. 직장이나 군대 등에서 상사나 선임자들이 자신이 이전의 상사나 선임자에게 당한 갑질을, 부하나 후임을 상대로 갑질하는 것이 대표적이다. 갚음형은 대물림의 악순환이 일어나게 하는 대표적인 유형에 속한다. 예전에 열위에 있어 갑질을 당했던 사람이 세월이 지나 자신이 우위가 되었을 때 불특정한 여러 사람에게 갑질을 하고, 그에게 갑질을 당했던 불특정한 여러 사람 중 특정인이 훗날 우위가 되었을 때 주로 후임이나 부하인 또 다른 사람들에게 갑질을 하는 현상이 나타난다.

대물림형

대물림은 사물이나 가업 따위를 후대의 자손에게 남겨 주어 자손이 그것을 이어 나감이다. 대물림형은 갑질을 하는 성향은 물론 부나 권력 등 기득권의 이전으로 선대에서 후대로 대물림하여 갑질을 하는 유형이다. 주로 기득권이 굳어질 때 발생한다. 선대에서 힘의 우위와 열위였던 상태가 후대에서도 같은 상태가 되어, 선대에서 갑질한 사람의 후대가 다시 열위에서 벗어나지 못한 후대에 갑질을 하는 유형을 말한다. 기득권이 굳어져 부나 권력의 역전이 어려운 후진사회에서 이런 일이 많이 일어난다.

자기과시형

과시(誇示)는 자랑하여 보임, 사실보다 크게 나타내어 보임이다. 자기과시형은 자신의 큰 존재감을 드러내 보이거나 자랑하여 보이는 행동을 하는 사람에게서 주로 나타나는 유형이다. 자기과시형 갑질을 하는 사람들은 대개 자신이 가진 것이 사실보다 크게 나타내 보이고 싶어 하는 경향이 있다. 또 자신이 가진 것이 대단히 크다고 인식한다. 약자에 대해 우월감을 느끼며, 권력을 남용하는 사람에게서 많이 나타난다. 이들 중에는 자신은 상관이기 때문에 마음대로 행동하는 일이 재량권에 포함된 것으로 착각하는 사람이 많다.

열등의식형

열등의식(劣等意識)은 자신이 다른 사람들에 비하여 열등하다고 믿는 의식이다. 열등의식이 있는 사람은 다른 사람이 자신이 가지지 못하는 것, 하지 못하는 것을 보면 시기하고 질투하는 마음에서 괴롭히는 행동을 한다. 열등의식형은 주로 시기심과 질투심을 갑질 형태로 표출한다. 시기심(猜忌心)은 남이 잘되는 것을 샘하고 미워하는 마음이다. 질투(嫉妬)는 부부 사이나 사랑하는 이성(異性) 사이에서 상대되는 이성이 다른 이성을 좋아할 경우에 지나치게 시기함, 다른 사람이 잘되거나 좋은 처지에 있는 것 따위를 공연히 미워하고 깎아내리려 함이다. 즉 열등의식형은 기본적으로 자신보다 좋은 것을 가졌거나 잘하거나 잘났다고 생각하는 사람을 대상으로 갑질을 하는 유형이다.

열등의식형은 부부나 사랑하는 이성이 아니라도 일상에서 다른 사람이 협력하고 화합하고 사이좋게 지내는 모습을 못 본다. 다른 사람들이 사이좋게 지내면 소외감, 불편함, 불안감 등의 감정을 느낀다. 인간은 본능적으로 주류사회에 편입되거나 자신이 주도하는 삶을 살기를 원한다. 소외되면 주류사회에 편입하거나 주도적인 삶을 할 수 없다는 것을 알기 때문에 소외되었다고 느끼면, 사소한 일을 문제 삼아 크게 화를 내는 일이 많다. 또 불안감이 심해지면 혼자 좋지 않은 일을 상상하며, 다른 사람들이 자기들끼리 작당하여 자신을 어려움에 빠뜨려 궁지로 몰지 않을까 노심초사(勞心焦思)하기도 한다. 자신이 허용하는 범위 내에서 협력하고 화합하고 교류해야 하며, 자신의 지시에 따라 행동해야 한다고 생각하는 경향이 있다. 자신이 허용하는 범위를 넘어서서 행동하거나 지시에 따르지 않으면 화를 내거나 화풀이를 하며 괴롭힌다.

축적폭발형

축적폭발형은 어떤 일을 계기로 한계에 이르면 한꺼번에 폭발하는 유형이다. 이런 유형의 사람은 평상시에는 을이 마음에 들지 않는 행동을 해도 참고 넘어간다. 하지만 반복적으로 마음에 들지 않는 행동을 하면, 그것을 모아 대가를 치르게 하는 유형이다. 특히 자신의 기분이 좋지 않을 때 한꺼번에 터뜨리는 경향이 있다.

지배형

지배형은 어떤 사람을 자기의 의사대로 복종하게 하여 다스리려고 하는 유형이다. 이런 유형의 사람은 힘에 의존하여 자기 마음대로 행동하는 경향이 있다. 그의 눈에 나면 무자비한 행동을 일삼는다. 자신의 아랫사람이나 자신보다 계급, 힘 등이 못하다고 생각하는 사람에게 비교적 극단적이고 폭력적인 방법으로 갑질을 하는 사례가 많다. 심지어는 을의 존재, 태도, 생각, 행동, 일하는 자세나 결과 등은 물론 자신의 마음에 들지 않거나 자신의 의사에 복종하지 않을 때 폭언이나 폭행, 체벌, 해고 등을 서슴지 않는다.

4) 태도에 따른 분류

단순형

단순형은 주로 어떤 특정한 상황에서 그때 일회성 갑질을 하는 유형이다. 우발형도 여기에 속한다. 단순형은 순간적인 자기감정에 충실한 사람들에게서 많이 나타난다.

장난형

장난형은 장난으로 갑질을 하는 유형이다. 심심풀이형과 시비형이 있다. 심심풀이형은 심심하면 장난삼아 다른 사람에게 갑질을 하는 유형이다. 갑은 장난삼아 재미로 하지만, 당하는 을은 괴롭다. 또 장난삼아서 하는 행동에 상대가 알아서 장단이나 비위를 맞추지 않고, 반항적인 태도를 보이는 등 마음에 들지 않으면 시비로 발전하기도 한다. 시비형은 특별한 이유 없이, 아무 일에나 함부로 참견하고 말이나 행동으로 자꾸 남을 건드려 성가시게 하며 집적거리는 유형이다. 이때 상대인 을이 보이는 반응이나 대응하는 행동에 따라 장난을 하거나 시비를 하며 사람을 가지고 논다. 장난형은 대개 갑이 싫증을 느낄 때 멈춘다.

한 중견 남성의류 업체 회장이 자신의 브랜드(brand, 상표) 매장을 운영하는 여성 점주에게 여러 달 동안 음란 메시지(message, 전언)를 보냈다. 그러고는 딸 같아서 장난을 친 거라는 변명을 했다. 48살 정 모 씨는 2010년부터 남성의류 업체 본사에서 같은 의류 매장을 운영해왔다. 그런데 2017년 말부터 휴대전화 메신저(messenger) 대화창에 각종 음담패설과 음란 영상이 전송됐다. 6개월간 수십 개를 받았는데 보낸 사람이 다름 아닌 이 업체 조 모 회장이었다. 조 회장이 3, 4년 전부터 정 씨에게 노골적으로 접근했다는 목격담도 있었다.

성추행 목격자인 해당 업체 전직 직원은 "매장에서 이렇게 팔을 잡거나 몸을 좀 접촉하려는 게 있었고요. 회식할 때 옆에 앉아 있으면 좀 몸을 만지고 했었죠." 정 씨가 항의하자 정 씨 매장 바로 옆에서 본사의 할인 행사가 열렸다. 행사 관계자인 해당 업체 전직 직원은 "재고를 소진하는 그런 차원에서 회장님이 진행을 해라. 그렇게 얘기를 해서, 점주가 피해를 좀 봤을 거예요." 조 회장은 30살이나 차이 나는 정 씨에게 음란물을 보낸 건 실수였고, 성추행은 없었다고 부인했다. "상당히 친딸같이 내가 돌봐줬어요. 아버지 같으니까 장난을 치고 내가 이런 데를 이러면서 민 일은 있을 거예요." 정 씨는 그동안 겪은 일로 우울증과 공황장애를 겪고 있다[17]고 한다.

치밀형

치밀형은 사전에 치밀하게 분석하고 계산을 하는 등 준비과정을 거쳐 계획을 세운 후, 그것에 따라 행동하거나 일을 진행하며 목적이 달성될 때까지 압력을 행사하는 등 갑질을 하는 유형이다.

---

17) SBS(2018.05.31).

집요형

집요형은 자신의 눈에 거슬리는 행동을 하여 한번 미워하기 시작하면, 직성이 풀릴 때까지 몹시 고집스럽고 끈질기게 물고 늘어지며 괴롭히는 유형이다. 또 자신이 원하는 것이 있을 때는 그것이 충족될 때까지 압력을 가하는 등 계속 괴롭힌다.

노골적 요구형

노골적 요구형은 자신이 무엇인가 바라는 것이 있을 때, 그것을 충족하기 위해 을에게 숨김없이 모두를 있는 그대로 드러내 원하는 것을 해달라는 유형이다. 노골적 요구형에는 일방적 요구형과 이해교환형이 있다. 일방적 요구형은 을이 어떻게 되든 상관없이 자신의 욕구만 충족하면 된다고 생각하고 행동하는 유형이다. 특히 일방적 요구형의 경우 자신이 원하는 것을 을이 하지 않으면, 일을 그만두게 하거나 특정한 일에서 배제하게 하는 등 인사상 불이익, 거래 중단과 같은 극단적 보복 조처를 하는 경우가 많다. 성폭행 등에 주로 나타나는 유형이다. 이해 교환형은 자신이 원하는 것을 을이 충족하게 하는 대신 을에게 일정한 보상이 돌아가도록 조치를 하는 유형이다. 이해 교환은 외형상으로는 평등한 것 같지만, 실제로는 자신의 힘을 앞세워 을의 의사는 상관없이 교환을 요구하므로 명백한 갑질이다.

5) 힘의 유형에 따른 분류

지력형 갑질

지력형 갑질은 아는 것을 내세워 갑질을 하는 유형이다. 교육자와 피교육자 사이에 일어나는 갑질이 대표적이다. 지력형 갑질이 가장 많이 일어나는 곳은 학교이다. 교사와 학생 또는 학부모, 교수와 학생 사이에서 특히 많이 발생한다. 하지만 사회와 직장에서도 만만치 않다. 사회에서는 특정한 전문직에 종사할 수 있는 자격을 획득한 사람에게 일정한 편익이나 수익을 보장하여 지력을 통해 생활하고 갑질을 하도록 공공연하게 허용하고 있다. 또 직장에서 선임과 후임, 상사와 부하 사이에 발생하는 갑질의 중요한 원인 중 하나가 지력형 갑질이다. 특정한 부분에서 상대적으로 지식과 경험의 차이가 날 때 많이 아는 사람이 덜 아는 사람을 무시하고, 곤경에 빠뜨리고, 금품을 갈취하거나 큰 대가를 요구하는 등 자기 편익에 이용하고, 잘난 척하며 교만하게 구는 사람이 비일비재하다.

권력형 갑질

권력형 갑질은 권력을 앞세워 갑질을 하는 유형이다. 여기에는 계급형 갑질과 신분형 갑질이 있다. 계급형 갑질은 조직 내외를 막론하고 사회적 지위와 그에 따른 상하관계나 우열관계를 바탕으로 우위에 있는 사람이 열위에 있는 사람을 대상으로 하는 갑질을 말한다. 신분형 갑질은 사회에 공인된 신분제도에 따라 상위 신분자가 하위 신분자에게 복종과 예우를 강요하며 괴롭히거나 상위 신분자에게 허용하는 행위를 하위 신분자에게는 제한하는 형태의 갑질을 말한다. 신분형 갑질이 허용되는 사회에서는 같은 행동을 상위 신분자가 하는 것은 당연한 것으로 받아들이지만, 하위 신분자가 하면 문제 삼는 일이 많다.

금력형 갑질

금력형 갑질은 돈을 많이 가진 사람이 돈을 적게 가진 사람에게 돈을 이용하거나 그것을 매개로 하여 횡포를 부리는 등의 방법으로 괴롭히는 갑질이다. 이 유형은 품삯을 주고 사람을 부리는 사람인 고용주(雇用主)와 삯을 받고 남의 일을 해주는 사람인 고용인(雇傭人), 대기업과 물품을 공급하거나 납품하는 중소기업, 돈을 빌려주는 기업이나 사람과 돈을 빌리는 사람, 건물이나 전답 등 많은 부동산을 가진 사람과 그것을 빌려 세를 살고, 농사를 짓고, 장사하는 사람 사이에서 고리 등 부당한 일을 강요하는 형태로 주로 일어난다. 또 다른 사람에게 돈이 많이 있다는 것을 과시하는 행동을 통해 갑질을 하는 경우도 있다.

완력형 갑질

완력형 갑질은 육체적 힘이 센 사람, 싸움을 잘하는 사람이 자신보다 힘이 약한 사람이나 싸움을 못 하는 사람을 대상으로 갑질을 하는 유형이다. 기본적으로 폭언과 폭행을 수반한다. 완력형 갑질을 하는 사람들은 폭력을 앞세워 협박하는 일도 서슴지 않는다.

조직력형 갑질

조직력형 갑질은 자연인인 개인적 측면에서 보면 특별한 능력이 없지만, 소속된 조직이나 그 조직에서 담당하고 있는 지위를 바탕으로 갑질을 하는 것이다. 공무원의 기업에 대한 갑질, 대기업이나 대기업 직원의 납품업체나 그 관계자에 대한 갑질, 조직폭력배의 업소에 대한 갑질처럼 소속된 조직의 힘에 의존하여 갑질을 하는 것을 말한다.

상대적 관계력형 갑질

상대적 관계력형 갑질은 상대적 관계에서 우위에 서거나 존중받는 사람에 의해 이루어지는 갑질이다. 여기에는 배경형 갑질과 고객형 갑질이 있다. 배경형 갑질은 자신의 힘이나 지위는 특별한 것이 없어 갑질을 할 상태가 아니지만, 가족이나 지인의 권력과 금력 등 자신을 둘러싼 주위의 정경, 앞에 드러나지 아니한 채 뒤에서 돌보아 주는 힘을 믿고 갑질을 하는 것이다. 권력자나 재력가의 자식에 의해 많이 일어난다. 고객형 갑질은 손님 등 이용자를 존중하는 정책이나 제도에 편승하여 갑질을 하는 유형이다. 주로 대인을 상대로 하는 부서나 업종 전반에 걸쳐 일어난다. 기업의 잘못된 고객 만족, 관리형이나 지배형 상사의 존재, 아랫사람을 옭아맬 수 있는 내부 규정, 상명하복 풍토 등이 어우러져 직원들을 곤혹스럽게 만든다. 이러한 잘못된 풍토는 블랙컨슈머(Black consumer, 악질 고객 또는 진상 고객)가 활개를 치고 다니게 만드는 원인으로 작용한다. 갑질은 지금도 우리 주위 곳곳에서 누군가에게 가해지고 있다. 지위가 높지 않더라도 '소비자는 왕'이라는 핑계로 행패를 부리는 사람들이 많기 때문이다.[18] 2014년 말 부천의 H 백화점 지하 주차장에서 주차 아르바이트생에게 무릎을 꿇리고 사과를 요구해 물의를 빚었던 이른바 '백화점 모녀' 사건[19]도 이러한 사회 분위기의 연장선에 있다.

---

18) 쿠키뉴스(2015.01.07).
19) 이투데이(2015.01.12).

6) 행동 방식에 따른 분류

지시·명령형

지시·명령형은 큰 힘을 가진 사람이나 상위 권력자가 부하나 고용인 등 제삼자를 이용하여 갑질을 하는 유형이다. 본인은 지시나 명령만 하고 행동은 부하나 고용인이 한다. 이 유형은 이해관계나 경쟁관계에 있는 사람 사이에 많이 일어난다. 지시나 명령을 하는 사람과 행동하는 사람이 다르므로, 당하는 사람은 실질적으로 자신에게 갑질을 하는 사람을 잘 모르는 일이 허다하다. 지시나 명령한 증거를 쉽게 잡을 수 없어, 시간이 한참 지나 다른 어떤 일을 계기로 갑질을 한 당사자를 어렴풋이 알게 되는 사례가 많다.

행동형

행동형은 본인이 직접 행동을 통해 갑질을 하는 유형이다. 일반적인 갑질은 대부분 행동형 갑질에 속한다. 소유주형 갑질이 대표적이다. 소유주(owner)형 갑질은 갑질 뉴스의 '단골손님'과 같은 유형이다. 흔히 기업의 대표자 혹은 경영진 일가의 인물들이 직원들을 마치 물건 다루듯 마구 대하거나 폭언·폭행을 일삼는 유형이다. 이는 구성원들 간의 극단적인 수직관계에 근거해 고용자가 피고용자를 맘대로 할 수 있다는 빗나간 심리에 근거한다. 몽고식품 사건도 전형적인 오너형 갑질이라고 할 수 있다. 이 외에도 지난 2009년 생활용품 기업 피죤의 이 모 회장이 실적 부진을 이유로 직원들이 보는 앞에서 슬리퍼로 한 간부의 뺨을 때린 사건, 2015년 6월 숙취해소음료 '여명808'의 제조사 그래미의 남 모 대표이사가 자신이 주관한 유도협회 모임에서 "왜 나에게 충성하지 않느냐"며

다른 유도단체 간부에게 맥주잔을 던져 상해를 입힌 사건 등도 같은 맥락이다.[20]

선동형

선동형은 배후 조정형이라고도 한다. 이 유형은 남을 부추겨 어떤 일이나 행동에 나서 갑질을 하도록 하는 유형이다. 주로 조직이나 자신의 목적 달성을 위해 다른 사람을 이용할 때 발생한다. 선동형의 경우 실제 갑질을 하는 사람과 그렇게 하도록 조정하는 사람이 다르기 때문에 갑질을 당하는 사람은 자신에게 갑질을 하는 갑의 행동이 이해가 잘 안 될 때가 많다. 갑질하는 사람의 실체를 모를 때는 '다른 때는 안 그랬는데 저 사람이 왜 저런 행동을 하지', '평상시에 좋은 관계였고 감정을 상하게 할 만한 일도 없었고 잘 지내던 사람인데 왜 갑자기 나에게 해코지를 하지'라는 의문을 갖게 한다.

기생형

기생형은 졸개형 또는 하수인형이라고도 한다. 하수인(下手人)은 남의 밑에서 졸개 노릇을 하는 사람, 졸개는 남의 부하 노릇을 하면서 잔심부름을 하는 사람을 낮잡아 이르는 말이다. 기생형은 스스로 생활하지 못하고 다른 사람을 의지하여 생활하면서 주로 자신을 예속하고 있는 주인이나 윗사람의 편익 실현을 방해하는 사람에게 해코지하며 갑질을 하는 유형이다.

---

20) 이코노믹리뷰(2016.01.12).

7) 행동 유형에 따른 분류

폭언형

폭언형은 난폭한 말로 갑질을 하는 유형을 말한다. 폭언형에는 쌍말형과 모욕형이 있다. 쌍말형은 사람이 갖추고 있는 기품이나 위엄 또는 인격적 가치가 낮고 교양이 없는 말로 갑질을 하는 유형이다. 남의 인격을 무시하는 모욕적인 말 또는 남을 저주하는 말, 즉 욕설을 통해 갑질을 하는 것도 쌍말형에 속한다. 모욕형은 얕잡아 보고 남을 대하는 낯이 없을 정도의 심한 말로 갑질을 하는 유형이다. 모욕형은 당사자 모욕형과 조상 모욕형이 있다. 당사자 모욕형은 당사자에게 'ㄱ 씨는 들어온 지 얼마가 되었는데 아직 그것도 제대로 모르세요'라고 말하는 등 주로 여러 사람이 있는 장소에서 특정인에게 직접 핀잔을 주는 유형이다. 또 '아직 그것도 못 하면 어떻게 해요. 능력이 부족하면 그만두세요'라는 모욕적인 말을 하기도 한다. 조상 모욕형은 부모를 비롯하여 조상이 무능력하거나 못났다고 비하하거나 가정교육을 제대로 못 받아 그런 행동을 한다는 식으로 몰아세우는 유형이다. 을의 행동이 자신의 마음에 안 들거나 을이 사소한 실수를 했을 때 '네 부모가 그렇게 가르치더냐'라는 모욕적인 발언을 하기도 한다.

폭력형

폭력형은 남을 거칠고 사납게 제압할 때에 쓰는 주먹이나 발 또는 몽둥이 따위의 수단이나 힘, 무기로 억누르는 힘으로 갑질을 하는 유형이다. 이 유형은 현실에서 주먹이나 물건으로 사람을 때리는 일이 많다. 하지만 꼬집거나 머리채를 잡아당기는 등 폭력을 행사하는 방법은 여러 가지가 있다. 폭력형은 특정 사건이나 일이 발생할 때마다 폭력을 행사하는 일시적 불규칙형과 장기간에 걸쳐 수시로 폭력을 행사하는 지속적 습관형이 있다.

우리나라의 폭력 현황을 보면 왜 갑질의 단계를 넘어 갑질문화라고 하는지 쉽게 이해할 수 있다. 전국에서 5만여 명이 학교폭력 겪고 있으며 학교폭력을 당한 학생들 10명 중 7명은 초등학생인 것으로 나타났다. 또 학교폭력을 당했다는 응답은 전국에 약 5만 명(1.3%)으로 관련 조사가 시작된 2012년 이후 처음으로 전년 대비 증가했다. 교육부는 이 같은 내용을 담은 '2018년 1차 학교폭력 실태조사' 결과를 8월 27일 발표했다. 유형별로는 언어폭력이 34.7%, 집단 따돌림 17.2%, 스토킹 11.8% 등의 순이었다. 사이버 괴롭힘 비율이 10.8%로 신체 폭행의 10.0%보다 높았다. 각 학교 학교폭력대책자치위원회에 회부되는 학교폭력 사안도 늘어났다. 2017학년도 각 학교 학교폭력대책자치위원회 심의 건수는 3만 993건으로 전학년도의 2만 3,466건보다 32.1%(7527건) 증가했다.[21]

가정폭력 사범이 해마다 5만 명 가까이 검거되지만, 가해자 구속률은 100명 중 1명 수준인 것으로 나타났다. 2015년에는 4만 7,543명, 2016년 5만 3,511명, 2017년 4만 5,206명의 가정폭력 사범이 검거됐고, 2018년에는 6월까지 만 7,760명이 검거됐다. 이들 중 구속된 사람은 2015년 602명, 2016년 503명, 2017년 384명이고, 2018년에는 6월까지 143명이었다. 피해자 13만 9,053명 가운데 75.3%인 10만 4,802명이 여성이었고, 그중 9만 163명이 20세 초과~60세 이하 여성인 것으로 나타났다. 특히 가정폭력 재범률의 경

---

21) 경향신문 (2018.08.27).

우 2015년 4.1%에서 2016년 3.8%로 소폭 감소했다가 2017년 6.1%, 2018년 6월까지 8.9%로 다시 늘어났다.[22]

간섭형

간섭형은 직접 관계가 없는 남의 일에 부당하게 참견하는 행태로 갑질을 하는 유형이다. 정상적인 상황에서 인간관계가 형성되고 일을 할 때 사람들은 자신과 관계없는 일이나 말 따위에 끼어들어 쓸데없이 아는 체하거나 이래라저래라 하지 않는다. 그런데도 상사 중에는 마음에 안 드는 부하의 행동에 대해 사사건건 간섭하고 따지는 사람이 꼭 있다. 심지어는 일하는 것과 큰 상관이 없는 사생활과 관련된 일까지 간섭하기도 한다.

부과형

부과형은 일정한 책임이나 일을 부담하여 맡게 하는 방법으로 갑질을 하는 유형이다. 부과형에는 과다한 업무 부과형과 어려운 업무 부과형이 있다. 과다한 업무 부과형은 과다한 업무를 부과하거나 평상시에 수행할 수 있는 업무라도 퇴근 직전에 새로운 일이나 과제를 부과하여 퇴근을 늦게 하게 만드는 유형이다. 심할 경우에는 휴일에 집에서 쉬지 못하도록 업무를 부과하기도 한다. 어려운 업무 부과형은 처리할 수 있는 수준을 넘어서는 업무, 지나치게 까다롭거나 어려운 업무를 부과하여 골탕을 먹이는 유형이다.

---

22) KBS (2018.10.03).

강요형

강요(強要)는 억지로 또는 강제로 요구함이다. 강요는 내용에 따라 사과를 강요하는 경우도 있고, 금품이나 물건을 요구하는 경우, 특정한 행동이나 일을 할 것을 요구하는 경우 등이 있다. 강요형은 갑인 자신이 원하는 일을 을이 억지로 하게 하는 유형이다. 좋지 않은 일의 처리, 욕구 충족, 곤란한 문제 해결, 가족 등 연관된 사람의 취업이나 핵심 부서로 보직 변경, 승진 같은 인사 관련 청탁 등 목적 달성을 위해 우위인 힘을 앞세워 자신의 요구가 관철되도록 압력을 행사하는 경향이 있다.

갈취형

갈취형은 남의 것을 강제로 빼앗는 행동으로 갑질을 하는 유형이다. 상대적으로 저임금을 주면서 높은 서비스를 요구하거나 장시간 일할 것을 요구하는 경우도 있고, 주어야 할 임금이나 퇴직금 등을 주지 않는 경우도 있다. 또 상대가 가진 것을 빼앗기 위해 괴롭히기도 한다.

전가형

전가형은 자신이 해야 할 일을 부하에게 하도록 하거나 의무를 부담시키고, 잘못이나 책임을 다른 사람에게 넘겨씌우는 유형의 갑질을 말한다. 전가형의 대표적인 것 중 하나가 발뺌형이다. 발뺌형은 상사로서 지시, 명령, 요구를 하고 그것에 맞추어 부하가 일을 했음에도 불구하고 문제가 발생하면 책임을 회피하기 위해 발뺌을 하는 유형이다. 자신이 부당한 지시, 명령, 요구를 했다는 사실을 말하지 못하도록 공포 분위기를 조성하고, 만약 발설하면 불이익이 돌아간다거나 그냥 두지 않겠다며 협박을 하기도 한다. 또 자신은 책임질 일을 전혀 하지 않았고 모두 부하가 자의적으로 판단하여 행동한 것처럼 진술하거나 진술서 작성을 강요하는 등 책임 회피에 급급한 모습을 보인다.

조작형

조작(造作)은 어떤 일을 사실인 듯이 꾸며 만듦이다. 조작은 기본적으로 사실과 다르게 해석하거나 그릇되게 하여 매우 곤란하고 어려운 일을 당한 처지로 몰아넣을 목적으로 한다. 그러므로 조작형은 갑이 어떤 일을 사실인 듯이 꾸며 만들어, 을이 사실과 다르게 해석하여 그릇된 행동을 하게 하여 매우 곤란하고 어려운 일을 당하는 처지로 몰아넣을 목적으로 하는 유형의 갑질이다. 이 유형에서는 음흉한 방법으로 남을 넌지시 해하고, 나쁜 꾀를 써서 남을 못된 구렁에 빠지게 하는 일이 많이 일어난다.

사실을 그대로 전달하지 않고 조작하여 왜곡하면, 원래 말한 사람의 내용이 전혀 다른 내용으로 변질한다. 잘했다는 것을 왜곡하면 잘못했다는 것이 될 수도 있다. 이처럼 조작하면 평가에서 높은 점수를 받아야 할 사람이 낮은 점수를 받은 것처럼 꾸미고, 낮은 점수를 받아야 할 사람이 높은 점수를 받은 것처럼 꾸며, 합격해야 할 사람을 떨어뜨리고 불합격해야 할 사람을 합격자로 둔갑시킬 수 있다. 또 혜택을 받아야 할 사람이 못 받고 안 받아야 할 사람이 받는 일이 발생할 수도 있다.

관계단절형

관계단절형은 관계를 단절하는 방법으로 갑질을 하는 유형이다. 여기에는 단기간에 이루어지는 급격한 단절인 관계중단형과 장기간에 이루어지는 완만한 단절인 관계제한형이 있다. 관계중단형은 보급이나 공급 등 기존에 유지해오던 계약관계나 거래를 일시에 중단하는 형태로 횡포를 부리는 것을 말한다. 관계제한형은 상황에 따라 완급을 조절하거나 단계적으로 관계를 제한하는 조치를 통해 을에게 서서히 압박함으로써 고통을 가하고 굴복을 요구하는 형태로 나타난다. 유통과 서비스업, 연예산업을 중심으로 한 중국의 한국 사드 보복이 대표적 사례이다.

하인취급형

하인취급형은 안 해도 될 일을 일부러 시키거나 자신이 할 수 있는 일을 꼭 부하나 옆에 있는 힘이 약한 사람에게 시키는 유형이다. 무슨 일을 시킬 때 말로 하라고 하는 사람도 있지만, 눈치 없이 스스로 알아서 하지 않는다고 눈을 부라리는 등 인상을 쓰는 사람도 있다. 또 턱짓을 하거나 손짓을 하는 사람도 있다.

성희롱형

성희롱형은 지위의 상하관계를 이용하여 부하 직원을 성적으로 희롱하는 갑질을 말한다. 과거에는 나이 많은 남자가 젊은 여자에게 성희롱하는 경우가 대부분이었다. 조직 내에서 상사인 남자가 부하인 여직원, 특히 신입 여직원에게 성희롱 갑질을 하는 일이 많이 일어났다. 하지만 여성의 사회 진출이 늘어나고 남녀평등 의식이 확산하면서, 오늘날은 여성 상사가 부하 남자 사원에게 성희롱하는 사례도 점차 늘어나는 추세다.

가로채기형

가로채기형은 자신이 해야 할 일을 부하에게 시켜 대신한 경우, 부하가 자발적으로 업무를 수행한 경우, 자신과 부하가 협력하여 일한 경우에 혼자 한 일로 보고하여 공적을 독식하거나 가로채는 유형이다. 부담을 안고 고생하며 힘들여 일한 부하는 실력 인정 등 보상을 받지 못한다. 이런 경우 어울리는 표현이 '죽 쒀서 개 줬다'는 말이다.

반려형

반려형은 주로 윗사람이나 상급 기관에 제출한 문서를 처리하지 않고 되돌려주는 방법으로 갑질을 하는 유형이다. 여기에는 발품팔이형과 퍼즐형이 있다. 발품팔이형은 서류를 제출하거나 물건을 납품했을 때, 문제점이나 잘못을 한꺼번에 모두 지적하고 방법을 제시하며 보완해오라는 것이 아니라 한 번에 한 가지씩 문제를 지적하고 보완하도록 요구하여, 모두 보완해올 때까지 발품을 팔게 하는 유형이다. 이런 유형은 대개 금품이나 향응을 받고 싶은 갑이 사용하는 수법이다. 퍼즐형은 특별한 이유가 없이 무조건 반려하는 유형이다. 문제점이나 잘못을 지적하거나 설명하지도 않고 다시 해오라며 계속 반려한다. 자신의 마음에 들면 그때 결재하지만, 부하는 결재가 날 때까지 상사가 무엇을 원하는지 한 가지씩 맞춰 나갈 수밖에 없다.

지적질형

지적형은 허물 따위를 드러내어 폭로하는 방법으로 갑질을 하는 유형이다. 여기서 지적은 우월주의자의 자기과시나 권위주의자가 부하를 복종시키는 명분으로 많이 사용된다. 자기보다 못한 사람이 있으면 모르면 가르쳐주고 부족하면 보충하는 방법을 제공해 잘하도록 인도하는 것이 정상이다. 그러나 지적형은 지적을 통해 상대에게 능력 부족을 각인시키고 자신의 우월함을 과시함으로써 열위에 있는 을에게 자신을 존경하거나 복종해야 함을 각인시키기 위해 노력한다. 이러한 지적형에는 순수한 지적형과 꼬투리잡기형이 있다. 순수한 지적형은 주로 을의 잘못을 꼭 집어서 가리키며 나무라거나 허물 따위를 드러내어 폭로함으로써 창피를 주고 모욕감을 느끼게 하는 유형의 갑질이다. 꼬투리잡기형은 을을 해코지하거나 헐뜯을 만한 것을 찾거나 말실수 따위를 문제로 삼아 갑질을 하는 유형이다. 지적형 중에서 가장 저질은 지적질형이다. 지적질형의 갑은 을의 말, 행동, 태도, 외모, 복장, 일하는 자세, 능력, 사생활, 인간관계, 습관, 취미 등 온갖 것에 대해 시도 때도 없이 눈에 보이면 수시로 지적을 해 마음에 상처를 주고 주눅 들게 만든다.

길들이기형

길들이기형은 자신의 말은 무엇이나 고분고분하게 듣고 이행할 때까지 반복해서 같은 일을 시키거나 감히 도망갈 엄두를 못 내도록 고문을 하거나 학대하는 방법으로 괴롭히며 갑질을 하는 유형이다. 길들이는 과정에서 학을 뗄 정도로 심하게 학대하는 사람도 있다. 어떤 일이나 사람으로 인해 된통 당하거나 질렸을 때 우리는 흔히 '학을 떼다'라는 말을 사용한다. 여기서 학은 학질의 줄임말로, 모기에 의해 감염되는 급성 열성 전염병 '말라리아'의 한자어다. 학질에 걸리면 오한과 고열, 두통, 설사 등이 반복되어 사람을 지치게 하는데, 이런 모습이 곤경에 처해 진땀을 빼는 것과 비슷하다 해서 '학을 떼다'라는 말이 생겨난 것이다. 다시 말해 '학을 떼다'는 갖은 고생을 하고 겨우 병이 나았다는 것으로, 이미 끝났지만 다시는 되돌아보고 싶지 않은 상황을 되새길 때 사용하곤 한다.[23] 이렇게 심한 길들이기 과정을 거친 사람은 그런 행위를 한 사람을 보면 기겁을 해 벌벌 떨고 식은땀을 흘리며 안절부절못하는 행동을 한다.

길들이는 방법은 여러 가지가 있다. 사회화도 넓은 의미에서는 길들이기의 한 방법이다. 세뇌 교육이나 의식화 교육처럼 장시간에 걸쳐 이루어지는 것도 있다. 또 인신 구속이나 폭력적인 가혹행위를 통해 단기간에 길들이는 방법도 있다. 길들이기는 주로 짐승을 대상으로 한다. 그중에서 가장 대표적인 것이 동남아지역에서 코끼리를 대상으로 이루어지는 파잔 의식이다. 야생 코끼리를 가축화하는 과정에서 시행하는 길들이기 의식, 즉 파잔(Pajaan)이 비판의 쟁점이다. 파잔은 2~3살에 불과한 어린 코끼리를 엄마로부터 강제로 떼어낸 뒤 좁은 우리 안에 가두고 사슬과 날카로운 도구로 움직임을 제약하며 육체적 해를 가하는 고문과 다를 바 없는 의식이다.[24] 하지만 파잔 의식과 비슷한 것이 우리 사회에서도 한동안 사람들을 대상으로 이루어졌다. 과거 김대중 정권 당시 외환위기와 카드 사

---

23) 통플러스.
24) 한겨레21(제1107호), (2016.04.14).

'파잔은 야생에서 강한 모계사회를 형성해 살아가는 코끼리가 어미와 정을 떼고 인간의 명령에 철저히 복종하게 만들기 위해 코끼리의 야생본능을 말살시키는 의식이다.[Elephant Nature Park, 한국일보]

태가 주로 원인이 되어 남자는 일부 낙도의 염전이나 고기잡이 어부, 여성은 성매매를 목적으로 하는 인신매매 과정에서 감금을 통한 길들이기가 한동안 횡행했다.

차별형

차별형은 불공정형이라고도 한다. 공평하고 올바르지 아니할 때 발생하기 때문이다. 이 유형은 인간관계는 물론 벌을 주거나 일을 할 때 갑이 노골적으로 차이를 두거나 구별하여 을에게 불공한 행위를 하는 유형이다. 특히 권력자를 배경으로 둔 사람에게 특혜를 제공하고 다른 사람들에게 그들의 부담을 전가하는 형태로 갑질이 많이 이루어진다.

이간질형

이간질형은 이간질로 갑질을 하는 유형이다. 약자가 강자에게 대항할 수 있는 가장 보편적인 방법이 화합과 단결, 협력이다. 약자가 단결하는 것을 막기 위해 강자는 두 사람이나 나라 따위의 중간에서 서로를 멀어지게 하는 짓인 이간질을 한다. 이간질은 오래전부터 전쟁이나 싸움, 경쟁 등에서 널리 사용되는 방법이다. 우리는 단결하고 상대는 분열해야 이길 수 있다. 싸움하지 않더라도 구성원의 단결이나 협력은 언제든지 상관인 나의 지위를 위협하는 수단으로 변질할 수 있다. 그러므로 수장들은 조직이나 자신의 목적 달성을 위해 구성원이 단결하고 협력하도록 노력하면서도, 다른 한편으로는 그러한 노력의 결과가 자신의 비판이나 비협력을 초래하지 않도록 경계한다. 특히 지배형의 수장들은 조직 내부에 자신의 심복을 두어 구성원들의 동향을 파악하고 비판 세력이 형성되는 것을 막기 위해 수단과 방법을 가리지 않는다.

어린애 취급형

어린애 취급형은 을은 지식과 능력이 부족해 미숙하다는 갑의 일방적이고 잘못된 인식이나 판단에 의해 이루어지는 갑질 유형이다. 주로 을에게 심부름, 청소 같은 허드렛일을 시키며 기술이나 노하우(Knowhow, 비결) 등 일을 하는 방법을 제대로 가르쳐주지 않으면서 모른다고 타박하고 무시하며 어린애 취급을 한다. 누구나 새로운 일을 시작하는 사람은 경험이 없고 익숙하지 않은 데다, 연관된 업무를 하는 사람들을 잘 모르기 때문에 일을 하는 것이 서투르기 마련이다. 그렇다고 일을 할 수 있는 능력이 없는 것은 아니다. 모르면 가르쳐주면 된다. 그런데 가르쳐주기보다는 모르기 때문에 사고를 칠 수 있다는 우려를 하며 일할 기회를 제대로 주지 않는다.

좋은 방향으로 해석하면 현장 적응시간을 부여하는 것이다. 잔심부름이나 허드렛일을 하며 주위의 상황을 살펴보고, 다른 사람들이 일하는 모습을 지켜보며 눈 익힘을 하고 귀동냥을 하는 등 간접경험 기회를 제공하므로, 적응에 도움이 제공하는 측면이 있다. 사람에 따라 차이는 있지만, 대개 새로운 일을 시작하면 용어 등 말귀를 좀 알아듣는 데 3개월이 걸린다. 제대로 알아듣는 데는 6개월이 걸리고, 1년이 지나면 전체적인 움직임을 파악할 수 있다. 그리고 3년이 지나면 스스로 일을 주도할 수 있고, 전문가 되는 데는 10년 정도의 세월이 필요하다. 입사 초기 적응 기간에 잔심부름이나 허드렛일을 시키는 것은 갑질이 아니다. 하지만 웬만한 일은 할 수 있음에도 1년 이상 복사나 잔심부름, 뒷정리, 청소 등의 허드렛일만 시키는 것은 갑질이다. 특히 이런 갑질은 인턴들에게 많이 나타난다.

역공격형

역공격형은 역공격으로 갑질을 하는 유형이다. 올바르지 않은 일을 하는 사람에 대해서는 누구나 비판해야 한다. 이것은 의식이 있는 인간이 해야 할 의무이다. 그래야 누군가 피해를 보는 것을 예방하고 발전할 수 있다. 누구든지 합리적인 비판을 막아서는 안 된다. 많은 사람이 이러한 주장에 대해 공감한다. 하지만 현실에서는 다르다. 특히 권력을 가진 사람들은 자신의 비판에 대단히 민감한 반응을 보인다. 자신의 잘못을 개선하기보다는 비판을 원천적으로 봉쇄하기 위해 노력하는 것은 물론 심지어는 비판자를 역으로 공격하는 사람들이 적지 않다.

따돌림형

따돌림형은 믿거나 싫은 사람을 따로 떼어 친근하게 사귀지 아니하고 피하거나 간격을 두는 행태로 갑질을 하는 유형이다. 따돌림은 일대일의 대인 관계에서는 발생하지 않는다. 다수와 소수의 관계에서 발생한다. 주로 하나의 집단 내에서 소규모 집단과 개인 사이에서 일어난다. 집단 따돌림에는 왕따와 은따(은근한 따돌림)가 있다. 조직 내에서 따돌림은 대개 계파나 파벌에서 시작된다. 계파(系派)는 하나의 조직을 이루는 작은 조직, 파벌(派閥)은 개별적인 이해관계에 따라 따로 갈라진 사람의 집단이다. 계파와 파벌은 남을 배척하는 사상 경향인 배타주의(排他主義)를 바탕으로 한다.

제멋대로형

제멋대로형은 내가 하면 로맨스고 남이 하면 불륜형이다. 줄여 말하면 내로남불형이다. 이 유형의 갑질을 하는 사람들은 기본적으로 내가 하는 것은 괜찮고, 다른 사람이 하면 나쁜 것이라는 사고를 한다. 내가 하는 것은 당연하고 괜찮은 것이므로 문제가 되지 않는다. 비난받을 일도 아니고 책임질 것도 없으며 처벌을 받을 이유가 없다. 그러나 다른 사람이 같은 행동을 하면 비판하고 부하의 경우 책임을 묻고 나무라고 처벌한다.

제멋대로형은 법규를 불편하게 생각하며 무시하고 자신이 편리한 대로 행동하는 유형이다. 원칙대로 일하는 사람에게는 원칙대로 한다고 융통성이 없다며 몰아세우면서, 원칙대로 하지 않으면 원칙대로 하지 않는다고 야단친다. 또 원칙대로 일하면 불편하다며 항의하고 원칙을 지키지 말 것을 종용하고, 자신의 요구대로 행동하지 않으면 앞으로도 계속 그렇게 하는지 두고 보겠다며 협박하고, 원칙대로 하지 않으면 문제가 생겼을 때 원칙대로 하지 않았다며 책임을 묻는다.

허풍형

허풍형은 실제보다 지나치게 과장하여 믿음성이 없는 말이나 행동으로 갑질을 하는 유형이다. 허풍형은 호언장담형이라고도 한다. 호언장담(豪言壯談)은 호기롭고 자신 있게 말함 또는 그 말이다. 허풍형의 갑은 평소에 큰소리를 뻥뻥 친다. 부하들이 문제점을 제기하면 '아 그런 것 전혀 걱정하지마. 문제 생기면 다 내가 책임질게. 당신은 맡은 일이나 열심히 해', '이것저것 다 신경 쓰면 어떻게 일하나 그리해서 목표 달성하겠어요. 뒷일은 내가 알아서 처리할 테니까 팍팍 밀어붙여' 등이 허풍형이 일할 때 부하들에게 말하는 일상적인 표현이다. 그러나 말과는 달리 실제 문제가 생기면 자신은 전혀 책임을 지지 않는다. 자신은 불법적인 일을 하라고 한 일이 없다며 오히려 부하가 세상 물정을 몰라 위법행위를 했다며 모든 책임을 부하들에게 돌린다.

성욕구 충족형

성욕구 충족형은 자신의 성적인 욕구 충족을 위해 갑질을 하는 유형이다. 이 유형은 주로 지배자에게 많이 나타나는 유형이다. 을에게 자신의 힘을 과시한 후 요구에 반항하거나 대항하면 대가를 치른다는 인식을 심어주고 행동을 개시한다. 그러나 스폰서에 의한 성관계는 갑질로 보지 아니한다. 스폰서(sponsor)는 행사, 자선 사업 따위에 기부금을 내어 돕는 사람, 라디오나 텔레비전 방송 따위에 프로그램을 제공하는 광고주를 의미한다. 돈을 많이 가진 갑이 을이 필요로 하는 돈을 직접 제공하거나 그가 하는 일이 성사되도록 주선해주고 관계를 하는 것은 합의 또는 거래에 의한 관계로 갑질이 아니다.

제4절 갑질을 하는 사람과 당하는 사람의 특징

1. 갑질을 하는 사람의 전형

전형(典型)은 같은 부류의 특징을 가장 잘 나타내고 있는 본보기이다. 진정한 용기가 있는 사람들은 강자에게 당당하고 약자에게 겸손한 태도를 보인다. 그러나 천박한 사람들은 강자에게는 비굴하며 아부하고, 약자에게는 군림하고 지배하려고 한다. 갑질을 하는 사람의 전형은 강자에게 한없이 약하고, 약자에게는 한없이 강한 모습을 보인다. 강자의 비위를 맞추기 위해 온갖 아양을 떨며 연신 굽실거리는 비굴한 행동을 서슴지 않으며 아부하고, 약자에게는 자신의 힘을 과시하며 군림하고 멋대로 행동하며 횡포를 부리거나 착취를 일삼는다.

2. 갑질을 하는 사람의 특성

갑질을 하는 사람에게 나타나는 특성은 여러 가지가 있다. 이 중에서 대표적인 것을 정리하면 아홉 가지로 나눌 수 있다. 갑질은 강한 힘을 배경으로 한다. 힘이 강한 사람이나 집단이 힘이 약한 사람이나 집단에 횡포를 부리고 부당한 행위를 하는 것이 갑질이다. 그러므로 갑질을 하는 특성을 가진 사람도 상대적 관계에서 약한 힘을 가졌을 때는 갑질을 할 수 없을 뿐만 아니라 오히려 갑질을 당하는 일이 많다.

1) 이기적인 사람

자기 자신의 이익만을 꾀하는 사람이 이기적인 사람이다. 이기적인 사람은 자기중심적 사고를 한다. 다른 사람의 처지는 고려하지 않는다. 다른 사람의 처지를 고려한다면 갑질을 할 수 없다. 이기적인 사람에게서 다른 사람을 존중하고 배려하는 모습은 찾아보기가 쉽지 않다. 또 배려하고 존중하는 경우에도 대개 목적 달성 등 자기 이익을 꾀하는 데 도움이 되기 때문에 그렇게 하는 경향이 있다. 이기적인 사람이 갖는 특성은 여러 가지가 있지만, 대표적인 것 중의 하나가 <사례 2-1>에 나타나 있는 이기적 편향이다.

〈사례 2-1〉

이기적 편향

왜 취업에 성공하면 '내 실력 때문' 실패하면 '세상 탓'을 하는가?

우리는 자신의 부정적인 행동이나 사건에 대해서는 상황적·환경적 요인으로 돌리는 반면, 자신의 긍정적인 행동이나 사건에 대해서는 자신의 내부적 요인으로 돌리는 경향이 있다. 예컨대 취업에 성공하면 '내 실력 때문'이라고 생각하고, 실패하면 '세상이 공정치 못한 탓'이라고 생각한다. 이것을 가리켜 '이기적 편향(self-serving bias)' 또는 '자기본위적 편향'이라고 한다. 한마디로 말해서, "자신에게 유리하게 사고하는 방식"인데, 이는 자신의 자존감을 높이거나 방어하려는 욕구 때문에 생겨나는 것이다.

우리말에 좋은 건 자기 잘난 탓으로 돌리고 나쁜 건 부모 탓 또는 세상 탓으로 돌린다는 말이 있는데, 이 또한 이기적 편향 때문이다. 부모가 자녀의 인생에서 차지하는 자신의 중요성을 과대평가하면서 자녀의 성공을 자신이 잘 키운 덕분이라고 생각하는 것 역시 이기적 편향이다. 투자자들은 이익이 나면 자신의 능력 덕분이라고 생각하고 손실이 나면 자신이 통제할 수 없는 외부 요인 때문이라고 생각하는 경향이 있는데, 이 또한 이기적 편향이다.

에밀리 프로닌(Emily Pronin)은 이기적 편향이 '자기 관찰의 착각(introspection illusion)'에서 비롯된다고 말한다. 사람들은 자기 자신을 신뢰하기 때문에 자기 관찰이라는 주관적인 과정을 통해 자신을 평가하는 반면, 다른 사람은 신뢰하지 못하기 때문에 자기 관찰이 아닌 그 사람의 행동 일반을 통해 평가한다는 것이다. 집단 차원의 이기적 편향도 있다. 이를 '내집단 중심주의(ethnocentrism)' 또는 '집단본위적 편향'이라고 한다. 어느 실험에서 프린스턴대학과 다트머스대학이 맞붙은 미식축구 경기를 두 학교 학생들에게 영상으로 보여주었다. 그리고 학생들에게 관전평을 쓰라고 하자, 프린스턴 학생들은 다트머스 선수들이 범한 반칙의 횟수를 다트머스 학생들보다 3배나 많이 발견한 것으로 나타났다.

우리가 흔히 패거리주의라고 비판하는 현상의 이면에는 그 패거리에 소속된 사람들의 자존감을 지키기 위한 눈물겨운 '이기적 편향' 투쟁이 있는데, 이를 가리켜 '긍정적 가치의 확립 현상'이라고도 한다. 사람들은 긍정적인 자기상을 지니고 싶어 하며, 자기상의 일부분은 자신이 속한 집단에 의해서 구성되기 때문에, 자신의 집단을 무조건 긍정적으로 보려는 경향을 나타낸다. 이러한 긍정적인 평가는 주위의 비교 대상이 되는 집단과 상대적인 비교를 통해 얻어지지만, 비교적 평가가 분명치 않을 경우 긍정적 정체감의 내면 욕구 때문에 사람들은 어떠한 방법을 써서라도 우월한 평가를 얻으려고 한다. 이게 바로 패거리주의 작동의 기본 문법이다.

지역주의에서 작동하는 '이기적 편향'은 "나의 단결은 아름답지만, 너의 단결은 추하다"는 식으로 나타난다. 즉 우리의 부정적인 행동에 대해서는 상황적·환경적 요소로 돌리는 반면, 우리의 긍정적인 행동에 대해서는 우리의 내부적 요소로 돌리는 경향이 그대로 나타나고 있다는 것이다. 이런 이중 잣대는 정치 영역에서 자주 구사된다. 선거나 여론조사 결과가 나와 우리에게 유리하게 나오면 그건 '국민의 위대한 선택'이지만, 불리하게 나오면 그건 '반대파의 공작과 음모' 탓으로 돌려진다. 나쁘거나 바람직스럽지 못한 일을 정적(政敵)이 저지르면 그건 '나라 망치는 짓'이지만, 그것을 나와 우리가 하면 오로지 국가와 민족을 위한 '필요악(必要惡)'으로 간주한다.[25]

2) 학문이나 생각 따위가 얕은 사람

갑질을 하는 사람 중에는 학문이나 생각이 얕은 사람이 많다. 일반적으로 학문이나 생각 등이 얕거나, 말이나 행동 등이 상스러운

---

25) 강준만(2014), 『감정독재』, 인물과사상사.

천박(淺薄) 사람이 갑질을 많이 한다. 어떤 분야를 체계적으로 배워서 익히는 일과 그 일을 통해 쌓은 지식의 수준이 낮거나 정도가 약한 사람, 사물을 헤아려 판단하고 사리를 분별하고 어떤 사람이나 일에 대하여 성의를 보이거나 정성을 기울이는 것이 일정한 정도에 미치지 못하거나 마음 쓰는 것이 너그럽지 못한 사람이 주로 갑질을 한다. 여기서 학문이 얕다는 것은 '교육과정을 많이 거쳤느냐 안 거쳤느냐', '공부를 잘했느냐 못했느냐', '명문학교를 나왔느냐 안 나왔느냐', '지식이 많나 적나'라는 점과 결부된 것이 아니다. 공부를 잘해 명문학교를 진학하여 모든 정규 교육과정을 마쳐 지식이 많은 사람 중에도 갑질을 넘어 범죄를 저지르는 사람이 많다. 또 대표적인 지식인에 속하는 교수 중에도 갑질을 하는 사람이 적지 않다.

학문이나 생각이 얕은 사람은 옳은 것과 옳지 않은 것, 좋은 것과 좋지 않은 것, 해야 할 것과 하지 말아야 할 것을 구분하는 등 사리를 판단하고 구분할 줄 모르고 멋대로 행동하는 사람을 말한다. 학문과 생각이 깊다고 갑질을 전혀 안 하는 것은 아니다. 갑질을 하지 않는 사람들은 자신이 아는 것을 도리와 이치에 따라 옳은 것, 좋은 것, 해야 할 것을 실천하는 삶을 추구하기 위해 평소에 수신하며 극기를 통해 감정을 조절하고 자기반성을 통해 갑질을 하지 않기 위해 노력할 뿐이다.

3) 말이나 행동 등 사람의 하는 짓이 교양이 없는 사람

교양이 있는 사람은 학문, 지식, 사회생활을 바탕으로 이루어지는 사람이 갖추어야 할 존경할 만한 위세가 있어 점잖고 엄숙함 또는 그런 태도나 기세, 인격 따위에서 드러나는 고상한 품격, 문화에 대한 폭넓은 지식이 있는 사람을 말한다. 교양이 없는 사람은 생각이 좁고, 점잖거나 엄숙한 태도나 기세, 인격 등에서 드러나는 품격을 찾기 어렵고 문화에 대한 편협한 지식이 있는 사람이다. 일반적으로 갑질을 하는 사람들은 교양이 없는 사람이다. 교양이 있는 사람들은 좋지 않은 것이라는 점을 알기에 평소에 갑질을 하지 않기 위해 노력한다. 양자는 갑질의 잘못이 드러났을 때도 대조적인 모습을 보인다. 교양이 없는 사람은 자신의 행동을 정당화하려 들고 잘못을 인정하지 않으려는 태도를 보이며 책임을 회피하거나 전가하기에 급급한 모습을 보인다. 이에 반해 교양이 있는 사람은 대부분 자신의 잘못된 행동을 인지했을 때, 용서를 구하고 비판을 수용하여 반성하는 등 책임지는 태도를 보이고 잘못을 바로잡기 위해 노력하는 모습을 보인다.

4) 성품이 너그럽지 못하고 배려심이 부족한 사람

사람의 성질이나 됨됨이가 마음이 넓고 아량이 있는 사람은 갑질을 잘 하지 않는다. 이런 사람들은 다른 사람을 배려(配慮)한다. 즉 도와주거나 보살펴 주려고 마음을 쓴다. 갑질을 주로 하는 사람은 마음이 좁고 깊고 너그러운 마음씨가 없는 사람이다. 이런 사람들은 다른 사람들을 배려(配慮)하는 것이 아니라 불편(不便)하고 불안(不安)하게 한다. 도와주거나 보살펴주려고 마음을 쓰는 것이 아니라 몸이나 마음이 편하지 아니하고 괴롭고 조마조마하게 한다.

5) 생각이 좁아 옹색하고 변변치 아니한 사람

도량이나 소견이 작은 사람, 내용이나 범위 따위가 널리 미치지 아니한 데가 있는 등 생각이 막혀서 답답하고 옹졸한 사람, 됨됨이나 생김새 따위가 흠이 있고 제대로 갖추어져 있지 않아 불충분한 사람이 갑질을 한다. 이런 사람들은 다른 사람의 실수에 대해 관용을 베풀거나 용서할 줄 모른다. 오히려 꼬투리를 잡기 위해 노력하고 작은 실수라도 보이면 끝까지 물고 늘어지고 따지고 괴롭힌다.

6) 세심함이 없이 섣부른 행동을 하는 사람

사람이 모든 행동을 할 때 앞뒤를 재어 보고 세심하게 신경을 써서 할 수는 없다. 하지만 여유를 갖고 자신이 하는 행동과 일에 대해 처지를 바꾸어서 생각하여 보는 등 여러모로 따져 보고 헤아리고 작은 일에도 꼼꼼하게 주의를 기울여 빈틈이 없는 사람은 상대를 배려하므로 실수가 줄어들기 마련이다. 이런 사람은 갑질을 할 가능성도 줄어든다. 반대로 앞뒤를 재어보지도 않고 주의도 제대로 기울이지 않는 사람들이 하는 행동과 일은 실수가 나오고 갑질이 되기 십상이다.

7) 자기과시 욕구가 강한 사람

자기의 존재를 인정받기 위하여 남에게 자기를 과장하여 나타내는 심리적 경향으로 무엇을 얻거나 무슨 일을 하고자 바라는 일을 하는 측면이 강한 사람이 갑질을 많이 한다. 자기과시 욕구가 강한 사람은 대개 더 높은 곳을 향하여 자신의 이상과 꿈을 키우고 좇는다. 그들은 능력을 인정받고 싶어 하며 자신의 존재감을 자랑하여 보이려고 한다. 그러므로 자기과시 욕구가 강한 사람 중에는 강한 지배 욕구와 권력 욕구를 갖는 사람이 많다.

8) 지배적인 성향이 강한 사람

지배(支配)는 어떤 사람이나 집단, 조직, 사물 등을 자기의 의사대로 복종하게 하여 다스림이다. 지배적인 성향을 가진 사람들은 자기 마음대로 하겠다는 생각을 한다. 그리고 다른 사람들은 자신이 무슨 일을 하든 복종해야 한다는 태도를 보인다. 이들에게 중요한 것은 법규가 아니라 힘이다. 그러므로 자신이 가진 힘을 유지하기 위해 결사적으로 노력하며, 그렇게 하여 형성된 힘을 누리려 한다. 평상시에 이런 유형의 사람들은 출세 욕구가 커 높은 지위에 올라가기 위해 승진이나 당선에 관심이 많고 돈을 모아야 한다는 생각이 아주 강하다.

9) 나쁜 경험을 하거나 특정한 정신적인 병증이 있는 사람

유습(謬習)은 잘못된 버릇이나 습관이다. 인간은 사회적 학습을 통하여 여러 가지를 배운다. 그중에는 좋은 것도 있고 나쁜 것도 있다. 좋은 것도 전파되지만 나쁜 것도 전파된다. 사람들이 하는 나쁜 행위의 상당 부분은 텔레비전을 보거나 다른 사람에게서 듣고, 보고, 배운 것을 실천하는 모방행위라는 것은 잘 알려져 있다. 인간은 나쁘다는 것을 알면서도 때로는 그것을 경험해보고 싶은 강한 욕구를 느낀다. 나쁜 일을 하는 것은 처음이 어렵지, 한번 하고 나면 다음에 하는 것은 그다지 어렵지 않다. 여러 번 되풀이하면 습관이 된다. 좋은 일도 그렇지만 나쁜 일도 해본 사람이 더 잘한다. 갑질도 마찬가지이다.

왜곡된 욕구를 표출하는 사람, 인격장애가 있는 사람, 정신적으로 병증이 있어 건강하지 못한 사람은 자신도 모르게 갑질을 할 가능성이 높다. 여기서 말하는 정신적인 병증이 있는 사람은 다른 사람들이 보기에는 문제가 있어 보는데 자신은 건강하고 이상이 없는 정상적인 사람이라고 생각하는 사람이다. 좀 더 구체적으로 말하면 병의 증상이 있는 행동을 하는 데도 환자로 확증 판정을 받지 않은 사람을 말한다. 누구나 인정하는 병자(病者)가 하는 행위는 갑질로 생각하지 아니한다.

3. 갑질이 드러났을 때 갑이 보이는 태도

갑질이 드러나지 않으면 당사자인 두 사람 사이의 문제로 다른 사람은 모르므로 논란의 대상이 되지 않는다. 이때는 을에게 참느냐 대응하느냐 하는 선택적 행동의 기회가 주어질 뿐이다. 갑질의 폭로는 대응 방법의 하나이다. 갑질이 대외적으로 드러났을 때는 단순하게 갑과 을의 문제가 아니라 사회문제로 발전할 수 있다. 특히 일반인이나 사회단체가 삼자로 개입하면 그때부터는 사회문제로 인식되면서 사건은 새로운 국면을 맞게 된다. 갑질이 외부에 알려졌을 때 갑이 보이는 태도는 여러 가지이다. 대표적인 사례 몇 가지를 정리해보면 다음과 같다.

1) 자신에게만 시비한다고 생각한다

내가 하면 로맨스이고 남이 하면 불륜이라는 내로남불형에 나타나는 대표적인 반응이다. 즉 내가 하면 당연하고 남이 하면 부당한 것으로 생각한다. 그러므로 자신이 한 행동에 대해서는 그것이 갑질이라도 잘못된 것이 아니며, 할 수 있는 행동으로 인식한다. 자신의 행동이 잘못되었다고 생각하지 않고, 죄의식이 없는 사람도 있다. 이러한 사람들은 갑질이 드러나 자신의 행동이 논란 대상이 되었을 때, 다른 사람은 문제 삼지 않으면서 자신만 시비한다고 생각한다. 그러므로 '왜 나만 갖고 그래요'라며 신경질적인 반응을 보이는 사람도 있다. 특히 자신이 다른 사람에게 유사한 갑질을 당한 경험이 있는 사람일수록 더 그렇다. 자신이 당할 때는 아무도 갑질을 문제 삼지 않았다는 것이다. 이런 사람들은 대개 사회적인 분노와 저항에 직면하거나 처벌을 받으면 잘못을 인정하고 반성하는 모습을 보인다.

2) 책임 회피

건전한 민주시민이라면 누구나 자신의 행동에 대한 책임을 져야 한다. 잘못된 행동을 했을 때는 잘못을 인정하고 반성하고 개선하는 노력을 해야 마땅하다. 그런데 갑질을 하는 사람 중에는 자신의 잘못된 행동에 대해 자신보다 지위가 위에 있거나 힘이 센 사람, 집단, 언론 등에 의한 사회적인 비난이 있기 전에는 잘못을 인정하려 들지 않는 경향이 있다. 또 잘못이 드러나고 그것을 자신이 인식하게 되더라도 책임을 지지 않기 위해 사회의 탓으로 돌리는 사례가 많다. 잘못된 행동의 결과에 대하여 마땅히 져야 할 의무나 부담 또는 그 결과로 받는 제재를 꾀를 부려서 지지 아니하기 위해 변명에 급급한 모습을 보인다. 이들의 공통적인 행동 중 하나가 '나만 그런 것 아니다'라고 주장한다. 다른 사람이 하는 갑질에 대해 국가나 사회에서 이제까지 용인해왔다며, 자신의 행동에 대한 책임을 회피하면서 사회에 책임을 전가하는 모습을 보이는 사람도 적지 않다.

3) 무의식 주장

사람은 불완전한 존재이다. 자신이 한 행동이 다른 사람에게 어떤 영향을 미치는지 다 아는 사람은 아무도 없다. 누구나 어떤 목적으로 행동을 했던 자신의 행동으로 인해 다른 사람을 불편하게 하거나 부담을 주고 손해를 입혔다는 사실을 알았으면, 우선 잘못에 대해 사과를 하는 것이 마땅하다. 무의식적인 행동이었다고 해도 마찬가지이다. 그런데도 갑질을 한 사람 중에는 자신이 한 행동에 잘못이 드러났을 때 '그런 의도는 전혀 없었다'며 사과보다 변명을 일삼는 사람들이 적지 않다. 무의식 주장을 통해 비난과 제재를 줄이기 위한 본능적이고 방어적인 행동이다. 갑이 보이는 변명이나 사과의 말은 을의 마음을 누그러지게 하는데 대단히 유효하다. 대부분의 을은 갑이 '그런 의도는 전혀 없었다. 본의 아니게 내 행동으로 인해 피해를 보았다면 미안하다'라고 사과를 하면, 웬만한 일은 용서하거나 마음을 풀고 더는 시비를 하지 않는다. 을이 원하는 것은 사과와 재발 방지 약속이다. 그런데 여기에 부응하는 자발적인 행동을 하는 갑은 극히 드물다.

4) 입 막기

갑이 문제를 해결하는 가장 저열한 방법의 하나가 은폐이다. 은폐(隱蔽)는 덮어 감추거나 가리어 숨김을 뜻한다. 현실에서 가장 손쉬운 은폐 방법이 입막음이다. 입막음을 시도하는 사람들은 사건이 밖으로 노출되지 않으면 된다고 생각한다. 피해자가 어떻게 되든 자신은 피해를 받지 않을 수 있기 때문이다. 사건의 진상을 아는 사람은 모두 안에 있다. 결국 누군가의 입을 통해 밖으로 알려진다고 생각하므로 입막음에 나선다. 입막음을 위해 단속을 하면 외부에 알리는 어떤 행동도 하지 말라는 의미가 되므로, 자신이나 동료가 피해를 봤음에도 갑에게 다른 피해를 볼까봐 행동을 조심할 수밖에 없다. 갑은 이런 을의 심리를 이용하는 것이다.

갑에게 두려운 것은 을이 아니다. 을에게 두려움을 느끼면 애초부터 갑질을 하지 못한다. 자신을 알아보지 못하는 사람은 자신이 무슨 잘못을 했는지 어떤 사람인지 모르므로 신경을 쓰지 않는다. 갑이 두려워하는 것은 자신을 알아보는 불특정 다수이다. 좀 더 구체적으로 말하면 지인들과 여론이다. 공인일수록 여론을 강하게 의식한다. 특히 가족, 친구, 동창, 동료 등 자신과 인간관계나 거래를 하는 사람에게 자신이 비도덕적인 사람으로 낙인찍히는 것을 대단히 두려워한다. 비도덕적인 사람으로 낙인이 찍히면 사회 활동에 불편과 불이익이 따른다. 그러므로 자신이 갑질을 한 것이 을 외에 다른 사람들에게 널리 알려지는 것을 두려워하여 을은 물론 자신이 갑질한 사실을 아는 사람들의 입을 막기 위해 결사적으로 노력한다.

〈사례 2-2〉

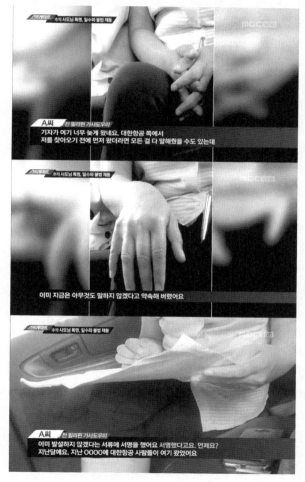

조양호 한진그룹 회장 집에서 12년간 일했던 필리핀 국적의 가사도우미가 필리핀 현지에서 MBC 스트레이트 취재진과 만나 대한항공과 맺은 비밀유지 각서에 대해 말하고 있다.[유튜브 캡처, 서울신문]

MBC 탐사보도 프로그램 '스트레이트'는 조 회장 부인 이명희 씨를 가장 가까이에서 오랫동안 지켜본 필리핀 가사도우미를 만나, 대한항공이 총수 일가 갑질 파문이 터지자마자 조양호 한진그룹 회장의 집에서 12년간 일했던 그의 입막음에 나선 사실을 확인했다고 2018년 5월 13일 보도했다. 조 회장 집에서 12년간 일했던 필리핀 여성 A 씨는 구체적인 내용에 대해서는 이야기할 수 없다고 밝혔다. 그는 "기자가 너무 늦게 왔다. 대한항공에서 나를 찾아오기 전 먼저 왔더라면 모든 걸 이야기해줬을 것"이라고 말했다. 조현민 대한항공 전 전무가 광고회사 직원에게 매실 주스를 끼얹고 폭언을 한 사건이 이명희 씨 등 조 회장 일가의 갑질 스캔들(scandal, 추문)로 터지자 대한항공 직원이 A 씨를 찾아와 조 회장 집에 대한 무엇도 말하지 않기로 비밀유지 각서를 받아갔기 때문이다. A 씨는 "많은 사람이 날 찾고 있다는 것을 안다. 내가 모든 것을 알고 있으니까…"라고 말했다. 스트레이트 취재진과 A 씨가 만나고 있다는 사실을 파악한 대한항공 측 변호사는 A 씨에게 전화를 걸어 다시 한 번 입단속을 했다.[26]

5) 역공격

역공격은 여러 가지 방법이 있다. 첫째는 죄를 덮어씌우기이다. 자신이 잘못한 것이 아니라 을이 잘못했다고 잘못을 덮어씌우는 것이다. 둘째는 을에 대한 문제 제기이다. 주로 을의 성격이나 태도, 행동, 다른 사람과의 관계, 직무 수행 능력, 사생활 등을 문제 삼으며 을이 문제가 있는 사람이라는 점을 부각하기 위해 노력한다. 을을 문제 있는 사람으로 몰기에 성공하여 불신을 만들어내면 자기변명을 하거나 모함을 받았다며 억울함을 호소하기도 한다. 셋째는 협박을 통한 겁주기이다. 자신이 한 갑질이 드러나 비난이나 처벌을 받을 상황에 부닥친 사람 중에는, 그것을 폭로한 을에 대해 이를 갈며 '언젠가 반드시 손을 봐주겠다'라고 벼르는 사람이 적지 않다. 공공연하게 을에게 '어디 한번 두고 보자'라고 말하는 사람도 있다. 상대편이 겁을 먹도록 협박 등 무서움을 느낄 만한 말이나 행동으

---

26) 서울신문(2018.05.14).

로 위협하는 방식이다. 으르기에는 달래기가 수반되는 경우도 많다. 넷째는 조롱형이다. '아니꼬우면 위에 올라가 보든지, 돈 벌어 출세하면 될 거 아니냐'라며 비아냥거리거나 을의 능력을 비웃으며 조롱하는 사람도 있다.

4. 갑질을 하는 사람에게 나타나는 의식적 태도

1) 약자에게는 아무렇게나 함부로 해도 된다

자신보다 힘이 약한 사람이나 집단에게는 정도가 지나친 행동을 하는 등 아무렇게나 함부로 해도 된다고 생각하고, 실제로 그런 동작을 하거나 마음가짐을 드러낸다. 즉 어떤 행동이나 일이든 내 마음대로 해도 된다고 생각한다. 회장님 운전기사는 목숨까지 걸어야 한다. VVIP(Very Very Important Person, 귀빈보다 더 중요한 사람 또는 극소수 상류층 인사)의 운전기사는 '상시 모집'이었다. 2015년 당시 그의 고급 세단을 거쳐 간 운전사만 1년 새 무려 40명이다. 재벌 3세인 이 모 전 대림산업 부회장의 이야기다. '백미러를 접고 운전하라'는 터무니없는 명령에 목숨이 위험했던 적도 수차례였다. "이 컵에 물이 가득 담겨 있는데, 이게 한 방울도 흘러내리면 안 돼. 출발할 때든 멈출 때든"이라는 말에 신경쇠약에 걸린 기사들은 3일씩을 내리 굶었다.[27]

---

27) 한국일보(2018.05.07).

2) 기분과 상황 따라 태도를 보여도 괜찮다

갑은 을에게 어떤 일이나 상황 따라 태도를 보이며 상대해도 탈이나 문제, 걱정이 되거나 꺼릴 것이 없다고 생각한다. 또 평소에 을이 반항하거나 대들면 더 큰 대가를 치른다는 인식을 심어주기 위해 노력한다. 을도 경험적으로 갑과 관계를 유지하려면, 그의 횡포나 부당한 행위를 수용하거나 순응할 수밖에 없다는 점을 알기에 대개 억울하고 괴로워도 참는다. 그런데 심지어는 이런 을의 태도까지 마음에 안 든다고 시비를 하는 사람도 있다. 오로지 힘이 좀 더세다는 이유로 수시로 언행과 태도, 요구를 바꾸며 기분과 상황에 따라 이랬다저랬다 한다. 이런 사람들은 내 말이나 행동이 곧 법이라고 인식한다. 그렇기 때문에 자신의 마음에 안 들면 화를 내고 폭언이나 폭행을 일삼고 그것으로는 분이 안 풀리면 자신의 눈앞에서 안 보이는 곳으로 을을 치우려 든다. 쉽게 말하면 무능하다고 몰아세우고, 따돌리고, 다른 곳이나 한직으로 인사 조처를 하고, 해고하고, 거래를 중단하는 등 위세를 부린다.

3) 법보다 주먹이 가깝고 내가 힘이 더 세다

법을 의식하면 처벌받을 것을 고려하기 때문에 갑질을 할 수 없다. 대개 갑질을 하는 사람들은 법을 의식하지 않고 자신의 힘을 의식한다. 이들은 내가 힘이 더 세다. 법은 멀리 있고 주먹은 가까이 있다. 내 마음대로 행동하는 것은 나의 자유다. 문제가 생기더라도 내 힘으로 해결할 수 있다. 또 설령 내외적으로나 법적으로 문제가 되고 처벌을 받더라도 언제든지 보복할 수 있다고 생각한다. 그러므로 을의 재주나 능력 따위를 실제보다 낮추어 보아 하찮게 대한다.

5. 갑만 되면 돌변하는 이유

갑이 되면 돌변하는 사람들이 있다. 이런 사람들은 대개 자신이 을의 지위에 있을 때는 생존에 치중하며 본심을 숨기고 힘을 축적하며 주류사회 편입을 통한 신분 상승의 기회를 노린다. 이 과정에서는 어떻게든 살아남기 위해 가능한 모든 희생을 감수하며 온갖 노력을 한다. 그 결과 일정한 지위에 도달하는 등 힘이 어느 수준으로 축적되면 본색을 드러낸다. 힘의 변화는 대부분 갑질로 나타난다. 이들이 돌변하여 갑질을 하는 이유는 대체로 두 가지 이유 때문이다. 이 두 가지 이유는 각각 또는 서로 어우러져 작용한다.

1) 억눌러 왔던 욕구의 표출

사람들이 갑이 되면 돌변하는 이유는 억눌러 왔던 욕구의 표출이다. 그동안 욕구를 실현하고 싶어도 자신이 을의 위치에 있었기에, 그것을 밖으로 드러내기 어려웠다. 자신의 욕구는 억눌러 뒤에 밀쳐두고 강자의 욕구 실현을 위해 온갖 아부를 하며 비위 맞추기에 급급했다. 그런데 이제 자신에게 힘이 생겨 더는 다른 사람의 눈치를 볼 이유가 없어졌기 때문에 욕구를 실현하는 행동을 한다. 이들에게 주로 나타나는 욕구는 인정 욕구, 지배 욕구, 자기과시 욕구이다. 내가 이룬 힘을 자랑하고 인정받고 내 마음대로 해보고 싶은 것이 갑질로 나타난다. 이런 사람 중에는 본인 스스로 '옛날의 내가 아니다'

라고 말하는 사람도 있고, 주위 사람들도 '사람이 바뀌었다'는 말을
하기도 한다.

2) 마음에 맺힌 응어리 풀이

사람들이 갑이 되면 돌변하는 이유 중 다른 하나는 마음에 맺힌
응어리 풀이이다. 사람들은 이것을 주로 한풀이라고 한다. 한풀이보
다는 단계가 낮은 것이 분풀이, 화풀이, 감정풀이, 기분풀이다. 그것
이 어떤 형태가 됐든 마음에 맺힌 응어리는 과거에 쌓인 억울함이
만든 것이다. 한(恨)은 억울하고 원통한 일이 풀리지 못하고 응어리
져 맺힌 마음이다. 한(恨)을 푼다는 것은 '일어난 감정 따위를 누그
러뜨리다. 마음에 맺혀 있는 것을 해결하여 없애거나 품고 있는 것
을 이루다. 금지되거나 제한된 것을 할 수 있도록 터놓다'라는 뜻이
다. 문제는 한(恨)을 푸는 대상이 자신에게 갑질을 한 사람이어야
정상이다. 그런데 그동안 자신에게 갑질을 해온 사람은 자신보다 더
큰 힘을 갖고 있거나 여전히 영향력이 있어, 애꿎게 자신보다 힘이
약한 다른 사람에게 갑질을 하는 것으로 풀이를 하는 사람이 많다.

〈사례 2-3〉

甲도 누군가의 乙 억눌러 왔던 분노 약자에게 표출

甲만 되면 돌변하는 이유는: 평소 멀쩡해 보였던 사람이 갑(甲)의 위치에 서면 폭
언·폭행 등 상식 밖의 행동을 하는 경우가 종종 있다. 그 뒤에는 어떤 심리가 숨어
있을까. 박진생 신경정신과 전문의는 "폭언·폭행 등을 하는 갑의 심리는 종로에서
뺨 맞고 한강에 가서 눈 흘기는 경우와 비슷하다"고 설명했다. 조직 대 조직의 관계에
서 갑 쪽 조직에 속한 사람도 개인으로서는 언제나 갑일 수는 없기 때문에 평소 억눌

러왔던 분노를 엉뚱한 곳으로 표출한다는 설명이다. 예를 들어 다른 기업과의 관계에서 갑의 입장인 대기업 임원도 회사 안에서는 상사의 질책에 시달리는 을의 처지일 수 있다. 을의 입장에서 쌓여왔던 스트레스나 화가 상대적으로 약해 보이는 상대에게 표출될 수 있다.

박진생 전문의는 "화(火), 분노는 무의식적인 성격이 강해 사소한 자극으로도 쉽게 폭발한다"며 "이렇게 폭발하면 평소 머리가 좋고 도덕적인 사람이었다 해도 이성적으로 쉽게 조절하기 어렵다"고 말했다. 또 서울대 심리학과 곽금주 교수는 동물처럼 "사람도 권력을 가질수록 자기중심적, 목표 지향적으로 될 가능성이 크다"며 "기분이 상하는 일이 생겼을 때 그 일과 관련된 다른 사람의 입장을 생각하기보다는 '내 기분이 나쁘다'는 한 가지만 생각하는 것"이라고 말했다. 그는 "자기 위주로 시야가 좁아져 있기 때문에 거기서 어긋나는 일을 용납하지 못하고, 그러다 보면 실수를 저지르게 되는 것"이라고 말했다.[28]

6. 시비 일삼는 갑 불리할 때 을 공격하는 전형적인 방법

시비를 일삼는 갑이 불리할 때 을을 공격하는 전형적인 방법이 있다. 불친절과 태도 불량을 물고 늘어지는 것이다. 일반적으로 힘이 약한 사람인 을이 힘이 세고 정상적인 행동이나 일을 하는 갑을 야단치거나 하는 행동을 제지하는 일은 거의 없다. 그런데 직무를 수행하는 과정에서는 을이 갑의 행동에 관여하는 일이 생긴다. 갑이 법규든 아니면 자치규정이든 관련 규정을 어기고 행동을 할 경우, 질서 유지나 안전 등의 서비스를 제공하는 경우, 불법적인 행위를 하거나 을에게 지나친 강요를 하는 경우 등이다. 이때 문제의 원인을 제공한 사람은 갑이다. 갑이 잘못을 인정하고 하던 행동을 그만두거나 을의 안내, 제지 등을 수용하면 문제가 발생하지 않는다. 그런데 자신이 잘못한 것이 원인이 되었는데도 꼭 시비를 일삼

---

28) 조선일보(2013.04.30).

는 갑이 있다. 그들은 을이 자신에게 간섭하는 것이 기분 나쁘다고 생각한다. 그래서 아주 사소한 행동이나 말을 대단한 일인 것처럼 침소봉대하거나 하지도 않은 말을 만들어서 했다는 등 다양한 방법으로 시비를 건다.

실랑이가 벌어지면 갑의 행동은 거리낌이 없다. 을에게 소리를 지르고 삿대질을 하고 무례한 말이나 욕을 하기도 한다. 그랬으면서 을에게 자신이 한 행동을 뒤집어씌운다. 을이 그런 일이 없다고 따지거나 말도 안 되는 억지 부리지 말라고 하면, 어디 한번 두고 보자고 말하며 그 자리를 떠난다. 그 이후 을이 소속된 회사에 자신이 잘못한 것은 쏙 빼고, 을이 불친절하고 태도가 불량하고도 문제를 제기하며 항의한다. 그러면 그 회사에서는 민원인을 달래기 위해 을에게 경위서를 쓰게 하거나 억지 사과를 할 것을 강요한다. 을은 당장이라도 그 자리를 걷어차고 나가고 싶지만, 먹고 사는 것을 생각하여 억울한 마음을 달래며 억지로 잘못을 인정하고 사과한다.

이렇게 시비를 하는 갑에게 법규 같은 것은 안중에 없다. 자기중심적인 사고를 하므로 오직 내가 갑의 위치에 있고 을이 무조건 굽실거리고 잘못했다고 해야 한다고 생각한다. 그런데 을이 그것에 맞추어 행동하지 않아 자기 마음에 안 들었기 때문에 화풀이하는 것이다. 그릇된 고객 만족과 자기 보신을 위해 직원을 희생양으로 삼는 속물근성을 가진 상사들과 그들이 소속된 기업, 감독 업무를 맡은 행정기관과 공무원의 무책임, 그것을 용인하는 사회 풍토 등이 어우러져 오늘날 우리 사회의 수많은 을의 가슴을 멍들게 하는 블랙컨슈머를 키우고 있다.

7. 갑질에 대한 갑과 을의 인식 차이

갑질은 그것을 하는 사람이나 당하는 사람 모두에게 문제가 있다. 갑은 힘을 앞세워 을을 부당하게 괴롭히는 것이 잘못이고, 을은 갑의 힘을 앞세운 행동에 적절하게 대응하는 용기와 힘을 육성하는 노력을 제대로 하지 않는 것이 잘못이다. 그런데도 양자는 자신의 잘못을 개선하기 위한 노력하기보다는 상대를 탓하기에 바쁘다. 자신은 문제가 없으며 상대에게 문제가 있다고 생각하는 경향이 있다.

1) 갑의 인식

갑질을 하는 사람은 누구나 자신의 행동에 대해 문제가 있다는 것을 제대로 인식하지 못하거나 인식하지 않으려는 경향이 있다. 이들은 대부분 갑질의 원인에 대해 자신의 문제라기보다는 문화나 관행의 문제로 생각한다. 즉 자기도 갑질을 당했던 일이 있고, 자신이 갑질을 당할 때 사회에서 문화나 관행의 문제로 인식하여 그것을 막고 처벌할 위치에 있는 사람들이 제대로 대응하지 않고 용인하거나 오히려 갑질을 했다는 것이다. 그러므로 정작 중요한 자신의 잘못을 반성하고 고치기 위한 노력은 등한히 하면서, 왜 자신만 가지고 문제로 삼느냐는 반응을 보인다.

2) 을의 인식

갑질의 원인에 대한 을의 인식은 갑의 인식과 다르다. 갑질을 당하는 사람들은 반드시 해결해야 할 심각한 사회문제로 인식한다. 그들은 문화나 관행도 문제가 있기는 하지만, 갑질을 하는 사람 개인의 자질문제로 생각한다. 모든 사람이 갑질을 하는 것이 아니기 때문이다. 하지만 정작 중요한 자신이 안고 있는 문제인 '약한 힘을 어떻게 육성할 것인가'에 대하여 심각하게 고민하는 사람은 많지 않다.

8. 갑질을 하는 사람과 당하는 사람

현실에서 어떤 사람이 갑질을 하고 어떤 사람이 갑질을 당할까? 갑질은 상대적 관계와 특정한 상황에서 일어나므로 갑질을 하는 사람과 갑질을 당하는 사람을 특정하기는 쉽지 않다. 하지만 이제까지 일어난 갑질 사례를 살펴보면, 갑질을 하는 사람은 상대적 측면에서 강자이고 갑질을 당하는 사람은 상대적 측면에서 약자임을 알 수 있다. 갑질을 하는 사람과 갑질을 당하는 사람에 대해 좀 더 살펴보면 다음과 같다.

1) 갑질을 하는 사람

갑질을 하는 사람은 상대적 강자이다. 상대적 강자와 약자는 고정된 것이 아니다. 관계와 상황에 의해 결정된다. 상대적 강자는 일반적으로 권력, 금력, 완력 등 힘이 센 사람, 수준이나 정도가 높은 사람, 무엇에 견디는 힘이 크거나 어떤 것에 대처하는 능력이 뛰어난 사람이다. 이들이 상대적 약자에게 갑질을 한다.

2) 갑질을 당하는 사람

갑질을 당하는 사람은 상대적 약자이다. 상대적 약자는 권력, 금력, 완력 등 힘의 정도가 작은 사람, 견디어 내는 힘이 세지 못한 사람, 능력, 지식, 기술 따위가 모자라거나 낮은 사람이다. 이들이 상대적 강자인 갑의 횡포와 부당한 행동에 시달린다.

9. 갑질 수용에 대한 을의 태도

세상은 자신이 산다. 사람은 누구나 자신에게 일어나는 일에는 민감하게 반응한다. 자신의 이해, 행복과 불행 등 삶의 질과 직결되기 때문이다. 간혹 자기 일에 적극적으로 관심을 두는 다른 사람도 있지만, 무관심한 사람이 더 많다. 또 관심을 두더라도 대부분 자기 일만큼은 아니다. 그러므로 어떤 일이 일어났을 때 자신이 어떻게 받아들이는가가 대단히 중요하다. 수용 태도에 따라 향후 대응이나 일 처리 방식이 달라지기 때문이다. 갑질을 받아들이는 을의 태도는 사람이나 내용, 상황에 따라 다양하다. 하지만 큰 흐름에서 보면 갑질에 대한 을의 수용 태도는 긍정적 수용과 부정적 수용, 묵인과 회피로 나누어진다.

1) 긍정적 수용

갑질의 긍정적 수용은 나타나 보이는 현재 상태의 갑질을 바람직한 것이 되도록 받아들이는 것을 말한다. 그러므로 긍정적 수용은 대체로 현실적인 상황을 인정하고 자신이 더 낫고 좋은 상태나 더 높은 단계로 나아가려는 측면에서 갑질을 받아들인다. 그렇다고 갑질에 대한 긍정적 수용이 갑질 자체가 바람직하거나 옳다고 인정하는 것은 아니다. 단지 혼자 속상해하고 기분 나빠하고 화를 내고 분해하고 매번 대응하는 것이 궁극적인 해결책이 되지 못한다는 것을 알기에 상대를 너그러운 마음으로 용서하고 자신의 실력을 기르는 일에 집중한다. 즉 반성을 통해 자신의 부족한 부분을 점검하여 보충하는 등 자기 발전을 위해 분발하는 계기로 활용한다. 또 갑질을 옳지 아니한 것, 바람직하지 못한 것으로 규정하고, 자신은 같은 잘못을 하지 않도록 갑질을 반대하고 예방하고 개선하기 위해 노력한다.

2) 부정적 수용

부정적 수용은 악순환을 되풀이하게 한다. 갑질에 대한 부정적 수용의 대표적인 형태가 사회적 학습과 실천이다. 정상적인 사람이라면 갑질이 옳지 아니한 것, 바람직하지 못한 것이라는 점을 알면 그것을 고치려고 노력해야 한다. 그런데도 부정적으로 수용하는 사람들은 자신이 강자에게 당하면서 배운 것을, 자신보다 약자에게 써먹는다.

3) 묵인과 회피

사회문제를 악화하게 하는 대표적인 원인 중 한 가지가 묵인과 회피이다. 그동안 묵인과 회피는 우리 사회에서 갑질을 심화시키는 직접적인 원인으로 작용해왔다. 묵인(默認)은 모르는 체하고 하려는 대로 내버려둠으로써 슬며시 인정함, 회피(回避)는 일하기를 꺼리어 선뜻 나서지 않음을 의미한다. 사람들이 묵인과 회피를 하는 이유 대개 또 다른 피해를 보지 않기 위해서이다. 더 나은 세상을 만들기 위해서는 문제가 발생하면 그것을 해결하기 위해 노력해야 한다. 아무도 부담과 희생을 감수하지 않고 용기를 내지 않으면 세상은 점차 살기가 어려워진다.

10. 갑질을 당하는 사람이 느끼는 감정

갑질을 당하는 사람이 느끼는 감정은 크게 보면 두 가지이다. 첫째는 자신의 행동에 대한 감정이다. 이것은 대개 자기변명이나 정당화로 일관된다. 갑질을 당하는 을의 생각 저변에는 자신에게 잘못이 없다는 생각이 깔려 있다. 또 잘못이 있더라도 중요하게 여길 만한 것이 아니고 보잘것없이 작거나 적은 것으로 일상 속에서 누구나 할 수 있는 행동이나 일로 생각한다. 둘째는 타인의 행동에 대한 감정이다. 갑질을 당한 을의 감정은 그것을 당한 사람이나 상황에 따라 다양하게 나타난다. 하지만 그 내용은 모두 부정적인 것이다.

억울하다

갑질의 특징 중 하나는 을이 자신이 갑질을 당해야 하는 이유를 잘 모른다는 점이다. 그러므로 대부분의 을은 아무 잘못 없이 꾸중을 듣거나 벌을 받거나 하여 분하고 답답함 또는 그런 심정을 느낀다.

분하다

갑질을 당한 사람은 대부분 분한 마음을 갖는다. 자신이 억울한 일을 당했다고 생각하며 화가 나고 원통해한다. 분한 마음을 삭이면 병이 되지 않지만, 삭이지 못하고 쌓이면 스트레스를 받고 화병이 되거나 한이 되기도 한다. 원한이 쌓이면 복수심을 갖게 된다. 즉 억울하고 원통한 일을 당하여 응어리진 마음이 쌓이면 복수하려고 벼르는 마음을 갖는다.

화난다

누구나 억울하게 괴롭힘을 당하면 화가 난다. 특히 내가 잘못을 하지 않았는데 상대가 부당한 행동을 하고 횡포를 부리며 괴롭히면 몹시 못마땅해 노엽거나 언짢게 여겨져 불쾌한 감정이 일어난다. 화는 갑질을 한 갑 때문에 나기도 하지만, 힘이 부족한 자신에게 나기도 한다.

원망스럽다

갑질을 당하는 을은 갑질을 하는 사람을 못마땅하게 여겨 탓하거나 불평을 가지고 미워하고 싶은 마음이 있다. 을의 원망 대상은 갑만이 아니다. 오히려 갑질을 용인하는 사회, 잘못된 정책이나 제도를 도입하여 갑질을 하게 만드는 정치와 정치가, 그것을 집행하는 공무원을 원망스럽게 생각하는 사람이 많다.

슬프다

사람들은 자신이 원통한 일을 겪거나 다른 사람이 불쌍한 일을 당하는 것을 보면 마음이 아프고 괴롭다고 느낀다.

괴롭다

갑질을 당하면 몸이나 마음이 편하지 않고 고통스럽다. 갑질은 대개 마음이 불편하도록 하는 등 정신적으로 괴롭히거나 육체적으로 고통을 느끼게 하는 행위로 이루어진다.

답답하다

사람들은 대개 자기 뜻대로 되지 않을 때 답답함을 느낀다. 갑질을 당하는 을은 갑의 부당한 행위에 대응할 수 있는 마땅한 방법이나 수단이 없는 상태에서 계속 정도가 심한 괴롭힘을 당하면 숨이 막힐 듯이 갑갑함을 느낀다.

살기 힘들다

같은 일을 하더라도 갑질을 당하면 마음이 쓰이고, 힘이 더 들고 하기가 까다로워 힘에 겹다고 느낀다. 격려해주거나 칭찬을 받으면 사람들은 같은 일도 즐겁게 한다. 즐거우면 같은 일을 하더라도 많이 힘들다고 느끼지 않는다. 갑질을 계속해서 당하는 사람들은 돈 벌기가 힘들다거나 살기가 힘들다는 푸념을 하며 자신의 불우한 처지를 한탄하기도 한다.

꼼수를 부린다

'꼼수를 부리다'는 '시시하고 신통치 않은 수단이나 방법으로 행동이나 성질 따위를 계속 드러내거나 보이다'라는 뜻이다. 꼼수를 부리는 갑은 을에게 도움이 된다는 명분을 내세우고 말을 그렇게 하며 모양을 갖추기도 한다. 하지만 실제로는 교묘하게 을에게 이익이 되지 않거나 그 대가를 치르게 할 때 꼼수를 부린다고 한다. 예를 들어 실제로는 월급을 적게 주기 위해 휴식시간을 늘리고는 제대로 휴식할 수 있는 공간을 만들어주지 않는 것은 물론 휴식시간에 쉬지 못하도록 불러내 일을 시키는 경우가 대표적이다. 또 월급을 올려준다거나 복지를 향상한다는 발표를 한 후에는 근무시간에 잡담을 한다거나 엉뚱한 일만 하고 열심히 일을 안 한다고 몰아세우고, 과다한 목표를 설정해 달성할 것을 강요하는 농간을 부리는 사람도 있다.

너무한다

사람들은 평상시에는 자신이 갑질을 당하는 줄 알면서도 웬만하면 참는다. 하지만 상대의 행동이 심하다거나 너무한다는 생각에 이르면 감정을 억누르기 어려워진다. 인내의 한계에 도달하면 대개 자신도 모르게 정도가 지나치거나 도에 지나치게 심하다는 말을 하게 된다.

〈사례 2-4〉

기억하시나요? '그때 그 갑질'

"엎드려, 한 대에 100만 원이다." 영화보다 더 영화 같았던 이 사건은 실제로 영화가 됐다. 2015년 여름 1,400만 관객을 불러 모았던 영화 <베테랑> 속 재벌 3세 조태오(유아인 役)의 모델은 최 모 당시 M&M 대표다. 2010년 10월 18일 서울 용산의 SK 본사 앞에서 1인 시위를 하고 있던 50대 화물기사 유 모 씨는 누군가의 부름을 받았다. 소유주였던 최 모 대표였다. 당시 유 씨는 다니던 회사가 M&M으로 인수·합병되면서 고용 승계가 안 되는 바람에 1년 이상 벌이가 없던 상황이었다.

그가 예상했던 것은 '협상'이었지만 사무실에 들어서자 황당한 명령이 떨어졌다. "엎드려라." 7~8명의 간부가 지켜보는 자리였다. 난데없이 야구방망이가 등장했다. 상황 파악도 전에 내리 10대를 맞았다. "살려주세요. 용서해주세요." 유 씨가 몸부림을 치며 무너졌다. 그의 몸 위로 수표가 떨어졌다. '맷값' 2,000만 원이었다. 사과를 요구한 유 씨에게 기업 임원들은 답했다. "이 자식이 이거 형편없는 새X 아니야. 내가 볼 땐 2,000만 원어치도 안 맞았는데."

2010년 12월 서울지방경찰청의 소환을 받고 출두한 그의 모습에서는 흔히 등장하는 휠체어도 마스크도 찾아볼 수 없었다. 고개를 빳빳이 쳐든 그는 법정에서 이렇게 말했다. "군대에서 하듯 '빠따(몽둥이)'로 훈육한 것이다." 피해자는 최 씨보다 11살 위였다. 1심에서 1년 6개월 실형을 선고받았지만 2심에서 집행유예로 풀려났다. 사건을 담당했던 박 모 서울중앙지검 부장검사는 최 씨가 집행유예로 풀려나자마자 돌연 사표를 냈다. 그리고 2011년 SK그룹에 전무로 입사했다. '유전무죄, 무전유죄'가 여실히 입증되는 순간이었다.[29]

아프다

지속해서 갑질을 당하는 사람은 몸의 어느 부분이 다치거나 맞거나 자극을 받아 괴로움을 느낀다. 이것이 지속하면 몸이 병이 나거나 들어 앓는 상태가 된다.

갈군다

을은 갑이 자신을 교묘하게 괴롭히거나 못살게 군다고 생각한다. 갈구는 사람들은 을이 한번 잘못한 일을 두고두고 괴롭히는 일이 많다. 눈 밖에 났기 때문이다. '눈 밖에 나다'는 신임을 얻지 못하고 미움을 받게 되다는 뜻이다.

---

29) 한국일보(2018.05.07).

부당하다

갑이 이치에 맞지 아니한 행동을 한다고 생각한다. 왜 저런 행동을 하는지 이해가 안 되고, '왜 내가 이런 수모를 당하고 살아야 하는가'라며 자신의 처지에 화가 난다.

횡포를 부린다

자신에게 잘못이 없음에도 갑이 단지 힘이 있다는 이유로 자신에게 제멋대로 굴며 몹시 난폭한 행동을 한다고 생각한다. 갑이 왜 그런 행동을 하는지 이유라도 알면 대처할 방안이라도 생각해볼 수 있다. 그런데 이유를 모르고 당하는 경우가 많아 답답함을 느끼며 혼자 속앓이를 한다. 화는 나는데 마땅하게 하소연할 만한 곳도 없어 한잔 술로 아픈 마음을 달래는 사람도 있다.

불공평하다

갑질이 발생했을 때, 국가는 잘못된 일을 하는 갑에게 벌을 주고 대가를 치르게 해야 마땅하다. 그런데도 가재는 게 편이라고 권력을 가진 사람과 권력기관은 갑을 처벌하지 않고 오히려 힘을 가진 자들 쪽으로 치우쳐 고르지 못하고 그들을 비호하거나 두둔하는 모습을 보이며, 을인 자신을 보호해주지 않는다고 생각한다. 불공평하다고 생각하는 사람 중에는 자신을 차별한다고 생각하는 사람이 많다. 그들은 같은 일을 하고 같이 있는데도 왠지 모르게 자신만 차이를 두어서 구별하여 대한다고 느낀다. 을이 느끼는 차별은 대개 따돌림, 인사고과 같은 평가에서 낮은 점수로 불이익을 주는 것, 어려운 직무 수행 요구 등 여러 가지이다.

기분 나쁘다

살다 보면 기분은 좋을 때도 있고 나쁠 때도 있다. 수시로 변화한다. 갑질을 당하면 기분이 나쁘다. 사람은 기분이 좋으면 한없이 너그러운 모습을 보이지만, 기분이 나쁘면 좋지 않은 생각을 하게 되고 왠지 모르게 마음이 자꾸 위축되고 자신감이 떨어진다. 평소 잘하던 일에도 실수가 나온다. 이런 현상은 부정적인 감정 흐름을 만든다. 기분이 좋지 않으면 일하는 것은 물론 사는 것이 재미가 없다. 재미가 없으면 일하기 싫어진다. 이런 단계에 이르면 '내가 지금 무엇을 하고 사는가?', '사는 이유가 무엇인가?'라는 생각을 하며 삶을 회의하거나 비애를 느끼기도 한다. 감정의 부정적 악순환이 되풀이되면 '이놈의 세상 살아서 무엇 하나?'라며 극단적인 생각이 들기도 한다.

속상한다

갑질을 당한 을은 화가 나거나 걱정이 되는 따위로 인하여 마음이 불편하고 우울해진다. 화가 나면 풀어야 한다. 풀지 않아 쌓이면 한이 된다. 풀고 싶어도 정작 자신에게 갑질한 갑에게는 힘이 약해 풀지 못한다. 그것을 가까운 사람에게 풀면 그들이 아파한다. 이러지도 못하고 저러지도 못해 스트레스만 쌓인다. 즐겁게 시작한 하루가 갑만 보면, 오늘은 또 어떤 꼬투리를 잡아 자신을 괴롭힐지 몰라 걱정이 된다. 행동을 조심한다고 하지만 '내가 왜 이렇게 살아야 하나?'라는 생각이 들면서 속상하고 기분이 씁쓸해진다.

불쾌하다

갑질을 당하면 기분이 상해 갑질을 한 갑은 물론 힘이 약해 갑질을 당한 자신이 못마땅하여 기분이 좋지 아니하다. 육체적인 학대를 당한 경우 몸이 찌뿌듯하고 좋지 않다. 을이 느끼는 불쾌한 감정의 원인은 크게 보면 세 가지이다. 첫째는 자신에게 갑질을 하는 갑을 보는 것 자체가 불쾌하다. 심한 경우 구역질이 날 것 같다는 느낌을 받는 사람도 있다. 특히 여성이 성적으로 학대를 당한 경우 그런 불쾌감을 느끼는 일이 많다. 둘째는 갑질을 당해 상한 마음과 육체적 고통으로 말미암아 불쾌함을 느낀다. 셋째는 벗어날 수 없는 현실이 불쾌하고 우울하게 만든다. 어떤 을에게는 갑과 같이 있다는 것 자체가 공포이다. 이 지옥 같은 곳을 벗어나기 위해 마음으로는 하루라도 빨리 힘을 기르고 싶다. 그런데 생각대로 잘 안 된다. 그러니 자신까지 못마땅하고 기분이 좋지 않다.

불편하다

갑질을 당하면 몸이나 마음이 편하지 아니하고 괴롭다. 이렇게 되면 만사가 귀찮다. 갑은 물론 주위에 있는 다른 구성원과의 관계도 편하지 아니하게 된다. 감시를 받는 것 같고, 언제 잔소리를 하고 트집을 잡을지 모르므로 갑과 같이 있는 것이 싫다. 심한 경우 같이 일을 하고 같은 공간에 있는 것을 고문처럼 느끼는 사람도 있다.

우울하다

사람은 희망을 먹고 산다. 누구나 희망을 품고 내일은 오늘보다 더 낫고 좋은 일이 생기길 바라며 힘든 속에서도 묵묵히 견뎌낸다.

노력을 한다고 하는 데도 현실에서 달라지는 것은 없다. 오히려 시간이 갈수록 갑과 을인 나의 힘 차이는 더욱 커진다. 그렇다고 현실에서 벗어날 수도 없다. 을이 절망하는 이유다. 결국 심한 갑질을 당하는 사람들은 대개 해결 방법이 없어 자신의 현재 상태나 장래가 근심스럽거나 답답하여 활기가 없다.

짜증난다

을은 갑질을 당하면 주위 사람들, 특히 가족이나 동료 등 가깝고 편한 사람들이 자신의 마음에 꼭 맞지 아니하는 일을 하면 발칵 역정을 내는 짓을 자주 하게 된다. 즉 짜증을 내는 일이 많아진다. 자신의 정신건강에 해롭다는 것을 알면서도, 갑질을 당하는 현실을 어쩌지 못해 참으려고 해도 자꾸만 짜증이 난다.

생사람 잡는다

자신이 잘못한 이유를 모르는 상태에서 누군가에게 당할 때 많이 하는 말이 생사람 잡는다와 생트집 잡는다는 말이다. '생사람 잡다'는 관용구로 '아무 잘못이 없는 사람을 모해하여 구렁에 넣다'는 뜻이다. 이것을 좀 더 쉽게 풀이하면 '생사람 잡다'는 '아무런 잘못이 없는 사람이나 어떤 일에 아무런 관련이 없는 사람을 헐뜯거나 죄인으로 몰고 멋대로 다른 사람을 모함하다'는 의미이다. 비슷한 말로 트집 잡다는 말이 있다. '트집 잡다'는 관용구로 '공연히 조그만 흠집을 들추어내거나 없는 흠집을 만들어 남을 괴롭히다'는 뜻이다. '생트집 잡다'는 아무 까닭이 없이 트집을 잡는 것을 말한다. 생사람이나 생트집을 잡는 이유는 나쁜 꾀로 남을 어려운 처지에 빠지게 하고, 남을 해치고, 괴롭히는 데 목적이 있다. 갑질을 하는 사람들은 대개 을에게 생사람을 잡거나 트집을 잡는다.

못살게 군다

'못살게 굴다'는 '기를 못 펴게 행동하거나 대하다'는 의미이다. 갑질을 하는 사람들은 을을 못살게 군다. 기(氣)는 생활·활동하는 힘, 뻗어 나가는 기운을 말한다. 사람이 일을 하고 살아가는 데는 기가 상당히 중요하다. '기가 꺾여 있느냐 기가 펴져 있느냐'에 따라 일하는 태도는 물론 결과 달라지기 때문이다. 그래서 좋은 결과를 얻기 위해서는 구성원의 기를 살려주는 일이 필요하다. 기를 살려주면 기를 쓰고 일을 한다. 즉 있는 힘을 다하여 일을 한다. 기를 살려주는 시작은 기를 펴는 것에서부터 시작해야 한다. '기를 펴다'는 '억눌림이나 곤경에서 벗어나 마음을 편히 가지다'는 뜻이다. 다음은 기가 나게 해야 한다. '기가 나다'는 '의욕이 일거나 기세가 오르다'는 뜻이다. 이렇게 하여 기(氣)를 살려주면 기(氣)를 쓰고 일을 한다. 그러면 좋은 결과가 나오고 모든 일이 순조롭게 돌아가 상승 분위기가 형성된다.

일은 잘 될 때와 잘 되지 않을 때가 있다. 일이 잘 될 때는 계속 탄력을 받아 잘 되도록 해야 한다. 잘 나가다가도 구성원을 못 살게 구는 사람이 있으면 기가 꺾인다. 기가 꺾여 기세가 수그러지면 하강 국면으로 접어든다. 한번 꺾인 분위기를 반전시키기는 쉽지 않다. 그러므로 일을 할 때는 상승 분위기를 계속 이어가는 일이 중요하다. 구성원이 자신을 못 살게 구는 사람이 있다고 느끼는 것은 상사가 그를 억누르고 있거나 어려운 처지로 몰아넣고 있다는 것을 의미한다. '못 살게 군다'는 것이 정도가 지나면 피를 말린다는 말을 사용한다. '피(를) 말리다'는 '몹시 괴롭히거나 애가 타게 만들다'는 뜻이다.

지랄한다

을은 갑질이 시작되면 '하루도 그냥 넘어가는 날이 없구나'라고 생각한다. 그리고는 오늘은 무슨 꼬투리를 잡나 하고 지켜보며 갑이 마구 법석을 떨며 분별없이 행동할 때, 그의 비위를 거스르지 않기 위해 조심하며 빨리 시간이 지나가기 바란다.

착취한다

마른 수건도 다시 짠다는 속담이 있다. 물기가 없는 수건을 다시 짜서 쓸 정도로 절약한다는 등의 의미로 사용된다. 개인이 일을 할 수 있는 능력에는 한계가 있다. 그 한계를 넘는 것을 요구하면 무리가 오고 문제가 발생한다. 평상시 대부분의 을은 열심히 일한다. 그러나 아무리 열심히 일해도 갑의 마음에 차는 경우는 거의 없다. 갑은 더욱 나은 결과를 만들어낼 것을 요구하며 더 열심히 일하라고 조이기 일쑤다. 때로는 능력 밖이어서 안 된다는 것을 빤하게 알면서도 억지를 부리며 해내라고 강요하기도 한다. 능력에 맞춰 월급을 주면 그나마 다행이다. 그런데 그런 경우는 많지 않다. 대부분 갑질을 하는 갑은 월급은 적게 주고 일을 많이 시키려고 한다. 그 결과 착취가 일상화되어 있는 경우가 많다.

착취(搾取)는 누르거나 비틀어서 즙을 짜냄, 자본가나 지주 등이 근로자나 농민 등에 대해 그 가치만큼의 보수를 지급하지 않고 잉여 가치를 독점하는 일을 말한다. 과거에 소작농제도가 있을 때는 마름이 소작인들을 착취하는 일이 많았고, 산업화가 이루어지면서 근로자들을 착취하는 악덕 기업인이 있었다.

뒤집어엎고 싶다

인간은 참다 참다 한계에 부딪혀 도저히 참기 힘들면, 일이나 상태를 전혀 딴 것으로 바꾸어 놓거나 틀어지게 하고 싶다는 유혹을 느낀다. 갑과 을인 자신의 현실적 위치가 위와 아래가 뒤집히도록 엎어 놓고 싶다는 생각을 하게 된다. 그것도 어려우면 되어 가는 일이나 하기로 된 일을 돌려서 틀어지게 하거나 체제, 제도, 학설 따위를 뒤엎고, 조용하던 것을 소란하고 어지럽게 하고 싶은 마음이 든다. 갑질을 계속하는 것을 더는 두고 보고 싶지 않기 때문이다.

그만두고 싶다

사람 심리는 묘한 구석이 있다. 잘하던 일도 갑이 나서서 갑질을 하면 그치고 안 하거나 할 일이나 하려고 하던 일을 안 하고 싶어진다. 갑질을 당하는 을은 누구나 갑으로부터 가능한 한 빨리 벗어나 그의 옆에서 되도록 멀리 떠나고 싶어 한다. 그런데도 대부분 을이 그만두고 싶어도 갑질을 당했을 때 일을 바로 그만두지 못하는 이유는 먹고살기 위해서이다. 하루에도 몇 번씩 '그만 때려치워야지' 하는 마음이 들다가도, 자신의 현실적인 여건을 생각하고는 결국은 내가 참아야지 하고, 자신의 아픈 마음을 다독인다. 그만두고 싶다는 생각의 다음 단계는 죽고 싶다는 생각을 하게 된다.

11. 갑질의 폭로

1) 갑질을 폭로하는 사람이 안아야 하는 부담

갑질의 폭로는 단순한 일이 아니다. 갑질을 폭로하는 사람은 여러 가지 부담을 안아야 한다. 그러므로 갑질을 폭로하는 일은 아무나 할 수 있는 일이 아니다. 용기가 필요하다. 사물을 겁내지 아니하는 기개가 있어야 한다. 갑질을 폭로하는 사람이 안아야 하는 부담은 상대와 사람에 따라 다르지만, 공통으로 안아야 하는 부담은 크게 보면 네 가지이다. 첫째는 자신이 당한 과거의 아픈 기억에 맞서는 용기이다. 갑질을 폭로하기 위해서는 과거에 자신이 당했던 아픈 기억을 다시 떠올려야 한다. 사람에 따라 차이는 있지만, 갑질의 피해가 평생 잊지 못할 정도의 큰 트라우마로 작용하는 사람도 있다. 대한항공 소유주 일가의 갑질을 폭로한 박창진 사무장은 '언제쯤 잊힐까?'라는 질문에 "아마 평생은 갈 거 같아요. 제가 죽을 때까지. 벗어나기 위해서 저 스스로 노력하고 행동해야 하지 않을까"[30]라고 답했다. 둘째는 다른 사람들의 관심에 따른 부담과 이미지 손상 가능성이 크다. 자신의 잘잘못을 떠나 좋지 않은 일은 드러나는 것 자체가 대개 자신의 이미지를 실추시킨다. 관심은 필요악이다. 관심은 필요하지만 격려하는 것도 지나치면 부담이 되어 자신의 활동을 위축시킬 수 있다. 비난은 더욱 그렇다. 사회 일반인의 인식과 행동이 피해자인 자신을 옹호하고 응원하는 모습을 보이면 그래도 부담이 상당 부분 줄어든다. 하지만 반대로 비판적인 태

---

30) KBS(2018.05.01).

도를 보이면 곤혹스럽기 그지없다. 심하면 이상한 사람으로 몰릴 수도 있다. 셋째는 갑의 대응이다. 갑이 어떻게 대응하느냐에 따라 이후 사건의 전개는 달라진다. 갑이 잘못을 인정하고 사과를 하면 쉽게 끝난다. 하지만 그런 일이 없다고 부인하면 증거를 제시해야 하는 일이 생길 수도 있다. 또 오히려 을에게 문제가 있다며 역공격을 할 경우, 시비를 가리기 위해 장기간에 걸친 논쟁이나 고소, 고발 등 싸움을 해야 하는 일이 일어나기도 한다. 그러므로 갑이 복수를 할 경우를 대비한 마음의 준비도 필요하다. 넷째는 변화이다. 변화 중에서 가장 중요한 것은 기존에 유지되었던 갑과 관계 변화이다. 이해관계, 특히 을의 생활 유지나 발전과 관련하여 다니던 직장을 그만두어야 하거나 거래를 중단하는 등 변화를 감수할 각오를 해야 한다. 직장을 그만두는 경우 새로운 일자리를 구하기가 만만치 않다. 어렵게 새로운 직장을 구하더라도 시간이 걸리는 데다 제대로 경력에 대해 대우를 받기가 쉽지 않다. 또 생소한 분위기 속에서 새로운 사람들과 원만한 관계를 유지하기 위해 노력해야 하는 등 적응에 시간이 필요하다. 결국 갑이 일방적으로 부당한 행위를 하고 을은 피해만 보았음에도 갑질을 폭로하면 갑보다는 을이 더 큰 손해를 보는 일이 많다. 관계 형성의 주도권을 여전히 갑이 가지고 있는 데다 자신이 가진 힘을 보호망으로 이용하기 때문이다.

2) 갑질을 폭로하는 이유

위에서 보는 것처럼 여러 가지 손해를 감수하더라도 을이 갑질을 폭로하는 이유는 무엇일까? 그 이유는 대체로 사회적 관심 유발을 통해 사람들에게 경종을 울려주고, 같은 잘못이 반복되는 현실을 개선하기 위해서다. '우리 사회에서 일어나지 말아야 할 일들이 일어나 누군가 피해를 보고 있다. 이것은 잘못된 것이다. 잘못된 점은 개선하지 않으면 당신을 비롯한 다른 누군가가 언제든지 피해자가 될 수 있다. 더는 피해를 막아야 한다'는 인식을 사람들이 갖게 하고 피해 예방 노력에 동참하도록 유도하기 위해, 자신의 피해 사례를 폭로한다. 또 상대에게 잘못에 대한 대가를 치르게 하는 개인적인 목적 달성을 위해 폭로하는 경우도 있다.

제5절 갑질에 대해 갖는 의문과
  사고의 확장

1. 갑질을 하는 이유

 갑은 왜 갑질을 하는가? 그 이유는 사람에 따라 다양하다. 하지만 큰 흐름에서 보면 사람들이 갑질을 하는 근본적인 이유는 욕구 실현이다. 욕구 실현을 위해 자신이 하고 싶은 행동을 힘이 약한 사람에게 멋대로 하는 것이다. 그럼 욕구 실현은 무엇인가? 무엇을 얻거나 무슨 일을 하고자 바라는 일, 꿈, 기대 따위를 실제로 이루는 것을 말한다. 여기서 '무엇'에 해당하는 것은 여러 가지가 있다. 이해하기 쉽게 간단하게 표현하면 필요한 것과 편익이다. 필요(必要)는 반드시 요구되는 바가 있음, 편익(便益)은 편리하고 유익함을 뜻한다. 편리(便利)는 편하고 이로우며 이용하기 쉬움, 유익(有益)은 이롭거나 도움이 될 만한 것이 있음이다. 그러므로 무엇은 필요, 편리, 유익에 속하는 것이라 할 수 있다.

 갑이 갑질을 통해 실현하려고 하는 욕구를 내용으로 살펴보면 두 가지이다. 첫째는 무엇을 얻는 것이다. 필요, 편리, 유익에 속하는 것을 구하거나 찾아서 가지고, 권리나 결과·재산 따위를 차지하거나 획득하는 것이다. 둘째는 무슨 일을 하고자 바라는 일, 꿈, 기대 따위를 실제로 이루는 것이다. 필요, 편리, 유익한 것을 현실에서 바람대로 어떤 일이나 상태가 이루어지거나 그렇게 되었으면 하고 생각하는 어떤 대상이 일정한 상태나 결과를 생기게 하거나 일으키거나 만들고, 뜻한 대로 되게 하고, 몇 가지 부분이나 요소들을 모아 일정한 성질이나 모양을 가진 존재가 되게 하는 것이다. 갑은 이를 위하여 갑질을 한다.

일상 속에서 갑질은 갑이 대개 가지고 싶은 것을 가지고, 원하는 것을 얻고, 바라는 일을 하고, 목적하는 것을 이루고, 자신이 하고자 하는 일을 하고, 화 등 감정을 풀고, 자신이 하는 일이나 목적 달성을 위해 다른 사람을 동원하거나 그 일을 하도록 움직이게 하는 것으로 나타난다. 이처럼 갑은 자신의 욕구 실현을 위해 행동함에도 오히려 자신이 을에게 일정한 편리와 이익을 제공하거나 을이 자신과의 관계를 통하여 일정한 편리와 이익을 얻는다고 생각한다. 이렇게 자기중심적인 사고를 하는 갑 측에서 볼 때는 자신의 행동이 잘못된 것이 아니다. 당연한 것이다. 그러므로 임금을 착취해도 일자리를 제공하는 좋은 일을 했다고 주장하는 사람이 있는 것이다.

2. 갑질에 대해 갖는 의문 그리고 특수성과 보편성 접근

갑질에 대한 중요한 의문 중 한 가지는 '갑질이 한국 사회에만 나타나는 특수한 현상인가 아니면 인류에 나타나는 보편적인 현상인가'라는 점이다. 먼저 '갑질이 한국 사회에만 나타나는 특수한 현상인가'라는 점이다. 즉 특수성 측면이다. 용어 생성 과정을 살펴보면, 갑질은 한국 사회에만 나타나는 특수한 현상이다. 갑질이라는 용어는 우리나라에서 생겼다. 2013년 5월경부터 일반화되었다. 다른 나라에서 유사한 용어를 사용한다고 하더라도 우리나라에서 통용되는 갑질과 같은 것은 아니다.

다음은 '갑질이 인류에 나타나는 보편적인 현상인가'라는 점이다. 즉 보편성 측면이다. 내용을 살펴보면, 갑질은 한국 사회에만 나타나는 특수한 현상은 아니다. 갑질은 우열이 존재하는 사회에 나타나는 보편적 현상이다. 선진국이나 후진국 모두 갑질이 나타난다. 단지 문화와 경제가 발전하여 법규와 제도, 정책이 잘 정비된 민주주의가 성숙한 선진국에서는 갑질이 많이 발생하지 않는 편이다. 원천적으로 예방할 수 있는 체계가 잘 갖추어 있고, 갑질이 발생하면 시민사회가 용납하지 않는 경향이 있기 때문이다. 그렇다고 갑질이 발생하지 않는 것은 아니다. 이에 비해 문화와 경제가 덜 발달하고 법규와 제도, 정책이 제대로 정비되어 있지 않는 등 민주주의가 성숙하지 않은 후진국에서는 갑질이 상대적으로 많이 발생한다. 이렇게 정도의 차이가 있을 뿐 갑질은 어느 시대 어느 국가를 막론하고 인류에게 보편적으로 발생하는 현상이다.

3. 갑질의 발생원인

갑질의 발생원인은 크게 보면 당사자 원인론과 사회적 원인론 두 가지가 있다. 당사자 원인론은 갑의 원인론과 을의 원인론으로 나누어진다. 사회적 원인론은 리더 원인론과 문화 원인론이 있다. 이러한 발생원인을 살펴보면 갑질은 단순하게 사회적 강자에 의해서 무조건 발생하는 것이 아니라는 점을 알 수 있다. 강자와 약자의 상대적인 관계뿐만 아니라 사회적 원인이 특정한 상황에서 특정한 사람 사이에 작용할 때 갑질이 일어난다.

1) 당사자 원인론

갑질은 상대적 관계에서 일어난다. 갑의 원인에 의해 일어나기도 하고, 을의 원인 제공에 의해 일어나기도 한다. 즉 갑질은 상대 중 어느 한쪽의 원인 제공에 의해 일어난다. 같은 조직 내의 상하관계에서 특정한 사람에게는 갑질이 일상적으로 행해지는데, 다른 사람에게는 전혀 갑질을 하지 않는 현상을 우리는 흔히 본다. 이처럼 사람들 사이에는 원인은 알 수 없지만, 이유 없이 서로에게 좋은 감정을 느끼는 사람들도 있고, 이유 없이 서로에게 미운 감정을 느끼는 사람들도 있다. 이럴 때 전자는 궁합이 잘 맞고 후자는 궁합이 안 맞는다는 표현을 사용한다.

(1) 갑의 원인론

갑의 원인론은 갑의 원인(原因)에 의해 갑질을 하는 것이다. 즉 갑이 어떤 사물이나 상태를 변화시키거나 일으키게 하는 근본이 된 갑질을 말한다. 갑의 원인론은 갑의 각종 욕구에 대한 절제 실패, 잘못된 지식과 경험, 나쁜 버릇이나 습관, 병 등 여러 가지 원인이 있다. 갑질을 하는 사람에게 나타나는 공통적인 특성은 권력 욕구, 지배 욕구, 자기과시 욕구, 인정 욕구가 유난히 강하다는 점이다. 이러한 특성은 주로 지배적인 성향이 있는 사람에게 주로 나타난다. 이들은 인간관계를 계급의식에 기초하여 행한다. 자신보다 힘이 세거나 큰 권력을 가진 사람, 돈을 많이 가진 사람에게는 아부하고 복종하지만, 자신보다 힘이 약하거나 작은 권력을 가진 사람, 돈이 적은 사람에게는 자기 마음대로 마구 대한다.

(2) 을의 원인론

을의 원인론은 을의 원인(原因)에 의해 갑이 갑질을 하는 것이다. 즉 을이 원인을 제공함으로써 발생하는 갑질이다. 실제 갑질 내용을 분석하면 을도 갑질을 유발하게 하는 중요한 원인 제공자 중 한 사람이다. 권력이나 지위에 대한 도전, 법규의 무시, 반항적 태도, 명령과 지시의 거부, 이기주의, 분위기 파악도 못 하고 자기 마음대로 행동하는 것 등은 갑질을 유발하는 원인으로 작용하기 쉽다. 그런데도 대개 을은 갑질의 발생원인을 갑과 사회적 원인으로 돌림으로써 책임을 전가하는 경향이 있다. 이러한 행동은 자신이 제공하는 원인을 제대로 인식하지 못하고, 제발 방지를 위한 노력을 소홀히 하는 원인으로 작용하기 쉽다.

2) 사회적 원인론

사회(社會)는 같은 무리끼리 모여 이루는 집단, 공동생활을 영위하는 모든 형태의 인간 집단을 말한다. 가족, 마을, 조합, 교회, 계급, 국가, 정당, 회사 따위가 그 주요 형태이다. 여러 사람이 모여 사회생활을 하다 보면 집단 환경이 갑질의 원인으로 작용하는 때도 있다. 사회적 원인론에는 리더 원인론과 문화 원인론이 있다.

(1) 리더 원인론

리더가 집단을 이끄는 방식, 가치관, 갑질 예방 의지와 노력 등에 따라 차이가 난다. 리더가 집단을 이끄는 성향이 리더십을 위주로 하는 사람은 자신이 갑질을 하지 않고 또 다른 원인에 의해 갑질이 발생하더라도 적극적으로 대처하여 신속하게 문제를 해결한다. 그러나 관리와 지배적 특성이 있는 사람은 자신이 갑질을 하고, 다른 원인에 의해 일어나는 갑질에 대해서도 대체로 관용적인 태도를 보인다. 특히 지배를 위주로 집단을 끌어가는 사람이 리더일 때는 갑질이 용인되어 일반화되는 경향이 있다.

(2) 문화 원인론

문화 원인론은 집단의 문화가 갑질을 유발하는 구조로 되어 있거나 용인하기 때문에 발생하는 갑질을 말한다. 갑질은 대체로 민주주의와 경제, 문화가 발달한 선진국이나 선진사회에서는 적게 발생하고, 상대적으로 민주주의와 경제, 문화가 발달하지 못한 나라에서 많이 발생하는 경향이 있다. 그러나 집단이나 조직 등 사회별로 발생 정도에 차이가 난다. 그러므로 갑질은 같은 나라 안에서도 어떤 조직이나 사회에서는 많이 나타나고, 어떤 조직이나 사회에서는 거의 나타나지 않는다. 드물기는 하지만 전혀 발생하지 않는 곳도 있다. 또 권력 구조, 법규, 제도, 조직 체계 등에 포함된 갑질을 용인하는 요소들이 관행이나 문화로 정착한 사회일수록 갑질이 많이 일어난다.

4. 갑질을 유발하는 사상적 기조

갑질을 하는 사람들은 도대체 어떤 생각을 하는 것일까? 이에 대한 답을 얻는 것은 갑질의 실체를 이해하고 갑질을 예방하는 데도 도움이 되는 중요한 요소이다. 갑질을 하는 사람들이 사물에 대하여 가지고 있는 구체적인 사고나 생각에 일관해서 흐르는 기본적인 경향이나 방향을 살펴보면 다음과 같다.

이기주의와 자기중심주의

근본적으로 갑질은 이기주의와 자기중심주의에서 유발된다. 그러므로 어떤 사상적 기조를 갖고 있든 갑질을 하는 사람들은 모두 이기주의자나 자기중심주의자이다. 사랑을 주의로 하고 질서를 기초로 하여 자기를 희생함으로써 타인의 행복과 복리의 증가를 행위의 목적으로 하는 생각 또는 그 행위인 이타주의(利他主義)적인 사상적 기조를 가진 사람들은 갑질을 하지 않는다. 오히려 도와주거나 보살펴주려고 마음을 쓴다. 자기중심적 사고를 하는 이기주의자들의 관심 대상은 자신의 편익이다. 그들은 다른 사람이 어떻게 되던 아랑곳하지 않는다.

자기중심주의(自己中心主義)는 자기 또는 자기가 소속한 집단 이외의 일에 대하여 무관심한 태도나 방침이고, 이기주의(利己主義)는 자기 자신의 이익만을 꾀하고, 사회 일반의 이익은 염두에 두지 않으려는 태도를 말한다. 이기주의자 중에는 타인의 이익을 꾀하는 것을 수단으로 하여 그 목적을 달성하는 것도 있다. 요컨대 목적은 자기이고 타인은 수단으로 작용할 뿐인 것이다.[31] 이기주의와 자기

중심주의는 비슷한 개념이다. 이기주의자는 기본적으로 자기중심적 사고를 한다.

모든 인간은 이기적인 측면을 갖고 있다. 그러므로 이기주의라고 모두 갑질은 아니다. 사회에서 허용하는 것은 이기적인 행위라도 갑질이 아니지만, 사회에서 허용하는 범위를 넘어서는 것은 갑질이 된다. 이기적인 행동도 생존을 위해 사회적으로 용인되는 것은 이기주의라고 말하지 않는다. 인간은 생명 유지 등 필요한 부분에 대해서 이기주의를 용인한다. 그 기준은 사회적 합의로 정한다. 가장 대표적인 것이 법률이다. 즉 법률이 허용하는 범위 내에서 이기주의를 추구하는 것은 정당한 것으로 인정한다. 이때 자신의 존재 유지를 목적으로 하더라도, 그 내용이나 방법이 사회적 합의에 따라 용인되는 것이어야 한다. 문제는 사회의 합의가 집단이나 시대에 따라 다르다는 점이다. 그러므로 어느 집단에서는 당연한 것이 다른 집단에서는 부당한 것이 되고, 어느 시대에는 당연한 것으로 여겨지는 행동이 다른 시대에서는 문제가 있는 행동으로 비판의 대상이 될 수 있다.

갑질에서 문제가 되는 것은 정도를 넘어서는 이기주의이다. 즉 사회적으로 용인되는 수준을 넘어서는 이기주의이다. 이런 단계에 이르면 사회 질서를 어지럽히거나 파괴하고 다른 사람에게 피해를 주는 등 갈등의 원인으로 작용한다. 갑질의 실체는 이기주의 중에서도 악성 이기주의라고 할 수 있다. 악성 이기주의는 인간의 도덕적 기준에 어긋나 나쁜 현상이 가지고 있는 고유의 특성을 가진 이기주의를 말한다. 여기에는 극단적 이기주의와 병적 이기주의도 포

---

31) 철학사전.

함된다. 극단적 이기주의는 중용을 잃고 한쪽으로 크게 치우치거나 진행이 끝까지 미쳐 더 나아갈 데가 없는 이기주의를 말한다. 극단적 이기주의자들에게 상대는 그다지 중요하지 않다. 그들에게서 인간관계의 기본인 상대를 존중하는 태도는 찾아보기 어렵다.

패권주의

패권(霸權)은 어떤 분야에서 우두머리나 으뜸의 자리를 차지하여 누리는 공인된 권리와 힘, 국제 정치에서 어떤 국가가 경제력이나 무력으로 다른 나라를 압박하여 자기의 세력을 넓히려는 권력을 뜻한다. 패권주의(霸權主義)는 강대한 군사력을 배경으로 세계를 지배하려는 제국주의 정책을 말한다. 제국주의(帝國主義)는 우월한 군사력과 경제력으로 다른 나라나 민족을 정벌하여 대국가를 건설하려는 침략주의적 경향이다. 패권주의적인 사고를 하는 사람들은 공공연하게 추종이나 복종을 요구하는 등 줄서기를 강요하고, 자신들에게 동조하지 않는 집단이나 세력 개인에 대해 압력이나 무력을 행사한다. 패권주의는 국가 간 갑질을 유발하는 가장 대표적인 원인이다.

계급주의

계급(階級)은 사회나 일정한 조직 내에서의 지위, 관직 따위의 단계, 일정한 사회에서 신분, 재산, 직업 따위가 비슷한 사람들로 형성되는 집단 또는 그렇게 나뉜 사회적 지위를 의미한다. 계급주의(階級主義)는 계급을 중시하는 사상이나 태도, 자신이 속한 계급의 이익에만 충실하고 다른 계급에 대해서는 배타적인 태도를 취하는 경향이다. 사회구조나 제도의 특성에 따라 다소 차이는 있다. 하지만 어느 사회나 상위 계급에 속하는 사람들은 권력과 부를 누리며 하위 계급의 사람들에게 희생과 복종을 강요하고 횡포를 부리는 일이 많다.

파벌주의

파벌주의(派閥主義)는 파벌적 행동을 하는 경향 또는 파벌을 주장하는 주의이다. 파벌(派閥)은 출신지·학력 등 개인적인 이해관계에 따라 결합된 배타적 분파, 계파(系派)는 정당이나 기타 집단의 내부에 있어서 출신·연고, 특수한 이권 등에 의해 결합된 배타적 모임을 말한다. 파벌주의적 사고를 하는 사람들은 대체로 다른 사람이나 다른 생각, 사상 따위를 배척하는 태도나 경향이 강하다. 즉 파벌주의자 중에는 배타주의자가 많다.

혐오주의

혐오주의란 성별이나 성적 지향, 인종, 출생 지역 등 주로 개인이 선택할 수 없는 것을 대상으로 부정적인 견해를 드러내거나 차별 행위 등을 가하는 것을 말한다. 싫어하고 미워한다는 뜻의 '혐오'와 한 개인이나 집단이 평소에 지니고 생활하는 신념 등을 의미하는 '~주의(主義)'가 합쳐져 생겨난 말이다. 혐오주의와 비슷한 개념으로 '헤이트 스피치(Hate Speech, 혐오 발언)'가 있다. 헤이트 스피치는 성별이나 민족, 종교, 장애, 성적 지향 등 특정 속성을 가진 개인이나 그룹을 의도적으로 차별, 깎아내리거나 선동하는 발언을 말한다. 헤이트 스피치에는 공공장소에서 한 발언부터 출판물까지 포함되며, 주로 특정 그룹에 대한 편견이나 폭력을 부추기려는 목적으로 일어난다. 최근 일본에서는 혐한·반한 시위 등을 통해 재일 한국인을 대상으로 한 헤이트 스피치가 늘며 사회적 논란이 되었다. 이로 인해 2015년 5월에는 일본 민주당과 사민당이 인종차별적인 거리 활동을 금지하는 법안을 제출하기도 했다.

'혐오'라는 단어의 일반적인 쓰임을 넘어, 대상에 대한 모욕이나 차별·비하도 혐오주의에 포함될 수 있다. 여성이나 장애인 등을 열등하다고 생각하거나 차별하는 경우, 특정 인종에 대한 편견을 가지는 것도 혐오주의로 볼 수 있다. 혐오주의가 폭력이나 범죄 등으로 이어질 경우에는 증오범죄(Hate Crime) 혹은 혐오범죄라 부른다. 혐오주의를 생각하는 것에 그치지 않고 표현할 때 문제가 발생한다. 특히 많은 혐오주의가 성별이나 성적 지향, 인종, 출생지역 등 개인이 선택할 수 없는 것을 대상으로 하고 있어, 혐오주의 발언(헤이트 스피치) 제재의 필요성이 대두하고 있다.[32]

엽관주의

엽관제도(獵官制度)는 선거에 의하여 정권을 잡은 사람이나 정당이 관직을 지배하는 정치적 관행이다. 자기의 지지자들을 발탁하여 공약을 실현한다는 민주적 성격을 갖지만, 정실(情實)에 따라 관직이 좌우되어 공정하고 능률적인 행정이 이루어지기 어렵다는 단점도 있다. 오늘날 민주주의 국가들은 공식적으로는 엽관주의를 채택하고 있지 않다. 하지만 실제로는 엽관주의적 잔재가 상당 부분 남아 있다. 정권이 바뀌면 갑질을 통해 자신이나 자기 당 사람을 심

---

32) 다음 백과.

기 위해 인위적으로 조직을 개편하거나 신설하고, 임기가 남아 있는 공공기관이나 공기업의 임원을 내치는 일이 비일비재하다.

권위주의와 독재주의

권위주의(權威主義)는 어떤 일에 있어 권위를 내세우거나 권위에 순종하는 태도, 지배와 복종 관계에서 지배자의 독단적 지배력이나 권위에 의해서 질서를 유지하려는 행동 양식이다. 독재주의와 비슷한 개념으로 이해된다. 권위에 의해서 일방적이고 강제적으로 종적 지배 관계를 형성하려는 질서원리로 전근대사회의 가부장제(家父長制)・신정정치(神政政治)[33] 등은 권위주의의 전형이다.[34] 자신보다 상위의 권위에는 강압적으로 따르지만, 하위의 것에 대해서는 오만, 거만하게 행동하려는 심리적 태도나 사상이다.[35] 독재주의(獨裁主義)는 모든 일을 독단적으로 판단하여 처리하려는 주의이다. 정치에서는 국민의 합의에 의한 민주적 절차를 무시하고 단독의 지배자가 절대 권력을 행사하는 정치사상을 말한다. 권위주의와 독재주의의 공통점은 윗사람이 지위 또는 힘에 의존하여 멋대로 구성원의 행동을 통제하는 경향이 나타난다.

전제주의

전제주의(專制主義)는 전제 정치의 시행을 주장하는 정치사상이다. 전제정치(專制政治)는 국가 권력을 개인이 장악하여 민의나 법

---

33) 신정정치(神政政治)와 같은 말은 신정(神政)이다. 신정은 신의 대변자인 사제가 지배권을 가지고 종교적 원리에 의하여 통치하는 정치 형태이다.[네이버 국어사전]
34) 교육학용어사전.
35) 21세기정치학대사전.

률에 제약을 받지 않고 실시하는 정치를 말한다. 파시즘(fascism)은 제1차 세계대전 후에 나타난 극단적인 전체주의적·배외적 정치 이념 또는 그 이념을 따르는 지배 체제로 자유주의를 부정하고 폭력적인 방법에 의한 일당 독재를 주장하여 지배자에 대한 절대적인 복종을 강요한다. 또한 대외적으로는 철저한 국수주의·군국주의를 지향하여 민족 지상주의, 반공을 내세워 침략 정책을 주장한다.

지배주의

지배주의(支配主義)는 어떤 사람이나 집단, 조직, 사물 등을 자기의 의사대로 복종하도록 다스리려는 태도나 경향을 말한다. 지배주의적인 성향을 가진 사람들에게는 기본적으로 '내 마음대로 한다'는 생각이 존재한다. '내가 더 힘이 세다. 나에게 복종하지 않으면 가만두지 않겠다. 아니꼬우면 힘을 길러라. 지금은 내가 대장이니까 내 말을 들어야 한다'는 태도를 보인다. 그리고 실제 자신의 말을 듣지 않으면 곧바로 응징한다. 갑질을 하는 사람 중에는 지배주의적인 성향을 보이는 사람이 아주 많다.

만능주의

만능주의(萬能主義)는 무엇이나 다 할 수 있다고 생각하는 입장과 관점을 말한다. 황금만능주의와 권력만능주의가 대표적이다. 만능주의는 긍정적인 측면과 부정적인 측면이 있다. 갑질과 연관된 것은 부정적 만능주의이다. 특정인의 부정적 만능주의는 주로 자신이 가진 금력과 권력을 다른 사람에게 과시하거나 남용하는 행태의 갑질로 드러난다.

- 황금만능주의

황금만능주의(黃金萬能主義)는 돈만 있으면 무엇이든지 마음대로 할 수 있다는 사고방식이나 태도이다. 황금만능주의적 사고를 갖는 사람들은 돈을 최고의 가치로 여기고 숭배하여 삶의 목적을 돈 모으기에 두는 경향이나 태도인 배금주의(拜金主義) 사고를 하고, 인색한 사람이 많다. 가진 자의 재물을 아끼는 태도가 몹시 지나치면 그 자체가 갑질이 될 수밖에 없다. 그들과 거래 관계를 통하여 생업을 유지하는 사람들은 아니꼽고 치사하고 더럽지만, 그래도 어쩔 수 없이 갑질을 감내할 수밖에 없는 것이 현실이다.

- 권력만능주의

권력만능주의(權力萬能主義)는 권력을 최고의 가치로 여겨 권력만 있으면 무엇이든지 마음대로 할 수 있다고 여기는 사고방식이나 태도를 말한다. 권력을 앞세워 분배를 왜곡하고, 자기 잇속을 챙기기 위해 연고가 있는 사람에게 일감을 몰아주고, 인사권을 남용하여 자기 마음에 드는 사람을 중용하고, 조금이라도 비판적인 태도를 보이거나 공명정대하게 업무를 수행하려는 사람들은 한직(閑職)으로 내치는 등 권력만능주의자들은 권력을 앞세워 횡포를 부리며 갑질을 한다.

우월주의

우월주의(優越主義)는 남보다 낫다고 여기는 태도 또는 그런 사고방식이다. 우월주의자 중에는 선민의식을 갖는 사람도 있다. 선민의식(選民意識)은 한 사회에서 남달리 특별한 혜택(惠澤)을 받고 잘

사는 소수의 사람이 가지는 우월감을 말한다. 우월주의자들은 대개 자신들은 특별한 존재이고 특혜를 누리는 것을 당연하게 생각하며, 그것을 정당화하려는 모습을 보인다. 자신보다 신분이 낮은 사람들을 무시하고 깔보고 업신여기면서 오히려 그들에게 특별한 예우를 바라고 부담과 희생을 강요하며 행패를 부리는 경향이 있다.

독단주의

독단주의(獨斷主義)는 독단론을 말한다. 독단론(獨斷論)은 일반적으로 불완전한 점이나 잘못된 점을 검토하지 않고 주관적 편견으로 어떤 판단을 주장하거나 긍정하는 태도이다. 집단 발전의 바탕이 되는 화합하고 통합하고 협력하는 사회 구조를 만들기 위해서는 균형과 조화가 필요하다. 균형을 잃으면 이익을 보는 사람도 있지만, 반드시 피해를 보는 사람이 생긴다. 그러므로 권력을 가진 자의 독단적인 행동은 권력을 갖지 못하거나 상대적인 관계에 있는 사람, 비판하는 세력에게는 갑질이 된다. 독단주의적인 행동은 구성원을 불화하게 만들고 분열시키고 갈등의 원인으로 작용하여 서로 싸우게 만든다.

사대주의

사대주의(事大主義)는 주체성이 없이 세력이 강한 나라나 사람을 받들어 섬기는 태도이다. 사대주의는 강자에 빌붙어 아부하는 사람들에게 나타나는 대표적인 사고와 행동 경향 중 하나다. 사대주의적 사고를 하는 사람들은 대개 강자에게 약하고, 약자에게 강한 모습을 보인다. 그 결과 자신보다 강한 사람에게는 비굴하게 굴고, 자신보다 약한 사람에게는 복종을 강요하는 등 횡포를 부린다.

정실주의와 연고주의

정실주의(情實主義)는 사사로운 정이나 관계에 이끌리는 태도이다. 정실주의의 가장 대표적인 것이 연고주의이다. 연고주의(緣故主義, Nepotismus)는 실적주의와 반대되는 말로 조직 구성원들의 선발 기준을 지연이나 혈연, 학벌 등 개인적인 인연이 있는 사람을 우선시하는 주의이다. 자신의 지인들이 주위에 있으면 일을 수행하는 데는 편리하지만, 직무수행에 필요한 능력과 상관이 없는 사람을 선발하기 쉬운 단점이 있다. 연고주의는 조직의 효율성을 저하하고 목표 달성에 많은 지장을 초래한다. 조직 구성원이 자기 능력을 배양하는 데 노력하기보다 조직의 상위계층과 인연을 맺는 데 노력하여 조직의 분파 형성으로 갈등을 조장한다. 이러한 연고주의는 개인적인 능력을 함양하여 사회발전에 이바지하려는 분위기보다 자기에게 유리한 연고를 찾아 헤매는 비생산적 활동이 나타나게 된다.

인간 능력 기준이 출신 성분에 의해 평가된다면 현재의 직무수행 능력보다 과거의 인연에 의해 개인의 능력이 평가되기 때문에 개인 발전은 물론 사회발전을 도모하기도 힘들며, 과거의 전통에 의해 능력과 평가 그리고 대우가 결정되면 평등성에도 위반된다. 또한 귀속주의(歸屬主義)의 산물이라고도 하는데 귀속주의는 과거의 인연에 의해 사회관계가 형성되는 특징이 있고 자생 집단에서 많이 나타난다. 자생 집단은 어떠한 조직에서나 발생하는 것이며, 자생 집단은 주로 학연, 지연, 혈연 등 귀속적 기준에 의해 형성되어 정실주의 인사를 가져오게 된다.[36]

---

36) 나무위키.

연고주의는 전통적으로 지연, 학연, 혈연에 기초하여 작동해왔는데, 그것은 부정적 측면과 긍정적 측면 모두를 지니고 있다. 애향심, 애교심, 엘리트 의식을 공유한 동문 등은 긍정적 측면의 연고성으로 현대사회에 팽배해진 개인 이기주의를 극복할 수 있는 공동체 형성의 밑거름이 된다. 그러나 동시에 연고를 기반으로 한 강한 공동체는 지역으로 내려갈수록 토호세력으로 변질하여 투표에서 지연에 따라 몰표를 주거나, 학연에 따라 총장이나 교수 임명에 동창회, 동문회가 나서는 등 다원성과 민주성을 해치는 부정적 요소로 비판받고 있다. 그동안 한국에서 연고주의로 말미암아 야기된 병폐는 지역 갈등, 패거리 정치, 풀뿌리 민주주의의 저발전 등이고, 한국 현대사는 이러한 병폐와 싸움의 연속과정이라고 말할 수 있다.[37] 우리나라의 경우 연고주의는 프로야구, 프로축구, 프로농구 등 스포츠 분야에서 가장 널리 활용되고 정당에서도 강하게 나타나고 있다.

적당주의

적당주의(適當主義)는 어떤 일을 처리하면서 대충 해치우려는 태도나 생각, 일을 어물어물 요령만 피워 두루뭉술하게 해치우려는 태도나 생각[38]이다. 적당주의와 연관되는 말에는 '무사안일, 보신주의, 복지부동, 좋은 게 좋다' 등이 있다. 이들 용어는 부정적인 의미로 주로 사용된다. 좋은 게 좋다는 말은 주로 가해자가 피해자에게, 강자가 약자에게 주로 사용하는 말이다. 예를 들어, 약자가 강자인 자신이 하는 나쁜 일이나 좋지 못한 행실을 알게 되었을 때 발설이

---

37) 한국민족문화대백과사전.
38) 네이버 국어사전.

나 고발하지 못하게 할 목적으로 협박성 압력을 행사할 때 많이 사용한다.

무사안일(無事安逸)은 큰 탈이 없이 편안하고 한가로움 또는 그런 상태만을 유지하려는 태도39)를 말한다. 보신주의(保身主義)는 개인의 지위나 명예, 무사안일과 행복만을 추구하는 이기주의적인 경향이나 태도, 어떤 일에도 적극적으로 나서려 하지 않고 현 상태를 유지하는 데에 만족하면서 살려고 하는 태도이다.40) 기득권 세력은 기득권을 계속 누리기 위해 보신주의에 급급한 경향이 있다. 복지부동(伏地不動)은 땅에 엎드려 움직이지 아니한다는 뜻으로, 책임질 일을 하지 않으려는 소극적 태도나 주어진 일이나 업무를 처리하는 데 몸을 사림을 비유적으로 이르는 말이다. 정부와 행정기관이 관리를 제대로 하지 않고, 문제가 있는 줄 알면서 어물쩍 넘어가면 갑질은 더욱 심해질 수밖에 없다.

5. 갑질이 나타나는 사회적 조건

1) 잘못된 관행을 용인하는 문화

문제가 계속되고 잘못이 드러나면 고치면 된다. 그런데 그릇되게 한 일, 옳지 못하게 한 일, 틀리게 한 일을 오래전부터 해오는 대로 하거나 관례에 따라서 하는 것을 용납하여 인정하고 너그러운 마음으로 남의 말, 행동, 상황을 받아들이는 문화가 정착되어 있으면 잘

---

39) 네이버 국어사전.
40) 네이버 국어사전.

못된 것은 개선되지 않는다. 이러한 잘못은 갑질을 일상화시키는 원인으로 작용한다. 잘못된 관행을 용인하면 갑질의 대물림 현상이 나타난다. 사람들은 과거부터 해오던 방식으로 생각하고 행동하므로 잘못이라고 생각하지 않고 죄의식 없이 행동한다. 이런 현상이 심화하면 갑질을 하는 갑이나 갑질을 당하는 을 모두 잘못된 것이 아니라 당연한 일로 이해하고 받아들인다. 갑질이 실존해도 잘못된 일로 인식하지 않으므로 아무도 개선하려고 노력하지 않는다.

2) 불합리한 제도

갑질은 불합리한 조직체계와 그 운영에서도 발생한다. 이론이나 이치에 합당하지 아니한 관습이나 도덕, 법률 따위의 규범이나 사회 구조의 체계를 도입하고 유지하면 갑질이 발생하는 것은 당연하고, 오히려 갑질을 정당화시키는 근거로 작용한다.

(1) 편중된 법규

법은 인간 사회를 통제하고 이해관계를 조정하는 대표적인 수단이다. 집단의 설립과 조직체계, 운용과 그 절차, 권력의 분배, 전반적인 활동을 규율한다. 법은 필연적으로 특정인에게는 편익을 제공하지만, 다른 특정인에게는 부담이나 불편, 손해를 요구한다. 특정인이나 특정한 단체를 보호하고 지원하는 등 편익을 제공할 목적으로 제정되는 법규는 갑질의 원인으로 작용한다.

(2) 불합리한 분배 구조

사람에게는 능력의 차이가 있다. 어떤 사람은 공부를 잘하고, 다른 어떤 사람은 운동을 잘하기도 한다. 또 춤을 잘 추는 사람도 있고, 노래를 잘하는 사람도 있다. 능력의 차이는 기본적으로 갑질이 발생하는 잠재적 원인으로 작용한다. 그런데 법규는 자신이 가진 능력을 모두 활용하여 돈을 벌고 권력을 획득하는 것을 허용하지 않는다. 이렇게 되면 자신이 가진 능력이 법규의 제약을 받는 사람은 돈을 벌고 권력을 획득하는 경쟁에서 불리하다. 또 어린이와 노인, 장애나 병이 있는 사람 등 노약자(老弱者)는 대체로 능력이 부족하다. 이들을 어떻게 보호할 것인가 하는 점도 중요하다. 이러한 일련의 사회문제를 고려하여 분배 구조를 만들어야 한다. 그런데 분배 구조는 아무리 잘 만들어도 누군가는 다소 이익을 보고 누군가는 다소 손해를 본다. 이것이 정도를 넘어서 불합리하거나 왜곡되면 빈부 격차를 심화시킨다. 빈부의 격차는 그 자체가 갑질의 원인이 된다.

(3) 극단적 수직 사회구조

갑질은 기본적으로 수평관계에서는 거의 나타나지 않는다. 수평관계에서는 사회 전반에 걸쳐 힘의 균형이 이루어지고 사람들은 그것을 해치는 잘못된 행동을 용인하지 않으므로, 갑질을 하는 사람이 비판을 받고 이상한 사람으로 몰리는 등 대가를 치르기 때문이다. 또 한쪽에서 갑질을 하면 다른 쪽에서 되받아칠 수 있으므로 구조적으로 갑질을 하기 어렵다. 이와 반대로 조직 체계나 집단을 상명하복에 의존하는 위계질서를 중심으로 운영하고 유지하는 극단적인 수직 사회구조에서는 갑질이 횡행한다.

상명하복(上命下服)은 위에서 명령하면 아래에서는 복종한다는 뜻으로, 상하관계가 분명함을 이르는 말이다. 위계(位階)는 지위나 계층 따위의 등급, 질서(秩序)는 혼란 없이 순조롭게 이루어지게 하는 사물의 순서나 차례를 의미한다. 일반적으로 인간이 만든 거의 모든 조직은 위계를 갖추고 그것에 따라 상관은 명령하고 부하는 복종하는 체계를 중심으로 질서를 유지한다. 위계질서를 중심으로 조직 체계를 운영하고 사회를 유지한다고 우위에 있는 사람들이 모두 갑질을 하는 것은 아니다. 그러나 명령에 대한 절대복종, 항명(抗命)을 금기로 여기는 극단적 수직 사회구조에서는 갑질이 보편화하여 있다. 명령의 내용이나 범위의 한계가 불분명해 횡포를 부리는 일이 빈번하게 발생한다. 힘의 우위에 있는 사람이 자신의 욕구를 충족하기 위해 명령을 하더라도 열위에 있는 사람은 그의 명령이나 제지에 따르지 아니하고 반항하거나 그런 태도를 보여서는 안 되기 때문이다.

3) 이기주의와 이기적인 리더

이기주의는 가장 대표적인 갑질의 원인 중 하나다. 일반적으로 갑질은 집단 이기주의와 개인 이기주의가 만연한 사회에서 횡행한다. 특히 갑질이 나타나는 사회적 조건 중 가장 심각한 문제는 이기적인 리더의 존재이다. 리더는 갑질을 예방하고 갑질 문제를 해결해야 할 사람이다. 그런데 리더가 이기적인 사람이면 갑질을 예방하고 갑질 문제를 해결하는 것이 아니라 조장하는 결과를 초래한다. 리더에게 문제 해결을 기대할 수 없는 사회는 갈등이 만연하고 혼란에 빠진다.

4) 구성원의 현실 안주

인간 삶에서 기본적으로 모든 문제는 당사자와 이해관계에 있는 사람들의 노력으로 해결하고 개선해나가야 한다. 혼자 힘으로 해결하기 어려울 때는 서로 협력하고 협동하여 공동으로 대응하면 된다. 수장이 문제의 심각성을 인식하고 해결하면 좋지만, 그들의 힘으로도 한계가 있다. 결국 구성원 스스로 문제를 해결하고 더욱 살기 좋은 세상을 만들기 위해 노력해야 한다. 그런데도 한국 사회에 그동안 갑질이 광범위하게 확산한 대표적인 원인은 권력자를 중심으로 참는 일을 미덕으로 강조하거나 강요하는 사회 분위기 탓도 있지만, 힘이 약한 국민이 현실에 안주하며 갑질을 당하면서도 속으로 삭이거나 감수하며 참고 견뎠기 때문이다. 참는 일은 필요하다. 그러나 참아야 할 일과 참지 말아야 할 일이 있다. 참지 말아야 할 일을 참으면 부조리한 사회가 된다.

6. 갑질에 대해 시민들이 분노하는 이유

갑질에 대한 사람들의 분노는 모두 같은 것이 아니다. 다양하다. 심지어 비슷한 사건에 대해서도 어떤 때는 격분하지만, 다른 때는 거의 반응을 보이지 않는 경우도 있다. 즉 자신의 감정이나 이해관계에 따라 다른 행동 양상을 보인다. 사람들이 갑질에 분노하는 대표적인 이유 몇 가지를 특정하여 정리하면 다음과 같다.

1) 인권 침해와 인간 존엄성 유린

현실에서 일어나는 많은 갑질이 을의 인격을 모욕하는 등 정신적으로 괴롭히고, 육체적으로 학대하는 방법으로 일어난다. 갑의 행동을 살펴보면, 을은 인격을 가지고 가치를 실현하는 목적적 존재가 아니라 자신이 마음대로 해도 좋은 도구로 취급하는 경향이 있다. 사람은 인권을 침해당하고 도구적 존재로 취급받을 때 분노한다.

2) 부와 권력의 독점 및 독식

권력이나 부에 대한 욕심이 없는 사람은 아주 드물다. 단지 크기와 내용, 그것을 추구하는 방법에 차이가 있을 뿐이다. 누구나 윗사람으로 예우를 받고 싶고, 물질적으로 풍부한 삶을 살고 싶어 한다. 그런데 인간이 만든 조직 체계는 기본적으로 소수의 사람이 권력과 부를 독점하거나 독식하는 구조다. 나머지 사람들은 그들의 배를 채워주고 권력을 유지하기 위해 존재하기라도 하듯이, 그들의 명령과 지시에 따르며 열심히 일하고 산다. 그런데도 살아가는 것이 별로 나아지지 않고, 항상 쪼들리는 삶을 살게 될 수밖에 없을 때 사람들은 분노한다.

3) 삶의 질 향상 방해 발전 가로막는 장애 작용

갑질은 누군가에게 꿈에 대한 도전과 기회, 의지, 열정, 희망을 빼앗아가고, 그들의 노력을 무용지물로 만드는 등 삶의 질 향상을 방해하고 발전을 가로막는 장애로 작용한다. 인간 삶에서 가장 중요한 것은 노력이다. 노력을 쓸모없는 것으로 만들면 삶에 희망이 없다. 노력이 결과와 일치하지 않거나 기대에 못 미치더라도, 노력하면 조금이라도 이전보다는 나아진다는 기대를 할 수 있어야 한다. 아무리 노력해도 나아지는 것이 없으면 인간은 실망하고 좌절한다. 그런데 그 실망과 좌절이 자신의 노력이나 실력 부족 때문이 아니라 타인의 부당행위로 일어난다는 것을 알면 인간은 분노한다.

오늘날 우리 사회에서는 젊은이들의 몇 년간에 걸친 입사 노력과 꿈을 짓밟고 무용지물로 만드는 일이 심심찮게 일어난다. 가지지 못한 자의 자녀들은 노력을 통한 삶의 질 개선은 물론 주류사회 편입 기회가 더욱 줄어들어, 가난과 고통의 대물림이 굳어지는 현상이 나타나고 있다. 이에 반해 가진 자의 자녀들은 부모가 이룬 권력과 부를 독점하고 독식한 것을 대물림하여, 단지 권력자나 부자의 자녀로 태어났다는 이유로 평생을 권력자나 부자로 사는 사람이 많다. 공기업의 채용 비리에서 드러나듯이 가진 자들은 기득권을 유지하고 대물림하기 위해 온갖 수단과 방법을 동원하여 갑질 청탁을 일삼는다.

4) 가해자와 잘못된 사회구조 방치할 때 피해 우려

갑질에 대해 시민들이 분노하는 이유 중 한 가지는 사회질서를 교란하고 갈등을 유발하는 가해자와 그들이 활개 치고 다니는 잘못된 사회구조를 계속 방치할 경우 자신도 언제든지 피해를 볼 수 있다는 우려이다. '갑질을 하는 가해자가 계속 높은 지위를 차지하고 큰 힘을 누리는 사회는 올바른 사회가 아니다. 나 자신은 물론, 특히 우리 아이들에게 이런 불합리한 사회를 물려주는 것은 바람직하지 않다'라는 생각이 갑질을 폭로하고 사람들을 분노하게 한다.

제6절 한국 사회의 특수성

1. 갑질을 심화시킨 한국 사회의 역사적 배경

갑질은 현대의 어느 한순간에 생긴 것이 아니라 역사적 산물이다. 즉 과거부터 오랜 과정을 거쳐 오늘날에 이르게 되었다. 그래서 갑질을 봉건적 신분 사회의 유습으로 생각하는 사람이 많다. 우리나라에서 갑질을 심화시킨 역사적 배경을 내부 문제의 관점과 외부 문제의 관점으로 나누어 살펴보면 다음과 같다.

1) 내부 문제

내부 문제는 우리 스스로 갑질이 발생하는 원인을 제공한 것이다. 내부 문제는 주로 법규에 기반하여 만들어지고 정책적으로 도입된 제도의 시행에 기인한다. 장기간 시행된 정책이나 제도 중에는 대를 이어 전해지면서 문화에 투영되고 관례라는 명분 아래 일상화된 것이 많다.

계급제도와 신분제도
- 계급제도
계급(階級)은 사회나 일정한 조직 내의 지위, 관직 따위의 단계,

일정한 사회에서 신분, 재산, 직업 따위가 비슷한 사람들로 형성되는 집단 또는 그렇게 나뉜 사회적 지위이다. 계급제도(階級制度)는 사회적 지위의 구별에 관한 국가의 제도이다. 서로 대립하는 계급이 있어서 지배와 피지배, 착취와 피착취 따위의 관계를 이루는 사회 제도를 말한다. 조선시대까지의 과거 계급제도 아래에서는 기본적으로 우위인 지위에 있는 상위계급에 해당하는 사람들은 열위인 지위에 있는 하위계급에 해당하는 사람들을 지배하고 착취하는 것을 상당 부분 공식적으로 허용했었다.

지배(支配)는 어떤 사람이나 집단, 조직, 사물 등을 자기의 의사대로 복종하게 하여 다스림이고, 착취(搾取)는 계급사회에서 생산수단을 소유한 사람이 생산 수단을 갖지 않은 직접 생산자로부터 그 노동의 성과를 무상으로 취득하는 일을 말한다. 지배와 착취가 허용되면 계급이 낮다는 이유로 복종이 강요되고 자의적인 처벌도 상당 부분 용인된다. 갑질은 기본적으로 계급제도에서 배태되었다. 계급제도는 우리나라에만 존재하는 것이 아니다. 20세기 이후 민주주의의 발전으로, 대부분의 국가에서 과거 계급제도 하에서 지위가 높은 사람이 행했던 지위가 낮은 사람에 대한 자의적 처벌과 횡포 등 부당행위는 크게 줄어들었다. 하지만 오늘날에도 같은 조직 내에서 여전히 지위가 높다는 이유로 자기 마음대로 횡포를 부리거나 부당행위를 하며 갑질을 하는 상사가 많다.

세계적으로 볼 때 여전히 과거와 같은 계급제도를 유지하는 나라가 있다. 인도의 카스트제도가 대표적인 사례이다. 카스트(caste)는 인도의 세습적 계급제도이다. 승려 계급인 브라만, 귀족과 무사 계급인 크샤트리아, 평민인 바이샤, 노예인 수드라의 네 계급을 기원으로 현재는 2,500종 이상의 카스트와 부카스트로 나뉜다. 계급에 따라 결혼, 직업, 식사 따위의 일상생활에 엄중한 규제가 있다. 계급은 조직화에 따라 같은 조직 내에서 등급을 나누어 분류한 지위체계이고, 신분은 지위를 몇 계급으로 나눈 것을 말한다. 계급체계에서는 자신의 능력에 따라 승진할 수 있지만, 신분체계에서는 상위의 계급으로 상승하는 것을 강력하게 제한하는 경향이 있다. 또한 상위 신분에 속하는 사람들은 권력과 혜택을 누리지만, 동시에 품위유지와 사회적 책임을 부과하는 등 국가 발전에 이바지할 것을 요구하기도 한다.

- 신분제도

오늘날 갑질을 신분제도의 잘못된 버릇이나 습관으로 보는 사람들이 있다. 신분(身分)은 개인의 사회적인 위치나 계급을 말한다. 봉건사회에서는 사회관계를 구성하는 서열로, 제도상 등급에 따라 권리와 의무가 다르고 세습되는 것이 원칙이었다. 신분제도(身分制度)는 봉건시대에, 개인의 사회적 신분이 광범위하고 세습적으로 고정된 계급제도를 말한다. 시대에 따라 다소 차이는 있지만, 우리나라의 신분제도는 왕과 왕족, 귀족, 양반, 평민, 천민 등으로 나누어 구분하였다. 대표적인 신분제도는 신라시대에 존재했던 골품제도, 고려와 조선시대의 양반제도를 들 수 있다.

골품제도(骨品制度)는 신라에서 혈통에 따라 나눈 신분제도이다. 왕족은 성골(聖骨)과 진골(眞骨)로, 귀족은 육두품·오두품·사두품으로, 평민은 삼두품·이두품·일두품으로 나누었다. 성골(聖骨)은 신라 때에 둔 골품의 첫째 등급이다. 부모가 모두 왕계(王系)인 사람으로 시조 혁거세부터 28대 진덕여왕까지가 이에 속한다. 진골 (眞骨)은 신라 때에 둔 골품의 둘째 등급이다. 부계와 모계 가운데 어느 한쪽이 왕족인 사람이다. 양반(兩班)은 고려·조선시대에 지배 층을 이루던 신분이다. 원래 관료체제를 이루는 동반과 서반을 일 렀으나 점차 그 가족이나 후손까지 포괄하여 이르게 되었다. 제2차 세계대전 이후 세계적으로 민주주의 보급이 확산되고 자본주의가 발전하면서, 우리나라도 직업에 대한 귀천의식이 줄어들고 평등사 회가 되어 명목상 신분제도는 없었다. 하지만 우리의 의식 속에 상 전과 종의 개념까지 없어졌는지는 의문이다.

봉건제도

봉건(封建)은 천자가 나라의 토지를 나누어 주고 제후를 봉하여 나라를 세우게 하던 일, 세력이 있는 사람이 중앙 정부의 통제에서 벗어나 토지와 백성을 사유하던 일이다. 봉건제도(封建制度)는 천자 가 여러 제후에게 토지를 나누어 주어, 제후가 각자의 영유 지역에 대하여 전권(全權)을 가지는 국가 조직이다. 중국 주나라의 국가체 제에서 비롯된 것으로, 제후는 왕실을 종가(宗家)로 받들며 공납과 부역을 부담하였다. 중세 유럽에서 영주가 가신(家臣)에게 봉토를 주고, 그 대신에 군역의 의무를 부과하는 주종관계를 기본으로 한 통치제도이다. 왕, 귀족, 가신, 교회 따위의 영주와 그 지배하에 있 는 농노가 그 기본계급이었다. 영주(領主)는 지주와 같은 말이다. 중세 유럽에서, 영지(領地)와 거기에 사는 사람들에게 영주권을 행 사하던 사람을 말한다. 농민과 수공업 장인들에게 부역과 공납을 과하고 재판권과 경찰권을 행사하며, 영지의 질서를 유지하는 역할을 하였다.

우리나라에서는 공을 세운 사람이나 관원에게 토지를 나누어 주는 변형된 봉건제도가 운영되었다. 그 대표적인 사례가 식읍과 과전이다. 식읍(食邑)과 식봉(食封)은 같은 말이다. 식봉(食封)은 원래 고대 중국이나 우리나라에서 왕족, 공신, 대신들에게 공로에 대한 특별 보상으로 주는 영지(領地)를 말한다. 그 지역 조세를 받아먹게 하였고, 봉작과 함께 대대로 상속되었다. 과전(科田)은 과전법에 따라 관원에게 나누어 주던 토지이다. 문무백관을 18등급으로 나누어 재직, 휴직을 불문하고 그 지위에 따라 지급한 것으로, 사전(私田)에 속하였지만 수조권(收租權)은 일대(一代)에 한하였다. 고려시대는 물론 조선 초기까지만 하더라도 권력을 가진 사람들을 중심으로 지방 영주 노릇을 하는 사람들이 있었다. 그들은 가병을 운용하며 사실상 자치를 했다. 그리고 왕권 강화를 목적으로 가병이 혁파된 이후에도 부자와 양반 중에는 노비를 사유하는 사람이 많았다.

노비제도

노비(奴婢)는 사내종과 계집종을 아울러 이르는 말이다. 종은 예전에 남의 집에 딸려 천한 일을 하던 사람, 남에게 얽매이어 그 명령에 따라 움직이는 사람을 비유적으로 이르는 말이다. 노비는 관노비와 사노비가 있었다. 관노비(官奴婢)는 관가에 속하여 있던 노비, 사노비(私奴婢)는 권문세가에서 사적(私的)으로 부리던 노비이다. 특히 조선시대에는 주인에 의하여 재물처럼 취급되어 매매·상속·증여되기도 하였다. 이들은 인권의 사각지대에 있었다.

우리나라 노비제도의 역사는 아주 깊다. 그 기원을 찾아가면 고

조선까지 거슬러 올라간다. 고조선의 법률인 팔조법금(八條法禁)에서 절도범을 노비로 삼는다고 했다. 언제부터인지는 확정할 수 없지만, 고조선시대에 이미 노비제도가 존재했다. 고조선의 노비제도는 부여에도 계승됐다. ≪삼국지≫ <동이전>에서는 부여에 대해 이렇게 기술했다. 형벌을 적용할 때는 엄하고 신속하게 한다. 사람을 죽인 자는 처형하고, 살인자의 가족은 잡아들여 노비로 삼는다. 즉 부여에서는 살인자의 가족을 노비로 삼았다.

노비제도는 고구려·백제·신라·가야에도 존재했다. 이들 왕국이 노비를 확보하기 위해 벌인 노력이 ≪삼국사기≫에 나타나 있다. 이 책을 읽다 보면, 고대 왕국들이 노비 숫자를 늘리기 위해 전쟁을 벌인 정황들을 쉽게 포착할 수 있다. 영토뿐 아니라 백성을 확보할 목적으로도 전쟁을 일으켰던 것이다. 정확히 말하면, 자국 토지를 개간할 백성들을 얻을 생각으로도 군사를 일으켰다. 고대 왕국들은 외국 노동력을 빼앗아 자국 농토에 배치하기 위해 전쟁을 자주 벌였다. 이런 과정에서 노비들이 대규모로 양산되었다. 이렇게 노비로 전락한 사람들이 고려시대 및 조선시대 노비의 기원이 되었다.[41]

음서제도

음서(蔭敍)는 고려·조선시대에, 공신이나 전·현직 고관의 자제를 과거에 의하지 않고 관리로 채용하던 일, 부·조(父祖)의 음덕(蔭德)에 따라 그 자손을 관리로 서용하는 제도를 말한다. 과거는 실력에 의해 관인(官人)을 선발하는 제도였고, 음서는 가문에 기준

41) 김종성(2013), 『조선 노비들, 천하지만 특별한』, 예담(위즈덤하우스).

을 둔 등용제도였다. 신라의 골품제도(骨品制度)를 해체하고 개창된 고려왕조는 관인지배체제의 확립을 지향하였다. 이에 관인의 신분을 획득한 자에 대해서는 자손 대대에 걸쳐 그 신분을 계승해주려고 하였다.

관직을 갖기 위해서는 과거시험에 합격하거나 그 밖의 다른 특례의 적용을 받아야만 하였다. 그러나 관인의 자손으로 과거에 합격하지 못하고 특례의 적용을 받지 못하는 자가 계속해 나타나자, 이들을 그대로 방치할 수 없었다. 그래서 이들을 구제하기 위한 대책으로 마련된 것이 음서제였다. 음서제와 같은 제도는 이미 신라 이래 국가에 특별한 공로가 있는 자손을 서용(敍用)한 사례에서 그 연원을 찾을 수 있다. 그러나 공신뿐 아니라 5품 이상 고급관료를 대상으로 한 제도로서 확립되는 것은, 새로운 지배 신분층이 이루어지고 귀족적 통치 질서가 마련된 고려 성종 때였다.[42]

부정부패

인간에게 과거는 좋은 것이든 나쁜 것이든 현재를 반추하는 거울이다. 현재의 우리는 과거 결과로 존재한다. 우리의 삶은 과거의 연장선에 있고, 인간은 과거에서 지식을 얻는다. 그것은 좋은 것이든 나쁜 것이든 현재를 살아가는 누군가에게 교훈이 된다. 우리가 과거를 살펴보는 이유가 여기에 있다. 부정부패는 인류가 영원히 안고 가야 할 문제 중 하나다. 우리 역사 속에 나타난 부정부패 사례는 너무나 많다. 모든 부정부패는 갑질과 관련이 있다. 오늘날에도 부정부패는 끊이지 않는다. 하지만 그 사례를 일일이 열거하는 것

---

42) 한국민족문화대백과.

은 의미가 없다. 여기서는 조선 말기의 대표적인 부정부패 사례 두 가지만 소개한다.

- 삼정 문란

삼정(三政) 문란(紊亂)은 조선 말기 국가재정의 3대 요소인 전정 (田政)·군정(軍政)·환곡(還穀)의 재정 행정을 둘러싼 정치부패를 말한다. 먼저 전정 문란은 법으로 정한 조세 외에도 갖가지 명목의 부가세와 수수료를 농민에게 물린 관리들의 부정행위를 말하는 것이 다. 농사를 못 짓는 황무지에도 세금을 부과하고, 심지어는 백지징세 (白地徵稅)라 하여 빈 땅에 세금을 물리기도 했다. 반면에 양반·토 호들은 자기네 농지를 은결(隱結, 대장에 올리지 않은 땅)로 만들어 탈세를 일삼았다.

다음으로 군정은 장정이 직접 병역을 치르는 대신 군포(軍布)를 내던 것을 말한다. 양반·아전·관노(官奴)는 병역이 원래 면제됐지 만, 무력한 농민들은 관리들이 저지르는 황구첨정(黃口簽丁, 아이를 어른으로 바꾸어서 세금을 물리는 일)·백골징포(白骨徵布, 죽은 사 람에게 세금을 물리는 일) 등의 온갖 협잡으로 심한 고통을 받았다. 끝으로 환곡은 가난한 농민에게 정부의 미곡을 이자 없이 꾸어주었 다가 추수 때 받는 것이다. 원래는 빈민 구제의 목적으로 시행하던 제도였다. 하지만 나중에는 농민을 대상으로 하는 고리대로 변해 그 폐단이 가장 심했으며, 농민 생활을 파탄으로 몰아넣는 중요한 원인이 되었다.

전정·군정·환곡을 통한 관료들의 부정부패가 세도 정권 아래 에서 가장 심하게 나타난 것은 세도정권의 공공연한 매관매직, 관기의 문란, 세도 정권을 뒷받침한 지방 토호들의 횡포 때문이었다. 그리하여 삼정의 문란은 세도 정권기를 통해 돌이킬 수 없는 상태로 빠져들었고, 여기에서 세도 정권의 반역사성은 더욱 철저하게 드러난 바가 되었다. 삼정의 문란은 또한 조선 말기에 전국적으로 일어난 민란의 중요한 원인이 되기도 했다.[43]

- 세도정치

세도(勢道)는 정치상의 권세 또는 그 권세를 마구 휘두르는 일, 세도정치(勢道政治)는 왕실의 근친이나 신하가 강력한 권세를 잡고 온갖 정사(政事)를 마음대로 하는 정치이다. 조선 정조 때 홍국영에서 비롯하여 순조·헌종·철종의 3대 60여 년 동안 왕의 외척인 안동 김씨, 풍양 조씨 가문에 의하여 이루어졌다. 즉 세도정치는 왕의 위임(委任)을 받은 특정인이나 특정한 양반 가문과 그 추종세력이 정권을 잡고 나라를 다스리던 조선의 정치 형태였다. 외척에 의해 왕권도 정치에서 배제하고 견제하는 세력이 없는 상황에서 세도정치는 부정부패의 길을 달리게 되었다.

세도가들의 파행적 정치 행태는 인사 관리에서도 찾아볼 수 있다. 우리가 잘 알고 있듯이 조선시대에 관료가 되려면 과거에 합격해야 했다. 그런데 세도정치 아래에서 정치 기강이 무너져 과거제도는 온갖 비리의 온상이 되었다. 시험장의 부정과 합격자 남발 등이 행해졌다. 또한 관직을 돈으로 사고파는 일도 공공연하게 이루어졌다. 세도 가문이 고위 관직을 독점하면서 관직을 팔아댄 것이다. 상황이 이러니 관료들은 자신들의 지위를 지키기 위해서 그저

---

43) 한국근현대사사전.

세도가의 비위를 맞추기에 급급했다.

돈으로 관직을 산 사람들이 그다음에 어떤 행동을 취하게 되는지는 불을 보듯 뻔한 일이다. 투자한 돈만큼 아니 그 이상으로 뽑아내기 위해 수단과 방법을 가리지 않고 재산을 모으는 데 열을 올렸다. 특히 매매의 주된 대상이었던 수령 직책에 임명된 사람들은 백성을 착취하여 투자한 돈을 되찾으려 했다. 관료들이 이러한 부정을 저질렀으니 아전들도 거기에 편승하여 온갖 농간을 부렸다. 법에도 없는 각종 세금이 징수되었고, 무고한 백성들이 죄를 뒤집어쓰고 재물을 바친 후에야 풀려났다. 농민뿐만 아니라 조선 후기에 접어들면서 새로이 성장하던 수공업자도 수탈 대상이 되어 잉여생산물을 거의 모두 빼앗겼다. 그 때문에 비교적 순조롭게 성장하던 상품 화폐 경제도 이 시기에 이르러 성장이 둔화하였다.

정부는 이러한 상황에 손을 대지 못했다. 다만, 암행어사를 파견하여 수령이나 서리들의 부정과 탐학을 적발했지만, 그러한 일시적인 조처로 근본적인 문제가 해결될 수는 없었다. 당시의 지배층은 근본적인 대책을 수립하지 못하고 있었다. 결국 세도정치 체제에서 조선사회는 정치적 혼란과 더불어 사회적 압제, 경제적 수탈, 사상적 경직 등의 혼란을 겪게 된다. 세도 정권은 근대화를 지향해야 할 중요한 시기에 역사 발전을 가로막은 걸림돌이 되었다.[44]

소작제도

소작제도(小作制度)는 농민이 토지를 대여하여 경작하고, 그 대가로 토지 소유자인 지주에게 일정한 소작료를 지급하는 봉건적인

---

44) 김아네스·최선혜(2009), 『고교생이 알아야 할 한국사 스페셜』, 신원문화사.

생산관계에 따른 제도, 토지소유자가 다른 사람에게 토지를 빌려주고 경작시키는 대가로 지대(地代)를 받는 경작제도를 말한다. 우리나라의 소작제도는 멀리 삼국시대부터 기원을 찾을 수 있다. 그러나 소작제도가 기록에 자주 거론되어 나오는 것은 고려시대부터이다. ≪고려사≫의 973년(광종 24) 12월의 기록에는 "진전(陳田, 밭)을 개간한 사람은 사전(私田)의 경우 첫해의 수확물은 전부 갖고, 그다음 해부터는 토지의 주인과 반씩 나눈다"라고 쓰여 있다. 얼마 뒤인 1111년(예종 6) 8월의 기록에는 "3년 이상 묵은 진전을 개간한 경우에는 그 수확물을 2년간 전부 전호(佃戶, 소작농)에게 주고 제3년에 전주(田主)와 반씩 나눈다"라고 되어 있다.

이 기록들은 고려 초기부터 공전제(公田制) 하에서도 휴경지 또는 폐 토지를 뜻하는 진전은 개간·경작에 있어 합법적으로 소작제도가 존재하였음을 명백히 증명하고 있다. 고려 중기 이후 공전제도가 붕괴되기 시작하고 고려 말기에 공전제도가 사실상 유명무실하게 되자 소작제도는 전국적으로 보편화하였다. 고려 말기 중앙집권적 봉건국가의 통제력이 약화하자 권세를 장악한 귀족층은 각 지방에 대농장들을 설치하여 지주화하였다. 그들은 권세의 크기에 따라 큰 권세를 가진 귀족들은 대지주가 되고 작은 권세를 가진 귀족들과 신진 관료들은 중소지주가 되었다. 종래의 공전을 사전화하여 지주가 된 귀족들은 그들이 사점한 토지 대부분을 몰락한 농민이나 자기의 노비들에게 소작시켜 소작제도가 전국적으로 일반적인 제도로 정착했다.

고려 말기의 소작제도에 대하여 정도전(鄭道傳)은 공전제도가 붕괴한 이후 권세 있는 자들이 토지를 겸병하여 부자는 토지가 백과

천에 이르고, 가난한 자는 송곳 꽂을 땅도 없어서 부자의 토지를 차경(借耕)하지만, 일 년 내내 힘써 일해도 먹을 것도 부족한 데 반하여, 부자는 편안히 앉아 경작하지도 않으면서 전인(佃人)을 사용하여 수확물의 태반을 거두어들인다고 하였다. 이때 정도전이 말한 차경이 바로 고려 말기의 소작제도이다.

조선의 건국을 추진한 신진 관료들은 1391년부터 과전법(科田法)이라는 토지개혁을 단행하였다. 이 토지개혁은 고려 말기의 봉건적 대농장들을 몰수하고 구대(舊代)의 토지문서를 소각하는 한편, 이성계(李成桂)를 추종하는 신진 관료들을 중심으로 하여 과전(科田)·군전(軍田)·공신전(功臣田)·별사전(別賜田) 등의 이름으로 토지를 재분배하였다. 이 재분배된 토지에서는 이른바 '병작반수(並作半收)'라는 소작 요율 50%의 소작제도 시행을 엄금하고, 부득이 타인에게 경작시킬 경우에도 조(租)를 생산물의 10%만 징수하게 하였다. 또한 이 토지개혁은 토지를 겸병하는 것을 막기 위하여 토지매매를 금지하였다.

조선시대의 소작제도는 양반 신분의 지주가 양인 또는 노비 신분의 소작농으로부터 신분적·경제외적 강제에 의하여 잉여생산물의 전부를 직접 수취하였다. 이러한 점에서 조선시대 특히 조선 전기의 소작제도는 전형적인 봉건적 소작제도라고 볼 수 있다. 조선시대의 후기로 접어들면서 봉건적 소작제도에도 약간의 변화 징조가 나타나기 시작하였다. 18세기에 들어서면 사회적으로 신분제도가 붕괴하여가고, 경제적으로 자본주의가 싹트기 시작하면서 소작제도 내 각 계층의 신분 구성과 지주·소작인 관계에도 변화가 나타나기 시작하였다. 이미 18세기 이후의 소작제도에는 신분적·경제외적 강제가 해체되어가고 있었다. 이것은 이 시기의 소작제도가 봉건제 해체과정의 소작제도로 전개되고 있음을 나타내는 것이다.[45]

소작제도 자체는 경제적으로 가진 것이 적거나 없는 사람과 지주가 공존공영할 방안으로 나쁜 것이 아니다. 문제는 토지의 소유자로 자신이 소유한 토지를 남에게 빌려주고 지대(地代)를 받는 사람인 지주(地主)나 마름들이 소작농에게 횡포를 부렸다는 점이다.

고리대금업

악덕업자(惡德業者)는 도덕에 어긋나는 나쁜 마음이나 나쁜 짓을 하며 사업을 직접 경영하는 사람을 말한다. 대표적인 악덕업자 중 하나가 고리대금업을 하는 사람이다. 고리대금(高利貸金)은 이자가

1930년대 고리대금업을 하던 전당포 모습[한국민족문화대백과]

---

45) 한국민족문화대백과.

비싼 돈, 부당하게 비싼 이자를 받는 돈놀이, 대금업자가 높은 이자 지급을 조건으로 자금을 운용하는 대부자본의 한 형태를 말한다.[46] 고리대금업(高利貸金業)은 고리대금을 직업으로 하는 일이고, 고리대금을 직업으로 하는 사람을 고리대금업자(高利貸金業者)라고 한다. 고리대금업은 오늘날에도 사회적인 문제가 되고 있다.

　동서고금을 막론하고 고리대업의 존재는 인간사회의 발전과정에서 공통된 역사적 사실이다. 고리대업은 상인·지주 등이 부업으로 시작한 것인데 점차 독립된 전업으로 발달했다. 고리대 행위는 개인만이 아니고 국가와 관료, 사찰 등에 의하여 행하여졌다. 고리대는 고려시대부터 성행한 것으로 보이는데, 고리대금을 이용한 것은 생계유지 이외에 과중한 공과(公課)의 부담 때문이었다. 화폐가 보급되지 않았던 시대에는 미포(米布) 등의 현물이 거래되었고 채권에 대한 담보물은 인질(人質)이었다. 고려 태조 때 설치한 의창(義倉)과 993년(성종 12)에 설치한 상평창(常平倉) 등은 원래 흉년에 국가가 상비한 양곡을 백성에게 대여하고 추수기에 원리를 회수하는 기관이었으나 점차 고리대기관 내지 착취기관으로 변질해 국가적 규모로 고리대기관화한 사례이다. 고려 광종 때에 설치한 제위보(濟危寶)도 구휼기관으로서 이식[47]으로 운영하였다.

　대금업자의 이식이 고율이라는 점을 지적한 러시아 대장성에서 1905년에 간행한 ≪한국지≫에는 최저이식은 10개월에 5할, 기타는 3할에서 4할, 심한 것은 5할 또는 10할의 고리로 된 때도 있었다고 기록하고 있다. 우리나라의 근대적인 민족은행이 설립된 것은

---

46) 한국민족문화대백과.
47) 이식(利息)=이자(利子).

개항 이후의 일이었다. 그러나 근대사회에서 전근대적 성격을 지닌 고리대금업이 기생하였던 것은 근원적으로는 근대적 금융기관의 기능이 미흡했기 때문이다. 자본축적이 미약한 저개발국이 투자수요를 충족할 수 없는 경우나 금융기관의 금리 수준이 현실과의 괴리로 자금수급의 원활을 기할 수 없으면 사금융이 발달한다.

경제개발의 지속적인 추진으로 인한 경제규모 확대, 자기자본 축적이 미약한 기업의 금융기관에 대한 의존도 확대, 중소기업 육성자금 부족, 재벌기업의 경쟁적 기업 확장 내지 신규업종 신설 등 막대한 대출수요에 금융기관이 필요한 자금 공급을 충족할 수 없을 때, 사채시장은 그들에게 구세주 같은 기능을 발휘한다. 사채는 고리이지만 복잡하고 까다로운 절차를 밟아야 하는 금융기관보다는 절차가 간편하고 신속하게 필요한 자금수요를 충족할 수 있는 장점이 있다.[48] 그래서 급전이 필요하지만, 담보물을 제공하기 어려운 사람일수록 고리채에 의존하는 경향이 있다.

권문세족의 횡포

권문세가(權門勢家)는 벼슬이 높고 권세가 있는 집안을 말한다. 권문세족(權門勢族)은 권문세가와 같은 말이다. 권문세족(權門勢族)은 권력을 가진 집안 혹은 세력 있는 일가라는 뜻으로 고려 후기 지배 세력을 일컫는 말이기도 하다.[49] 어느 나라 어느 시대를 막론하고 권문세족은 권력과 부는 물론 온갖 특혜를 누렸다. 이것은 오늘날도 마찬가지이다. 권문세족의 횡포 가운데서도 가장 간사하고

---

48) 한국민족문화대백과.
49) 이다지(2015), 『이다지 한국사』, 브레인스토어.

악독한 사람은 나라가 어려울 때 외세에 기생해 권력을 독차지하고 백성들을 괴롭히며 수탈하는 데 앞장선 사람들이다. 우리나라에는 고려의 내정 간섭기와 일본의 강점기에 원과 일본의 앞잡이 노릇을 하며 동족의 피를 빨아먹으며 권세를 누린 사람이 많았다.

그럼 고려의 권문세족은 어떤 횡포를 부렸을까? 친원파가 되어 권력을 독차지한 권문세족은 음서를 이용해 자리를 차지하고 대농장을 소유하며 기고만장하게 살았다. 가난한 농민들에게 돈을 빌려주고 고액의 이자를 받으며 갚지 못하는 사람을 불법으로 노비로 만들기도 했다. 권문세족은 친원파라는 점 외에 거의 공통점이 없다. 다양한 성격의 사람이 있었다. 매를 공급해 원나라에 잘 보여서 출세한 사람도 있었고, 몽골어를 잘해서 출세한 사람도 있었다. 권문세족은 기본적으로 학문을 연구하는 사람들이 아니었다. 그래서 한자리 차지하기 위해서 대부분 음서를 이용했다. 또 무신정권 때 만들어진 정방을 그대로 활용하는 사람도 있었다. 권문세족 중에는 가난한 농민들을 약탈해 대농장을 소유한 사람도 적지 않았다.

고려사에 따르면 "요즘 들어 간악한 도둑들이 남의 토지를 뺏는 게 매우 심각하다. 그 땅의 규모가 한 주보다 크기도 하고, 군 전체를 포함해 산천으로 경계로 삼는다. 남의 땅을 조상으로부터 물려받은 땅이라고 우기면서 주인을 내쫓고 땅을 빼앗아 한 땅의 주인이 대여섯 명이 넘기도 한다"고 기술되어 있다. 여기서 말하는 '간악한 도둑'이 바로 권문세족이다. 땅의 규모가 산과 강을 경계로 한다니 어마어마하다. 권문세족들이 그 큰 농장을 직접 농사짓진 않았다. 많은 노비가 필요하다. 그래서 이들은 가난한 농민들에게 돈을 빌려주고 고액의 이자를 받았는데, 갚지 못하는 사람을 불법으로 노비로 만들기도 했다.[50]

2) 외부 문제

침략

침략(侵掠)은 남의 나라를 불법으로 쳐들어가서 약탈함, 약탈(掠奪)은 폭력을 써서 남의 것을 억지로 빼앗음이다. 인류 역사를 보면 대국의 소국에 대한, 강대국의 약소국에 대한 침략은 주로 영토 확장, 자국이 위세(位勢)를 떨치려는데 굴종하지 않거나 대응할 때 또는 힘을 과시하고 필요한 자원을 약탈할 목적으로 강한 군사력을 앞세워 이루어졌다. 이들의 약탈은 주로 영토, 사람, 자원이나 생산물을 빼앗는 것이 목적이었다. 농업이나 목축업, 수공업이 국가 경제의 중추적인 역할을 하던 시대에 넓은 영토와 인적, 물적 자원은 부국을 이루는 주요한 수단이었다. 이러한 정책적 목적 달성을 위해 전 세계적으로 침략 행위가 이루어진 것이 제국주의이다.

제국주의(帝國主義, Imperialism)는 우월한 군사력과 경제력으로 다른 나라나 민족을 정벌하여 대국가를 건설하려는 침략주의적 경향, 특정 국가가 다른 나라나 지역 등을 군사적, 정치적, 경제적으로 지배하려는 정책 또는 그러한 것을 목적으로 하는 사상을 가리킨다. 엄밀히 정의하면 영향력, 즉 패권보다는 영역의 지배를 확대하는 정책 또는 사상을 가리킨다.[51] 침략은 단순한 약탈로 끝날 때도 당하는 사람들 입장에서는 엄청난 수난이다. 하지만 지배를 목적으로 할 때는 괴뢰정부를 앞세운 간접지배이든 편입을 통한 직접지배이든 장기간의 수탈(收奪)이 이루어지므로, 그 땅에 사는 사람들은 말로 표현하기 어려운 정도의 고난을 겪고 피해를 본다.

---

50) 이다지(2015), 『이다지 한국사』, 브레인스토어.

51) 위키백과.

내정간섭

내정간섭(內政干涉)은 다른 나라의 정치에 간섭하거나 또는 강압적으로 그 주권을 속박·침해하는 일이다. 강대국이 약소국에 내정간섭을 한다. 그 가장 대표적인 형태가 종속국이다. 종속국(從屬國)은 법적으로는 독립국이지만, 실제로는 정치나 경제·군사 면에서 다른 나라에 지배되고 있는 나라이다. 종주국의 국내법에 근거하여 외교 관계는 스스로 처리하고, 다른 부분은 종주국에 의하여 처리되는 나라이다. 터키에 대한 제1차 세계대전 전의 이집트 및 1908년까지의 불가리아 따위가 이에 속한다.

역사적으로 볼 때 우리나라는 주변에 존재하던 대국으로부터 내정간섭을 많이 받았다. 조선시대에 명(明)이나 청(淸)의 내정간섭도 만만치 않았다. 하지만 가장 대표적인 사례는 고려시대에 원(元)의 내정간섭이 있었다. 원(元)의 고려 침략 결과 내정간섭이 이어지면서 원(元)은 우리 영토 일부를 빼앗아갔다. 고려를 부마국으로 만들기 위해 왕을 무조건 원의 공주와 결혼하게 했으며, 왕자를 데려가 정체성을 바꾸려고 했다. 또한 수도에는 정동행성을 설치하고 감찰관 다루가치를 파견해서 고려를 감시했다.[52] 또 원(元)은 고려의 처녀들을 공녀로 바치게 했는데, 그중에서도 특히 미녀를 요구했다. 끌려간 공녀들은 비참한 생활을 했고, 공녀로 끌려가지 않기 위해 고려에는 조혼풍습이 생겨났다. 공물로는 인삼, 금, 은, 매 등을 요구하여 매를 징발하기 위한 응방이라는 기구도 있었다.[53]

---

52) 이다지(2015), 『이다지 한국사』, 브레인스토어.
53) 이다지(2015), 『이다지 한국사』, 브레인스토어.

조공

　조공(朝貢)은 종속국이 종주국에 때를 맞추어 예물을 바치던 일 또는 그 예물, 조공제도로 성립·유지되는 중외 관계 전반을 이르는 말이다. 조공은 전근대 동아시아의 국제관계에서 중국 주변에 있는 나라들이 정기적으로 중국에 사절을 보내 예물을 바친 행위이다. 이는 일종의 정치적인 지배수단으로 볼 수 있다. 중국 주(周)나라 때 제후는 방물(方物, 지역 특산물)을 휴대하고 정기적으로 천자(天子)를 배알하여 군신지의(君臣之義)와 신례행위(臣禮行爲)를 행하였다. 천자는 이를 통하여 여러 제후를 통제하고 지배하였다. 그 뒤 이 제도는 한족(漢族) 중심의 중화사상을 기초로, 주변 이민족을 위무·포섭하는 외교정책이 되었다.

　주나라 이후 제후국들 사이에 작은 나라는 큰 나라를 섬기고(事大), 큰 나라는 작은 나라를 사랑해주는(字小) 예가 있었다. 이러한 사대·자소는 결국 대소국 간에 우의와 친선을 통한 상호공존의 교린의 예로부터 출발하고 있다. 춘추전국시대(春秋戰國時代)로 접어들자 큰 나라는 약소국에 대하여 무력적 시위로 일방적인 사대의 예를 강요하였고, 이러한 사대의 예에는 많은 헌상물을 수반하는 조빙사대(朝聘事大)가 나타났다. 계속된 전쟁으로 힘의 강약에 의한 지배, 종속관계 대신 헌상물(獻上物)을 전제로 한 조빙사대가 되었으며, 이러한 행위는 한(漢)나라 이후 중국과 주변국 사이에 제도화되어 조공과 책봉이라는 독특한 동아시아의 외교 형태로 나타났다.

　조공·책봉관계는 약소국인 주변국에는 자국의 안전을 위해 공식적인 교류를 통하여 중국의 침략을 둔화시키고 상호불가침의 공존 관계를 수립하기 위한 전제조건이 되었다. 한편 중국으로부터 받은 책봉은 동아시아 외교체제에 편입되고 국제적 성격을 가지는 것으로서, 중국 주변의 모든 나라가 원하든 원하지 않든 간에 동아시아 국제관계의 규범으로 정착되었다. 한국의 대중국 관계도 국제관계의 보편적인 외교 규범을 지키면서 동아시아 외교체제에 편입되었다. 이러한 외교 행위를 통하여 국가의 생존권을 보존하고 공식적인 무역 및 기타 문화교류를 하였다.54)

지배

지배(支配)는 어떤 사람이나 집단, 조직, 사물 등을 자기의 의사대로 복종하게 하여 다스림이다. 역사적으로 볼 때 세계적인 큰 전쟁이 발생하거나 거대국가가 출현할 때는 항상 많은 약소국이 강대국의 지배를 받았다. 우리나라도 예외는 아니다. 인접한 국가의 국력이 왕성한 시기에는 다른 나라로부터 내정간섭을 받거나 지배를 받기도 했다. 일제강점기도 그중 하나다. 일제강점기(日帝強占期)는 1910년의 국권 강탈 이후 1945년 해방되기까지 35년간의 시대를 말한다. 일본의 침략으로 이루어진 35년간의 강점기에 우리나라는 이루 말할 수 없는 엄청난 인적, 물적 수탈은 물론 문화와 역사를 왜곡할 정도의 엄청난 피해를 보았다. 오늘날 한국 사회에 갑질이 남아 있게 하는데 가장 강한 영향을 미친 요소 중 하나가 일제강점기이다.

일본의 정치가들이 의도했든 아니면 친일부역자들 자신의 선택이었든 힘을 가진 자에게 빌붙어 한자리하거나 돈을 벌어 잘살아보겠다는 생각을 하는 자들이 만들어낸 강자에게 아부하고 약자에게

---

54) 두산백과.

는 한없이 강한 모습을 보이는 전형적인 갑질이, 이 시기에 만들어지고 일반화되고 굳어져 문화에 투영되었다. 나라가 있을 때는 하소연할 곳이라도 있었지만, 이때는 하소연할 곳도 제대로 없었다. 힘없는 민중들은 이리 채이고 저리 채이며 가진 것을 고스란히 내어주고도 끊임없이 짓밟히는 고된 삶을 살았다.

2. 한국 사회에 갑질이 만연하는 이유

'만연하다'는 '비유적으로 나쁜 현상이 널리 퍼지다'라는 뜻이다. 오늘날 우리 사회에 갑질이 널리 퍼져 있는 이유는 여러 가지가 있다. 그중에서 대표적인 것 몇 가지를 살펴보면 다음과 같다.

1) 잘못된 과거 청산

잘못을 저지르면 책임을 져야 하고 처벌을 받는다는 인식을 하게 하는 일은 대단히 중요하다. 잘못한 당사자는 물론 다른 사람들에게 유사한 잘못을 예방하는 교육 효과가 있기 때문이다. 그런데 우리나라는 역사적으로 볼 때 잘못을 저질렀음에도 처벌을 제대로 하지 않는 사례가 많이 있었다. 조선 말기에 탐관오리들의 횡포에 백성들이 억울한 일을 수도 없이 당했지만, 그들 중에 처벌을 제대로 받은 사람은 많지 않다. 특히 반민특위가 미국의 간섭과 친일세력의 방해 등으로 국민에게 갑질을 한 친일·반민족 부역자들의 처벌을 통한 청산을 제대로 할 수 없었다. 그 결과 못된 짓을 한 사람과 그의 후손들이 오히려 잘살고 대를 이어 계속해서 횡포를 부리는 등 갑질을 하는 일이 이어졌다. 오늘날에도 잘못된 일을 하는 사람들이 제대로 처벌받지 않는 것은 물론 승승장구하여 권력과 부를 누리며 잘 먹고 잘사는 사례들이 적지 않다. 갑질 폭로와 미투 운동은 이러한 일면을 잘 보여주고 있다.

2) 힘에 대한 잘못된 인식과 한풀이

세상에서 가장 위험한 일이 어린아이에게 칼을 맡겨 놓는 것이라는 말이 있다. 올바른 사용방법을 모르므로 잘못 사용하면 자신도 다칠 수 있고, 다른 사람도 다치게 할 수 있기 때문이다. 그런데 우리나라의 정치가, 공무원, 교직자 중에 어린아이에게 칼을 맡겨놓은 것처럼 자신이 가진 힘의 올바른 사용법을 모르는 사람들이 적지 않다. 심지어 일부는 자신의 한풀이로 힘을 사용하기도 한다. 이들이 자신의 힘을 가장 잘못 인식하고 남용하는 것이 상명하복이다. 권력을 가진 자는 맡은 바 직분을 완수하기 위해 일을 할 때 부하에게 합법적이고 정당한 명령을 해야 한다. 그런데도 현실에는 자기 마음대로 하는 것까지 부하들이 복종해야 한다고 착각하는 사람들이 적지 않다.

오늘날 우리 사회에는 수단과 방법을 가리지 않고 돈을 벌고 권력을 잡으면 된다는 인식이 널리 퍼져 있다. 선거법이 있기는 하지만, 당선만 되면 된다는 생각이 앞서 상대를 모함하고, 자신의 잘못을 시인하지 않는 등 반칙을 하는 사람이 많다. 엄연히 법치국가인데도 권력을 획득한 사람이나 정당은 권력을 유지하거나 누리기 위해 마음대로 해도 된다는 생각이 팽배하다. 그 결과 권력을 잡은 수장들은 인사권을 남용하여 정실인사를 일삼고, 부를 축적한 사람들은 돈으로 위세를 부리며 사람들을 괴롭힌다. 부와 권력은 정상적인 방법으로 축적하고 사용하고 유지해야 한다. 부의 대물림도 마찬가지이다. 그래야 사회 정의가 실현되고 사회체계가 올바르게 작동한다. 그런데도 오늘날 우리나라에는 힘에 대해 잘못 인식하고 사용하지 않아야 할 곳에 힘을 사용하여 갑질을 하는 사람이 너무 많다.

3) 전근대적 사고방식

대한민국은 민주주의 국가이다. 공산주의나 사회주의도 민주주의라는 용어를 덧붙여 사용하므로 이들과 구분하기 위하여 자유민주주의라고 표현하는 사람들도 있다. 민주주의는 인간 존엄성, 자유, 평등을 기본 이념으로 한다. 그런데도 국민 중에 갑질에 시달리며 인격을 존중받지 못하는 것은 물론이고 차별받는 사람이 너무 많다. 즉 우리나라는 분명 제도적인 측면에서는 민주주의이지만, 운영은 아직 제대로 된 민주주의에 이르지 못하고 있다. 기계 장치인 하드웨어(hardware)는 민주주의이지만, 그것을 운영하는 프로그램 등의 소프트웨어(software)에는 비민주적 요소가 너무 많이 남아 있다. 1980년대에 민주화를 외치며 시위를 주도했던 사람 중에는 한국의 민주화에 이바지한 공로로 존경받거나 수상(受賞)한 사람도 있다. 하지만 그들 역시 국정을 제대로 민주적으로 운영하지 못했다. 오히려 그들 속에 제왕적 대통령이 있었다.

과거는 물론 현재에도 다수의 우리 국민은 여전히 진정한 민주주의를 원한다. 하지만 구시대적 행태를 보이며 편중된 행동을 일삼는 정치지도자와 정당은, 역량이 부족하여 분열을 획책하며 전근대적인 계파와 파벌에 의존하여 정권을 유지하고 국정을 운영한다. 권위주의적인 잔재도 곳곳에 남아 있다. 그 근원으로 접근하면 제왕적 대통령이 존재한다. 그들은 지위를 앞세운 권위주의적인 태도로 조직을 운영하면서 권력을 마음대로 휘두른다. 때로는 국정철학이라는 모호한 단어를 앞세운다. 하지만 속내로 들어가면 자기들 마음대로 하기를 원한다. 그러면서 아랫사람들에게 자신의 요구와 지시에 명목적으로 복종을 요구하면서 곳곳에서 사회 갈등이 빚어지고 그 결과 스트레스를 받는 사람이 적지 않다.

4) 잘못된 교육

교육은 공교육과 사교육이 있다. 오늘날 한국의 공교육은 지식 주입과 관련된 진학을 위한 입시교육, 취업교육에 집중되고 있다. 그 결과 소위 말하는 명문학교에 진학을 많이 시키면 좋은 학교이고, 공부를 잘하면 능력을 인정받고, 좋은 직장에 취업하고 출세하면 대단한 인물로 인식되는 기본 구도가 형성되어 있다. 그런데 국민의 관심사가 되는 큰 범죄는 상당수가 이런 사람들이 저지른다. 무엇인가 잘못되었다. 오늘날도 도덕과 윤리교육을 안 하는 것은 아니지만, 과거보다 그 상대적 비중이 크게 줄어들었다. 특히 상대에 대한 배려와 존중, 기본질서를 지키는 교육이 제대로 이루어지지 않고 있다.

가정에서도 마찬가지이다. 과거에는 가풍을 중시하는 가문이 많아 엄격한 가정교육이 이루어지는 집안이 많았다. 하지만 산업화와 민주화 과정을 거치면서 핵가족화, 여성의 사회 진출 증가, 저출산 등 여러 가지 요인이 작용하여 오늘날에는 엄격한 가정교육을 하는 집이 많지 않다. 부모와 아이 모두 인격 수양이나 극기 같은 수신보다는 진학과 취업 공부에 치중한다. 그 결과 개인주의가 발달하고 이기적인 행동을 하는 사람이 늘어나면서 사회 갈등이 증가하고 있다.

5) 문제를 오히려 조장하는 소모적인 정쟁 정치

정치와 정치가의 대표적인 역할 중 한 가지는 사회문제 해결이다. 그런데 오늘날 우리나라의 정치와 정치가는 사회문제를 해결하는 것이 아니라 국론을 분열하게 하는 등 스스로 문제를 만들고 갈등을 부추기며, 자신들의 잇속 챙기기로 국민을 크게 실망하게 하고 불안하게 한다. 권력 유지와 획득을 위해서는 수단과 방법을 가리지 않는 정당, 그 정당을 통해 배출된 정치가들은 국민은 제대로 안중에도 없고 자신들의 사리사욕과 권력 욕구 충족을 위해 정당이 중심이 되어 소모적인 정쟁 정치를 일삼는다.

6) 열악한 환경과 무리한 목표 달성

한국인의 특징을 나타내는 대표적인 용어 중 하나가 '빨리빨리'이다. '빨리빨리'는 숱한 어려움과 난관을 넘고 세계에서 유래를 찾아볼 수 없는 고도성장을 이룬 한국 경제성장의 신화를 상징하는 용어이기도 하다. '빨리빨리'는 목표 지향적인 용어이다. 이런 의식을 가진 지도자나 간부들에게는 '일을 할 때 목표를 달성하기 위해서는 다소 무리와 희생이 따르는 것은 불가피하다'는 생각이 내재한다. 무리한 요구는 바로 갑질로 이어진다. 억지나 강요, 횡포를 부리지 않으면 정상적인 방법으로는 높게 책정한 목표 달성이 어렵기 때문이다. 결국 적은 예산과 부족한 장비, 시설, 인력 등 열악한 환경은 노동자들에게 위험과 희생을 감수하게 만든다.

7) 이기주의 팽배

갑질은 기본적으로 자기 자신에게 물질적으로나 정신적으로 보탬이 되는 것, 편하고 이용하기 쉬움, 이롭거나 도움이 될 만한 것을 꾀하기 위해 행동하거나 일을 할 때 발생한다. 우리 사회에는 자기 자신의 이익만을 꾀하고, 사회 일반의 이익은 염두에 두지 않으려는 태도를 가지고 있는 사람이 너무 많다. 좋은 사회와 살기 좋은 세상은 이기주의자는 적고 봉사와 헌신, 배려, 이타주의를 실천하는 사람이 많은 사회이다.

8) 잘못된 인식의 만연, 그것을 용인하는 관행

갑은 을에게 '내 마음대로 하고 막 대해도 괜찮다'는 잘못된 인식이 널리 퍼져 있다. 갑은 을에게 아주 정도가 지나치고 아무렇게나 함부로 몸의 동작을 하거나 마음가짐을 드러내는 등 어떤 일이나 상황에 따라 태도를 보이며 상대해도 탈이나 문제, 걱정되거나 꺼릴 것이 없다고 생각하는 사람이 많다. 이것을 일반적인 현상으로 받아들이고 이해하여 일상에서 그러한 행동을 하는 것이 우리 사회에 일반화되어 있다. 다수의 사람이 이러한 잘못된 관행을 용인한다. 방조하는 사람도 많다. 그 결과 갑질로 문제가 확대될 것이 우려되면 '일이 커지면 모두에게 좋을 것이 없다'며 조용한 해결을

강요하기 일쑤다. 심지어는 적극적으로 해결하고 개선에 앞장서야
할 사람 중에 그런 태도를 보이는 사람이 많다. 자신이 관리 능력
이 부족하다는 오명을 쓰지 않기 위해서이다. 그런 상사들은 원인
을 제공한 갑을 문제 삼는 것이 아니라 오히려 을을 문제가 있는
사람으로 몰아가는 경향이 있다.

9) 편익 유지 위한 인내

갑에게 문제를 제기한다고 모두 관계가 단절되거나 피해를 보는
것은 아니다. 양식 있는 갑은 을이 제기한 문제를 개선하여 상생하
는 방향으로 개선하기도 한다. 하지만 이런 사람은 많지 않다. 현실
에서는 갑에게 문제를 제기했다가 면박이나 보복을 당하는 사례가
빈번하게 일어난다. 갑질에 대한 불만이 많고 갑이 못마땅하지만,
갑을 관계를 청산하면 직장을 그만두거나 납품, 거래를 중단해야
하는 일이 생길 수 있으므로 먹고사는 문제를 우려한다. 결국 을은
반복되는 갑의 행위가 부당한 것을 알지만 억울함, 괴로움, 어려움
을 참고 견딘다. 을이 이렇게 갑의 횡포와 부당행위를 감수하는 이
유는 갑과의 관계에서 주어지는 편익을 유지하기 위해서다. 이것이
사회적 논란에도 불구하고 우리 사회에 갑질이 계속되는 중요한 이
유 중 한 가지이다. 어느 사회든 잘못이 있을 때 누군가가 나서서
어려움을 감수하고 개선 노력을 하지 않으면 잘못된 일이 반복될
수밖에 없다.

10) 피해 두려워 대부분 사과 수용 봉합

잘못된 것을 개선하기 위해서는 문제를 제기하고 재발을 막기 위한 적극적인 행동과 노력이 필요하다. 그런데 우리 사회에는 '좋은 게 좋다'는 회유와 반협박에 못 이겨 대부분 사과나 보상을 수용하고 더는 문제 삼지 않는 것으로 마무리하는 사람이 많다. 을이 사과를 수용해 봉합하는 이유는 일단 반은 분이 풀린 탓도 있지만, 패배의식과 피해의식이 도사리고 있다. 또 승리에 대한 불확실성과 장기간에 걸쳐 시비를 가리는 일에 대한 부담 때문이기도 하다. 갑이 힘이 세다는 것을 알기에 싸움을 하거나 시비를 하면 질 가능성이 높고, 그에 따른 2차 피해가 우려된다는 판단이 작용한다.

특히 현저한 힘의 차이가 나서 달걀로 바위 치기라는 생각이 들면 갑의 행위가 아무리 부당해도 대항할 엄두를 못 낸다. 싸움에서 이길 자신이 없어지면 자신의 능력 부족을 한탄하며 세상의 불공평에 대해 푸념을 하는 등 혼자 속앓이를 하며 삭인다. 그러다 누군가가 용기를 내어 피해 사실을 세상에 알리고 사람들이 피해를 동정하며 격려하거나 지지하는 모습을 보이면, 여기저기서 나도 당했다고 나선다. 미투 운동이 대표적인 사례이다.

11) 수장의 리더십 개념과 역량 부족

개인과 개인, 개인과 집단, 집단과 집단 사이에서 발생하는 갈등과 분쟁을 해결하는 것은 국가의 대통령 등 거대 집단이나 조직 수장의 중요한 업무 중 하나다. 현실에서 개인과 개인, 개인과 집단, 집단과 집단 사이에 우열이 존재하고 갑이 횡포를 부리는 등 부당행위를 계속하고 을이 피해를 볼 때, 그 문제를 가장 쉽게 해결하거나 조정할 수 있는 위치에 있는 사람은 상대적인 갑보다 더 상위에 있는 집단이나 조직의 수장이다. 수장이 힘으로 문제를 해결하면 그 자체가 갑질이 될 가능성이 높다. 그러므로 법규에 따라 공정하게 처리하거나 리더십을 발휘하여 문제를 해결하면 된다. 그런데도 그런 수장은 극히 드물다.

오늘날 우리나라의 대통령을 비롯한 상위에 있는 수장들은 갑질을 해결하려는 강력한 의지를 찾아보기 어렵다. 대개 여론이 악화하여 자신의 문제해결 능력이 부족하다는 것이 노출되거나 지지가 추락할 것을 우려하여, 언론을 통해 말 몇 마디 하는 입장 표명, 재발 방지 대책 마련 약속 정도의 형식적 행동으로 보여주기에 치중하며 부산하게 해결하는 시늉만 내다가 만다. 또 리더십을 발휘하여 문제를 해결하기보다는 가재는 게 편이라고 현재 수하 노릇을 하며 자신의 권력 유지 바탕이 되는 힘 있는 갑들과 유착하며 웬만한 그들의 횡포와 부당행위를 묵인하거나 방조한다. 심지어 그렇게 행동하는 것이 조직 내부 질서유지에 도움이 된다고 생각하는 사람도 있다. 또 문제가 생기면 여론의 눈치를 살피며 근본적인 해결책을 마련하기보다는 꼬리 자르기를 하여 덮으려 하는 등 대개 봉합하기에 급급한 모습을 보이며 어물쩍 넘어간다.

12) 솜방망이 처벌

솜방망이는 일정한 규칙이나 관습을 위반한 것에 대하여 너무 가볍게 또는 형식적으로 제한하거나 금지하는 것을 비유적으로 이르는 말이다. 엄벌이 궁극적인 해결책은 아니다. 그러나 누구나 잘못을 하면 반드시 그것에 상응하는 대가를 치러야 한다는 인식을 하게 하는 것은, 같은 잘못을 하지 않도록 예방하는 데 도움이 된다. 그러므로 잘못한 사람은 엄하게 처벌해야 마땅하다. 그런데도 오늘날 우리나라는 갑질에 대해 전반적으로 지나치게 관용적인 솜방망이 처벌을 하면서, 다른 한편으로는 특정인이나 특정한 사건에 대해서는 시범이라도 보이듯이 가혹할 정도로 잘못을 파헤치고 책임을 묻는 경향이 있다.

〈사례 2-5〉

경비원에 "넌 개 값도 안 돼" 갑질한 교수 … 법원이 해임 취소 판결

"건방진 XX, 넌 때려도 개 값도 안 돼서 안 때려" 등 기숙사 경비원에게 폭언을 했다가 해임 처분당한 교수 징계가 과도하다는 법원 판단이 나왔다. 여학생 기숙사에 무단 침입하다 경비원 제지를 받고 발생한 사건인데, 여학생 성희롱 정황은 판결에 감안하지 않았다.

2016년 10월 동국대 교수 A(61) 씨는 학교 근처에서 술을 마시다 대학원생을 불렀다. 늦게까지 음주하고 방까지 데려다준다며 여학생 기숙사로 함께 들어갔다. 기숙사는 남성은 물론 외부인이 출입할 수 없는 공간이었지만, 출입 카드를 두 번씩 찍는 방식으로 허가 없이 들어갔다. 집으로 돌아가려던 A 씨는 1층 로비에서 경비원과 맞닥뜨렸다. 외부인 통제구역인데 어떻게 들어왔냐고 경위를 묻는 경비원과 실랑이를 벌이다 "싸가지 없는 XX, 어디 교수한테 덤벼" 등 폭언을 퍼부었다. 사건이 알려진 뒤 A 씨는 교원징계위원회에 회부됐고 학교로부터 해임당했다. 그러나 이후 교원소청심사위원회가 "여학생 기숙사에 출입해 경비원에 폭언했다는 사실만으로 비위 정도가 해임에 이른다고 볼 수 없다"라고 판단하면서 A 씨는 기사회생했다.

학교는 소청위의 해임 취소 처분을 취소해달라고 행정소송을 제기했다. 학교 측은 "폭언뿐 아니라 학생 손을 잡고 기숙사 방에 들어가 몇 분간 머물렀고 기숙사 관리 조교에게 출입 허가를 받았다고 거짓말했다"며 비위가 심하고 고의적이라고 주장했다. A 씨는 "짐을 들어다주고 돌아간 것"이라며 "학생을 살뜰히 보살피는 과정에서 생긴 오해"라고 맞섰다. 2018년 1월 17일 행정법원 제5부(부장 강석규)는 A 씨 손을 들어줬다. 재판부는 "평생 직업으로 삼아 온 교수 지위를 박탈하는 징계는 과도하다"며 "경비원에게 폭언한 행위는 비난 가능성이 높지만 우발적으로 발생했고 사건 이후 사과했다"고 판결 이유를 밝혔다.[55]

55) 한국일보(2018.01.18).

3. 한국에서 갑질이 거센 사회적 논란 대상이 된 이유

1) 경제 또는 경제성장

우리나라에서 갑질이 사회적 논란 대상이 된 대표적인 이유 중 한 가지가 경제 또는 경제성장이다. 즉 경제 또는 경제성장과 관련하여 갑질이 발생하고 논란의 대상이 되고 있다. 첫째는 잘못된 돈을 버는 방법과 관련된 것이다. 여기에는 고리대금업과 노동력 착취가 주요 문제가 된다. 고리대금업은 이자 상한이 규제되고 있다. 그러나 현실에서는 여전히 잘 지켜지지 않고 지나친 고리를 요구하는 사례가 적지 않다. 노동력 착취는 낮은 급료를 주고 일은 많이 시키는 갑질이다. 둘째는 가진 자의 횡포이다. 부자라는 것, 고용주라는 이유를 내세워 직원들에게 폭언이나 권력남용을 습관적으로 행사하는 사람이 많다. 또 구매 능력을 갖춘 고객이라는 이유로 점원을 괴롭히는 갑질을 하는 사람이 너무 많다. 셋째는 삶의 질 문제이다. 여기에는 불공정한 분배와 빈부 격차, 근무 조건이 주로 문제가 된다. 불공정한 분배로 빈부격차가 심화하면 가지지 못한 사람들은 가진 자의 횡포에 시달림을 당할 수밖에 없다. 사람들은 먹고살기 힘들 때는 무슨 어려움이나 불리함도 감수하며 돈을 벌려고 한다. 하지만 어느 정도 돈을 벌 수 있는 사회구조가 형성되면 그때부터는 삶의 질을 고려한다. 오늘날 우리나라는 경제성장 덕분에 어느 정도 먹고살 만하다. 그렇다 보니 여기저기서 과거에는 모두 일상적인 것으로 받아들였던 것을 갑질이라고 이구동성으로 외친다.

2) 실업 문제

취업을 하고 싶어 하는 사람은 많은데 일자리가 부족하다는 것은 심각한 사회문제다. 양질의 일자리가 부족해지면 사람들은 점점 열악한 근무 환경임을 알면서도 일할 수밖에 없는 상황으로 내몰린다. 그나마 그러한 일자리도 없으면 실직자들은 수입이 줄어 빈곤에 시달리게 된다. 이러한 상황이 발생하면 개인이나 가족의 의식주 문제는 물론 사회복지, 인권, 삶의 질, 자아실현, 인간 존엄성 등 인간으로서 누려야 할 여러 요소는 생각할 엄두도 내기 어렵다. 생계를 위해 머나먼 타국으로 일자리를 찾아가는 일이 발생할 수도 있다. 과거에 우리나라가 해외 취업을 보냈듯이, 오늘날 우리나라에 취업연수생으로 찾아오는 사람들에게 취업은 간절한 일이다.

2018년 5월 26일 통계청의 경제활동인구 조사결과를 보면 체감실업률을 보여주는 고용보조지표3(확장실업률)은 2017년 4월부터 2018년 4월까지 전년 동월과 비교해 13개월 연속 상승했다. 특히 2017년 12월부터 2018년 4월까지 다섯 달은 통계청이 2015년 1월 고용보조지표3을 공식 발표한 이후 해당 월 기준으로 가장 높았다.[56] 2018년도에 들어서도 전체 실업률은 양호한 수준을 보이고 있는 반면, 청년 실업률은 지속해서 악화하고 있다. 2018년 1분기 전체 실업률은 4.3%를 기록하여 2012년 이후 4% 전후를 유지하는 모습을 보인 반면, 청년 실업률은 2012년 8% 수준에서 2018년 10% 수준으로 상승했다. 이에 따라 청년 실업률과 전체 실업률 간 격차는 2012년 약 4%P 수준에서 2018년 약 6%P 수준으로 확대되었다.[57]

---

56) 연합뉴스(2018.05.26).
57) 데일리경제(2018.05.14).

청년실업(靑年失業)은 일을 할 수 있는 청년들이 일자리를 구하지 못하거나 일할 기회를 가지지 못하는 일로, 주로 15세에서 29세 사이의 청년계층 실업을 말한다.[58] 청년실업은 장차 그들의 결혼, 출산, 생계유지, 삶의 질 등 여러 가지와 연관되는 중요한 관심사 중 한 가지로 여러 나라가 고민하는 사회문제이다. 특히 오늘날 우리나라의 청년실업 문제는 갑질과 관련하여 사회적 논란 대상이 되는 분야 중 하나이다. 청년들의 취업이 어려워지자 허드렛일만 시키고 경력을 쌓을 수 있는 일은 제대로 가르쳐주지 않는 인턴 채용 횡포, 일부 업종에서 최저임금에도 못 미치는 급료 지급과 휴식시간 없이 노동하게 하는 사례가 발생하고 있다. 많은 청년이 갑질 노동으로 내몰리면서 N포 세대 등 그들의 어려운 삶의 여건을 반영한 여러 가지 신조가 양산되고 있다.

3) 인터넷의 활성화

(1) 높은 인터넷 보급률과 SNS 활용 증가

[표 2-1]에서 보는 것처럼 '인터넷 강국' 한국의 면모가 재확인됐다. 한국의 인터넷 속도가 전 세계에서 가장 빠르고, 광대역 인터넷 보급률 역시 세계 1위 수준으로 나타났다. 2017년 6월 8일 콘텐츠 전송 네트워크(CDN) 업체인 '아카마이코리아'가 내놓은 '2017년 1분기 인터넷 현황 보고서'에 따르면 한국의 인터넷 평균 속도는 28.6Mbps로 13분기 연속 세계 1위를 차지했다. 우리나라의 뒤를 이어 2위는 노르웨이, 3위는 스웨덴, 4위는 홍콩, 5위는 스위스 순

---

58) 위키백과.

으로 나타났다. 한국은 광대역 인터넷 보급률에서도 세계 1위를 기록했다. 한국의 4Mbps 인터넷 보급률은 98%에 달했고, 10Mbps는 85%, 15Mbps는 69%, 25Mbps 보급률은 40%로 나타났다.[59]

[표 2-1] 2017년 1분기 인터넷 평균속도 상위 10개국

국가	속도
한국	28.6 Mbps
노르웨이	23.5 Mbps
스웨덴	22.5 Mbps
홍콩	21.9 Mbps
스위스	21.7 Mbps
핀란드	20.5 Mbps
싱가포르	20.3 Mbps
일본	20.2 Mbps
덴마크	20.1 Mbps
미국	18.7 Mbps

출처: 아카마이코리아

우리나라의 높은 인터넷 보급률과 SNS 활용 증가는 사회의 공론을 형성하는 장이 되고 있다. 오늘날 한국 사회에서 여론을 형성하며 갑질의 사회적 논란을 이끌어 나가는 양대 축은 인터넷과 언론이다. 인터넷에서 초기 단계의 여론이 형성되어 일차적으로 문제가 제기되면, 언론이 심층적으로 보도하는 형식으로 사회 전체적으로 퍼져 사회적 논란 대상으로 발전한다. 여론이 악화하면 정치권과 정부가 대책을 마련하고 문제해결에 나서는 구도로 진행된다.

---

59) 브릿지경제(2017.06.08).

(2) 감정 표출 방식의 변화

어느 시대를 막론하고 대중의 선택과 행동은 그 사회와 시대를 변화시키는 중심적 역할을 한다. 사회 변화의 가장 큰 힘은 대중의 선택과 행동에서 나온다. 오늘날 인터넷은 정보 교류와 소통, 관계 형성의 장이다. 과거에는 사람들이 휴식시간이나 술을 마시며 다른 사람이 없는 자리에서 뒤 담화를 하는 방법으로 감정을 많이 표출했다. 장거리 소식을 전하는 수단은 유선전화나 전보, 편지, 인편 전달이 주도했다. 요즈음도 뒤 담화가 없어진 것은 아니지만, 빠른 속도로 휴대폰과 SNS를 통한 감정 표출 방식으로 전환되고 있다. 이럴 테면 소통방법과 감정 노출 창구가 달라졌다고 볼 수 있다.

오늘날은 수많은 사람이 휴대폰과 인터넷을 통하여 정보를 공유하고 세력을 결집하고 응원하고 지지하고 비판하고 야유하고 공격하고 선동한다. 특히 눈에 띄는 점은 현상이나 사건에 대해 인터넷을 통해 즉각적으로 반응하고 감정을 표출하는 경향이 강하게 나타나고 있다. 이것을 반증하는 것이 실시간 검색어 순위의 변화이다. 이러한 경향은 익명성을 무기로 발현한다. 악플 같은 정도를 넘은 댓글 달기는 정상적인 의견제시나 소통이라기보다는 일종의 배설에 가깝다. 그런데도 인터넷은 이미 우리 생활의 일부로 자리매김한 지 오래다.

4) 민주화 노력

민주화는 한 번에 완성될 수 있는 것이 아니다. 끊임없는 노력을 통해 만들어가는 것이다. 구성원의 노력이 계속될 때 원하는 민주화는 달성될 수 있다. 갑질의 존재는 우리 사회에 비민주적 요소가 아직 많이 내재하고 있음을 의미한다. 2010년 이후 우리 사회의 민주화 노력을 갑질과 연관 지어 살펴보면 직장민주화와 경제민주화가 화두로 작용해왔음을 알 수 있다.

(1) 직장 내 민주주의 개선 노력 점화

2013년 취업 포털 잡코리아의 설문 조사에 따르면, 직장인의 79.5%가 자신을 '을'이라 인식하는 것으로 나타났다. 자신을 '을'이라고 응답한 사람의 72.7%는 '갑이 주는 스트레스 때문에 회사를 그만두고 싶다'고 했다. 인터넷에서는 '갑질', '네가 갑이다', '갑 마인드'라는 유행어를 넘어서서 '슈퍼 갑', '울트라 갑'이라는 표현까지 나오고 있다. 이러한 표현의 이면에는 한쪽이 '무한 권력'을 행사하고, 다른 쪽은 '무한 봉사', '무한 비굴'을 강요당한다는 피해의식이 깔려 있다.60)

그동안 우리나라는 직장 문 앞에서 민주화가 멈추어 섰다고 할 만큼 직장은 가장 민주화가 덜 된 곳이다. 그 결과 갑질이 가장 빈번하게 가장 많이 일어난 곳이 직장이고, 직무와 관련된 일이다. 계약관계나 거래관계로 맺어지고 상명하복의 조직문화가 통용되는 직장은 기본적으로 갑과 을의 관계로 형성된다. 이러한 수직문화 속에서 삯을 받고 남의 일을 해주는 사람인 고용인(雇傭人)은 품삯을 주고 사람을 부리는 사람인 고용주(雇用主)가 횡포를 부리는 것을 알면서도 참을 수밖에 없었다. 그렇게 참으면서 쌓인 화가 갑질 논란이 일면서 '이제 더는 이렇게는 안 되겠다'는 공감대가 형성되면

---

60) 조선일보(2013.04.30).

서 직장민주화로 이어지고 있다.

대한항공에 이어 아시아나 등 갑질을 한 회사의 해당 경영진에 대해 직원들이 퇴진을 요구하는 시위가 벌어지면서 우리 사회에 '을의 반란'이라는 용어가 공공연하게 사용되고 있다. 이러한 직장인들의 일련의 움직임에 대해 노동전문가와 노무사·변호사 등 241명의 무료 봉사로 운영되는 직장갑질119는 "갑질을 제보하는 익명 단톡방 등 온라인모임과 노조 결성, 촛불 시위 등이 확산되고 있다"며 "갑질민국의 조현민(전 대한항공 전무, 물컵 갑질)들에 맞서 직장인들이 직장민주주의를 외치고 있다"고 평가했다.61)

(2) 선거 공약과 경제민주화

선거 공약에 나타난 경제민주화는 사실 그 내용을 살펴보면, 우리의 일상에서 일어나고 있는 갑질과 다소 거리가 있다. 그런데도 양극화 문제와 불공정 거래 등 경제와 관련 경제민주화가 2012년에 이어 2017년 대선에서 다시 화두가 되면서 갑질 논란에 일정 부분 영향을 미쳤다. 아직 미흡한 면이 있기는 하지만, 정치권에서 갑질문화를 바꾸기 위해 경제민주화 법안제정과 공정거래법 개정 노력으로 이어지고 있어 귀추가 주목된다.

- 경제민주화 개념

경제민주화(經濟民主化)는 경제를 민주화하는 일,62) 경제 활동이 민주적으로 이루어지도록 개혁하는 일이다. 자유 경쟁의 장점을 유

---

61) 뉴스핌(2018.05.23).
62) 나무위키.

지하면서 노동계급을 보호하여 그들의 기본적인 인권을 옹호한다.[63] 경제민주화라는 용어는 헌법 제119조 2항에서 유래했다. 그 내용은 다음과 같다. 국가는 균형 있는 국민경제의 성장 및 안정과 적정한 소득의 분배를 유지하고, 시장의 지배와 경제력의 남용을 방지하며, 경제주체 간의 조화를 통한 경제의 민주화를 위하여 경제에 관한 규제와 조정을 할 수 있다. 즉 경제민주화는 개인의 자유를 지나치게 침해하지 않는 범위 안에서 가난한 사람이건 부유한 사람이건 상관없이 같은 기회를 가질 수 있게 하는 것이다. 경제민주화를 구체적으로 해석할 때 '공정한 기회'에 초점을 두는 경우와, '불평등 완화'에 초점을 두는 경우가 있다. 애당초 그 뜻이 유동하며, 논자들도 각자 어의를 조금씩 달리하는 단어이기도 하다.

원래 '경제민주주의'의 고전적 개념은 작업장이나 회사 자본도 정치적 민주주의와 같이 '1인 1표 주의'로 지배시키려는 것이라고 한다. 이를 기반으로 보면 현실에 실현되었던 해외 사례 중 가장 대표적인 나라가 1960년대 사회주의 국가인 유고슬라비아연방이었다. 이외에 파키스탄, 독일, 일본[64] 등에서도 경제민주화를 추진한 사례가 있는 것으로 알려졌다.

- 2012년 대선의 화두 경제민주화

2007년에는 경제성장이 화두였다. '7·4·7 공약'(경제성장률 7%, 국민소득 4만 달러, 세계 7위의 경제대국 진입)으로 경제 살리기를 첫손에 꼽은 이명박 한나라당 후보는 "차별 없는 성장"을 약

---

63) 네이버 국어사전.
64) 나무위키.

속한 정동영 대통합민주신당 후보를 큰 표 차로 이겼다. 이 전 대통령은 감세와 고환율 유지 등 대기업 위주의 정책을 폈고, 이에 대한 비판이 거셌다. 2012년 대선의 화두가 '경제민주화'가 된 것은 자연스러운 흐름이었다.[65]

2012년 12월 대선의 최대 화두는 '경제민주화'였다. 너도나도 경제민주화를 외쳤다. 제6공화국에서 제정된 현행 헌법 제119조에 자유주의 시장경제의 대원칙과 경제민주화가 함께 규정돼 있다. 유종일 민주통합당(민주당) 경제민주화특별위원장은 "경제민주화가 시대정신이다", 김종인 새누리당 박근혜 캠프 공동선거대책위원장은 "경제민주화 못 하면 집권해도 성공 못 한다"고 말했다. 유력 정당과 후보들이 하나같이 경제 분야 핵심 공약으로 '경제민주화'를 제시하면서 요즘 장안의 화제어는 단연 경제민주화다. 정치권을 넘어 학계, 재계까지 참여해 다양한 논쟁이 벌어지고 있다. 문제는 쓰는 사람과 상황에 따라 같은 말의 뜻이 완전히 달라진다는 점이다. 같은 이름의 정책을 놓고 경쟁 중인 새누리당과 민주당의 '경제민주화'를 들여다보자.

"시장경제의 효율을 극대화하고, 공정하고 투명한 시장경제질서를 확립하기 위한 정부의 역할과 기능을 강화하여 경제민주화를 구현한다. 시장경제의 장점을 살리기 위해 경제세력의 불공정거래를 엄하게 다스려 공정한 경쟁 풍토를 조성한다." 새누리당이 2012년 2월 발표한 '국민과의 약속(강령)' 중 일부다. "우리는 당면한 사회·경제적 양극화를 해소하기 위해 공정한 시장경제의 확립이 필요하며, 재벌과 대기업에 대한 근본적 개혁이 필요하다는 데 인식

---

65) 한겨레(2017.04.14).

을 공유한다. 기업의 사회적 책임을 강화하고, 조세 정의를 실현하며, 부동산 투기 등으로 인한 불로소득을 근절하는 경제민주화 정책을 실현한다." 이것은 민주당 강령 1조의 일부다.[66) 같은 이름이지만, 양당의 설명은 달랐다. 2012년 기준 여야의 경제민주화 관련 주요 정책별 여야 입장은 [표 2-2]와 같다.

[표 2-2] 경제민주화 관련 주요 정책별 여야 입장

	새누리당		민주통합당
	온건파	강경파	
징벌적 손해배상제 도입	추진	추진	강화
일감 몰아주기 금지	추진	추진	강화
대기업 골목상권 진출 억제	추진	추진	강화
신규 순환출자 금지	신중	추진	추진
금융 · 산업자본 분리 강화	반대	검토	추진
지주회사 규제 강화	반대	검토	추진
출자총액제한제 부활	반대	신중	추진
과세 강화	공평과세	공평과세	부자증세

출처: 서울신문(2012.07.11.).

- 시대 흐름의 변화와 경제민주화론

이른바 '갑을 관계'로 상징되는 '힘 있는 사람들'의 횡포와 '힘없는 사람들'의 눈물, 그 간극은 우리 사회에서 이미 깊고 오래된 갈등구조의 핵심 요소였다. 우리 경제가 대기업 중심으로 고속성장을 할 때 누군가는 그 희생을 감수해야만 했다. 시장경제에서의 공정성이나 합리성 같은 것은 먼 나라 얘기였고 대기업의 독점과 횡포 심지어 수탈에 가까운 억압에서도, 그저 살기 위해 눈물과 고통을 감내했던 사람들의 분노가 이처럼 공론화된 적이 별로 없었다. 유

---

66) 신동아(2012년 9월호).

통과 물류 등의 업계를 비롯해 대기업과 거래하는 자영업자들까지 조직적인 반격에 나서고 있다. 말 그대로 '을의 반란'이 시작되는 모양새다.

물론 '갑을 관계'가 생긴 것이 어제오늘의 일은 아니다. 오래전 부터 재벌 중심의 시장경제가 강화되면서 '갑을 관계'는 더 뚜렷하게 사회경제적 지배구조를 형성했다. 대기업과 중소기업, 원청업체와 하청업체 그리고 정규직과 비정규직 등 곳곳에서 이러한 갑을 관계는 이미 일상화되다시피 했다. 그 지배구조 속에서 을은 부당한 줄 알면서, 사실상 수탈에 가까운 폭력적인 지배구조인 줄 알면서도 침묵하거나 홀로 눈물을 삼켜왔다. 괜히 잘못 보이면 회사가 망할까봐, 또는 쫓겨날까봐 침묵의 고통을 감내했다. 그러나 시대가 바뀌고 있다.

남양유업의 막말 사태도 그 자체만으로는 별 것 아니다. 그동안 너무도 흔한 일이었으며, 심지어 갑의 횡포로 인해 목숨까지 버리는 을이 얼마나 많았던가. 그러나 무서운 것은 역시 시대가 바뀌고 있다는 사실, 그리고 그 중심에 민심이 있다는 사실이다. 남양유업 막말 사태가 현시점에서 갑을 관계라는 보다 본질적인 문제로 공론화가 이뤄지고 화난 민심이 불매운동으로까지 확산하는 데는 시대적 흐름과 그 흐름을 주도하는 사회적 화두와 직결돼 있기 때문이다. 그것이 바로 '경제민주화론'이다.[67]

---

67) 천지일보(2013.05.09).

5) 수직적 문화에서 수평적 문화로 전환기

무엇이든 변화과정에는 요란한 소리가 나고 혼란이 수반된다. 인류 역사상 어느 시대 어느 국가를 막론하고 시끄럽고 어수선함 없이 개혁이 이루어진 적이 없다. 단지 그 기간과 정도의 차이가 있을 뿐이었다. 그동안 한국 사회는 민주주의가 상당히 발전했음에도 불구하고 여전히 비민주적인 요소가 곳곳에 많이 남아 있다. 큰 흐름에서 보면 한국 사회는 수직적 문화에서 수평적 문화로 빠른 속도로 바뀌는 추세다. 힘을 가진 자들이 사회를 이끌어 가던 시대인 권위주의 시대에서 보편적인 힘을 가진 국민이 개성을 발휘하고, 자신의 만족과 행복을 중시하고, 좋아하는 일을 하며 사회를 이끌어가는 시대인 탈권위주의 시대 또는 개성주의 시대로 전환되는 시점에 있다. 아직도 힘을 가진 자들이 큰소리치는 사례를 많이 볼 수 있지만, 점차 건전한 민주시민이 자기 목소리를 내고 여론을 형성하며 사회발전을 주도하면서 그들의 목소리가 커지고 있다.

6) 불공정에 대한 분노 표출

오늘날 젊은이들은 불공정한 우리 사회와 그 불공정을 만든 갑에게 단단히 화가 나 있다. 그들은 불공정이 자신에게 주어지는 기회를 박탈하고, 자신의 노력과 도전을 가치 없는 것으로 만들고, 주류사회 편입을 좌절시키고, 꿈과 희망을 빼앗고 더 나아가 가난을 대물림하게 할 수 있다는 점을 잘 안다. 그런데 다른 누구는 단지 부모 잘 만난 덕분에 평생을 부자로 호의호식하며 살고, 또 다른 누구는 부모 잘 만난 덕분에 청탁으로 실력이 부족한데도 누구나 선망하는 직장에 취업한다. 주위에 이런 사람이 너무 많다. 이런 속에서도 자신의 실력으로 꿈의 직장에 취업하기 위해 열악한 주거 환경 속에서 발버둥을 치지만, 현실의 높은 벽 앞에서 능력의 한계를 느끼며 오늘도 좌절하는 젊은이들이 한둘이 아니다. 그런 그들에게 채용 비리 뉴스는 자신의 삶을 회의하게 하고, 사회와 가진 자에게 분노하게 한다. 그들의 아우성은 자신들에게 특혜를 달라는 것이 아니다. 그저 평등하게 공정한 경쟁을 통해 실력을 겨룰 수 있게 해달라는 이유 있는 외침이다.

7) 가진 자와 보통시민 욕구 충돌

오늘날 한국 사회는 욕구 측면에서 보면 가진 자의 자기과시 욕구와 보통시민의 존중 욕구, 가진 자의 인정 욕구와 보통시민의 대등 욕구, 가진 자의 지배 욕구와 보통 시민의 평등 욕구가 충돌하는 양상을 보이고 있다. 갑질을 하는 상대적으로 큰 힘을 가진 자인 갑은 자기과시 욕구, 인정 욕구, 지배 욕구를 분출하고 상대적으로 힘이 약한 을인 보통시민은 존중 욕구, 대등 욕구, 평등 욕구를 분출하면서 사회 곳곳에서 양측의 욕구가 충돌을 빚고 있다. 현재는 이러한 충돌이 격렬하게 일어나고 있는 과정으로 앞으로 시간이 지남에 따라 점차 안정과 균형을 찾아갈 것으로 보인다.

8) 국민의식 수준 향상

국민의식 수준을 향상하게 하는 근본적인 원인은 고학력 시대와 경제적 여유이다. 오늘날 젊은이들은 진학률을 기준으로 할 때 대략 70% 정도가 대학에 재학 중이거나 졸업한 고학력자이다. 못 배워 모르고, 돈이 없던 시대에는 잘못도 없이 이유도 모르는 채 당하기는 사람이 많았다. 열악하기 그지없는 노동환경 속에서 그저 배 골치 않고 밥이나 얻어먹는 것을 다행으로 생각하던 시절도 있었다. 하지만 이제는 달라졌다. 경제건설로 고도성장기를 거치면서 세계적인 경제강국이 된 오늘날 한국 사회에는 대학 졸업자가 쏟아지고, 경제적인 여유를 누리며 한 해에만 천만이 넘는 사람들이 외국문물을 접하고 있다. 지식과 경제력을 갖춘 시민들은 자유로운 의사를 표출하며 여론을 형성하고 국가 발전을 선도한다. 조금 더 힘을 가졌다고 갑질을 하는 것이 더는 용납되지 않을 정도로 국민의식 수준이 향상되었다. 이제는 우리 사회의 문제에 대해 대다수 국민이 무엇인 문제인지 안다. 그리고 그들은 문제해결에 적극적으로 나서며 다양한 자신들의 목소리를 낸다.

9) 여권신장과 여성 중심 사회로 전환

우리 사회에는 아직도 여성은 약자이고 남성은 강자라는 고정관념이 상당수 사람의 생각 속에 남아 있다. 그 결과 성 평등 등 여자의 사회상·정치상·법률상의 권리와 지위를 늘리는 일인 여권신장(女權伸張)을 요구하는 목소리가 심심찮게 터져 나오고, 그 실천방안들이 선거 공약으로 제시되기도 한다. 하지만 현실은 여성들이 반드시 약자인 것만도 아니다. 도전적인 여성들이 늘어나면서 전문분야에서 여성들이 강세를 보이는 곳이 점차 늘어나는 추세다. 오늘날 한국 사회는 여성의 사회진출과 활동이 활발해지면서 빠른 속도로 여성 중심 사회로 전환되고 있다. 입양에서도 여아 선호가 뚜

렷해지고 남편이 아내의 사회활동을 돕는 외조나 남성 육아휴직을
하는 사람도 적지 않다. 이러한 세태를 풍자한 신조어들도 하나둘
늘어나고 있다.

삼식이는 집에서 세끼를 챙겨 먹는 남편을 비하하는 은어이다.
베이비붐(Baby boom, 출생률의 급상승기) 세대로 불리는 50대 남
성들의 퇴직이 빨라지면서 경제적 고통은 물론 정서적 고립감이 심
화되고 있다. 언제부터인가 '삼식이'라는 별명이 유행을 타기 시작
했다. 삼식이는 은퇴 후 바깥에 나가지도 않고 삼시 세끼를 꼬박꼬
박 챙겨 먹는 남편을 조롱하는 신조어이다.[68] 바둑이도 있다. 바둑
이(종일 부인을 쫓아다니는 남편)는 반려견 이름에서나 들어볼 수
있는 단어이다. 하지만 이는 반려견에 붙은 이름이 아니다. 바로 퇴
직 이후 집에 있는 남편을 풍자한 신조어이다.[69]

10) 개인주의 확산

개인주의(個人主義)는 사회의 모든 제도에 있어서 개인의 가치를
존중하는 태도, 국가나 사회에 대하여 개인의 우월한 가치를 인정
하는 사상을 말한다. 토크빌(Tocqueville)이 1840년에 최초로 사용
한 이래 자유주의의 모체를 이루어 온 사상이다. 오늘날 한국 사회
는 개인주의가 확산하면서, 자신의 만족과 행복을 중요하게 생각하
는 사람들이 늘고 있다. 그들은 희생을 강요하면 반발하고, 희생하
는 것을 싫어하는 경향을 보인다. 이러한 경향은 자신에게 부담이
늘어나고 불편하고 불리하다고 생각하면 문제를 제기하고 개선을

---

68) 이코노믹리뷰(2017.09.30).

69) 중앙일보(2017.11.07).

요구하는 행동으로 이어지고 있다. 한 걸음 더 나아가 자유로운 삶을 즐기며, 다른 사람이 간섭하는 것 자체를 싫어하는 사람도 많다. 이러한 세태는 독신 증가, 결혼 연령 상향, 저출산 등으로 이어지며 심각한 사회문제로 대두되고 있다.

11) 양극화 심화

사회 양극화(社會兩極化, social polarization) 또는 격차 사회(格差社會)는 서로 점점 더 달라지고 멀어진다는 사전적 의미를 담고 있다. 사회 불평등의 심화를 가리키며 특히 중간계층이 줄어들고 사회계층이 양극단으로 쏠리는 현상을 의미한다. 양극화는 경제 환경의 급변과 산업 고용구조의 취약성, 과거 정책적 대응의 미흡으로 인해 생겨난 개념이다. 세계화(globalization), 중국의 급부상, IT(information technology, 정보기술) 등 기술의 진보를 비롯해 중견 중소기업의 취약, 핵심 자본재와 중간재 취약, 자영업주의 비대 그리고 외환위기 이후 경제구조개혁의 지체가 급속으로 진행되고 인력투자 및 사회안전망 대책 미흡이라는 세세한 사회적 환경에 따라 산업과 기업 간의 양극화, 소득과 고용의 양극화, 혁신기반(대응능력) 양극화가 생겨났다. 또한 저출산, 고령사회 시대가 본격 도래하면서 생산가능인구 및 취업자 수 증가율 둔화에 직접적인 영향을 미치고 있으며, 피부양 인구 비중의 급증에 따라 저축률을 하락시킴으로써 잠재 성장률 둔화의 핵심 요인의 하나로 작용하고 있다.

산업과 기업 간의 양극화를 살펴보면, 대기업과 중소기업 간의 성과 격차가 심화하고 있다. 수익률 측면에서 상위기업 간에는 큰 차이가 없으나 하위기업 간에는 현저하게 나타나고 있다. 또 대기

업과 중소기업 간의 노동생산성 격차가 확대되는 동시에 부문 각각
의 내부에서도 개별 업체 간 생산성 격차가 확대되고 있다.

고용 및 소득의 양극화를 살펴보면, 산업 양극화와 함께 저임금-
저생산성 부문의 고용비중이 증가했다. 제조업은 고임금 대기업 고
용은 감소하는 반면 저임금 중소기업 고용은 증대되고, 서비스업은
저임금 부문은 고용비중이 높지만 고임금 부문의 고용비중은 낮다.
특히 고용의 양이 정체된 가운데 고용의 질에 있어서 양극화가 계
속 진행된다는 게 큰 문제점이라고 말할 수 있다(취업자 증가도 비
정규직 중심으로 진행됨). 대한민국은 중간 일자리가 감소하고 상
위와 하위 일자리가 증가하는 'U'자 형태를 나타내고, 선진국은 중
상위 일자리 증가가 높은 'J'자 형태를 나타내고 있다.[70]

이명박 정부에서 실시했던 경제정책, 이른바 'MB노믹스(이명박
경제전략)'는 대기업 위주로 성장을 하면 아래 계층의 사람에게도
이익이 돌아온다는 낙수효과를 노렸으나, 결과적으로 볼 때 낙수효
과는 크지 않았고 대기업의 승자독식과 빈곤층의 상대적 박탈감만
심화하였다는 비판을 받았다.[71]

12) 여론과 지지에 대한 영향력 인식

오늘날 한국 사회에서 정치권력의 핵심을 이루고 있는 대통령과
정당이 가장 두려워하는 것이 여론이다. 대통령과 여당은 자신들이
시행하는 정책이나 일에 대해 여론의 눈치를 살피기에 바쁘다. 여
론이 호응하면 신나하지만, 여론의 반응이 냉담하면 어쩔 줄 몰라

---

70) 위키백과.
71) 나무위키.

한다. 여론의 반응은 대통령과 여당에는 큰 부담이다. 정책 시행에 부담으로 작용하는 것은 물론 선거에서 바로 투표 결과로 이어져 권력을 잃을 수 있기 때문이다. 오늘날 우리나라 국민의 의식 속에는 시위나 여론 결집을 통한 단체 행동에 대한 강한 자신감이 배어 있다. 여론조사 결과나 선거를 통한 지지표 행사, 시위를 통해 나타나는 자신들의 영향력을 인식하고 자신들이 원하는 것을 수렴하는 정치를 할 것을 공공연하게 요구한다. 여론을 주도하는 다수 국민은 자신들의 의사를 공공연하게 표출하고 있다. 구미에 맞는 정책을 하면 지지하고 구미에 맞지 않는 정책을 하면 비판하거나 노골적으로 반대 의사를 표시한다. 특히 진보와 보수의 색채를 강하게 띠는 단체나 대중은 상반된 주장과 요구를 하며 격렬한 논쟁을 벌이기 일쑤다.

13) 기득권 세력의 비도덕성 확인과 실망

그동안 말로만 듣던 기득권 세력의 행태가 갑질 폭로를 통하여 상당 부분 비도덕적인 것으로 확인되면서, 그들의 부당행위와 횡포에 대한 실망이 분노로 표출되고 있다. 가진 자들의 무책임하고 몰지각한 행동이 언제든지 보통 시민인 자신의 노력과 도전을 소용이 없는 것으로 만들 수 있다는 우려를 자극하고 있기 때문이다. 즉 자신이 노력하고 도전하지만, 그것이 불합리한 사회구조와 기득권 세력에 의해 실현되지 못한다는 인식이 확산하면서 개혁의 요구와 기득권 세력에 대한 집단 공격 형태로 표출되는 상황이다.

4. 관행 속에 여전히 남아 있는 갑질 요소

갑질의 요소는 관행적으로 행해지는 것이 많다. 이것은 갑질과 관련하여 사회 구조적인 문제를 제기하는 원인으로 작용하고 있으며, 갑질을 끝나지 않은 사회 유습으로 보는 근거이기도 하다. 현실에서 갑질의 관행적 요소들은 갑질의 내용을 구성한다. 관행(慣行)은 오래전부터 해 오는 대로 함 또는 관례에 따라서 함을 말한다. 관행 중에는 어떤 사회에서 오랫동안 지켜 내려와 그 사회 성원들이 널리 인정하는 질서나 풍습인 관습(慣習)이 많다. 관행적인 것도 처음에는 대개 필요한 것이거나 좋은 의미로 생겼다. 그런데 세월이 흐르면서 변질한 것이 많다. 우리는 아름답고 좋은 풍속이나 기풍을 미풍양속(美風良俗)이라고 한다. 미풍양속도 정도가 지나치고, 감정이나 힘의 논리가 개입되고, 갑이 자기 편익을 위해 악용하면 을에게 부담을 주고 상처를 입히는 갑질의 원인이 될 수 있다. 갑질의 내용을 구성하는 관행 속에는 처음에는 미풍양속으로 시작된 것이 적지 않다. 이러한 현상이 발생한 원인은 여러 가지가 있지만, 가장 대표적인 이유는 사회 환경과 국민의식의 변화이다. 이 변화에 중추적인 역할을 한 것은 이기주의, 욕구, 산업화, 민주화 등이다. 그런데도 아직 우리 사회에는 청탁, 차별, 이기적 행동, 성희롱, 불공정 행위, 권력 남용, 괴롭힘, 횡포, 부담 전가, 자기과시, 학대, 차별 대우, 부정부패(횡령, 배임, 알선수재), 따돌림, 무시, 위협, 부당한 인사 등 여전히 갑질의 내용을 구성하는 여러 가지 관행이 남아 있다.

간섭과 잔소리

간섭(干涉)은 직접 관계가 없는 남의 일에 부당하게 참견함, 잔소리는 필요 이상으로 듣기 싫게 꾸짖거나 참견함 또는 그런 말이다. 갑질 같지 않으면서 부하들의 사기를 꺾고 기를 죽이고 움츠러들게 하는 갑질이 간섭과 잔소리이다. 많은 부하가 상사의 간섭과 잔소리 때문에 능력과 창의력을 발휘해 일하는 것을 꺼린다. 잔소리와 간섭을 많이 하는 상사에게는 부하가 잘하는 것도 문제고 못하는 것도 문제다. 특히 부하가 자신보다 빨리 승진하지 않을까 노심초사하는 상사에게는 더욱 그렇다. 효율적인 방법으로 한번 시도해볼 만한 가치가 있다고 생각되는 아이디어가 떠올라도, 상사의 간섭과 잔소리를 생각하면 그냥 기존에 하던 대로 하고 만다. 매일 같이 반복되는 잔소리를 하는 상사, 무엇이나 간섭하는 상사는 부하들을 질리게 한다.

상명하복

수직적 조직문화를 단적으로 표현하는 말이 상명하복이다. 상명하복(上命下服)은 위에서 명령하면 아래에서는 복종한다는 뜻으로, 상하관계가 분명함을 이르는 말이다. 상명하복은 자기 마음대로 하는 것이 아니다. 엄격한 의미에서 상명에 대한 하복이 이루어지기 위해서는 법규와 위임된 권한 범위 내에서 정당한 명령을 해야 한다. 그래야 항명을 문제 삼을 수 있다. 항명(抗命)은 명령이나 제지에 따르지 아니하고 반항함 또는 그런 태도, 항명죄(抗命罪)는 상관의 정당한 명령을 어긴 죄를 말한다. 그러므로 부당한 명령을 어기는 것은 항명죄가 아니다. 그런데도 현실에서 상관들은 자신의 부당한 명령도 정당한 명령처럼 부하에게 복종을 요구한다. 잘잘못은 일단 명령을 이행하고 일이 끝난 후에 시비를 가리면 된다고 말하지만, 실제로는 부하들이 요구한 시비를 가리는 일은 거의 하지 않는다. 그러면서 법규나 권한의 범위를 넘어 자기 마음대로 행동하고, 그것을 정당한 명령이나 지시라며 따를 것을 강요하는 상관이 너무 많다. 우리 사회에는 이러한 현상이 일상화되어 있다.

이에 반해 상관의 부당한 명령에 대해 부하가 명령을 거부하거나 적극적으로 반대하는 일, 즉 상명하복 위반에 대해 상관들은 두 가지 태도를 보인다. 첫째는 적극적인 처벌이다. 일부 상관들은 명령 불복종만을 이유로 내세워 부하를 항명죄로 처벌한다. 둘째는 말로는 항명죄 운운하며 겁박하지만, 실제로는 처벌하는 것을 꺼리고 괘씸죄로 다스린다. 많은 상관이 부하들이 자신의 명령이나 지시를 따르지 않을 때 항명죄를 거론하지만, 실제로는 항명죄로 처벌하려 들지 않는다. 부하를 항명죄로 처벌하려면 경위 조사가 이루어진다. 그러면 결국 자신의 잘못이 드러나거나 부하를 이끄는 리더십이 부족하다는 평가를 받을 수 있기 때문이다. 따라서 부하들이 말을 잘 듣지 않으면, 항명죄로 다스리는 것이 아니라 괘씸죄로 갈구는 갑질을 한다. 괘씸죄는 아랫사람이 윗사람이나 권력자의 의도에 거슬리거나 눈 밖에 나는 행동을 하여 받는 미움이다.

군기

군기(軍紀, military discipline)는 군대의 기강, 어떠한 환경 아래서도 복종과 일정한 행동을 자율적으로 하는 정신적 태도 및 사기와 훈련 상태[72]를 말한다. 보통 '상관의 명령에 절대복종하고 군대의 기율을 지킨다'라는 개념으로 쓰인다. 민간인과는 다르게 군대의 일원으로써 항시 전투에 대비하여 군인정신을 다잡아 흐트러지지 않고 전투력을 보존하며 군대의 정해진 규칙을 지킨다는 것으로 이해할 수 있다. 군대라는 조직 특성상 필수 불가결한 개념이다.73)

군기에 대해서는 군인의 지위 및 복무에 관한 기본법 시행령 제2조(기본정신) 1. 군기(軍紀): 군기는 군대의 기율(紀律)이며 생명과 같다. 군기를 세우는 목적은 지휘체계를 확립하고 질서를 유지하며 일정한 방침에 일률적으로 따르게 하여 전투력을 보존·발휘하는 데 있다. 그러므로 군대는 항상 엄정한 군기를 세워야 한다. 군기를 세우는 으뜸은 법규와 명령에 대한 자발적인 준수와 복종이다. 따라서 군인은 정성을 다하여 상관에게 복종하고 법규와 명령을 지키는 습성을 길러야 한다74)고 규정하고 있다. 그러나 한국군의 경우 개념 자체가 묘하게 변질하였다.75) 우리나라에서 '군기를 잡는다'는 것은 공공연하게 꼬투리를 잡고 갑질을 하겠다는 말과 같다. 군기는 필요한 것이기는 하지만, 그동안 군대 내외부의 변질한 군기는 가혹행위, 병영 부조리 형태로 갑질의 근원으로 작용해왔다.

질서 유지와 전투력 보존·발휘가 군기를 세우는 핵심 목적이다. 그런데 단서에 '상관에게 복종'이라는 말이 들어감으로써 갑질을 할 수 있는 근원으로 작용하게 되었다. 상관은 법규에 근거한 합법적인 명령을 해야 한다. 그런데도 현실에서는 많은 상관이 공적인 단계를 넘어 자신의 편익이나 욕구 실현, 감정을 개입한 사적인 요

---

72) 군사용어사전.
73) 나무위키.
74) 군인의 지위 및 복무에 관한 기본법 군인의 지위 및 복무에 관한 기본법 시행령.
75) 나무위키.

구를 하는 것이 비일비재하다. 횡포를 부리고 부당한 요구를 해도 상관의 명령이라는 명분이 있으므로 복종하지 않으면 항명으로 취급하는 경향이 있다. 그런데 현실적으로 일일이 공사(公私)나 합리성을 구분하기 곤란하다. 분명히 감정을 개입하여 횡포를 부리고 부당한 요구를 하는데도 명분만 그럴싸하게 가져다 붙이면 처벌이 어렵다. 이런 경우 수장이나 조직 책임자들은 상관의 행위를 정당한 명령으로 받아들이는 일이 많다. 이로 말미암아 갑질이 공공연하게 발생한다. 즉 군기가 왜곡되어 사용되는 것이 문제다.

위에서 군기는 '전투력을 보존·발휘하는 데 있다'고 하였지만, 한국에서 군기를 요구하는 사람들 앞에서 '전투, 조직의 운영목적, 소중한 생명의 안전' 등 원론적인 가치를 지키기 위해 규칙을 준수하자고 들면 큰일 난다. 수많은 연구는 평시 상황에서는 민주적인 리더십이 가장 좋다고 밝히고 있음에도 불구하고, 이 사람들이 요구하는 군기라는 것은 똥군기로, 자기 앞에서 긴장한 모습으로 굽실거리면서 '까라면 까라'는 식의 말도 안 되는 요구를 따라 주어야 군기가 잡혔다는 소리를 듣는다. 즉 맞추어줘 봤자 국가나 조직의 목적을 맞추는 것이 아니라 상급자의 부당한 이익에 복종하는 것이요, 안 맞추어 주면 군기가 해이해졌다며 가혹행위를 당할 뿐이다.

군기를 요구한다는 상황을 외부인의 눈으로 살펴보면, 상급자에게 비위 맞추기 외에는 아무것도 아니다. 전투 대비나 기강 유지에 아무런 문제가 없음에도 단지 선임의 맘에 안 든다는 이유만으로 군기 빠졌다는 말을 하는 것이 현실이다. 예를 들어 후임의 말투가 마음에 안 든다면서 꼬투리를 잡지만, 실제로는 겉으로 보기에 아무리 예절을 잘 지키더라도 자신의 영향력을 강화하기 위해서라면 얼마든지 갈굴 수 있다. 청소 상태가 불량하다면서 꼬투리를 잡지만, 실제로는 아무리 깨끗하게 해도 자신의 영향력을 강화하기 위해서라면 얼마든지 지적질을 할 수 있다. 한국군에서 말하는 군기는 비합리적이고 온갖 웃기지도 않는 조치를 모조리 정당화시킬 수 있는 만능 개념이 되어버렸다. 실제로는 인원 부족, 장비 부족 등으로 못하는 일을 '군기가 빠져서 안 한다'는 식으로 쓰는 경우가 많다.76) 이렇게 왜곡된 복종을 강요하는 문화가 군대뿐만 아니라 학교, 직장 등 사회 전반에 퍼져 저급한 문화로 자리 잡았다.

기합과 얼차려

기합(氣合)은 군대나 학교 따위의 단체 생활을 하는 곳에서 잘못한 사람을 단련한다는 뜻에서 정신적·육체적 고통을 가하는 것, 얼차려는 군의 기율을 바로잡기 위하여 상급자가 하급자에게 비폭력적 방법으로 육체적인 고통을 주는 일이다. 삼청교육대가 운영되던 시기에 우리나라 군대에서 통용된 얼차려의 종류가 100가지가 넘는다는 말이 나돌기도 했다. 즉 당시 삼청교육대 입소자나 병사들에게 고통을 주고 괴롭히는 방법이 100가지가 넘는다는 말이다. 그런데 이것은 육체적으로 고통을 주고 괴롭히는 것이고, 정신적으로 고통을 주고 괴롭히는 것은 여기에 포함되지 않는다. 오늘날 우리나라에 통용되는 기합과 얼차려는 대부분 군대에서 만들어지고 통용되던 것이 사회로 퍼져 학교 등에서 행해지고 있다. 그러나 기합과 얼차려는 우리나라에만 있는 것은 아니다. 또 우리나라에서 만들어진 것도 있지만, 외국에서 전래한 것도 많다.

---

76) 나무위키.

얼차려 받는 필리핀 경찰[PNP PIO, 인사이트]

한국인들에게 강도질을 한 필리핀 경찰관들이 공개적으로 망신을 당했다. 필리핀 경찰청장은 문제의 경찰관 7명을 현지 기자들 앞에서 팔굽혀펴기를 시켰다. 이들은 한국인 골프관광객 3명에게 불법 도박 누명을 씌우고, 700만 원의 몸값을 뜯어낸 뒤 풀어준 혐의로 조사를 받았다.[77]

인신매매

인신매매(人身賣買, human trafficking)는 사람을 가축처럼 다른 사람의 소유로 두어 사고파는 행위이다. 가장 비인도적인 범죄 행위로 오늘날에는 세계 각국이 형법 등으로 엄격히 금지하고 있다. 적발 때 적발국의 법령에 따라 처벌할 수 있는 인신매매가 신석기 시대부터 근대에 이르기까지 노예매매 등으로 세계 각국에서 합법적으로 행하여 왔다. 오늘날 세계 각국이 인신매매를 불법화하여 엄금하고 있다

---

77) 연합뉴스(2017.02.02).

고 해서 완전히 사라진 것은 아니다. 불법적으로 특히 여자의 윤락가, 술집 등의 매매가 성행하고 있고 아프리카, 동남아시아 각국에서는 미성년자의 인신매매가 성행하고 있다. 조선에서는 1894년 갑오개혁으로 불법화하였으며, 대한민국 건국 후에 헌법에서 이를 확정하였다.[78] 그런데도 우리나라에서 인신매매가 활개를 치던 시절이 있었다. 외환위기를 겪던 김대중 정부에서 카드사태가 터지면서 많은 사람이 인신매매 대상이 되었다. 2014년 2월에는 섬 '염전 노예'로 팔려갔다 편지 한 통으로 극적 탈출한 사연이 보도되기도 했다.

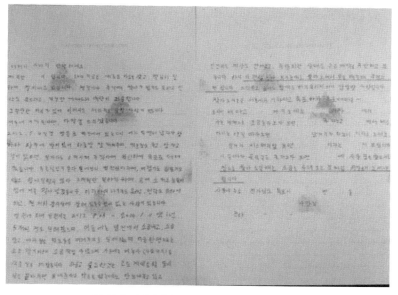

김 씨가 어머니에게 보낸 편지[구로경찰서, 뉴스1]

전남 한 외딴섬 우체국에서 김 모(40) 씨는 품 안에 숨겨 놓았던

────────────

78) 위키백과.

편지를 꺼냈다. 서울에 있는 어머니에게 보내는 편지였다. 편지에는 시각장애를 가진 김 씨가 매일 밤 어렵게 한 자 한 자 몰래 쓴 간절한 내용이 담겨 있었다. "섬에 팔려와 도망갈 수 없으니 구출해주세요." 김 씨가 전남 신안군의 한 섬에 들어온 건 2012년 7월이었다. 2000년 가출한 뒤 공사장을 떠돌며 생활하던 김 씨에게 2012년 여름 어느 날 이 모(63) 씨가 접근했다. 서울 영등포구 한 무료급식소에서 만난 이 씨는 김 씨에게 숙식과 월급을 제공해줄 테니 광주로 가자고 했다. 그러나 다음 날 아침 김 씨와 이 씨가 기차를 타고 도착한 곳은 광주가 아닌 목포였다.

무허가 직업소개업자였던 이 씨는 100만 원에 김 씨를 목포에서 배로 2시간 거리에 있는 섬에서 염전을 운영하는 홍 모(48) 씨에게 넘겼다. 섬에 도착해보니 염전에서는 홍 씨와 비슷한 처지의 채 모(48) 씨가 일을 하고 있었다. 지적장애를 가진 채 씨는 2008년 11월부터 일을 해오고 있다고 했다. 홍 씨는 김 씨와 채 씨를 창고에 마련한 숙소에 머물게 하며 하루에 5시간도 재우지 않고 무일푼으로 일을 시켰다. 김 씨와 채 씨는 소금이 생산되는 3～9월에는 염전에서 아침 7시부터 저녁 9시까지 일을 했다. 일을 열심히 하지 않는 듯한 모습을 보이면 홍 씨에게 각목, 쇠파이프 등으로 마구 맞았다. 염전이 쉬는 기간에는 벼·논농사, 집 공사 등 홍 씨의 집안일을 했다. 힘든 생활을 못 견딘 김 씨는 염전 일을 시작한 지 한 달쯤 지났을 때 탈출을 시도했다. 세 차례 시도는 모두 실패로 끝났다. 다시 잡혀온 김 씨에게 홍 씨는 "한 번만 더 도망치다 걸리면 칼침을 놓겠다"고 협박했다.[79]

---

79) 뉴스1(2014.02.06).

공익법센터 '어필'의 김종철 변호사(가운데)가 2018년 6월 28일 미 국무부 청사에서 열린 '인신매매 척결 영웅' 시상식에서 마이크 폼페이오 미 국무장관(왼쪽)과 이방카 트럼프 백악관 고문(오른쪽)으로부터 상을 받고 있다.[미 국무부 영상 캡처, 노컷뉴스]

　최근 들어 인신매매 보도를 찾아보기는 어렵지만, 아직도 우리나라에 인신매매가 없어졌다고 보기는 어렵다. 미국 국무부가 16년째 해마다 공개하고 있는 인신매매 보고서(Trafficking in Persons Report, TIP)에서 한국은 인신매매 방지 노력으로는 최고 등급인 1등급(Tier 1)을 계속 유지해왔다. 1등급을 유지 중인 우리나라도 인신매매는 자유로울 수 없는 문제다. 실제로 2018년 미 국무부가 수여하는 '인신매매 척결 영웅' 수상자 10명 가운데는 우리나라의 김종철 변호사도 포함됐다. 한국인이 미 국무부가 수여하는 인신매매 척결 영웅상을 받은 것은 지난 2014년 고명진 서울시 '다시함께센터' 센터장 이후, 김 변호사가 두 번째다. 김종철 변호사는 공익법센터 '어필'의 설립자로, 한국 어선에서 이주 어선원의 강제노동 문제와 이주 여성의 성 착취 문제 등에 대한 실태 조사와 피해자 구

제에 앞장서 왔다.[80]

불공정 계약
- 기업

갑을 관계가 가장 두드러지는 현장은 대기업과 중소기업 관계다. 갑을 관계는 계약서에 문자로 명확히 규정되지만, 을은 계약서에 없으면서 사업과도 전혀 무관한 '서비스'를 제공하는 경우가 허다하다. 인터넷에서는 을에게 절대적으로 불리해도 받아들일 수밖에 없는 계약을 '을사(乙死)조약'이라고 부른다.

소재를 생산하는 중소기업 C 대표는 대기업 직원의 결혼식에 가면서 봉투 10개를 준비해갔다. 최근 이 대기업이 내부적으로 부조금을 5만 원 이상 받지 못하도록 임직원 윤리 규정을 강화하자, 봉투 10개에 직원들의 이름을 쓰고 5만 원씩을 넣은 것이다. C 대표는 "부조금을 달랑 5만 원만 내면 이상하게 생각할 것 같아 '부조금 쪼개기'를 했다"고 밝혔다. 수도권의 한 중견 건설업체의 D 대표는 얼마 전 핀란드에서 사우나 시설을 수입해 들여왔다. 이 사우나가 설치된 곳은 거래하는 대기업 임원의 집이었다. D 대표는 "그 임원이 최근 이사를 한 뒤 술자리에서 부인이 '사우나를 좋아한다'는 이야기를 여러 차례 강조했다"면서 "이 정도 말귀도 못 알아들으면 이 바닥에서 사업하기 어렵다"고 말했다.[81]

---

80) 노컷뉴스(2018.06.29).
81) 조선일보(2013.04.30).

- 연예인 노예계약

노예계약(奴隷契約)은 대한민국의 가수 및 배우의 계약 형태를 말한다. 1999년 한스밴드가 낸 소송을 계기로 문제가 되기 시작했다.[82] 1999년 10대 자매 세 명으로 구성된 '한스밴드'라는 그룹이 있었다. 1집을 발표하면서 방송, 광고 출연을 통해 많은 사람에게 인지도를 쌓아가고 있었다. 그런데 2집 음반발표와 함께 돌연 기획사와의 부당 계약 파동으로 많은 국민에게 충격을 안겨줬다.

내용은 이렇다. '한스밴드' 측은 그동안 앨범 판매도 10만 장이 넘었을 뿐 아니라 방송 활동까지 꾸준히 했음에도 불구하고 그에 따른 정당한 소득을 얻지 못했고, 국가로부터 생계보조비 27만 원을 받으며 생활했다는 것이다. 반면 기획사 측은 미용, 의상, 차량 운행 등의 경비지출로 그들에게 지급한 것과 별반 다르지 않다고 주장했다. 이를 계기로 우리 사회에 '노예계약'이라는 용어가 본격적으로 사용되기 시작했고, 현재까지도 많은 기획사가 가수들과 법정 다툼을 하는 실정이다.[83]

박 모 씨는 지난 1986년 KBS 4기 공채 개그맨으로 데뷔해 '한바탕 웃음으로', 'TV는 사랑을 싣고', '웃찾사' 등에서 활약하며 인지도를 키워나갔다. 2004년 개그맨 전문 엔터테인먼트 '스마일매니아'를 운영하며 연예인 기획사 대표 반열에 올랐다. 그는 이듬해인 2005년 소속 개그맨 14명과 '노예계약' 분쟁에 휘말린다. '웃찾사'에 출연하며 활동 중이던 개그맨 14명은 2005년 5월 기자회견을 열고 "스마일매니아가 계약 기간 10~15년에 계약금은 받지 않는

---

82) 위키백과.

83) 대전일보(2016.04.18).

조건의 이면 계약 체결을 요구했다"며 "계약하지 않으면 방송 출연을 금지하겠다고 강압했다"고 주장했다. 이에 박 씨 측은 "100명에 가까운 개그맨 지망생을 관리하는 데 드는 제반 비용이 수천만 원이다. 일부가 성공해 수익을 내도 남는 게 없어 계약금을 줄 수 없다. 강요 없이 상호 합의에 따라 계약을 했다"고 반박했다. 팽팽하게 대립하던 14명의 개그맨과 박 씨 측은 일주일 후인 5월 18일 기자회견을 통해 이면 계약 무효화를 공표함으로써 사건은 일단락 됐다.[84]

그동안 연예인 노예계약은 주로 연예 지망생에서 급속하게 대중의 인기를 얻은 아이돌[85]이나 아이돌 스타[86]에서 많이 나타났다. 계약 내용 중 불공정한 분배와 계약 기간이 터무니없이 긴 것이 주로 문제가 되었다. 불공정 계약을 바로잡기 위해 의식이 있는 몇몇 연예인들은 일정 시간이 지난 뒤 소송을 걸어 전속 계약 무효 판결을 받아내기도 하였다.[87] 그런데 이게 다가 아니다. 한쪽에서는 인기를 얻어 부를 누리는 연예도 있지만, 다른 쪽에서는 그나마 노예계약이라도 할 수 있다면 좋겠다고 생각하며 열악한 환경 속에서 일하는 사람들도 있다고 한다. 정당한 계약서 한 장 없이 우린 '친형제, 자매' 같은 사이라며 가수, 음악가(musician)들을 착취하는 행

---

84) 데일리그리드(2016.07.28).

85) 아이돌(idol아이들)은 본래 신화적인 우상(偶像)을 뜻하는 영어이고, 어원은 그리스어로 ιδειν 이다.[위키백과]

86) 아이돌 스타(idol star)는 주로 청소년과 청년에게 가장 높은 인기를 얻는 연예인을 말한다. 아이돌은 영어로 우상, 스타, 존경받거나 사랑받는 사람을 뜻한다. 가수, MC(사회자, 시사 보도 포함), 비디오 게임 캐릭터, 뮤지컬 배우, 영화배우, 텔레비전 배우, 뉴스 진행자, 교수 등 연예계를 포함한 사회의 다양한 분야에서 활동하기도 한다. 대한민국의 경우 뉴 키즈 온 더 블록, 서태지와 아이들의 인기와 서태지와 아이들의 해체 후 데뷔한 H.O.T의 잇따른 성공으로 10대 시장이 크게 성장하였다.[위키백과]

87) 위키백과.

태가 대전·충남의 일부 기획사에서 자행되고 있다. 현재 대전·충남을 중심으로 전국, 해외를 누비며 활동하고 있는 한 악단(band) 드럼연주자의 증언에 따르면 해당 밴드는 약 12년 동안 축제, 행사, 방송 출연 등 수백 회에 걸쳐 연주했을 뿐만 아니라 일정 관리자 (Lord Manager) 역할까지 겸했다. 하지만 이들은 일한 만큼의 출연료도 제대로 받지 못했고 그동안의 지방 행사, 공연과 해외 활동으로 인해 현재 운영하는 실용음악학원의 원생들이 줄어 문을 닫을 위기에 처해 있다고 한다. 기획사는 그동안 형, 삼촌 같은 달콤한 말로 멤버들을 구슬려왔다. '많은 행사가 출연료 없이 진행됐다'고 거짓말을 하며, '지방에서 이만큼 인지도를 갖게 해준 것만으로도 고마워해야 한다'는 구시대적 논리로 그들을 착취해왔다.[88]

상납

상납(上納)은 윗사람에게 돈이나 물건을 바침 또는 그 돈이나 물건이다. 상납 중에서 가장 악질적인 것이 힘의 우위를 이용하여 성 관계를 요구하는 성 상납 요구이다. 우리 사회에서 상납은 오랫동안 이어져온 폐단 중 하나이다. 을이 알아서 가져다 바치기도 하지만, 갑이 은근하게 돌려 말하는 등 간접적으로 요구하는 사람도 있고, 노골적으로 요구하는 경우도 적지 않다.

부산 해운대경찰서는 분뇨차량 운전기사에게 지급되는 조기출근 수당을 상납받은 혐의로 모 정화업체 현장소장 60살 A 씨를 불구속 입건했다. A 씨는 새벽에 출근하는 대형 분뇨차량 운전기사에게 지급되는 조기출근 수당 중에서 매일 2만 원을 상납받고 매월 담배

---

88) 대전일보(2016.04.18).

10갑씩을 받는 방식으로 2011년 10월부터 2017년 6월까지 기사 14명으로부터 2,600만 원을 챙긴 혐의였다. 경찰은 A 씨가 이런 요구에 응하지 않으면 차량 배차를 하지 않거나 차량 관리 등을 문제 삼아 계약 연장을 하지 않을 것처럼 위협했다고 밝혔다. A 씨는 차량기사들이 자발적으로 제공한 것이라고 관련 혐의를 부인했다.[89]

접대

오늘날 우리 사회 일각에서는 과거보다 접대가 많이 줄었다고 말하는 사람들도 있다. 하지만 한국 사회에서 접대문화는 여전하다. 기업들은 엄청난 접대비를 지출하고 있으며, 휘황찬란한 유흥가의 불빛은 접대문화가 건재함을 증명한다. 과거와 달라진 점이 있다면 더 은밀하고 더 치밀해졌다는 점이다. 접대(接待)는 손님을 맞아서 시중을 들이고, 향응(饗應)은 특별히 융숭하게 대접함 또는 그런 대접을 말한다. 접대는 간단한 식사에서부터 술 접대, 성 접대, 골프 접대, 여행 접대 등 여러 가지가 있다. 선물 제공도 넓은 의미에서 접대에 포함된다. 선물의 경우 일상생활에 사용되는 간단한 사은품에서부터 시작하여 상품권은 물론 고가의 희귀한 도자기나 미술품 같은 예술품까지 다양하다. 향응에 속하는 접대나 고가의 예술품을 선물로 제공하는 경우는 갑을 관계가 뚜렷하고 은밀한 뒷거래를 수반하는 경우가 대부분이다.

떡값

떡값은 설이나 추석 때 직장에서 직원에게 주는 특별 수당, 공사

---

89) SBS(2018.04.04).

입찰 따위에서, 담합하여 낙찰된 업자가 이에 관련된 다른 업자들에게 나누어주는 담합 이익금, 자신의 이익과 관련된 사람에게 잘 보이기 위하여 바치는 돈, 뇌물을 비유적으로 이르는 말이기도 하다. 뇌물을 주고받은 자들이 금품을 떡값 명목으로 주고받았을 뿐 대가성이 없다고 변명하면서 이러한 의미로 사용되기 시작하였다. 1991년에 보건사회부에 출입하던 기자들이 추석 전후에 떡값 명목으로 기업과 단체로부터 뇌물을 받아 유용한 "보사부 촌지 사건"이 발생하였으며, 연루된 언론사들은 지면에 사고를 게재하고 기자단을 탈퇴하겠다고 선언하였다. 2007년에 김용철 변호사가 삼성그룹을 퇴사하여 삼성이 검사들에게 떡값 명목으로 뇌물을 공여하였다고 폭로하였고, 삼성으로부터 뇌물을 받았다는 의혹을 받은 검사들은 '떡값 검사'라고 지칭되었다.[90]

2017년 '경주법주', '참소주'로 유명한 주류업체 금복주의 직원으로부터 강요를 받고 명절마다 상납금을 받쳐오던 하청업체 대표가 계속된 갑질 횡포에 견디다 못해 고소하는 일이 발생했다. 2017년 1월 24일 대구 경찰청에 따르면, 금복주 판촉물 배포 대행업체의 대표 A(여) 씨는 2014년부터 매년 명절 때마다 금복주 직원이 원청기업의 '갑 지위'를 이용해 이른바 명절 떡값 300만~500만 원씩 상납을 요구해 어쩔 수 없이 건넸다는 내용의 고소장을 2017년 1월 경찰에 접수했다.

고소장에 따르면, A 씨는 이 직원의 갑질 횡포에 못 이겨 2016년 추석 명절까지 모두 6차례 총 2,800만 원을 전달했다. 그러다 2017년 들어 설 명절을 앞두고 다시 상납금을 요구하자 이를 거부

---

90) 위키백과.

했다가 금복주와 거래가 끊기는 불이익을 당했다고 A 씨는 주장했다. 상납금을 거부하자 금복주 직원은 도리어 '이래서 아줌마랑 거래하지 못한다'며 A 씨에게 핀잔을 주면서 금복주와 거래 관계를 끊어버리는 보복 조치를 가했다는 설명이었다. 문제가 불거지자 금복주는 감사를 벌여 해당 직원을 사직 처리했다. 금복주는 "회사 차원에서 상납금을 요구한 적은 없다"면서 직원 개인 비리 사건임을 강조하며 회사의 개입 의혹을 부인했다.[91]

촌지

촌지(寸志)는 마음이 담긴 작은 선물, 정성을 드러내기 위하여 주는 돈이다. 흔히 선생이나 기자에게 주는 것을 이른다. 숱한 촌지 파문이 일어나고 급료 인상이 이루어지면서 오늘날 학교 현장에서는 과거보다 촌지가 많이 줄어든 것 같다. 그러나 학교는 물론 우리 사회 전체를 놓고 볼 때, 여전히 촌지문화가 존재한다. 단지 달라진 것이 있다면 과거에는 현금으로 지급하고 직접 선물을 전달하고 인사하던 것이, 오늘날에는 상품권으로 대체되거나 인터넷을 통해 주문된 상품이 배달되는 방식으로 바뀐 정도이다.

거마비

거마비(車馬費)는 수레와 말을 타는 비용이라는 뜻으로, '교통비'를 이르는 말이다. 거마비는 소액일 때는 촌지의 성격이 강하다. 차를 안 가지고 왔을 때는 차비라고 하고 차를 가지고 오면 기름값이나 하라며 봉투에 넣어주는 돈이다. 요즈음은 보기가 쉽지 않은 일

---

91) 데일리한국(2017.01.24).

이 되었지만, 과거에는 거마비를 걷으려고 일부러 기업을 방문하는 공무원, 공공기관과 공사를 막론한 기업의 직원이 많았다. 특히 검사권을 가진 상급기관이나 기업 관계자의 경우 더 극심했다. 거마비는 물론이고 식사 접대는 당연한 일처럼 이루어지던 때도 있었다.

착취

착취(搾取)는 계급사회에서 생산 수단을 소유한 사람이 생산 수단을 갖지 않은 직접 생산자로부터 그 노동의 성과를 무상으로 취득함 또는 그런 일을 말한다. 노동현장에서 임금착취를 예방하고 적정한 근로 환경을 조성하기 위해 정부는 노동법[92]을 제정하고 최저임금제[93]를 도입하여 운영하고 있다. 그런데도 산업현장에서는 여전히 임금착취가 공공연하게 일어나고 있다. '열정페이'는 취업이 어려운 시대, 일자리 하나가 아쉬운 청년들의 입장을 악용해 기업들이 무급 또는 최저시급에도 미치지 못하는 적은 급여를 주면서 청년들의 노동력을 착취하는 갑질이다.[94]

지금까지 '직장갑질119'에 가장 많이 제보된 '직장 내 갑질'은 '임금착취'로 드러났다. 노동시민단체 직장갑질119는 6개월 동안 들어온 제보 중 '임금을 떼였다'는 유형이 3,072건 25.73%로 가장 많았다고 2018년 5월 23일 밝혔다. 직장갑질119는 2017년 11월 1일부터 2018년 4월 30일까지 6개월 동안의 제보 내용을 분석·정리해 '직장갑질119, 6개월의 기록' 보고서를 발표했다. 이 단체가

---

92) 노동법(勞動法)은 근로자들의 근로관계를 규정하고 근로자들의 생활을 향상하려고 만든 법규를 통틀어 이르는 말이다. 노동조합 및 노동관계 조정법, 근로기준법, 노동위원회법 따위가 있다.
93) 최저임금제(最低賃金制)는 국가가 낮은 임금의 노동자를 보호하기 위하여 법으로 임금의 최저액을 정하여 노동자의 생활을 보장하는 제도이다.
94) 이코노믹리뷰(2016.01.12).

분류한 1만 1,938개의 갑질 제보는 카카오톡 공개채팅방(단톡방)과 이메일, 사회관계망서비스(SNS) 등을 통해 모아졌다. 전체 제보의 4분의 1을 차지하는 임금착취는 시간 외 수당 미지급 등 임금체납에 관한 제보가 많았다. "해고예고수당, 연차휴가 수당 등을 한 푼도 받지 못했다"라거나 "최저임금이 인상된 후 식대가 제외됐다"는 등의 제보가 이에 속한다.

상사가 본인 집을 청소시키거나 체육대회용 장기자랑 등을 시킨 '잡무지시(1,762건 14.76%)'가 다음으로 많았다. 2017년 간호사들에게 노출이 심한 옷을 입히고 장기자랑을 강요했던 '한림대 갑질 논란'이 이 유형에 해당한다. 또 한 회사에서는 직원들에게 사장 친인척을 위한 김장을 지시한 황당한 사례도 있었다. 폭행·욕설 등 '직장 내 괴롭힘'은 3위(1,610건 13.49%)를 차지했다. 지점장이 술자리에서 말을 끊었다는 이유로 부하 직원의 뺨을 때리고 소주병과 의자로 머리를 내리치는가 하면, "눈깔을 빼서 씻어줄까" 등의 폭언이 있었다는 제보도 접수됐다. 이 밖에도 휴직을 통제한 휴가 갑질(799건 6.69%), 야근 강요 등 노동시간(795건 6.66%) 등이 뒤를 이었다.[95]

---

[95] 뉴스핌(2018.05.23).

강요

우리 사회나 직장에서는 힘센 사람이 힘이 약한 사람에게 강요하는 것을 당연한 일처럼 생각하는 경향이 있다. 행정기관, 군대, 기업, 학교 등 조직에 따라 정도의 차이는 있어도 일상적인 일에 속한다. 강요(強要)는 억지로 또는 강제로 요구함이다. 강요는 사과 강요, 복종 강요, 일 강요 등 여러 가지가 있다.

사과 강요는 잘못하지 않은 을에게 사과를 강요한 것이다. 실제로 갑이 규정을 어기는 등 잘못을 했고, 그것을 제지하는 을은 정당한 업무 수행으로 잘못이 없는데도, 오히려 을에게 잘못을 인정하고 사과를 하라고 힘을 내세워 강요하는 것이 대표적인 예다. 이러한 현상이 생기는 이유는 갑이 자기중심적인 사고를 하기 때문이다. 대인관계에서 사회에 통용되는 법규는 뒷전이 되는 일이 많다. 현실에서는 주로 힘이 지배한다. 특히 상하관계나 특정한 거래 관계에 있는 상황에서는 더욱 그렇다. 그렇기 때문에 분명히 갑의 행동이 잘못되었음을 알면서도 문제를 제기하기 어렵다. 더욱이 갑이 사과를 강요하면 을은 억울해도 먹고사는 문제가 걸려 있어 '오늘도 더러운 꼴을 보는구나' 하고, 그 순간을 무마하기 위해 요구하는 경위서를 써주거나 구두 사과를 한다. 서비스업 관련 분야에서는 이런 일이 비일비재하다.

복종 강요는 자신의 명령이나 의사를 그대로 따라서 좇을 것을 억지로 또는 강제로 요구하는 일을 말한다. 일 강요는 주어진 고유의 직무를 벗어난 것으로, 주로 고용주나 상관의 개인적인 편익을 위해 시키는 일이 여기에 해당한다. 그런데 이런 고용주나 상관 중에는 자신의 편의를 위해 부하나 고용인(雇傭人)에게 마음대로 일을 시키는 것이 별로 문제될 것이 없다고 생각을 하는 사람이 많다. 국내 유명 리테일(retail, 소매) 업체인 E 사는 2015년 12월 자사의 SPA 브랜드[96] 강남 지점을 개점하면서 직원들을 모집했다. 그런데 매장 관리자들이 업무량을 제대로 조절하지 못해 상당수의 직원이 그만두면서, 일부 남아 있는 소수의 직원에게 하루 12시간에서 많게는 16시간 이상의 노동을 강요했다. 관리자들은 일부러 직원들의 주 2회 의무 휴무를 주말보다 상대적으로 매장이 바쁘지 않은 주중으로 배치한 일정표를 짰다. 직원 중에서는 과도한 업무에 시달리다가 병원에 실려 가는 이들도 있었다.[97]

강매

강매(強賣)는 남에게 물건을 강제로 떠맡겨 팖이다. 강매에는 세 가지 형태가 있다. 첫째는 대인 대 대인이다. 대인 대 대인은 주로 지인에게 억지로 물건을 사달라고 요구하는 경우가 많다. 이런 때는 어려운 상대의 형편을 배려하여 필요하지 않더라도 물건을 사주는 사람이 많다. 또 대기업의 계열사 직원이 다른 계열사의 임원이나 회사 관계자의 소개를 받았다며 물건을 사달라고 요구하는 경우도 있다. 이런 때는 자신이나 가족에게 필요하지 않은 물건이라도 거절하지 못하고 산다. 괘씸죄에 걸리지 않기 위해서이다. 둘째는 자신이 다니는 회사 제품이나 모기업의 계열사 제품을 직원에게 떠맡기는 판매방식이다. 정상적인 상황에서는 직원 복지 차원에서 일정하게 할인된 낮은 금액으로 양질의 제품을 한정된 수량만 공급한

---

96) SPA 브랜드는 다품종 소량 생산하는 '자가 상표 부착제 유통방식'을 말하며, 'Speciality retailer of Private label Apparel'의 약자이다.[위키백과]

97) 이코노믹리뷰(2016.01.12).

다. 이때는 필요한 제품을 자유롭게 선택적으로 구매할 수 있다. 그러나 불경기나 영업 부진으로 재고가 쌓여 회사가 어려울 때는 원하지 않는데도 많은 수량을 억지로 배당하여 처리하게 하는 방식이다. 이러한 방식은 과거 외환위기 전후에 기업이 많이 사용했다. 셋째는 갑과 을의 관계를 유지하는 회사 간의 거래이다. 이때 갑과 을은 본사와 대리점, 대기업과 하청업체의 관계가 많다. 전형적인 밀어내기는 주로 여기에 해당한다. 배상면주가, 남양유업, 현대모비스는 전혀 다른 제품을 취급하는 회사들이지만, 한 가지 공통점이 있다. 바로 밀어내기 '강매'로 공정위의 제재를 받은 기업이다. 2017년에는 건국대학교가 만든 유제품 업체 '건국우유'가 여기에 이름을 함께 올렸다.

건국유업은 건국대학교가 사업자등록을 하고 유제품 관련 수익 사업을 진행하는 기업이다. 공정위에 따르면 건국유업은 전국에 272개 가정배달 대리점을 확보, 각 가정에 유제품을 배달·공급하고 있는데 2008년 7월부터 2016년 4월까지 약 7년 10개월 동안 신제품 및 리뉴얼(renewal, 갱신 또는 새단장) 제품, 판매 부진 제품, 생산 중단을 앞둔 제품 등의 구매를 강제한 것으로 드러났다. 문제는 2013년 남양유업 사태가 발생, 밀어내기가 큰 사회 문제로 부각됐음에도 불구하고 건국유업 역시 남양유업과 비슷한 방식으로 대리점에 부당한 방법으로 제품 떠넘기기를 지속했다는 점이다.

공정위 조사 결과 회사 측은 대리점에 구매를 강제하는 다양한 메시지를 발송한 것으로 나타났다. 2008년 7월 4일에는 4일 뒤인 8일에 '연요구르트' 제품이 생산 중단 예정임에도 불구하고 "생산 중단 일까지 주문량 푸시(push, 밀어내기)가 있을 예정이니 양해를 바란다"며 구입을 강요했고, 2010년 12월에는 유제품이 아닌 고가의 해양심층수 '천년동안' 제품 강매에도 나섰다. 회사 측은 '해양심층수 고정 가구 수 확보' 판매 계획이 있다며 대리점주의 의사를 묻지도 않은 채 일괄 배송 문자를 발송한 다음 12월부터 2011년 5월까지 월매출 3,000만 원 이하 대리점에는 3가구를 배정해 가구당 해양심층수 2박스씩 6박스를, 월매출 5,000만 원 이하 대리점에는 5가구를 배정, 10박스를 일방적으로 떠넘긴 것으로 드러났다.

판매 부진 제품의 생산 중단을 막기 위해 주기적인 강매도 이뤄졌다. '제대로 진한 요구르트(제진요) 딸기' 제품 판매가 부진하자 생산 중단을 막기 위해 2015년 6월부터 9월까지 월 1회 대리점에 해당 제품 200ml 구매와 홍보를 요청했으나 대리점 반응은 시큰둥했고 회사 측은 '자발적 주문이 없다'며 해당 제품을 월 1회 임의로 배송해버린 것이다. 10월에 다시 주문이 이뤄지지 않자 다음 달인 11월, 해당 제품은 다시 15곳의 대리점에 1박스씩 납품이 됐다.

공정위는 "회사 측이 수요 예측 실패 등으로 신제품 등의 최소 생산 수량을 맞추지 못하거나 판매 부진 제품, 생산 중단을 앞둔 제품의 재고 증가 등의 책임을 대리점에 떠넘기고 재고를 강제 소진하기 위해 밀어내기를 했다"며 "회사 측 담당자가 일방적으로 출고한 수량까지 포함한 대금을 청구·정산했으며 이러한 제품은 사실상 반품도 불가능해 남은 제품 처리 및 대금도 대리점이 부당하게 부담해야 한 셈"이라고 설명했다.[98]

---

98) 비즈한국(2017.10.25).

폭력 행사

현대 민주주의 사회에서 개인의 폭력 사용은 엄격하게 제한되고 잘못 사용하면 처벌을 받는다. 국가나 공권력이 사회질서 유지를 위해 사실상 독점한다. 그런데도 갑 중에는 을에게 폭력을 행사하는 사람이 상당수 있다. "이 XX, 하면서 느닷없이 주먹이 날아왔죠. 술 냄새가 났어요." 2016년 4월 3일 경비원 황 모 씨는 하던 대로 밤 10시가 되자 건물의 정문을 걸어 잠갔다. 어디선가 60대 남성이 잔뜩 흥분해 삿대질을 하며 나타났다. "내가 아직 여기 있는데 출입문을 닫아?" 식당 안으로 끌려 들어간 황 씨는 그 자리에서 영문도 모른 채 폭행을 당했다. 알고 보니 정 모 전 MP그룹 미스터피자 회장이었다. 그가 술을 곁들인 식사를 한 곳은 건물 1층의 계열사 지점이다. 자신의 건물도 미스터피자의 직원도 아니었던 황 씨를 단지 '자신이 안에 있는 것을 몰랐다'는 이유만으로 때린 것99)이었다.

부당대우

부당한 대우는 예의를 갖추지 아니하고 사회적으로 통용되는 기준보다 낮은 임금을 지급하거나 제때 주지 아니하는 등 나쁜 조건으로 일을 시키고, 이치에 맞지 아니한 사회적 관계나 태도로 대하는 것을 말한다. 업소 절반이 '노동법 위반' 등 청소년 아르바이트에 부당한 대우가 여전하다고 한다. 청소년을 아르바이트로 고용하는 업소 가운데 절반은 근로계약서를 작성하지 않거나 근로 수당을 미지급하는 등 노동법을 지키지 않는 것으로 나타났다. [표 2-3]에서 보는 것

---

99) 한국일보(2018.05.07).

처럼 여성가족부는 일반음식점, 피시(PC)방, 노래연습장, 커피전문점, 편의점, 패스트푸드점 등 청소년 고용업소 232곳을 대상으로 '청소년 근로 권익 보호를 위한 관계기관 합동점검'을 실시한 결과 104곳(211건)에서 위반사례를 적발했다고 2018년 3월 9일 밝혔다.

노동법규 위반사례인 211건 중 근로계약서를 작성하지 않거나 명시하지 않은 경우가 110건(52.1%)으로 가장 많았다. 최저임금을 알리지 않는 사례는 38건(18%), 성희롱 예방 교육을 실시하지 않은 사례가 22건(10.4%)이나 됐다. 이 밖에 연소자증명서 미비치 11건 (5.2%), 야간·휴일 근로제한 9건(4.3%), 휴일·휴게시간 미부여 8건(3.8%), 임금 미지급 6건(2.8%), 연장·야간 수당 미지급 5건 (2.4%), 최저임금 미지급·금품청산이 각각 1건(0.5%) 등이 적발됐다. 위반 업소 비중을 살펴보면 슈퍼·편의점이 79개소 중 41개소 (39.4%)로 가장 높았다.[100]

[표 2-3] 위반업소 유형 및 적발 비율

구 분	계	편의점 슈퍼	일반 음식점	커피 전문점	패스트 푸드점	빙수 제과점	PC방	화장품	기타
청소년고용업소	232	79	46	41	24	16	13	7	6
위반업소	104	41	27	13	7	8	5	2	1
비율(%)	100%	39.4%	26.0%	12.5%	6.7%	7.7%	4.8%	1.9%	1.0%

※ 위반업소 기타(6): 영화관(1), 신발소매점(1), 잡화점(1), 주유소(1), 독서실(1), 미용실(1)[헤럴드경제]

---

100) 헤럴드경제(2018.03.09).

억지

억지는 잘 안될 일을 무리하게 기어이 해내려는 고집이다. 갑이 부리는 억지는 을을 곤혹스럽게 한다. 요구하는 대로 하자니 너무 괴롭고 힘들고, 안 하면 괘씸죄에 걸린다. 정 모 현대비앤지스틸 대표는 아예 '갑질 매뉴얼'을 제작했다. "A4 140장에 달하는 수행기사 매뉴얼(manual, 설명서)이 따로 있었어요. 모닝콜(morning call, 지정한 시간에 깨워 주는 서비스)은 받을 때까지. '가자'는 문자가 오면 '번개같이' 뛰어 올라와라." 매뉴얼에는 '사장님께서 빨리 가자고 하실 때는 교통법규도 무시할 것'이라는 문구가 붉은 글씨로 강조돼 있었다. "급할 때는 갓길을 타고 역주행하기도 했어요. 한 달간 제가 떼인 과태료만 500~600만 원이었죠." '갑질 매뉴얼'이 2016년 언론에 공개되며 여론의 맹비난을 받았지만, 정 씨가 낸 벌금은 고작 300만 원이다. 그가 한 달에 내는 과태료의 딱 절반 값이었다.[101]

갑질 논란이 끊이지 않던 대형마트 3사가 공정거래위원회로부터 사상 최대 규모의 '과징금 폭탄'을 맞았다. 이들은 상품 대금을 제멋대로 깎아 지급하고 억지 반품 요구도 서슴지 않는 등 갑질 횡포로 납품업체를 괴롭혔다. 서울의 한 홈플러스 매장, 어느 매장에서나 쉽게 볼 수 있는 천장 모니터와 바닥 광고에는 어두운 비밀이 숨어 있었다. 홈플러스는 납품업체가 이들 광고판에 강제로 광고를 하도록 하는 방법 등으로 판촉사원 고용비 약 168억 원을 떠넘겼다. "판촉비용을 분담하라"며 납품 대금 121억여 원은 지급하지 않고 떼먹었다. "납품업체 상품을 부당하게 반품한 건 홈플러스와 이

---

101) 한국일보(2018.05.07).

마트, 롯데마트 등 대형마트 3사 모두 마찬가지였다." 신규 개장 때
는 납품업체 직원을 수시로 불러 상품을 진열시켰다.[102]

괴롭힘

괴롭힘은 몸이나 마음이 편하지 않고 고통스럽게 하는 것을 말한
다. 직장 갑질·직장 괴롭힘은 직장에서 직무상 지위나 인간관계와
같은 직장 내 우위를 바탕으로 업무의 적정 범위를 넘어 정신적·
신체적 고통을 주거나 업무환경을 악화시키는 행위를 말한다. 서유
정 한국직업능력개발원 부연구위원과 박윤희 한국기술교육대학교
조교수가 2017년 4월 발표한 논문 '국내외 직장 괴롭힘 관련 법령
및 정책 분석'에 따르면 직장 갑질·괴롭힘의 유형은 신체적·성적
위협, 언어적인 괴롭힘, 개인에 대한 괴롭힘, 업무 관련 괴롭힘 등
으로 구분된다. 논문은 우리나라의 직장 갑질·괴롭힘 정도가 평균
조작적 피해율 21.4%, 주관적 피해율 4.3%(15개 산업 분야 근로자
3,000명 조사, 2016년)로 매우 심각한 수준이라고 진단했다. 유럽은
평균 4.1%(유럽근로환경조사, 2010년) 수준이었다.

직장 갑질·괴롭힘을 방지하기 위한 법령을 마련한 국가는 스웨
덴, 프랑스, 폴란드, 노르웨이, 벨기에, 캐나다, 호주 등이 있었다.
이 중 호주, 프랑스, 노르웨이는 사법 조치를 포함한 강력한 법 조
항을 통해 직장 갑질·괴롭힘을 예방한다. 호주는 피해자가 자살한
사건을 계기로 그의 이름을 딴 '브론디법(Brondie's Law)'을 만들
고 직장 갑질·괴롭힘을 '형법상 범죄'로 분류한다. 피해자에게 행
하는 불쾌한 언행, 자해를 포함한 신체적 피해, 자살 충동까지 광범

---

102) MBN(2016.05.18).

위하게 금지하며 가해자에게 최대 10년의 징역형을 내린다.

프랑스는 괴롭힘의 근거는 피해자가 먼저 제시하지만, 괴롭힘이 없었다는 입증 책임은 가해자가 해야 한다. 사업주에게는 법적 책임이 따른다. 노르웨이는 과업과 관련해 근로자가 괴로움을 겪게 되는 행위도 금지한다. 문제가 된 사업장의 업주에게는 최대 2년의 징역 또는 벌금을, 가해자에게는 최대 1년의 징역 또는 벌금을 물린다. 스웨덴은 고의적인 업무 관련 정보의 비공유, 고립 유발, 개인 및 가족 비방, 고의적인 업무성과 방해, 부적절한 처벌 및 공격·모욕·비꼼, 해를 입히려는 의도와 함께 근로자를 관리하는 행위, 모욕적인 처벌행위 등 구체적인 8가지 유형의 행위를 구분해 규제한다. 영국에서는 실제 폭력을 행하지 않아도 처벌될 수 있다. 괴로움을 줄 경우 최대 6개월의 징역 또는 벌금, 폭력의 위협을 느낄 때는 최대 5년의 징역이 선고된다. 국내에서는 관련 법안이 수차례 발의됐지만, 빅 이슈(Big Issue, 중요한 논쟁거리)에 밀려 번번이 고배를 마셨다.[103]

영향력 행사

영향력(影響力)은 어떤 사물의 효과나 작용이 다른 것에 미치는 힘이다. 주로 권력 등 힘을 가진 사람이 자신이 원하는 상황이나 결과를 만들기 위해 영향력을 행사한다. 영향력 중에는 다른 사람에게 큰 피해를 주지 않으면서 특정인에게 도움이 되는 일을 하는 좋은 영향력 행사도 있다. 하지만 갑질에 해당하는 영향력은 자신의 편익을 도모하는 것, 특정인에 편익을 제공하거나 도움을 줄 목

---

103) 세계일보(2018.05.04).

적으로 하는 것, 특정인의 활동을 견제하거나 의도적으로 어려움에 부닥치게 할 목적으로 하는 것 등이 있다.

부정한 청탁

청탁(請託)은 청하여 남에게 부탁함이다. 현실에 나타나는 대표적인 청탁 유형은 두 가지이다. 이해 교환과 요구이다. 첫째는 이해 교환이다. 이것은 주로 뇌물을 주고 원하는 것을 부탁하는 방법으로 이루어진다. 이 방법은 힘이 약한 사람이나 돈이 있는 사람들이 주로 이용한다. 둘째는 요구이다. 이 방법은 말이 부탁이지 사실상 강요이다. 힘의 상대적 우위에 있는 사람들에 의해 이루어지므로 담당자가 거절하기 어렵기 때문이다. 요구의 경우에도 뇌물을 주거나 원하는 것을 들어주기로 하는 등 이해 교환이 수반되는 일이 많다.

청탁하면 부정부패를 떠올리는 사람이 많지만, 청탁이라고 모두 나쁜 것은 아니다. 살아가는 동안 사람은 일상적인 삶의 과정에 누군가에게 청탁한다. 문제가 되는 것은 부정한 청탁이다. 정도를 넘어 올바르지 아니하거나 옳지 못한 청탁을 하면 갑질이 된다. 부정한 청탁을 하는 사람들은 비정상적인 방법으로 원하는 것을 얻기 위해, 그 일을 하는 과정에 도리나 이치에 맞지 않거나 정도에서 지나치게 벗어나고 태도나 말에 예의가 없는 부탁이나 요구를 한다. 이런 부탁이나 요구는 형식상 모양이나 예의를 갖추는 듯한 표현을 사용하기도 하지만, 실제로는 명목상 부탁이지 사실상 강요이다. 내 말을 들어주지 않으면 언제든지 거절에 대한 불이익이 가해질 수 있다는 것을 청탁하는 쪽도 청탁을 받는 쪽도 모두 염두에 두고 행동한다. 그러므로 대개 을 측에서는 청탁을 들어주고 더 큰 이익을 챙기기 위해 노력하는 모습을 보인다. 청탁의 내용은 청탁자의 필요에 따라 귀한 물건을 구해달라는 것, 골치 아픈 문제를 해결해 달라는 것, 편의나 편익을 보아 달라는 것, 특정한 사건이나 일의 진행 상황을 알아보아 달라는 것 등 다양하다. 그중에서 가장 대표적인 것이 인사 청탁이다. 인사 청탁은 주로 세 가지 형태로 이루어진다. 첫째는 취업을 부탁하는 것이다. 둘째는 승진을 부탁하는 것이다. 셋째는 핵심 보직을 맡게 해달라는 것이다. 핵심 보직은 조직과 수장의 관심 대상이 되고, 상대적으로 큰 권력을 주므로 조직 내 다른 부서나 사람들에게 영향력을 행사할 수 있다. 또 자신의 역량을 발휘할 기회가 주어지고 승진으로 이어지는 일이 많아, 그 자리를 차지하기 위한 경쟁이 치열하다.

제7절 갑질의 폐해와 풀이 그리고 해결방안

1. 갑질의 심각성

갑질을 하는 사람은 그것이 얼마나 심각한 문제가 되는지 제대로 인식하지 못한다. 어떤 갑은 심심풀이로 농담이나 유희 삼아, 다른 어떤 갑은 기분 풀이로, 또 다른 어떤 갑은 노골적으로 무엇인가를 요구하는 등 자신의 필요와 욕구 실현을 위해 갑질을 한다. 갑이 하는 언행이 당하는 을에게는 아픔이고 부담이고 족쇄가 되어 피와 땀을 요구하는 일이 될 수도 있다. 그래서 혐오감으로 치가 떨리고 자신의 신세가 한탄스럽고 산다는 것 자체가 괴로움이고 삶 자체가 고통이기도 하다. 심한 경우 평온한 한 사람의 삶을 송두리째 흔들어 놓거나 인생행로를 바꾸어 놓고, 극단적인 선택을 하도록 내모는 원인으로 작용하기도 한다. 갑질을 당하는 수많은 을은 오늘도 꾸역꾸역 솟아오르는 억울함과 분함에서 오는 마음의 고통을 죽을 힘을 다해 억지로 참는다.

1) 당사자인 을이 보는 피해의 심각성

을이 보는 피해는 개인적인 피해이다. 여기에는 정신적 피해, 육체적 피해, 물질적 피해, 기타 피해가 있다.

(1) 정신적 피해

을이 당하는 대표적인 피해가 정신적 피해이다. 육체적인 피해와 물질적인 피해도 대개 정신적인 피해를 수반한다. 사람이 살아가면서 가장 견디기 힘들어하는 것 중 하나가 마음의 고통이다. 이것은 당사자만 알고 괴로움을 느낀다. 그러므로 다른 사람이 도와주기 어려울 때도 많다. 갑질을 당하는 사람은 정도의 차이는 있지만, 누구나 마음의 고통을 겪는다. 인간에게는 좋지 않은 기억은 잘 잊히지 않는 특성이 있다. 심한 경우 평생 고통에 시달리기도 한다. 상사, 원청업체, 손님의 갑질로 정신질환까지 겪는 직장인이 늘고 있다. 2018년 안전보건공단 조사 발표에 따르면, 최근 9년간 직장 업무에 따른 정신질환으로 산업재해(산재) 인정을 받은 직장인이 5배가량 늘었다. 2017년만 해도 직장인 126명이 정신질환 산재를 인정받았다. 2008년 24건에 비해 5.3배가 늘어난 것이다. 산재 신청 건수도 같은 기간 69건에서 213건으로 많이 증가했다. 김인아 한양대 직업환경의학과 교수는 "정신질환 관련 산재 신청 사유 중 3분의 1은 갑질 문제다"라고 분석했다.[104]

(2) 육체적 피해

육체적인 피해는 폭력, 무리한 일의 추진이나 행동 요구, 열악한 근로 환경 등 세 가지 원인에 의해 주로 발생한다. 폭력에 의한 육체적 피해는 갑이 을에게 직접 행사하는 것이 대부분이다. 하지만 제삼자에게 청부하여 폭력을 행사하는 경우도 있다. 특히 노사분규

---

104) 동아일보(2018.05.27).

나 재개발을 위한 철거 현장 등에서 충돌이 발생할 때 이런 모습이 자주 보인다. 현장에서 발생하는 사고들은 갑의 무리한 일의 추진이나 무리한 행동 요구와 관련된 것이 많다. 또 열악한 근로 환경에서 장시간 작업을 하면 직업병이 유발되거나 산업재해가 발생하기도 한다.

(3) 물질적 피해

물질적인 피해는 대부분 경제문제와 관련하여 발생하고, 경제적인 피해이다. 장사가 잘되는 건물에서 내쫓기 위한 대폭적인 전세금 인상, 물품 공급 중단, 공급 단가 대폭 인상, 자금 회수, 납품 중단 등 여러 가지가 있다. 실제 이런 일이 생겼을 때, 힘이 현저하게 차이가 나면 약자는 속수무책으로 당할 수밖에 없다. 대기업의 납품 중단 갑질로 중소 협력업체를 파산시키는 것은 어려운 일이 아니다.

(4) 기타 피해

기타 피해에는 주로 가족이 고통을 당하는 피해이다. 하지만 자신감, 의욕, 기회의 상실 등 자신이 정신적, 육체적, 경제적 피해에 부수하여 피해를 보는 것도 여러 가지가 있다.

2) 사회적 문제의 심각성

(1) 사건 사고의 직접적인 원인으로 작용

어떤 갑질은 그 자체가 사고나 사건에 해당한다. 그런데 이것이 이차적인 사고나 사건 발생의 원인으로 작용하는 때도 있다. 40대 여성 김 씨는 2017년 2월 2일 오후 5시 20분쯤 충북 청주시 청원구 오창읍의 한 카페에서 딸의 학교 취업담당 계약직 교사 A(50) 씨의 목 등을 흉기로 찔러 살해한 혐의로 재판에 넘겨졌다. 당시 김 씨는 사건 전날인 2월 1일 취업상담을 하려고 A 씨를 만난 딸이 저녁을 먹고 자리를 옮긴 노래방에서 A 씨에게 성추행을 당했다는 말을 듣고 이런 일을 벌였다. 범행 후 1시간여 뒤 경찰에 자수한 김 씨는 "노래방에서 딸을 성추행했다는 얘기를 듣고 만나서 따지다가 격분했다"고 진술했다.105)

(2) 사회 분열과 갈등의 원인으로 작용

집단 유지와 발전의 힘은 인화를 바탕으로 한 단결과 협력에서 나온다. 갑질은 인화를 해치고 단결을 방해하고 협력하지 못하게 하고 공존공영으로 나아가는 것을 막고 인간 존엄성을 짓밟고 삶의 질을 악화시키는 등 사회 분열과 갈등의 원인으로 작용한다. 횡포와 부당행위로 굴종을 강요받고 괴롭힘을 당해 분노와 한이 쌓여 있는 사람에게도 단결과 협력, 공존공영, 인간 존엄성, 삶의 질 향상의 중요성을 강조할 수는 있다. 하지만 그런 고상한 말들은 그들에게 공허한 메아리에 지나지 않는다.

(3) 민주화 진척과 선진사회로 나아가는 것을 가로막는 장애물

갑질이 만연하여 일상화한 사회가 민주화된 사회라고 생각할 사

---

105) 이데일리(2017.12.21).

람은 아마 없을 것이다. 그런데도 오늘날 우리 국민 중 상당수는 우리나라가 대단히 민주화된 사회라고 생각하는 것 같다. 국민의 힘으로 대통령을 끌어내리는 모습을 보고 한국의 민주주의가 부럽다고 한 외신 보도를 본 것 같은 기억이 어렴풋이 난다. 그러나 우리의 현실은 어떤가? 한국의 민주화는 갑을 관계와 직장 문 앞에서 멈춘 지 오래다. 일상 속에서는 거의 매일 갑질을 반복하는 사람이 있고, 그들을 방치하는 사회구조가 존재한다. 그 결과 누군가는 매일 괴롭다. 그런데도 우리나라가 민주화되었다고 한다. 이것이 진정 민주화된 나라인지 의문이다. 물론 과거와 비교하면 많이 좋아진 것은 사실이다. 하지만 한국의 민주화는 아직 나갈 길이 멀다.

우리가 아는 선진국은 우리나라와 같이 갑질이 만연하지 않다. 또 갑의 횡포나 부당행위가 사회적 논란 대상이 되면 정치권과 정부, 시민단체나 시민들이 나서 대책을 세우고 예방을 위해 적극적으로 노력한다. 그동안 우리나라도 노력하지 않는 것은 아니다. 하지만 정작 갑질에 대한 대책을 세우고 막아야 할 사람이 내용을 제대로 모르거나 오히려 갑질을 하는 사례가 너무 많았다. 이런 상태에서는 선진사회로 나아갈 수 없다. 오늘날 우리 사회의 갑질은 민주화 진척과 선진사회로 나아가는 것을 가로막는 최대의 장애물이다. 다수의 국민이 괴롭힘을 당하는 현실이 존재하는 사회는 결코 민주화된 사회도 선진사회도 아니다.

3) 구조적 문제의 심각성

(1) 먹이사슬구조

먹이사슬은 생태계에서 먹이를 중심으로 이어진 생물 간의 관계이다. 한국 사회에서 갑질은 먹이사슬구조로 형성되어 있다. 공무원은 어디서든 갑이다. 대형 증권사의 50대 영업담당 임원은 금융 프로젝트(project, 연구나 사업 또는 그 계획)를 따내기 위해 공기업 40대 팀장과 저녁 약속을 잡았다. 이 임원은 약속 당일 30대 정부 사무관이 온다는 사실을 뒤늦게 알게 됐다. 공기업 팀장이 "식사를 한번 모시겠다"며 사무관을 부른 것이었다. 졸지에 저녁 약속은 50대 대기업 임원이 40대 공기업 팀장을 접대하고, 40대 공기업 팀장이 30대 사무관을 접대하는 자리가 됐다.[106] 이게 끝이 아니다. 공무원도 같은 공무원이 아니다. 수사와 감사 권한을 가진 힘 있는 권력기관의 공무원이 있다. 그 위에는 정치가와 정당이 있다. 이처럼 공무원은 실무자에서 지위별로 최고 행정부의 수반인 대통령까지 권한이 달라 각자 자신의 지위에서 아랫사람에게 갑질을 할 수 있는 서열과 계층 구조가 형성되어 있다. 이러한 구조는 기업들도 마찬가지이다. 먹이사슬구조는 접대부를 고용하고 폭력배를 관리자로 둔 업소를 생각해보면 쉽게 이해할 수 있다.

(2) 복층구조

한국사회에서 갑질은 복층구조로 되어 있다. 조직 내 지위에서 가장 하부에 속하는 사람은 위층에서 발생하는 모든 하중과 압력을

---

106) 조선일보(2013.04.30).

견뎌내야 하는 구조로 되어 있다. 가령 을이 사원이라면 상관인 대리, 과장, 팀장이나 부장, 이사나 상무, 전무, 사장은 물론 고객이나 소비자로부터 갑질을 각각 또는 동시다발적으로 당하는 구조이다. 재수가 없는 날은 일을 정상적으로 처리했는데도 진상 손님의 시비에 말려 그에게 사과하고, 과장에게 소리 듣고 부장에게 불려가 혼나는 때도 있다. 여기서 복층구조라는 말은 하나의 사건에 상사나 고객으로부터 복수의 갑질을 당할 수 있는 구조라는 의미이다.

4) 복합적 사회병리 문제

갑질은 우리 사회 전체적으로 보면 복합적 사회병리 문제이다. 어느 한 사람이나 어느 한 분야가 문제가 되는 것이 아니다. 사회 전반적인 문제가 어우러져 터져 나오는 복합적 사회 병리 문제라는 데 심각성이 있다. 오늘날 우리 사회는 개인의 소양 부족, 집단의 병폐, 불합리한 사회 구조 그리고 그것을 개선하고 방지하고 해결하는 국가의 역할과 관련된 견제 장치나 체계가 제대로 작동되지 않는 구조적인 문제, 문화 속에 녹아 있는 갑질 요소 등이 어우러져 많은 사람이 자신이 갑질을 하는 것을 당연한 일로 인식하는 상황에 놓여 있다. 즉 개인, 집단, 국가와 행정기관의 비정상적인 활동, 문화적인 문제까지 어우러져 갑질이 나타난다.

2. 갑질이 만들어내는 병

사람은 자신이 다른 사람에게 아픔을 준 것은 기억하지 못하거나 쉽게 잊어버리지만, 자신이 당한 아픔은 아주 오래 기억하는 경향이 있다. 평생 기억하는 사람도 있다. 갑질을 당한다고 모두 병이되는 것은 아니다. 세상에 살아가면서 몇 번 갑질을 당하지 않는사람은 아무도 없다. 정상적인 사람들은 갑질을 하기도 하지만 대개 갑질을 당해도 잘 극복한다. 그 순간은 다소 기분이 나쁘지만,일일이 대응할 수 없다는 것을 알기에 참고 넘어간다. 하지만 어떤사람에게는 갑질이 평생 안고 가야 하는 고통이다. 갑질을 당해 몸이 불구가 되거나 긴장, 초조, 불안 심리 유발로 정신과 치료를 받기도 한다. 또 병까지는 아니어도 아픔을 겪은 기억이 뇌에 각인되어 오랫동안 악몽에 시달리는 사람도 있다. 갑질이 만드는 대표적인 병 몇 가지를 살펴보면 다음과 같다.

1) 화병

화(火)는 몹시 못마땅하거나 언짢아서 일어나는 불쾌한 감정이고,한(恨)은 몹시 원망스럽고 억울하거나 안타깝고 슬퍼 응어리진 마음이다. 화와 한이 쌓이면 병이 된다. 화병(火病)은 울화병과 같은뜻의 말이다. 한의학에서 울화병(鬱火病)은 억울한 마음을 삭이지못하여 간의 생리 기능에 장애가 와서 머리와 옆구리가 아프고 가슴이 답답하면서 잠을 잘 자지 못하는 병을 말한다. 화병의 원인은여러 가지가 있지만, 가장 대표적인 것이 갑질이다. 즉 갑질로 억울한 일을 많이 당하면 화병이 생긴다.

2) 스트레스와 연관된 병

스트레스(stress)는 의학 용어로 적응하기 어려운 환경에 처할 때 느끼는 심리적·신체적 긴장 상태를 말한다. 장기적으로 지속되면 심장병, 위궤양, 고혈압 따위의 신체적 질환을 일으키기도 하고 불면증, 신경증, 우울증 따위의 심리적 부적응을 나타내기도 한다. 스트레스를 받으면 발칵 역정을 내는 짜증을 부리는 일이 많다.

3) 트라우마

트라우마(trauma)는 일반적인 의학용어로는 '외상(外傷)'을 뜻하나, 심리학에서는 '정신적 외상', '(영구적인 정신 장애를 남기는) 충격'을 말한다. 보통 후자의 경우에 한정되는 용례가 많다. 트라우마는 선명한 시각적 이미지를 동반하는 일이 극히 많으며, 이러한 이미지는 장기 기억된다. 트라우마의 예로는 사고로 인한 외상이나 정신적인 충격 때문에 사고 당시와 비슷한 상황이 되었을 때 불안해지는 것을 들 수 있다.[107]

3. 갑질이 만들어내는 폐해

해롭기만 하고 하나도 이로운 바가 없는 것을 백해무익(百害無益)이라고 한다. 갑질은 그 자체로 볼 때는 백해무익(百害無益)하다. 우선은 갑에게 좋을 것 같아도 길게 보면 그렇지 않다. 세상에 절

---

107) 시사상식사전.

대적인 갑은 없다. 누구나 을이 될 수 있다. 또 갑의 행동과 을의 인내가 극(極)에 도달하면 을이 극단적인 행동으로 갑을 타도하는 일이 일어날 수 있기 때문이다.

1) 약육강식 사회 강자의 횡포가 일상화된다

약육강식 사회는 강자의 횡포와 부당한 행위에 대한 견제장치가 없거나 있어도 제대로 작동하지 않는 사회를 말한다. 즉 강자의 횡포가 일상화된 사회이다. 약육강식(弱肉強食)은 약한 자가 강한 자에게 먹힌다는 뜻으로, 강한 자가 약한 자를 희생시켜서 번영하거나, 약한 자가 강한 자에게 끝내는 멸망됨을 이르는 말이다. 갑질을 방치하면 힘의 논리에 의해 지배되는 약육강식 사회가 된다. 약자는 강자에게 빌붙어 그들의 이익을 위해 일하면서 그들이 나누어 주는 자그마한 이익을 얻어먹고 살아야 한다. 이런 양자의 관계를 고착화하기 위해 강자는 약자가 힘을 축적하지 못하도록 끊임없이 괴롭히고 방해하고 수단과 방법을 가리지 않고 약탈한다. 즉 강자는 약자를 억눌러 현재의 관계를 유지하기 위해 끊임없이 갑질을 한다. 그렇게 하지 않지 않으면 우열이 바뀔 수 있다고 생각하기 때문이다. 강자가 바라는 이상사회는 자신들은 누리고 부담과 희생은 모두 약자가 떠안는 사회이다. 그렇게 되면 약자는 항상 가난과 고통 속에서 온갖 부담만 강요당하는 힘겨운 삶을 살아야 한다.

2) 불평등과 불공정이 심화한다

어떤 과정을 거쳤던 현재 힘을 가진 사람은 경쟁에서 우위를 확보한 사람이다. 그런데 그들이 가장 두려워하는 것이 있다. 동등한 예우, 자유, 평등, 공정이다. 기본적으로 갑질은 동등한 예우, 자유, 평등, 공정에서 성립될 수 없다. 갑인 나는 내 마음대로 할 수 있는 자유를 가져야 하지만, 상대는 그런 자유를 가져서는 안 된다. 또 내가 가진 힘을 누리기 위해서는 평등해서는 안 된다. 차등해야 한다. 그래야 내가 가진 힘으로 특별한 대우를 받는 등 특혜를 누리고 약한 힘을 가진 사람들에게 영향력을 행사할 수 있다. 갑이 원하는 것을 마음대로 하기 위해서는 불공정해야 한다. 공정해서는 안 된다. 동등한 예우를 받으면 힘을 가졌다는 것이 의미가 없다. 오히려 책임에 따른 부담이 될 수도 있다.

공정한 경쟁을 하면 자신의 힘과 기득권을 유지하기 어렵다. 자신이 부당한 방법으로 축적해온 힘이 더는 승리의 배경이 되지 못하기 때문이다. 공정한 경쟁을 하면 뛰어난 능력을 갖춘 사람이 큰 힘을 차지할 것이다. 그렇게 되면 힘이나 기득권을 자녀에게 물려주기도 어렵게 된다. 이러한 사실을 잘 아는 갑은 자신의 기득권 유지와 향유를 위해 불평등 구조가 굳어지길 바란다.

어느 시대 어느 나라를 막론하고 갑의 최고 관심사는 자기 필요, 편리, 이익을 유지하고 확장하는 것이다. 여기에는 현재의 힘을 유지하고 키우는 것, 그것을 자녀에게 물려주는 것, 다른 사람이 주류 사회에 편입하는 데 제약을 가하는 일이 포함된다. 기득권을 물려주면 단순하게 힘을 가진 부모에게서 태어났다는 이유만으로 호의호식하며 누리고 살 수 있다. 실력이 부족해도 부모가 자신의 힘을 이용하여 청탁하든지 돈으로 매수를 하든지 누구나 부러워하는 직장에 다닐 수 있게 해준다. 또 서민이 힘을 가지면 자신에게 도전하여 위치가 역전될 수 있으므로, 가진 자는 자신들이 형성한 주류 사회가 계속 유지되고 기득권을 누릴 수 있도록 가진 자들끼리 유대를 강화한다. 힘이 약한 자들이 주류사회에 편입되지 못하도록 강력하게 견제한다. 결국 갑질은 불평등과 불공정을 심화시킨다.

3) 가진 자와 못 가진 자의 격차가 심해진다

갑질이 방치되면 갑의 의사에 의해 분배가 되고 갑이 원하는 사람이 요직을 차지하게 된다. 즉 경제적인 분배가 왜곡되고 불공정한 인사가 이루어진다. 이기적인 갑들은 자신의 필요, 편리, 이익을 최우선으로 한다. 그들은 약한 힘을 가진 사람들을 위해 일을 하는 것이 아니다. 오히려 자신의 필요, 편리, 이익을 위해 약자가 일하도록 동원한다. 실질적인 노동을 하는 것은 약한 힘을 가진 자들이다. 그런데도 큰 이익은 자신이 취하고 작은 이익만 분배한다. 큰 부담은 약한 힘을 자진 자에게 전가하고 자신은 부담을 떠안으려고 하지 않는다. 어찌할 수 없이 부담을 안아야 할 때도 작은 부담을 안기 위해 온갖 핑계를 대고 엄살을 피우고 심지어는 술수를 부리기도 한다. 결국 승자독식사회가 되어 빈부 격차가 더욱 심해진다.

4) 계급이 고착화한다

인간이 꿈꾸는 이상사회는 모두가 상류사회에 속하고 하류사회에 속하는 사람이 없는 것이다. 하지만 여기에는 논리 모순이 존재한다. 모두가 상류사회에 속하면 아무도 상류사회에 속하지 않게 되는 것과 같다. 즉 평등사회로 상하 구분이 없어진다. 이것은 갑들이 가장 싫어하는 사회이다. 근본적으로 자신이 가진 힘을 누리려면 자신보다 약한 사람이나 아랫사람이 있어야 한다. 그러므로 갑들은 자신들이 현재 누리고 있는 특혜를 계속 누리기 위해 힘이 바탕이 되어 만들어진 신분이나 계급이 고착화하기를 원한다. 더 큰 힘을 가진 갑은 사회를 서열화하기 위해 노력한다.

서열(序列)은 일정한 기준에 따라 순서대로 늘어섬 또는 그 순서이다. 과거보다는 많이 완화되었다고는 하지만, 현재도 여전히 지위나 같은 조직 내 계급은 당사자는 물론 그 가족까지 서열화시키고 갑질을 하는 원인으로 작용한다. 오늘날 우리 사회에서는 행정기관, 군대, 기업까지 남편이 수장이면 부인도 수장이다. 남편이 부하이면 부인도 부하 노릇을 하는 것이 현실이다. 심하면 아버지가 수장이면 아들도 수장 노릇을 하고, 아버지가 부하이면 아들까지 부하 노릇을 해야 한다. 이런 현상이 발생하는 이유는 관계 속에서 발휘되는 영향력 때문이다. 수장의 아내와 아이가 수장에게 좋은 쪽으로 또는 나쁜 쪽으로 말을 하면, 그것이 수장을 통해 부하에게 영향을 미친다. 그러니 수장의 아내와 아이를 모실 수밖에 없다. 서열화와 계급사회의 종착역은 1인이 지배하는 군주국가이다. 계급이나 서열이 굳어지는 갑질문화가 존재하는 사회에서 을의 주류사회 진입은 몹시 어렵다.

5) 보통사람이 능력을 발휘할 기회가 줄어든다

공정한 기회를 제공하고 공정하게 능력을 평가하면 을도 한번 도전해볼 만하다. 현재의 여건이 어렵더라도 자신이 타고난 재능을 발휘하고 노력을 통해 향상된 실력을 다른 사람들과 겨루어 볼 수는 있기 때문이다. 공정한 기회가 주어졌는데도 자신의 재능과 실력이 부족해서 꿈을 이루지 못하는 것은 어쩔 수 없는 일이기에 결과에 승복하는 사람이 많다. 하지만 갑은 근본적으로 공정한 것을 싫어한다. 아니 배격한다. 보통사람이 능력을 발휘할 기회가 늘어난다는 것 자체를 꺼린다. 상대적으로 자신이 가진 힘을 유지하고 확장하기 어렵기 때문이다. 도전이 지속되면 언제 현재 힘의 구조가 바뀔지 알 수 없다. 그러므로 갑은 원천적으로 보통사람이 능력을 발휘할 기회를 제한하기 위해 노력한다. 기회가 줄어들면 보통사람의 꿈과 희망도 점차 줄어들고, 삶의 의욕을 떨어뜨린다.

6) 부정과 비리가 만연한다

부정부패와 비리는 그 내용을 분석하면 옳지 않고 바르지 않고, 이치나 도리에 맞지 않는 행동을 하며, 올바른 길에서 벗어나 잘못된 길로 빠지는 것을 말한다. 실제 우리가 아는 대부분의 갑질이 옳지 않고 바르지 않고, 이치나 도리에 맞지 않은 행동이기에 사람들이 싫어하고 거부하는 것이다. 갑질이 널리 퍼져 있다는 것은 그 사회에 견제장치가 제대로 작동되고 있지 않다는 것을 의미한다. 힘을 가진 자들에 대한 견제가 제대로 이루어지지 않으면 그들은 자신의 잇속을 챙기기 위해 더욱 극성을 부릴 것이다. 그러면 부정과 비리가 만연할 수밖에 없다.

7) 인화를 방해한다

인간이 당하는 모든 어려움을 헤쳐 나갈 수 있는 근원적인 힘은 인화에서 나온다. 인화가 되어야 단결하고 협력도 가능하다. 인화는 집단의 에너지를 결집하는 바탕이 된다. 에너지(energy)는 인간이 활동하는 근원이 되는 힘이다. 갑질은 전체 구성원과 집단의 발전을 위해 사용되어야 할 에너지가 갈등을 생성하는 요소로 작용하게 함으로써 사회 발전을 저해한다. 구성원 간 대립과 충돌로 갈등을 유발하고 분열시켜 집단의 에너지를 소모시킨다. 발전을 위해 투입되어야 할 집단에너지가 모이고 커지는 것을 막는다. 집단에너지는 사회 발전의 원동력이다. 이 동력이 줄어들면 유지도 어려워진다. 당연히 발전하는 것이 아니라 퇴보하고 그 집단은 궁극에는 망하는 길로 간다.

4. 갑질 대응과 처리

갑질을 당했을 때 사람마다 대응하고 처리는 방법은 다르다. 그러나 많은 사람이 공통으로 하는 대응과 처리 방법은 참기와 무시, 속으로 분함 삭이기, 회피 노력, 풀이 등이 있다.

1) 참기와 무시

인간은 누구나 사회화를 통해 참는 교육을 받는다. 좋지 않은 일, 기분 나쁜 일, 화나는 일이 있거나 다른 사람이 선동하고, 시비를 걸 때 참지 않으면 결국 싸움이 된다. 싸움을 통한 해결은 바람직한 것이 아니다. 싸움은 어쩔 수 없을 때 최후 수단으로 하는 것이어야 한다. 싸워서 이기더라도 출혈을 감수해야 하고, 지면 그에 상응하는 대가를 치러야 하기 때문이다. 사람이 살다 보면 여러 가지 일들이 생긴다. 일상적으로 발생하는 좋지 않은 일, 기분 나쁜 일, 마음이 상한 일이 있을 때마다 시비를 가릴 수도 없다. 오늘도 갑질을 당하는 많은 사람이 있지만 애써 참고 무시하고 넘어간다.

2) 분함 삭이기

갑질로 분함을 느끼더라도 문제가 확대 재생산되는 것을 막기 위해서는 속으로 삭일 수밖에 없다. 화가 치밀어 오르는 순간을 넘기면 마음이 가라앉는다. 냉정해지면 후회를 남기는 일을 줄일 수 있다. 분함을 삭이는 방법은 여러 가지가 있다. 운동이나 취미생활을 하고, 가까운 사람들과 차를 마시거나 식사를 하고, 술자리 등을 통해 대화나 불만을 토로하며 풀기도 한다. 또 노래방에 가서 노래를 부르거나 자신이 편안함을 느끼는 가정으로 일찍 귀가하여 가족과 대화를 하기도 한다. 좋아하는 연속극이나 운동경기, 연예 프로그램 등을 시청하는 사람도 있다. 인터넷, 동영상 검색을 하기도 하고, 책을 읽기도 한다.

3) 회피 노력

갑질을 예방할 수 있는 좋은 방법 중 한 가지가 상대와 마주치지 않도록 피하는 것이다. 이것이 어려울 때는 부딪히지 않도록 행동을 조심해야 한다. 갑이 가까이 있으면 그가 싫어하는 행동을 하지 않도록 조심하는 것도 회피의 한 방법이다.

4) 자신의 사고와 행동 전환을 통한 대응

내 힘과 능력으로 상대를 변화시키고 극복할 수 없을 때, 자신의 사고와 행동 전환을 통해 대응하는 사람들이 있다. 현실적인 상황과 여건을 고려하여 대응방식과 행동 변화를 통해 자신에게 가해지는 충격을 완화하거나 긍정적으로 해석함으로써 마음을 다스리는 방법이다. 이 방법을 이용하는 을들은 현실에서 벗어날 수 없을 때 복종하고 아부하고 접대하고 상납하는 등의 행동을 통해 갑의 비위를 맞춘다.

5) 실력 향상

갑질을 당한 사람이 선택하는 이상적인 복수 방법이 실력 향상이다. 실제로 갖추고 있는 힘이나 능력이 상대보다 크면 갑과 을의 상대적인 지위가 바뀐다. 그러므로 자신이 을이라고 생각하는 사람 중에는 자신에게 갑질을 행사한 사람보다 우위에 서기 위해 이를 갈며 실력 향상에 매진하는 사람이 많다.

6) 풀이

풀이는 자신의 마음에 일어난 감정 따위가 부드러워지거나 약하여지고 마음에 맺혀 있는 것이 해결되어 없어지는 일을 하는 것이다. 구체적인 내용은 갑질 풀이에서 살펴본다.

5. 갑질 풀이

갑질 풀이는 갑질을 당해 맺힌 억울함과 괴롭힘으로 상한 자신의 마음과 가슴에 쌓인 응어리를 푸는 일을 말한다. 갑질 풀이는 소극적 갑질 풀이와 적극적 갑질 풀이가 있다. 소극적 갑질 풀이는 을이 갑질을 당해 생긴 분하고 억울한 마음이 스스로 누그러지게 하는 것이다. 화를 참고 감정을 순화하거나 다른 것에 관심을 집중하는 등 여러 가지 방법이 있다. 적극적 갑질 풀이는 의욕적이거나 능동적인 행위를 통해 풀이하는 것이다. 여기에는 긍정적 갑질 풀이와 부정적 갑질 풀이가 있다. 긍정적 갑질 풀이는 갑을 넘어서는 실력을 기르기 위해 계획을 세워 실행에 옮기는 등 갑질을 자극제로 활용하는 것이다. 부정적 갑질 풀이는 갑에게 대응하는 행동을 하는 것이다. 하지만 부정적 갑질 풀이는 자신이 여전히 힘이 약한 상태라는 점을 고려하면 또 다른 피해를 볼 가능성이 높다. 갑질 풀이 방법을 살펴보면 다음과 같다.

1) 대상에 따른 갑질 풀이

갑질 풀이의 방법은 대상에 따라 혼자서 하는 풀이, 동료 풀이, 상대 풀이, 제삼자 풀이로 나눌 수 있다. 혼자서 하는 풀이는 가족, 친구 등 편안하고 친한 사람과 잡담을 하거나 좋아하는 취미 생활을 하는 방법, 상대가 안 보는 곳에서 혼자 욕이나 험담을 하는 방법으로 풀이하는 것 등이 있다. 동료 풀이는 동료와 어우러져 커피, 술, 식사 등을 함께 하며 자신에게 갑질을 한 상사의 뒤 담화를 하는 방법이다. 비슷한 처지에 있는 사람들끼리 모여 갑질을 한 사람에게 욕을 하거나 그의 행위를 비판하고 때로는 비리를 공유하기도 한다. 상대 풀이는 자신에게 갑질을 한 상대를 대상으로 풀이를 하는 것이다. 문제를 제기하고 따지거나 사과를 요구하는 직접적인 방법과 의도적으로 골탕을 먹이는 등 대가를 치르게 하는 간접적인 방법이 있다. 제삼자 풀이는 갑질을 한 사람과 관련이 있는 사람을 대상으로 풀이를 하는 것이다. 제삼자 풀이는 자신에게 갑질을 한 사람이 아닌 그의 가족, 친지, 동료 또 직접 갑질을 한 사람과 전혀 이해관계가 없는 후임, 후배, 부하 등 자신보다 약자의 위치에 있는 사람에게 풀이하는 방법이다. 제삼자에 대한 풀이는 갑질의 대물림과 사회적 확산의 주요한 원인으로 작용한다. 특히 과거 우리나라 군대에서 군인들 사이에 행해진 폭력과 얼차려를 통한 복종 강요 등의 괴롭힘이 대표적이다.

2) 내용 측면의 갑질 풀이

갑질 풀이 방법은 사람마다 다르다. 그러나 큰 흐름에서 보면 내용 측면의 갑질 풀이는 대략 8가지 방법에 의해 주로 이루어진다. 이것은 풀이라는 단어의 뜻을 갑질 문제에 접목하여 이행하는 것과 같다. 첫째는 생각이나 이야기 따위를 말한다. 둘째는 일어난 감정 따위를 누그러뜨린다. 셋째는 마음에 맺혀 있는 것을 해결하여 없애거나 품고 있는 것을 이룬다. 넷째는 모르거나 복잡한 문제 따위를 알아내거나 해결한다. 다섯째는 금지되거나 제한된 것을 할 수 있도록 터놓는다. 여섯째는 피로나 독기 따위를 없어지게 한다. 일곱째는 사람을 동원한다. 여덟째는 긴장된 상태를 부드럽게 한다. 위에 나열된 방법을 각각 또는 통합하여 사용하면 갑질로 상한 마음과 가슴에 쌓인 화를 풀 수 있다. 풀이를 잘못하면 부작용이나 역작용이 생길 수 있다. 그러므로 쌓인 것은 풀고 부작용은 생기지 않도록 상황이나 상대적 관계, 개인의 선택과 의지에 따라 풀이 내용과 강도, 사용하는 방법 등을 신중하게 선택하고 실행에 옮겨야 한다.

3) 행동 측면의 갑질 풀이

행동 측면의 갑질 풀이는 욕하기, 맞대응, 보복 등 세 가지가 대표적이다.

욕하기

욕하기는 소극적 욕하기와 적극적인 욕하기가 있다. 욕하기는 주로 적극적 욕하기보다는 소극적인 욕하기를 하는 사람이 많다. 갑이 자신보다 강자이므로 적극적인 방법으로 그에게 직접 또는 그가 보거나 듣는 곳에서 욕을 하면 보복 등 더 큰 피해를 볼 수 있기 때문이다. 소극적 욕하기는 갑이 직접 듣지 않는 장소에서 혼자서 또는 주위 사람과 함께 모여 욕을 하며 자신의 억울함을 전파하고 쌓인 화를 풀 목적으로 욕하는 것이다. 욕은 하는 사람에 따라 '아이고 속 터져, 귀신은 저런 인간 빨리 안 잡아가고 뭐 하나 몰라', '아 오늘 재수 옴 붙었다. 소금 뿌려라', '더러워서 못 해 먹겠다', '별꼴이야 정말', '똥이 무서워서 피하나 더러워서 피하지', '병신 또 육갑한다', '지랄 염병하고 자빠졌네', '가다가 돌부리에 걸려 뒈져버려라' 등 다양하다. 적극적 욕하기는 갑이 갑질을 할 때 순간적으로 참지 못하고 또는 불만을 표출하는 방법으로 일부러 들으라고 욕하는 것이다.

맞대응

맞대응은 사건 현장에서 직접 대응하는 받기와 시간의 간격을 두고 어떻게 할 것인지 수단을 강구하여 대응하는 방법이 있다. 받기는 상대의 행동에 대응하여 그 자리에서 문제를 제기하고 따지고 화를 내고 언쟁을 벌이거나 싸움을 하는 것이다. 시간을 두고 대응하는 방법에는 자신이 방법을 찾는 경우, 주위 사람들에게 자문을 구하거나 도움을 청하는 경우, 법규와 공권력을 통한 해결 등이 있다. 내용과 상황에 따라 제삼자인 상사와 친구, 동료, 친척 등 자신과 인간관계가 있는 사람과 공동 대응, 소속 집단, 관계기관, 국가기관에 탄원서 제출이나 고발, 수사기관 고소, 소송 제기 등의 방법으로 갑에게 대응한다.

보복

보복(報復)은 앙갚음과 같은 말이다. 앙갚음은 남이 저에게 해를 준 대로 저도 그에게 해를 줌이라는 뜻이다. 그래서 보복은 갚기라고도 한다. 보복은 대개 갑질을 당한 사람이 대응 방법을 마련하고 준비에 시간이 걸리므로, 갑질이 행하여진 후에 일정한 시간이 지나 일어나는 경우가 많다. 갑질을 한 본인에게 보복하는 경우도 있지만, 갑질을 한 사람과 관계가 있는 사람들에게 행하기도 한다. 갑질을 한 사람과 관계가 있는 사람은 그의 참모, 부하, 친구, 동료, 추종자 등 친분이 강한 사람, 가족과 친족 등 혈연관계에 있는 사람이다.

6. 갑질에서 벗어나는 방법

갑질에서 벗어나는 일반적인 방법은 회피와 실력 향상 두 가지가 있다. 회피는 일시적으로 사건이나 상황을 악화시키지 않는 데는 도움이 되지만 근본적인 해결책은 아니다. 즉 회피는 미봉책이다. 회피한다고 근원적인 문제가 해결되지 않거나 해결되더라도 파생적인 문제가 수반되는 경우가 많다. 그러므로 회피는 바람직한 해결 방법으로 보기 어렵다. 그런데도 사람들이 가장 많이 사용하는 방법이 회피이다. 마찰의 순간이나 감정이 격해지는 것을 피하면 큰 후회를 남기는 일은 드물다. 또 갑도 갑질을 하는 순간이 지나면 감정 변화가 생기고 행동이 달라지기도 한다. 그러므로 해결 묘수가 없는 을은 누군가가 갑질을 하더라도 '똥이 무서워서 피하나 더러워서 피하지'라고 속으로 뇌이며 우선은 참고 피하고 본다.

실력 향상은 이상적인 해결 방법에 속한다. 갑질을 벗어나는 가장 현실적이고 유일한 방법은 자기 힘을 키우는 것이다. 여기서 말하는 힘은 지력, 금력, 권력, 완력, 상대적 관계력, 조직력을 말한다. 갑질을 하는 사람보다 아는 것이 많고, 더 많은 부를 축적하고, 높은 지위를 차지하고, 체력을 육성하거나 싸움의 기술을 터득하고, 힘 있는 사람과 교류를 통해 배경을 만들거나 힘이 약한 사람들과 연대하여 대응하는 등 많은 사람과 교류하여 세력을 확대하고, 정당 등 거대 조직이나 세력이 큰 집단에 가담하는 방법으로 상대와 동등 이상의 힘을 갖추면 갑질은 성립하지 않는다. 나아가 상대보다 더 큰 힘을 갖추면 그때는 갑과 을의 지위가 바뀐다.

갑질에서 벗어나는 방법은 아주 오래전부터 사람들의 관심 대상이 되었다. '아는 것이 힘이다'라는 격언은 널리 알려져 있다. 한자 네 자로 이루어진 성어인 사자성어(四字成語) 중에는 교훈적인 것이 많다. 남에게 의지하지 아니하고 자신의 힘만으로 어려운 처지에서 벗어나 새로운 삶을 살아감을 뜻하는 자력갱생(自力更生), 출세하여 이름을 세상에 떨침을 의미하는 입신양명(立身揚名) 등이 대표적이다. 이것은 서민들의 일상 속에서 널리 강조되어 왔다. 또 국가 차원에서는 나라를 부유하게 만들고 군대를 강하게 함을 뜻하는 부국강병(富國強兵)을 중심 정책으로 삼아 외국의 침략에 따른 불편과 고통을 당하지 않기 위해 노력했다.

7. 갑질과 관련된 신조어

꼰대

꼰대는 은어로 '늙은이', 학생들의 은어로 '선생님'을 이르는 말이다. 오늘날 학생을 비롯한 젊은이들 사이에서 꼰대는 은어로 기성세대, 늙은이나 선생님을 이르는 말로 흔히 쓰이며 '꼰대'에 접사인 '질'을 붙여서 흔히 '꼰대질'이라고 한다. 자신의 경험을 일반화해서 남에게 일방적으로 강요하는 행위를 속된 말로 '꼰대질'이라고 부른다.108) 그러나 꼰대는 단순하게 나이가 많은 어른이나 일반적인 선생들을 뜻하는 것은 아니다. 그들의 행동이나 태도에서 거부감이나 혐오감을 느끼게 하는 사람을 지칭한다. 구체적으로는 구시대적 사고를 하며 권위에 의존하여 밀어붙이며 일을 추진하는 사람을 주로 가리킨다.

헬조선

헬조선(Hell朝鮮)은 열정페이, 취업난, 삼포 세대로 대변되는 청년층이 한국을 자조적으로 일컫는 말109)이다. 한국이 지옥에 가깝고 전혀 희망이 없는 사회,110) 한국 사회의 부조리한 모습을 지옥에 비유한 신조어이다. 한국의 옛 명칭인 조선에 지옥이라는 뜻의 접두어 헬(Hell)을 붙인 합성어로, '지옥 같은 한국 사회'라는 뜻이다. 이는 신분 사회였던 조선처럼 자산이나 소득수준에 따라 신분이 굳어지는 우리 사회의 부조리함을 반영한 것이다. 삼면이 바다로 둘러싸인 한반도에 지옥을 합성한 '지옥불반도'나 '망한민국'도 헬조선과 비슷한 뜻으로 쓰이고 있다.

헬조선은 인터넷 사이트 '디시인사이드'111)의 역사 갤러리에서

---

108) SBS(2016.05.09).

109) 다음 백과.

110) 한국경제(2015.10.05).

111) 디시인사이드(dcinside)는 대한민국의 인터넷 하위문화를 대표하는 커뮤니티 사이트로 익명성, 디시인사이드 특유의 반말 문화 등이 특징이다. 줄여서 디시, 디씨, DC 등으로도 불린다. 1999년 10월 이 사이트를 개설하였고 2000년 3월 ㈜디지탈인사이드라는 명칭을 사용했으나 2009년 1월 ㈜디시인사이드로 변경하였다. 2015년 6월 1일 디시위키가 오픈하였다. 2016년 1월 13일 마이너 갤러리가 생성되었다.

어조와 악플
초창기의 디시인사이드는 매너 있고 예의 바른 사이트였으나, 당시 악플러 '씨벌교황이 게시글을 쓸 때, 수위 높은 욕설을 많이 사용하였고, 이에 대한 대응과 반작용으로 디시 이용자들 사이에서도 욕설과 악플이 생겨났다. 다른 커뮤니티와 다르게 운영진의 개입도 적은 편이고 회원

처음 사용되었고, 이후 주식 갤러리에서 본격적으로 활용되기 시작했다. 여기에 헬조선 사례를 공유하는 인터넷 커뮤니티인 헬조선 (www.hellkorea.com)까지 등장했는데, 이 사이트에서는 청년실업, 자살률, 노동 강도, 외모지상주의, 존속살인, 각종 성범죄, 정부 정책에 대한 비판 등 다양한 주제에 대한 글들이 올라와 현재 한국 사회의 부조리한 모습을 비판하고 있다.112) 헬조선의 등장 이면에는 청년층의 절망과 현실 직시가 있다. 열정페이, 무급인턴, 비정규직, 취업난 등 청년층의 현실이 자국을 '지옥'처럼 여겨지게 했다는 것이다. 88만 원 세대부터 시작해 민달팽이 세대, 삼포 세대, N포 세대에서 헬조선까지 이어지는 신조어들은 이런 상황이 점차 심화하고 있음을 대변한다.

가입 없이 글쓰기와 읽기가 용이한 것이 많은 접속자를 보유하는 원동력이기도 하다. 그러나 그런 자유로움 탓에 종종 구설과 사회적 물의를 일으키는 사건들이 발생하여 비판을 받기도 한다. 또한 타 온라인 커뮤니티가 디시인사이드 회원에게 반감을 사는 계기가 되기도 한다.

정치 성향
초창기 디시인사이드의 성향은 진보적이었고, 노무현 전 대통령 등 진보 또는 민주당 계열 인사를 지지하는 편이었다. 2002년 대통령 선거에서도 노무현 대통령에 대한 지지 여론이 높았다. 심지어 2004년, 노무현 대통령이 탄핵 위기에 처하자, 오프라인에서 탄핵 무효 시위를 벌이기까지 하였다. 반대 성향의 이용자도 종종 있었으나, 당시 인터넷 상황과 같이 보수우파 유저(user, 사용자)는 많지 않았다. 2004년 디시 정치 세력의 구심점이었던 정치, 사회 갤러리(이하 정사갤)의 진보성향 논객들이 오프라인에서 전여옥 전 의원과의 토론에 패배하고 정사갤에서 떠난 이후 완전히 성향이 바뀌고, 보수 이용자가 대거 유입되게 된다. 하지만 2008년 광우병 파동 시위 때의 주도적 역할과 4대강반대운동 등의 사건으로 대다수 갤러리는 진보적 성향이 강했다. 하지만 2009년을 기점으로 보수성향 유저들의 목소리가 커지며 주도권을 잡기 시작한다. 그러던 중 극우 사이트 일베저장소의 등장으로, 디시의 극우 성향의 유저들 다수가 빠져나갔으며 갤러리별로 성향도 각기 다르고 변화도 심해 정치 성향을 특징지어 말하기는 어렵다.

비하
2000년대 후반부터 상당수의 디시인사이드 유저들은 특정 지역을 비하하는 지역드립(drip) 성향이 짙어졌다. 2014년 세월호 침몰 사고 이후 최근에는 자국을 비하하는 경향이 두드러지고 있으며, 대한민국이나 한국인을 비하하는, 헬조선, 정몽주니어 1승 등의 신조어, 현대적 계급제의 모순 등을 가리키는, 죽창, 흙수저, 노오오오력 등의 신조어들이 만들어지면서 다른 커뮤니티로도 널리 확산되고, 인터넷을 넘어 현실 속에서도 자주 사용될 만큼 파급 효과가 상당했다.[위키백과]

112) 시사상식사전.

고도의 경제 발전 시기를 거치면서 개인의 노력을 중시하는 사회 분위기는 여전하지만, 현실은 그렇지 않다는 인식, 개인이 노력하면 성공할 수 있다는 자기계발의 신화가 사라지고 소위 '금수저'로 표현되는 서열 사회에 대한 인식이 청년층을 중심으로 강해지고 있다. 헬조선과 함께 쓰이는 '노오력', '탈조선' 등의 신조어들도 이런 인식과 관계가 있다. '노오력'은 사회 구조적 모순을 개인의 노력 부족으로 돌리는 것을 냉소적으로 비꼰 말이다. '탈조선'은 미래가 보이지 않는 한국을 탈출해 외국으로 떠나는 것을 말한다. 즉 한국 사회가 노력해도 정당한 대가를 받을 수 없고, 아무도 책임지지 않는 불공정한 사회라는 청년층의 인식을 배경으로 헬조선이 등장한 것이다. 헬조선은 단순한 신조어를 넘어 사회문제를 내포하고 있다는 점에서 주목된다. 헬조선으로 표현되는 청년층의 절망적 현실 인식이 계속될 경우, 혐오주의 등 사회문제로 발전할 가능성도 있다. 특히 헬조선이 한국의 사회 구조적 문제들과 얽혀 있다는 점에서 이와 관련된 문제 해결의 필요성이 대두했다.113)

헬조선은 우리 사회에 불합리한 점이 많아 자신의 힘과 노력으로 희망이나 삶의 의미를 찾는 일에 절망하거나 한계상황에 직면한 사람들이 우리나라의 시대 상황을 극단적으로 표현한 말이다. 어느 시대를 막론하고 서민들의 애환이나 푸념이 담긴 신조어들이 유행한다. 헬조선도 그중 하나다. 하지만 오늘날 신조어 중 일부는 정치 전략적 목적으로 만들어지고 사용되는 경향이 있다. 정권에 대한 부정적 이미지를 심어주고 여론을 악화하기 위해 취업이 어려운 현실 등을 풍자한 용어이다. 헬조선도 그런 용어 중 하나로 보인다.

---

113) 다음 백과.

어느 시대든 세상은 보기에 따라 지옥으로 생각할 수도 있고, 극락으로 생각할 수도 있다, 긍정적으로 보느냐 부정적으로 보느냐는 자신의 몫이다. 긍정적인 측면도 부정정적으로 보면 그렇게 보이고 부정적인 측면도 긍정적으로 받아들이고 해석하여 교훈을 얻으면 발전에 도움이 되는 것이 세상이다.

청년실신

청년실신은 '청년 실업자'와 '신용불량자'의 합성어로, 어려운 취업 현실을 가리키는 신조어이다. '청년'에 '실업자'와 '신용불량자'의 머리글자를 합성해 만든 조어로, 대학교에 다니면서 등록금 대출을 받았으나 취업이 늦어지면서 학자금 대출을 갚지 못해 신용불량자가 되는 상태를 비유한 용어이다.[114)

민달팽이 세대와 지옥고

민달팽이 세대는 옥탑방이나 고시원 등에 머무는 청년 주거 빈곤층을 일컫는 말이다. 열악한 주거 환경에 시달리는 청년층을 껍데기가 없는 민달팽이에 비유해 만들었다. 시민단체 민달팽이 유니온은 2013년 '청년 주거 빈곤 보고서'에서 전국적으로 20~34세 청년의 약 14.7%에 해당하는 139만 명 정도가 최저 주거기준인 14㎡ 미만의 주택에 살고 있다고 밝힌 바 있다. 민달팽이 세대는 청년실업과 비정규직의 증가, 불안정한 고용환경 등이 맞물리며 나타났다. 청년층은 저임금으로 일하면서 학자금 대출 등의 지출 부담을 안고 있지만, 상대적으로 주거 임대료는 계속 상승해왔기 때문이다. 민달

---

114) 시사상식사전.

팽이 세대의 등장으로 대규모 임대주택 등 청년층의 주거 문제 해결을 위한 정책의 필요성이 대두했다.[115]

　지옥고는 반지하·옥탑방·고시원에서 각각 한 글자씩 따온 말로 월세 시대를 살아가며 주거비 부담에 직면한 2030세대(20대와 30대를 아우르는 세대)의 생활고를 지칭한다.[116] 수도권 청년들의 주거 빈곤 문제는 '지옥고'라는 신조어까지 만들었다. 대낮에도 햇볕이 들지 않는 쿰쿰한 지하방에서, 건물 꼭대기에 간신히 얹힌 옥탑방에서, 빼곡한 고시원에서 청년들은 집 없는 설움을 절절히 겪는다.[117] 주거 빈곤 '지옥고' 청년들은 임대주택이 '희망'이라고 말한다. 하지만 신축 예정지 주변 주민들은 우범지역, 슬럼화 우려 심지어 '빈민 아파트'라며 반대한다.[118] 영등포구에 서울시가 추진하던 청년 임대주택 건설이 주민 반대에 부딪혔다. 실질적인 명목은 집값 하락에 대한 주민들의 우려가 작용했다.

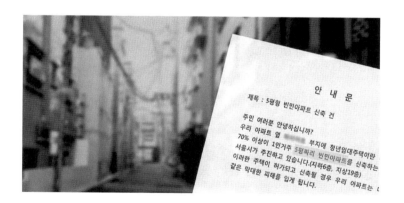

---

115) 다음 백과.
116) 네이버 국어사전.
117) 뉴스포스트(2018.04.13).
118) 한국경제(2018.04.30).

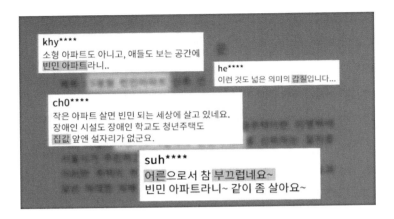

지역주민 청년임대주택 건설반대 의사표출[한국경제]

한 설문 조사 결과에 따르면 보증금 마련이 힘들어 자취하는 청년 10명 중 4명은 '지옥고'를 경험한다고 한다. 2030세대 10명 중 9명은 자취 경험이 있으며, 이들 중 41%는 10평이 채 안 되는 일명 '지옥고'에서 생활한 것으로 나타났다. 취업포털 인크루트는 2017년 6월 23일 자사 회원 574명을 대상으로 진행한 '자취 청년들의 거주실태 조사' 설문 결과를 공개했다. 먼저, '자취를 해본 경험이 있는가'라는 질문에 응답자의 33%가 '그렇다'고 밝혔으며, 58%는 '현재 자취 중'이라고 답했다. 2030세대 10명 중 9명은 자취 경험을 가지고 있는 셈이다.

이어 이들에게 '당시 주거지 면적이 얼마나 되었는지'를 물었다. 응답자들이 답한 평균 주거면적은 9.72평(약 29.8㎡) 정도였다. 1인 가구를 기준으로 한 현행법상 최소 주거면적인 4.23평(14㎡) 대비 5평가량 넓은 면적이다. '당시 몇 명과 함께 살았냐'는 질문에는 혼자 살았다(73%), 2명(20%), 3명(3%), 4명(1%)으로 나타났다. 주거형태로는 '월세'가 74%로 압도적인 비율을 차지했으며, '전세'(16%)가 그 뒤를 이었다. '셰어하우스'[119] 및 '자가'는 2% 남짓한 수준이었다.

그렇다면 소위 '지옥고'로 통하는 '반지하·옥탑방·고시원' 거주 경험자는 얼마나 될까? 이들 중 41%에 달하는 인원이 '거주 경험이 있다'고 답했다. 지옥고(地獄苦)를 선택한 가장 중요한 원인은 '살 만한 공간으로 입주하기에는 보증금을 감당하기 힘들었기 때문'(39%)으로 드러났다. 이어 '집에서 학교·직장·학원으로 매일 통학 및 통근을 하는 것이 부담스러워서'(24%), '독립할 목적으로·구직활동을 위해'(12%), '상경할 목적으로'(10%) 순이었다. 이들이 꼽은 '거주 환경상 겪은 어려움'은 '전·월세비, 관리·사용비 부담'(34%)이 가장 컸다. 이어 '햇빛이 잘 들지 않아 습기가 많았고, 곰팡이가 많이 슬었다'(17%), '여름에는 더욱 덥고 겨울에는 한없

---

119) 셰어하우스(share house)는 하나의 주거를 여러 사람이 공유하는 것이다. 업체가 개인 입주자를 모집하는 형태로 수십 명 정도의 비교적 규모가 작은 것부터 규모가 큰 아파트도 포함하여 셰어하우스로 불린다.[위키백과]

이 추웠다'(16%), '쥐·벌레 등 해충으로 고생했다'(9%), '아침마다 동거인을 포함한 타인들과 화장실·샤워실 등 시설 쟁탈전을 벌였다'(6%) 등의 답변이 뒤를 이었다.[120]

N포 세대

N포 세대는 2015년 취업 시장 신조어로, 어려운 사회적 상황으로 인해 취업이나 결혼 등 여러 가지를 포기해야 하는 세대를 의미한다. 사회, 경제적 압박으로 인해 연애, 결혼, 주택 구매 등 많은 것을 포기한 세대를 지칭하는 용어이다. 포기한 게 너무 많아 셀 수도 없다는 뜻을 가지고 있다. 기존 3포 세대(연애, 결혼, 출산 포기), 5포 세대(3포 세대+내 집 마련, 인간관계), 7포 세대(5포 세대+꿈, 희망)에서 더 나아가 포기해야 할 특정 숫자가 정해지지 않고 여러 가지를 포기해야 하는 세대라는 뜻에서 나온 말이다.[121]

N포 세대의 원인으로는 높은 주거비용과 교육비, 낮은 임금 상승률, 불안정한 고용시장 등이 꼽힌다. 학자금 대출이나 높은 주거비용에 시달리면서도 임금 상승률이 낮아 부담이 커졌기 때문이다. 경기 침체로 실업률이 증가해 취업 경쟁이 치열해지고, 비정규직 등 불안정한 고용 형태가 늘어난 것도 N포 세대 등장에 영향을 미쳤다. 사회 안전망과 복지 부재 역시 N포 세대를 만드는 문제로 지목된다. 결혼한 청년층의 경우 출산 휴가나 경력 단절 문제, 사교육비 등으로 부담을 느껴 출산을 미루거나 피하는 현상도 늘고 있다. N포 세대 문제가 다음 세대에도 이어진다는 점에서 심각한 사회문

---

120) 동아일보(2017.06.23).
121) 시사상식사전.

제로 여겨진다. 또한 N포 세대 문제로 인해 노력해도 기회를 얻지 못한다는 인식이 확장하면 사회적 갈등이 일어날 가능성이 있다.[122]

　세계적인 경기침체와 극심한 청년 취업난으로 인해, 일본이나 유럽 등 많은 선진국에서 삼포 세대와 비슷한 청년 문제가 발생하고 있다. 유럽에서는 높은 교육 수준에도 불구하고, 불안정한 고용 상황과 낮은 임금으로 인해 미래를 기약하기 어려워하는 청년층을 '1000유로 세대(Generazione 1000 euro)' 혹은 '이케아 세대(Generazione IKEA)'[123] 등으로 부르기도 한다. 오랜 경기 불황과 고령화가 진행 중인 일본의 경우, 사회적 성공에 대한 욕심 없이 체념 상태로 살아가는 청년층을 '사토리 세대(さとり世代)'[124]라고 일컫는다.[125]

88만 원 세대

　88만 원 세대는 고용불안에 시달리는 2007년 전후 한국의 20대를 지칭한다. 비정규직 평균 급여 119만 원에 20대 평균급여에 해당하는 74%를 곱한 금액이 88만 원이다. 한국의 여러 세대 중 처음으로 승자독식 게임을 받아들인 세대가 된다. 이 말은 2007년 8월 출간된 책 ≪88만원 세대≫에서 처음 쓰였다. 이 책의 저자인

---

122) 다음백과.

123) 높은 교육 수준에도 불구하고 저임금과 고용 불안에 시달리는 젊은 세대를, 디자인은 예쁘지만 내구성은 상대적으로 떨어지는 조립 가구 상인 이케아에 빗대어 지칭하는 말이다. 뛰어난 스펙을 만들기 위해 많은 투자를 했지만 정작 당사자들은 고용시장에서 저렴하게 평가받고 있다는 의미도 있다.[다음백과]

124) '깨닫다, 득도하다'라는 뜻의 '사토루(さとる)'에서 온 말이다. 돈과 출세에 관심이 없어서 마치 득도(달관)한 것처럼 여겨지는 일본의 20~30대를 지칭한다. 일본의 오랜 경제 불황 속에서 성장하여 큰 욕심을 부리지 않고, 자신이 할 수 있는 선에서 적당히 인생을 즐기려는 태도를 보이는 것이 일반적인 사토리 세대의 특징이다.[다음 백과]

125) 다음 백과.

우석훈 씨는 "지금의 20대 중 상위 5% 정도만이 5급 사무원 이상의 단단한 직장을 가질 수 있고, 나머지는 평균 임금 88만 원 정도를 받는 비정규직 삶을 살게 될 것이다"라고 말하고 있다.[126] 88만 원 세대는 유럽의 '1000유로 세대'에 해당한다.[127]

1000유로 세대는 기본 생활만이 가능한 수준인 월 1,000유로 정도를 벌기도 힘든 유럽의 20~30대를 지칭하는 말이다. 2006년 이탈리아에서 ≪1000유로 세대≫라는 이름의 자전적 소설이 출간되면서 널리 쓰이게 되었다.[128] '1000유로 세대'는 2005년 처음 등장한 용어로 취업이 어려워 저임금의 비정규직 혹은 임시직에 종사하는 젊은이들을 일컫는 말이었다. 10여 년이 지난 지금도 유럽의 청년실업 문제는 나아질 기미가 없다. 유럽연합의 24세 이하 청년 실업률은 2016년 기준으로 18.7%를 기록하고 있으며 2008년 글로벌 금융위기로 심각한 타격을 입은 그리스(47.3%), 스페인(44.3%), 이탈리아(37.8%) 등이 특히 높은 수준이다.

우리나라 역시 청년 실업 문제가 점점 심각해지고 있다. 2017년 10월 18일 통계청이 발표한 고용 동향에 따르면 15세에서 29세까지 취업 준비생과 구직단념자 등을 포함한 청년 체감실업률은 사상 최고인 21.5%를 기록하였다. 2007년 '88만 원 세대'라는 용어가 나온 지 10년이 지났건만, 청년들의 사정은 여전히 나아지지 않고 있다.[129]

---

126) 매경 시사용어사전.
127) 한경 경제용어사전.
128) 다음 백과.
129) 아시아경제(2017.10.27).

수저 계급론

금수저는 금으로 만든 숟가락과 젓가락을 아울러 이르는 말130)이지만, 부유하거나 부모의 사회적 지위가 높은 가정에서 태어나 경제적 여유 따위의 좋은 환경을 누리는 사람을 비유적으로 이르는 말131)로 많이 사용된다. 흙수저는 '가진 것 없는 서민층에서 태어났음'을 자조하는 표현132)으로, 집안 형편이 넉넉하지 않아 부모로부터 경제적인 도움을 받지 못하는 사람을 비유적으로 이르는 말133)이다.

수저 계급론은 부모의 사회·경제적 지위가 개인의 사회·경제적 지위를 결정한다고 주장하는 이론134)이다. 2015년경부터 자주 사용되고 있다. 수저 계급론은 영어 표현인 '은수저를 물고 태어난다(born with a silver spoon in one's mouth)'라는 말 또는 이 말의 탄생 배경이 된 유럽 귀족층에서 은 식기를 사용하고, 태어나자마자 유모가 젖을 은수저로 먹이던 풍습에서 유래한 것으로 보인다. 즉 태어나자마자 부모의 직업, 경제력 등으로 본인의 수저가 결정된다는 이론이다. 청년실업, 부익부 빈익빈 등의 각종 사회문제와 맞물리면서 큰 공감을 얻었다. 부모의 직업, 경제력 등에 따라서 금수저, 은수저, 동수저, 흙수저 등의 다양한 분류로 갈라진다.135)

수저론은 인터넷에서 놀이처럼 번지고 있지만, 그냥 웃어넘길 수 없다. 여기에는 불평등이 심화하고 있는 한국 사회에 대한 젊은 세

---

130) 다음 사전.
131) 다음 사전.
132) 한국경제(2015.10.05).
133) 다음 사전.
134) 다음 사전.
135) 위키백과.

대의 반감이 투영돼 있기 때문이다. 최근 인터넷 커뮤니티를 중심으로 '2030 수저 계급론'이 유행하고 있다. 2030 청춘들이 부모님의 연간 소득과 가정환경 등 출신 배경을 '수저'로 빗대 표현하는 방식이다. 인터넷 커뮤니티 등에 돌고 있는 '수저 계급론'은 이런 식이다. 자산 20억 원 또는 가구 연 수입 2억 원 이상일 경우 '금수저', 자산 10억 원 또는 가구 연 수입 1억 원 이상일 경우 '은수저', 자산 5억 원 또는 가구 연 수입 5,500만 원 이상일 경우 '동수저' 등으로 나뉜다. 흙수저는 여기에도 속하지 못하는 경우다. 구체적으로는 자산 5,000만 원 미만 또는 가구 연 수입 2,000만 원 미만인 가정 출신이다.

왜 젊은 세대는 이토록 가혹한 '등급 분류'를 하게 됐을까. 전문가들은 '88만 원 세대', '3포 세대' 등으로 불리며 사회생활에 어려움을 겪던 다수의 2030 청춘들이 '노력해도 바뀌는 게 없다'는 자조 끝에 수저 계급론을 만들어냈다고 분석한다. 좋은 집안에서 태어날수록 고급 교육과 다양한 어학 능력을 갖춰 취업까지 유리하지만, 가정환경이 어려우면 아무리 공부를 해도 취직이 어렵고 학자금 대출 등으로 '하루하루 빚만 늘어난다'는 얘기다. 취업준비생 민모(27·여) 씨는 "요새 취업하려면 해외 연수·인턴·면접 등 거쳐야 하는 단계가 늘어났고, 자연히 단계마다 탈락하는 청년도 많다"며 "부모님의 든든한 재력이 없다면 삶의 질을 보장받을 수 없는 시대가 됐다"고 했다. 실제로 2015년 3월 서울대 사회복지연구소에서 발표한 논문에 따르면 가구 소득이 높을수록 자녀의 교육 수준이 높고, 이는 질 좋은 취업으로 연결되는 것으로 나타났다.[136]

---

136) 중앙일보(2015.10.28).

블랙기업

블랙기업은 고용 불안 상태에서 일하고 있는 청년 노동자들에게 저임금과 장시간 노동 등 불합리한 노동을 강요하는 기업을 뜻한다. 일본의 청년들이 열악한 노동 현실을 알리기 위해, 2013년 ≪블랙기업 - 일본을 먹어 치우는 괴물≫이라는 책을 쓴 일본의 곤노 하루키가 저서에서 사용한 말이다. 저자는 블랙기업에 대해 '법에 어긋나는 비합리적인 노동을 젊은 직원한테 의도적·자의적으로 강요하는 기업, 곧 노동 착취가 일상적·조직적으로 이루어지는 기업'이라고 규정했다. 즉 블랙기업은 오직 회사의 이익만을 위해 비합리적인 노동을 젊은 직원에게 강요해 노동착취를 조직적으로 행하는 기업을 지칭한다. 한편 우리나라의 청년유니온은 중소기업중앙회에서 일하던 20대 계약직 청년노동자가 스스로 목숨을 끊은 사건이 벌어지자, 2014년 11월부터 청년 노동을 착취하는 기업을 폭로하는 한국판 블랙기업 고발 운동을 벌여오고 있다.[137]

블랙컨슈머

블랙컨슈머(Black consumer, 악덕 소비자)는 악성을 뜻하는 블랙(black)과 소비자를 뜻하는 컨슈머(consumer)의 합성 신조어로 악성 민원을 고의적, 상습적으로 제기하는 소비자를 뜻하는 말이다. 예를 들면, 물건을 오랜 기간 사용하고 물건에 하자가 있다고 환불이나 교환을 요구하고, 멀쩡한 음식물에 고의로 이물질을 넣어 보상금을 챙기는 사람들이 블랙컨슈머에 해당한다. 기업들은 제품이나 기업 이미지 손상을 우려하여 블랙컨슈머들의 상식 밖의 무리한

---

137) 시사상식사전.

요구나 불만을 수용해야 하는 곤란한 처지에 놓이기도 한다.[138]

악덕 소비자의 사례는 너무 많다. 택시 기사에게 30분 동안 욕설과 폭언을 쏟아낸 승객들의 모습이 블랙박스(black box, 자료 자동 기록 장치)에 고스란히 찍혔다. 택시 안에서 담배를 못 피우게 했다는 게 이유였다.[139] 또 한 대형 백화점에서 사은행사로 5만 원 이상 구매 고객에게 사은품을 증정한다는 말을 듣고 15만 원어치의 물건을 구매하면서 5만 원 단위로 삼등분하여 계산하고 3개의 사은품을 요구한 손님이 있었다. 이에 백화점 측에서 한 사람당 한 개만 사은품을 준다고 안내하자 소리를 지르고 따지고 화를 내다가 제공된 의자에서 실신해 의사가 달려오고 휠체어에 실려 나간 사람도 있었다. 이뿐이 아니다. 3,000원어치의 물건을 구매하고 적립금 50원을 적립하지 않았다는 이유로 사과도 소용이 없고 계산원이 한나절이나 사무실에 불려 올라가 소비자와 상관에게 시달리고 경위서까지 쓰게 한 일도 있었다.

열정페이

열정페이는 어려운 취업 현실을 가리키는 신조어로, 열정을 빌미로 한 저임금 노동을 이른다. 무급 또는 최저시급에도 미치지 못하는 아주 적은 월급을 주면서 청년들의 노동력을 착취하는 행태를 비꼬는 신조어다.[140] 주로 대기업 인턴이나 방송, 예·체능계에서 많이 나타난다. 좋아하는 일을 하는 사람에게는 돈을 적게 줘도 된다는 관념으로 기업이나 기관에서 "일하는 것 자체가 경험이 되니

---

138) 시사경제용어사전.

139) JTBC(2018.05.28).

140) 시사상식사전.

적은 월급(혹은 무급)을 받아도 불만 가지지 마라, 너 아니어도 할 사람 많다"라는 태도를 보일 때 이를 비꼬는 말이다. 이 말에는 기성세대가 젊은이들의 노동력을 착취하는 구조로 치달은 사회 분위기에 대한 냉소가 담겼다.

'열정페이'라는 단어의 정확한 유래는 불명확하다. 하지만 2011년 말부터 인터넷을 중심으로 쓰이던 단어라는 정황은 확인할 수 있다. 2011년 4월 한윤형 등이 쓴 ≪열정은 어떻게 노동이 되는가≫에서 노동의 대가를 제대로 받지 못하는 '열정노동'(熱情勞動)의 사례를 설명한 바 있다. 2012년 1월 8일 자 대학내일에도 인턴제도를 우화로 표현한 글이 실렸다. 위의 글을 쓴 프리랜서(Freelancer) 작가 이하늬는 자신의 블로그[141]에 '열정페이에 대한 우화'란 제목을 붙였다. 드럼연주자 김간지가 인디잡지 '칼방귀' 2012년 여름호에 기고한 '나의 돈벌이'라는 글 중간에 '열정페이 계산법'이라는 표가 나온다.

좀 더 대중적으로 '열정페이'라는 단어가 쓰인 계기는 이 모 디자인실 논란 이후다. 2014년 10월 SNS에 '한 유명 패션 디자이너의 직원 월급내역'이라는 제목의 글이 올라왔다. 작성자는 이 모 디자인실이 야근 수당을 포함해 견습 10만 원, 인턴 30만 원, 정직원 110만 원의 급여를 준다는 등의 내용을 주장했다. 이후 패션계의 열정페이 논란이 벌어지자 이 씨는 2015년 1월 14일 자신의 SNS에 "근로 환경과 처우 문제로 상처받은 패션업계 젊은이들에게 깊이 사과하고, 이번 기회에 패션업계 전반의 문제점 개선에 노력하

141) 블로그(blog 또는 web log)는 자신의 관심사에 따라 자유롭게 칼럼, 일기, 취재 기사 따위를 올리는 웹 사이트.[네이버 국어사전]

겠다"라는 사과의 뜻을 전했지만, 이후에도 정당한 노동의 대가를 주지 않는 여러 가지 사례가 언론에 올랐다.[142]

널리 알려진 열정페이는 대략 이런 것들이다. "너는 어차피 공연하고 싶어 안달이 났으니까 공짜로 공연을 해라", "너는 경력이 없으니까 경력도 쌓을 겸 내 밑에서 공짜로 엔지니어를 해라", "너는 원래 그림을 잘 그리니까 공짜로 초상화를 그려줘라" 등이다. 열정페이 현상을 보고 "모든 밥에는 낚싯바늘이 들어 있다. 밥을 삼킬 때 우리는 낚싯바늘을 함께 삼킨다"는 소설가 김훈의 표현이 떠올랐다는 정정훈은 이렇게 말했다. "'인턴 자본주의', '알바 공화국'이라는 표현은 밥벌이를 위해 낚싯바늘을 삼켜야 하는 우리 시대 젊은이들의 비정한 현실을 드러낸다. 한 줄의 스펙[143]을 위해서라도 정규직 전환이라는 미끼가 달린 낚싯바늘을 숙명처럼 거부할 수 없는 것이, 젊은이들에게 강제된 오늘의 취업 현실이다."[144] 이처럼 열정페이는 청년층의 저임금 노동 착취를 상징하는 말로 사용된다.

노동시장에서의 공급과 수요의 불균형이 열정페이의 일차적인 원인이라는 의견이 있다. 인턴 경력 자체가 스펙이 될 수 있는 대기업이나 공공기관 인턴의 경우, 저임금이나 무급으로 진행되더라도 기준이 상당히 까다로우며 경쟁 또한 치열한 경우가 많다. 또한 비정규직이 꾸준히 증가 비정규직 규모는 2005년 548만여 명이었으나, 2014년에는 607만여 명으로 매년 증감은 있으나 전체적으로 증가세에 있다. 또 일자리가 질적으로 저하된 것도 열정페이의 원

---

142) 위키백과.

143) 스펙은 영어단어 Specification의 준말이다. 직장을 구하는 사람들 사이에서, 학력, 학점, 토익 점수 따위를 합한 것 등 서류상의 기록 중 업적에 해당되는 것을 이르는 말이다.[위키백과]

144) 트렌드 지식 사전.

인으로 추정된다.

미국에서는 '연방공정노동기준법(the Federal Fair Labor Standards Act)'에서 6가지 기준으로 무급 인턴을 규정하고 있다. 이 조건을 만족하지 못할 경우는 인턴이 아닌 근로자로 보며, 노동법에 의한 근로 조건을 충족시켜야 한다. 한국에서도 열정페이와 함께 블랙기업 등 청년층의 노동력을 착취하는 사례가 점차 늘어나면서, 열정페이를 제재할 수 있는 사회 시스템의 필요성이 커지고 있다.[145]

8. 갑질 문제 해결방안

갑질 문제를 해결하는 방안은 여러 가지가 있다. 수신, 상대 존중, 책임, 절제, 질서유지 노력, 의식 개혁, 법과 제도의 정비, 교육, 양질의 일자리 창출 등이 대표적이다.

1) 문제 내용 공개와 해결 노력

한국 여자쇼트트랙 대표팀의 에이스(ace, 기술이나 능력이 매우 뛰어난 사람) 심석희(21)가 2018 평창동계올림픽 개막 직전인 1월 조 모 전 대표팀 코치에게 선수촌 내 밀폐 공간에서 수십 차례 폭행을 당했던 것으로 조사됐다. 문화체육관광부는 2018년 5월 23일 발표한 대한체육회와 합동으로 시행한 대한빙상경기연맹에 대한 감

---

145) 다음 백과.

사 결과에 따르면 조 전 코치는 대표선수 강화훈련 기간에 여러 차례에 걸쳐 심석희를 폭행했다. 특히 문재인 대통령의 충북 진천 국가대표선수촌 격려 방문을 하루 앞둔 2018년 1월 16일에는 선수촌의 밀폐된 공간에서 발과 주먹으로 심석희를 수십 차례 폭행했다고 문체부는 밝혔다. 심석희는 폭행의 공포감으로부터 탈출하기 위해 선수촌을 빠져나왔다고 한다.

이 때문에 문 대통령이 선수촌을 찾아 쇼트트랙 선수들을 격려했을 때 심석희의 모습은 보이지 않았다. 하지만 국가대표팀 지도자들은 폭행 사건을 은폐하려 했던 것으로 조사됐다. 문체부는 "문 대통령이 방문한 1월 17일 조 전 코치뿐만 아니라 다른 국가대표 지도자들도 폭행 사실을 은폐하기 위해 심석희가 몸살감기로 병원에 갔다고 대한체육회에 허위 보고했다"고 밝혔다.[146]

문제의 내용은 항상 공개되어야 한다. 이것은 해결을 위한 대원칙이다. 물론 국가 중대사가 걸린 문제의 경우 오히려 공개하는 것이 문제를 확대 재생산하여 더욱 악화하게 할 수 있다. 그러므로 사안에 따라 신중히 처리할 필요가 있다. 그렇다고 하더라도 공개 시점과 범위, 대상 등은 고려해야 하겠지만, 문제의 내용은 당연히 공개되어야 마땅하다. 실질적인 해결 노력은 여기서 시작된다. 문제 해결의 핵심은 공개냐 비공개냐가 아니다. 해결책을 마련할 수 있느냐 없느냐이다. 해결책은 노력의 산물이므로, 문제 해결에서 가장 중요한 것은 인간의 노력이다. 노력을 통해 합리적이고 적절한 방법을 찾아 해결책을 제시하면 문제는 해결된다. 그러나 해결할 능력이 없으면 진퇴양난에 빠진다. 국민이 리더십이 뛰어난 역량 있

146) 조선일보(2018.05.23).

는 지도자를 원하는 이유가 여기에 있다.

문제 해결에 가장 나쁜 방법이 은폐이다. 은폐는 문제 해결 노력을 원천적으로 차단한다. 은폐하고 노력을 하지 않으면 문제는 해결되지 않는다. 을은 계속해서 괴로움을 당할 수밖에 없다. 참다 참다 더 못 참을 지경에 이르면 곪아 터져 드러난다. 그때는 사람들이 도저히 견디지 못해 막다른 감정에 의해 어떻게 되어도 좋다는 마음에서 분노가 터져 나오기 때문에 걷잡을 수 없는 상황이 될 수 있다. 그런데도 우리나라의 많은 조직은 순리적인 해결과 예방보다는 곪아 터질 때까지 문제가 밖으로 노출되지 않도록 은폐를 시도하는 사람이 많다. 그리고 정치권과 정부도 사회적 관심을 끄는 사건이 터지면 그때야 부랴부랴 대책 마련과 진화에 나선다.

2) 자신의 행동에 대한 정확한 인식과 잘못에 대한 반성

모든 문제의 해결은 자신에게서 시작된다. 자신이 직접 원인을 제공하지 않았더라도 마찬가지이다. 최소한 자신이 문제가 되는 시점에 존재했기에, 다른 사람이 그것을 인식하고 자신도 영향을 받는 것이다. 그러므로 기본적으로 문제 해결 접근은 '모든 것은 내 탓이요'라는 생각에서부터 시작해야 제대로 된 답을 얻을 수 있다. 내 탓이라는 것을 인정하지 않으면 남의 탓이 된다. 나는 문제가 없다고 주장하면서 다른 사람에게만 문제가 있다고 지적하고 해결을 요구하면 상대가 제대로 수용하지 않는다. 또 상대가 수용하여 개선 노력을 하더라도, 원인이 나에게 있는 문제는 해결되지 않는다. 그러므로 문제 해결의 시작은 현실에 대한 정확한 상황 인식과 자신에게 잘못이 없는지 살펴보는 일에서 시작해야 한다. 자신의 잘못에 대한 반성과 시정 노력을 한 후, 다른 사람의 문제점까지 개선하면 모든 문제가 해결된다.

3) 규정을 지키고 제대로 이행하게 하는 것

갑질 문제를 해결하기 위해서는 체계(system)를 만들어야 한다거나 고쳐야 한다고 말하는 사람들이 있다. 전혀 틀린 말은 아니다. 하지만 우선 급한 것은 체계 변화가 아니라 기존 규정을 지키고 준수하는 일이다. 즉 우선순위가 잘못되었다. 현재의 규정을 지키지 않는 사람이 새로운 체계와 규정을 만든다고 그것을 지킬 것이라고 기대하기는 어렵다. 힘을 가진 자가 착취하겠다고 들면 아무리 좋은 체계를 만들어도 한계가 있다. 그리고 현재와 같이 있는 법규도 제대로 지키도록 관리 감독을 제대로 하지 않으면 있는 법규와 체계도 큰 의미가 없다. 문제가 있는 부분에 대한 보완은 필요하다. 하지만 열정페이 같은 갑질이 규정이 없고 체계가 부족해서 생기는 것으로 보기는 어렵다. 근본적으로 착취하려고 하는 고용주(雇用主)와 그에 편승하는 기업의 간부사원, 법규 준수를 제대로 감독하지 않는 공무원과 행정기관, 솔선수범하지 않으며 잇속만 챙기는 정치가가 있기에 가능한 일이다. 현재 존재하는 법규대로 하면 직장에서 갑질이 일어나기 어렵다. 관련 법규 내용 몇 가지를 살펴보면 다음과 같다.

최저임금제도는 국가가 근로자들의 생활안정을 위해 임금의 최저수준을 정하고 사용자에게 그 수준 이상의 임금을 지급하도록 법으로 강제하는 제도이다. 적용대상은 1인 이상 근로자를 사용하는 모든 사업 또는 사업장이다. 최저임금은 노사공익대표 각 9명으로 구성된 최저임금위원회가 매년 인상안을 의결해 정부에 제출하면, 고용노동부 장관이 8월 5일까지 결정해 고시한다. 사용자는 매년 8월 31일까지 최저임금액, 최저임금에 포함하지 않는 임금의 범위, 적용제외 근로자의 범위, 효력 발생일 등을 근로자들이 볼 수 있는 장소에 게시하거나 그 외에 적당한 방법으로 근로자에게 주지시켜야 한다. 또 사용자는 근로자들에게 최저임금액 이상의 임금을 지급해야 하며, 최저임금액을 이유로 종전의 임금수준을 낮춰서는 안 된다. 최저임금액에 미달하는 임금을 정한 근로계약은 그 부분만 무효가 되고, 최저임금액과 같은 임금을 지급하기로 한 것으로 간주한다. 근로자가 지급받는 임금이 매년 고용노동부 장관이 정하는 최저임금액 이하로 결정돼 지급받는 경우에는 사업장 담당 지방 노동관서 근로감독과에 신고해 권리구제를 요청할 수 있다. 참고로 2016년 현재 최저임금은 시간당 6,030원, 월 126만 270원이다. 2017년 최저임금은 2016년보다 7.3%(440원) 오른 6,470원,[147] 2018년 시급 7,530원, 2019 최저임금 8,350원으로 결정됐다.

최저임금법(最低賃金法, Minimum Wages Act)은 저임금 근로자의 보호를 위하여 국가가 임금의 최저액을 정해 이를 사용자에게 강제하기 위하여 제정된 법률이다. 헌법 제32조 ① 모든 국민은 근로의 권리를 가진다. 국가는 사회적·경제적 방법으로 근로자의 고용 증진과 적정임금의 보장에 노력하여야 하며, 법률이 정하는 바에 의하여 최저임금제를 시행하여야 한다고 규정하고 있다. 임금액은 원래 사용자와 근로자가 서로 합의하여 결정하는 것이 원칙이지만, 당사자의 자유로운 교섭에 맡길 경우, 특히 노동력의 과잉공급

---

147) 시사경제용어사전.

이 발생하는 불황기에는 근로자가 생활을 유지할 수 없을 정도로 낮은 임금을 약정하게 되는 문제가 발생할 수 있어 근로자의 생활 안정을 위하여 임금의 최저기준을 정하고 그보다 낮은 임금 설정을 금지할 목적으로 이 법이 제정되었다.[148]

근로기준법(勤勞基準法)은 경제적·사회적으로 약자인 근로자들의 실질적 지위를 보호, 개선하기 위하여 근로조건의 최저 기준을 정한 법이다. 사용자의 지시를 받으면서 노동을 제공해야 하는 근로자들은 임금이나 기타 근로조건을 결정하는 데 있어서 상대적으로 약자의 지위에 서게 된다. 아울러 근로조건은 당사자 사이의 자유로운 약정에 의해서는 좀처럼 개선되지 않는 것이 현실이다. 그뿐만 아니라 근로자의 건강이나 생명을 위협하는 여러 근로환경은 노동 재생산의 유지를 저해한다. 이는 근로자의 인간 존엄성과 생존 자체를 위협하는 것이다. 따라서 근로자의 물질적·정신적·문화적인 생활을 개선·향상하고, 최저한도의 근로조건을 확보하기 위해서는, 근로조건의 결정을 사용자와 근로자에게 방치해서는 곤란하다. 그리하여 헌법은 근로자의 인간 존엄성을 확보할 수 있도록 근로조건을 법률로 정하도록 규정하고 있으며, 이에 따라 제정된 것이 근로기준법이다.

노동보호법으로서의 근로기준법은 사회적·경제적으로 지배적 위치에 있는 사용자가, 그의 경제적·사회적 지위를 남용하여 근로조건을 일방적으로 결정 또는 실시하는 것을 예방하려는 데 그 일차적 의의가 있다. 근로기준법은 근로관계의 성립·존속 또는 종료와 관련하여 일정한 권리를 근로자에게 부여하고 있다. 근로기준법

---

148) 한국민족문화대백과.

의 규정은 강행성을 가지고 있기 때문에 사용자가 이를 위반할 수 없고, 근로자도 근로기준법상의 권리를 포기할 수 없다. 근로기준법 상의 기준은 이처럼 근로관계 당사자의 의사와 관계없이 실현되어야 하며, 그 준수와 이행은 감독기관을 통하여 확보된다. 이러한 의미에서 근로기준법은 공법적 성격을 가지면서 근로자에게 법정 기준을 이행할 것을 청구할 수 있는 권리를 인정하는 사법적 성격도 가지고 있다.

근로기준법은 제1장 총칙, 제2장 근로계약, 제3장 임금, 제4장 근로시간과 휴식, 제5장 여자와 소년, 제6장 안전과 보건, 제7장 기능습득, 제8장 재해보상, 제9장 취업규칙, 제10장 기숙사, 제11장 근로감독관, 제12장 벌칙 등으로 되어 있다. 제1장 총칙에는 근로기준법의 적용 범위와 정의 규정 외에 목적과 이념이 규정되어 있다. 즉 근대적인 노사관계의 기본 원칙으로서 근로조건의 최저 기준의 원칙과 노사 대등 결정의 원칙 및 근로조건의 준수의무를 규정하고 있다. 구체적으로는 차별대우의 금지, 강제노동 및 폭행의 금지, 중간착취의 금지가 명시되어 있고, 근로자의 참정권을 보장하기 위한 공민권 행사의 보장을 선언하고 있다. 그리고 상시 5인 이상의 근로자를 사용하는 모든 사업 또는 사업장에 적용하는 범위를 정하고 있다.149)

법정근로시간(法定勤勞時間)은 만 18세 이상의 성인 근로자의 경우에 1일 8시간, 1주일 40시간을 의미하며(「근로기준법」 제50조), 당사자 간에 합의하면 1주간에 12시간을 한도로 제50조의 근로시간을 연장할 수 있다(같은 법 제53조 제1항). 당사자 간에 동의 또

---

149) 한국민족문화대백과.

는 희망이 있는 경우라 하더라도 '법정 연장근로시간'을 초과할 수 없다. 그러나 당사자 간에 합의하면 1주간에 12시간을 한도로 제51조의 근로시간을 연장할 수 있고 제52조 제2호의 정산기간을 평균하여 1주간에 12시간을 초과하지 아니하는 범위에서 제52조의 근로시간을 연장할 수 있다(동법 제53조 제2항). 사용자는 특별한 사정이 있으면 고용노동부 장관의 인가와 근로자의 동의를 받아 법 제53조 제1항과 제2항의 근로시간을 연장할 수 있다.[150]

휴게시간(休憩時間)은 근로자가 근로시간 도중에 사용자의 지휘·감독으로부터 벗어나 자유로이 이용할 수 있는 시간을 말한다. 현실적으로 작업은 하고 있지 않지만, 조속한 시일 내에 근무에 임할 것을 근로자가 예상하거나 사용자로부터 언제 근로의 요구가 있을지 불분명한 상태에서 기다리는 '대기시간'과 구별된다. 휴게제도는 근로자가 계속해서 근로함에 따라 쌓이는 피로를 회복하고 권태감을 감소시켜 노동력을 재생산하여 근로의욕을 확보·유지하는 데 그 목적이 있다. 근로기준법 제54조는 "① 사용자는 근로시간이 4시간인 경우에는 30분 이상, 8시간인 경우에는 1시간 이상의 휴게시간을 근로시간 도중에 주어야 한다. ② 휴게시간은 근로자가 자유롭게 이용할 수 있다"라고 휴게에 대하여 규정하고 있다. '근로시간이 4시간인 경우에는 30분', '8시간인 경우에는 1시간 이상'의 휴게시간은 근로자의 건강을 위해 최소한도로 필요한 시간을 뜻하므로 그 이상의 휴게시간은 무방하다.[151]

---

150) 실무노동용어사전.

151) 실무노동용어사전.

4) 도덕과 윤리 교육의 강화

인간의 속성 중 한 가지는 자신의 측면과 자신의 수준에서 판단한다는 것이다. 그 결과 대부분의 사람은 자신이 하는 행동이 정당하다고 생각한다. 즉 자기중심적인 사고를 한다. 그러므로 누구나 자신의 행동이 잘못된 것을 인식하지 못하는 일이 발생할 수 있다. 이때 정상적인 사고를 하는 사람은 다른 사람이 자신의 행동이 잘못되었다고 말하면, 그것을 검토하여 사실인 경우 인정하고 시정하기 위해 노력하며 자신의 발전 기회로 삼는다. 그러나 편중된 사고를 하는 사람들은 다른 사람들의 지적에 대해 이해를 하지 못하고 아예 인정하지 않으려 든다. 자신이 한 말이나 생각, 행동 따위가 이치나 규범에서 벗어남이 없이 옳고 바른데 왜 시비를 하느냐는 반응을 보인다. 이것은 근본적으로 품성과 지식 부족이 문제이다.

타고난 품성을 바꾸는 일은 쉽지 않지만, 노력은 해볼 수 있다. 또 지식은 보충하면 된다. 그런데 갑질을 하는 사람은 자신을 바꾸고 지식을 보충하기 위한 노력을 제대로 하지 않는다. 지식 부족의 극단적인 예가 비 오는 날 태어나 죽는 하루살이[152] 이야기이다. 온종일 비가 오는 날 태어나 죽은 하루살이는 세상이 항상 비만 오는 곳으로 알고 죽는다. 갑질 문제를 해결하는 직접적이고 가장 좋은 방법 중 한 가지가 지식 제공이다. 그리고 건전한 민주시민을 양성하는 도덕과 윤리교육을 강화하는 일이다. 지식을 제공하여 갑질을 무엇이고 왜 일어나고 나쁜 이유를 알면 행동할 때 스스로 구

---

152) 하루살이는 하루살이목의 굽은꼬리하루살이, 무늬하루살이, 밀알락하루살이, 별꼬리하루살이, 병꼬리하루살이 따위를 통틀어 이르는 말이다. 애벌레는 2~3년 걸려 성충이 되는데 성충의 수명은 한 시간에서 며칠 정도이다.

분하여 갑질을 하지 않기 위해 노력할 수 있다. 또 갑질을 하더라도 자신의 잘못을 알고 반성할 수 있으며, 잘못된 다른 사람의 행동에 대해서도 사회적 비판을 통한 제어와 평가를 할 수 있다. 또 도덕과 윤리 교육을 강화하면 스스로 자신을 절제하고 질서를 지키기 위해 노력한다.

5) 존중과 배려하는 문화 확산

문화적 해결 접근은 두 가지 방법이 있다. 첫째는 존중과 배려 문화의 확산이다. 인간은 누구나 자신의 존재 의의나 가치를 알아주지 아니하고, 깔보거나 업신여김 당하는 것을 싫어한다. 인간 존엄성 실현은 민주주의 기본이념이다. 인간은 그 자체로 존중받아야 할 권리가 있다. 인간관계는 기본적으로 다른 사람을 존중하는 마음에서 시작해야 한다. 내가 다른 사람을 존중해야 다른 사람도 나를 존중한다. 나는 다른 사람을 존중하지 않는데 다른 사람은 나를 존중해야 한다는 것은 이기주의다. 이해관계가 충돌하는 현실에서 모든 사람을 높이어 귀중하게 대하기는 어렵다. 하지만 존중(尊重)하려는 노력은 해야 한다. 존중에서 한 걸음 더 나아가 내가 조금은 손해 보고 조금 더 양보한다는 생각으로 다른 사람을 도와주거나 보살펴주려고 마음을 쓰는 배려(配慮)를 하면 갑질이라는 말이 나올 수 없다. 둘째는 잘못된 문제를 공론화하고 그것을 제거하기 위해 대책을 세우고 사람들이 동참하는 가운데 생활문화로 정착시켜나가는 일이다. 이러한 일은 좋은 방법이기는 하지만 장시간이 소요된다.

6) 자발적인 사회적 책임 실천

인간은 자신이 하고 싶어서 자발적으로 하면 아무리 힘들고 어려운 일도 즐겁게 하는 특성이 있다. 혹한기 갯바위 낚시나 목숨을 걸고 도전하는 극지 탐험, 세계 최고봉 등산 등 우리는 주위에서 다른 사람들의 만류도 뿌리치고 힘들고 어려운 일을 하는 사람들을 어렵지 않게 볼 수 있다. 이들은 공통으로 '좋아서 한다. 그 일을 하면 즐겁다. 스트레스가 확 풀린다'라는 말을 한다. 힘을 가진 사람들은 법규 운용자로 법의 맹점에 대해 잘 알므로 법규로 그들을 통제하는 일은 한계가 있다. 그러므로 자발적으로 사회적 책임을 실천하는 것이 마땅하다. 그 첫걸음은 자기 절제와 희생을 바탕으로 이타주의를 실행하는 일이다. 힘을 가진 사람이 사회가 비정상적으로 가는 것을 방치하고 자신의 편익만 꾀하면 약한 힘을 가진 사람들은 살기가 더욱 어려워진다.

7) 양질의 일자리 창출

갑질은 열악한 일자리에서 많이 발생한다. 누구나 일하고 싶고 삶의 여유를 즐길 수 있는 양질의 일자리를 창출하면 갑질은 그만큼 줄어든다. 양질의 일자리는 사람에 따라 평가가 다를 수 있다. 하지만 일반적으로 법규와 상식이 통하고, 자신의 능력을 자유롭게 발휘할 수 있는 건전한 문화가 형성되어 있으며, 적정한 근로의 대가를 지급하는 일자리이다.

8) 두려움에 맞서는 용기

사람이 살아가는 데는 여러 가지 두려움이 존재한다. 빈곤, 기아, 질병, 전쟁, 강자의 횡포와 겁박, 구조적 문제 해결과 사회적 폐단의 개혁 등 여러 가지가 있다. 잘못된 것을 개선하는 일은 용기가 필요하다. 용기(勇氣)는 씩씩하고 굳센 기운 또는 사물을 겁내지 아니하는 기개이다. 잘못된 것을 바로잡는 일은 항상 저항하는 사람들이 있다. 그들의 실력 행사와 위협이 주는 두려움을 겁내지 않고 맞설 수 있어야 한다. 또 용기는 나쁜 무리에게 휩쓸려 행동하지 않고 스스로 정직하고 정의로운 삶을 사는 데도 필요하다. 용기 있는 사람이 많으면 그 사회의 건전성은 그만큼 높아진다.

제3장

외국 사례와
논란 대상 주제별
갑질 논의

제1절 국가별 갑질 사례

1. 미국

콘래드 힐턴 기내 난동 사건

2015년 2월 4일 패리스 힐턴(Paris Whitney Hilton, 영화배우 겸 가수)의 남동생 콘래드 힐턴이 기내에서 난동을 부린 사건이 있었다. 대한항공 086편 이륙 지연 사건(땅콩회항 사건)과 굉장히 유사한 사건이다. 콘래드 힐턴은 영국 런던 히스로(Heathrow)공항에서 미국 로스앤젤레스로 가는 영국항공 BA269편에서 승무원들에게 "내가 너희 사장이랑 아는 사이라서 승무원들 전부 5분 만에 해고시킬 수 있다. 내 아버지가 누군 줄 아냐"라며 윽박질렀고, "이 Peanut Peasant(소작농) 같은 하찮은 것들!"이라며 기내 승객들까지 모욕했다고 한다. 승무원들은 착륙하자마자 바로 경찰에 신고하였으나, 힐턴은 6개월간이나 수배를 피해 다니다 2015년 2월에야 자수하고 FBI(Federal Bureau of Investigation, 연방수사국) 조사를 받았다. 당시 미국연방항공법에 따라 혐의가 인정될 경우 징역 20년 형까지 선고받을 가능성이 있다는 기사가 보도되기도 했다. 그러나 결국에는 고작 벌금 5,000달러와 750시간 사회봉사 활동을 선고받았다. 비슷한 사건을 일으킨 조현아가 집행유예이지만 징역형을 선고받아 더 강하게 처벌받은 셈이다.[1]

---

1) 나무위키.

세입자 스토킹에 협박까지 … 맨해튼의 악덕 임대업자 철퇴

미국 뉴욕 맨해튼은 월세가 비싸기로 유명하다. 그 때문에 뉴욕주 당국은 청년층, 저소득층, 유학생을 위한 세입자 보호 장치를 마련했다. 대표적으로 저소득층이 입주한 아파트를 '임대 규제 아파트'로 지정해 2년마다 정해진 범위에서만 월세를 올릴 수 있도록 했다. 이 아파트에서는 임대차계약이 만료된 뒤에도 계약연장 여부를 세입자가 정할 수 있게 했다. 하지만 그런 임대 규제 아파트에서도 최근 몇 년간 저소득층이 꾸준히 밀려나는 것으로 파악됐다. 임대사업자들이 온갖 횡포를 부려 저소득층을 아파트에서 쫓아내고 있어서다.

보다 못한 뉴욕주 정부는 2015년 사법 당국과 공조해 악덕 임대 사업자와 전쟁을 선포했고, 그 성과가 2016년 5월 9일 나왔다. 악명 높은 임대사업자 스티븐 크로먼(49)이 기소된 것이다. 그에게는 탈세, 사기, 건축물 불법개조 등 20가지 혐의가 적용됐다. 뉴욕타임스(NYT)는 "악덕 임대업자 퇴출이 본격화되는 상징적 기소"라고 평가했다. NYT에 따르면 크로먼은 세입자에게 저승사자 같은 인물이었다. 그가 소유한 부동산업체는 맨해튼에 임대건물 140개를 운영했다. 그에게서 쫓겨난 세입자들은 억울함을 호소하는 '크로먼 세입자 연대'라는 웹사이트(website)를 만들어 퇴거 거부 요령, 법적 대응 방안을 공유하기도 했다.

크로먼은 임대 규제 아파트를 오히려 축재의 수단으로 활용했다. 그는 저렴한 임대 규제 아파트를 사들인 뒤 저소득층 세입자를 수단과 방법을 가리지 않고 어떻게든 쫓아낸 뒤 아파트를 개조해 비싼 월세를 받는 수법을 썼다. 세입자를 쫓아내는 방식은 매우 집요했다. 로빈 차네스라는 남성은 맨해튼 6번가 임대 규제 아파트에서 40년간 살고 있었다. 하지만 크로먼이 아파트를 인수한 뒤 쫓겨났다. 처음에는 퇴거를 거부했지만 온수 공급이 중단됐고, 곧이어 전기와 가스가 끊겼다. 집 앞에서 끊임없이 공사를 벌여 먼지를 피웠다. 그래도 퇴거하지 않으면 크로먼이 '비밀병기'로 부르는 전직 뉴욕 경찰 출신 경호대장을 동원해 협박에 나섰다. 경호대장은 택배 직원이나 수리공으로 위장해 문을 열게 한 뒤 신분증을 요구하거나 사진을 찍고, 경찰을 동원하겠다고 협박해 결국 집을 떠나도록 만들었다.

크로먼은 이런 고전적 방식에 머물지 않았다. 맨해튼 18번가에 살던 신시아 체이피라는 여성은 퇴거를 거부하다 소송을 당해 법원에 18차례 출두해야 했다. 소송비용도 적잖게 날렸다. 크로먼은 심지어 여행을 떠난 세입자들까지 쫓아다니며 스토킹(stalking)했다. 당국의 세입자 보호 장치에도 불구하고 악덕 업자의 집요한 괴롭힘에 결국 저소득층이 다른 곳으로 이사할 수밖에 없었다고 NYT는 전했다. 하지만 이번에 거물급 부동산업자를 기소함으로써 이들에 대한 감시는 한층 강화될 전망이다.[2]

2. 일본

일본도 고객 갑질 횡행 … 종업원 10명 중 7명 "고객 악질 행위 경험"

일본의 백화점과 슈퍼마켓 등에서 일하는 직원 10명 중 7명이 고객의 '갑질'을 경험한 것으로 나타났다. 니혼게이자이신문 등에

---

[2] 국민일보(2016.05.11).

따르면 유통업 등의 노동조합으로 구성된 'UA젠센'은 2017년 6~7월 유통서비스업 조합에 가맹한 판매, 계산, 고객 불만 대응 직원 약 5만 명을 대상으로 실태 조사한 결과를 2017년 11월 16일 발표했다. 조사결과 전체 응답자의 73.9%에 달하는 약 3만 6,000명이 업무 중 고객으로부터 폭언이나 폭력 등 악질적 행위를 당한 경험이 있다고 응답했다. 피해 유형(복수 응답)으로는 '폭언'이 27.5%로 가장 많았고, '같은 불만 반복'(16.3%), '설교'(15.2%) 등이 뒤를 이었다. '성희롱 행위'(5.7%)나 '무릎 꿇고 사죄하라고 강요'(1.8%)하는 사례도 확인됐다. 구체적인 피해로는 고객이 "바보", "죽어라" 등의 말을 하거나 장바구니나 동전을 던지는 사례도 확인됐다. 또 손님에게 20분 이상 사과를 하거나, 손님으로부터 3시간 이상 설교를 들은 종업원도 있었다.

이 같은 고객의 '갑질'이 최근 늘고 있다고 느끼느냐는 질문에 50%가 "늘고 있다"고 응답했다. 하지만 그 대응에 대해서는 '계속 사과한다'는 답변이 37.8%에 달하는 등 효과적인 대책을 마련하지 못하는 경우가 많은 것으로 나타났다. 이들은 고객의 '갑질'에 대응하기 위해 필요한 조치로 '기업의 고객 불만 대책 교육'(20.9%)과 '법률에 의한 방지'(20.8%)를 많이 꼽았다. UA젠센에 따르면 이 같은 고객의 '갑질' 행위로 종업원이 정신질환을 앓거나 퇴직하는 사례가 끊이지 않고 있다. 이에 따라 UA젠센은 고객의 행위가 악질인지 여부를 판단하는 독자 가이드라인(guide-line, 지침)을 마련해 의연하게 대처하도록 가맹 조합원에 촉구했다.[3]

---

[3] 세계일보(2017.11.18).

일본판 '고준희 사건'에 열도가 분노… "부탁해. 용서해주세요"
노트에 눈물

[사진 출처=도쿄 MX 뉴스, 아시아타임즈]

대한민국 국민을 충격으로 몰아넣었던 '고준희 양 암매장'4) 사건
과 유사한 사건이 일본에서도 발생했다. 5살 여아가 부모의 학대로
사망한 것인데 악독한 학대 방식에 일본 국민들은 분노에 휩싸였
다. 2018년 6월 7일 NHK 뉴스 등 일본 현지 언론에 따르면 지난
3월 도쿄 메구로구의 후나토 유아(5) 양의 사망 사건과 관련해 그
의 친부와 친모가 경찰에 체포됐다. 유아 양은 친부에게 얼굴 등을
얻어맞으며 큰 부상을 입었고, 친모는 제대로 식사조차 주지 않은

---

4) 고준희 양 살인사건은 2017년 11월 전라북도 전주시에서 발생한 사건이다.[위키백과] 전 국민의
   공분을 샀던 '고준희(5) 양 암매장 사건' 관련, 법원이 준희 양 친부(37)와 동거녀 이 모(36) 씨
   에게 중형을 선고했다. 재판부는 친부 고 씨를 이번 아동학대 사건의 주범으로 인정했으며, 이
   씨의 경우 적극적인 방임 및 학대가 있었다고 판단했다.[아이뉴스24 (2018. 06. 29).]

것으로 경찰 조사에서 드러났다.

유아 양은 올해(2018년) 1월 말부터 제대로 된 음식을 먹지 못해 심각한 영양실조 상태를 보였지만 부모는 병원에 데려가지 않았고, 2월에는 친부가 집에서 폭행을 가해 크게 다치기도 했다. 경찰 조사에 따르면 유아 양은 1월 말 가가와현에서 도쿄로 이사한 뒤, 그 후 2개월 동안 체중이 4kg이나 줄었고, 사망 당시에는 몸무게가 12kg까지 줄었다. 이는 평균 5세 아이 몸무게보다 7kg 적은 수치다. 친부와 친모 모두 혐의를 인정했다. 친부는 "훈육의 일환으로 생각했다"고 진술했고, 친모는 "자신의 입장이 위태로워질 수 있음에 두려워 간과했다"고 말한 것으로 알려졌다.

경찰이 집을 수색하면서 발견한 유아 양의 것으로 보이는 노트의 내용도 무척 충격적이다. 이 노트에는 "이제 아빠와 엄마가 알아주지 않아도 스스로 제대로 오늘보다 더 내일 할 수 있도록 할게. 이제 부탁해. 용서해주세요. 부탁합니다. 이제 정말 같은 일 안 할게요. 용서해줘. 어제 전혀 할 수 없었던 것 그동안 매일 해온 것 고칠게요. '놀자' 같은 건 바보 같으니까 절대, 절대 안 할 테니까 약속합니다"라고 적혀 있었다. 유아 양은 친부에게 '뚱뚱하다'고 지적받은 이후 식사는 수프 한 컵 정도 또는 밥 반 공기에 된장국 등만 먹을 수 있었고, 매일 측정한 자신의 체중을 노트에 기록했다. 사망 당시 유아 양의 나이는 불과 5세에 불과한데도 말이다.[5]

---

5) 아시아타임즈 2018.06.07.

3. 영국

英 정·재계 거물들 '성추행 자선만찬' 후폭풍 … 기부받은 병원들 "돈 가져가라"

한 여기자의 잠입 르포(reportage, 취재활동)로 영국 런던의 최고 유명 인사들이 연례 자선 만찬에서 여종업원들을 상대로 노골적으로 성추행한 실태가 폭로되면서 2018년 1월 24일 영국 정치권이 발칵 뒤집혔다. 테리사 메이 총리는 2018년 1월 18일의 이 만찬에 참석한 아동가족부 차관을 불러 경위를 묻고, 깊은 유감을 표했다. 의회에서는 "불과 이곳에서 1마일(1.6㎞)도 안 되는 곳에서, 여성을 부자 남성을 꾀는 미끼로 쓰는 일이 일어났다. 돈 많은 남성들이 연루된 이런 성적(性的)인 일들은 결코 용납될 수 없다는 분명한 메시지를 보내야 한다"는 비판이 나왔다. 이번 '성추행 자선 만찬'은 전 세계적으로 '미투(Me too)' 성폭력 고발 캠페인이 거센 시점에서 발생해 파장이 더 컸다.

2018년 1월 18일 파티가 열린 프레지던츠 클럽 입구. 여기자의 잠입취재를 통해 자선행사로 알려진 파티의 퇴폐적 면모가 드러났다.[파이낸셜타임스, 조선일보]

영국 파이낸셜타임스의 여기자 매디슨 메리지는 2018년 1월 23일 자 신문에, 이 만찬의 여종업원으로 위장 잠입해 정·재계와 스포츠계 '유력 남성'들만이 참석한 '프레지던츠 클럽'의 연례 자선 파티에서 벌어진 성추행 실태를 고발했다. 33년 전 설립된 '프레지던츠 클럽'의 이날 만찬에는 영국의 내로라하는 남성 360여 명이 참석했다. 주최 측은 '스트립 클럽에서의 하룻밤' 티켓, 유명 성형외과 전문의 수술, 외무장관과 오찬, 중앙은행 총재와 티타임(teatime, 차 마시는 시간) 등을 경매 물건으로 내놓아 200만 파운드(약 30억 원)를 모금했다. 하지만 '자선의 밤'은 곧 '위선의 밤'으로 바뀌었다.

남성들은 여종업원들의 신체를 계속 더듬고 "테이블에 올라가 옷 벗고 춤을 춰보라"고 희롱했고, 일부는 노골적으로 '성매매'를 제안했다. 진행업체도 아예 처음부터 '키 크고 날씬하고 예쁜' 여성 130명을 선발해, 몸에 달라붙는 짧은 검은색 원피스를 입고 접대하게 했다. '부적절한 신체 접촉은 없을 것'이라던 약속은 실제와 거리가 멀었다. 파문이 확산하자 2009~2016년 이 자선 만찬 행사를 통해 모두 53만 파운드(약 8억 원)를 지원받았던 한 병원은 전액 반환하겠다고 밝혔다. 이날 밤 43만 파운드의 기부 약속을 받은 이벨리나 런던 어린이병원도 이를 거부했다. '프레지던츠 클럽'은 계속된 비난에, 아예 단체 해산을 선언했다.[6]

---

6) 조선일보(2018.01.26).

4. 중국

중국 인터넷 악덕 금융업자, 여학생 나체사진 담보

세상에는 예상치 못한 일들이 있기 마련이지만, 중국에서는 인터넷을 통한 대출 금융업자가 여학생 나체 사진을 담보로 대출을 하는 일이 횡행하고 있다고 에이피(AP)통신이 2016년 6월 21일 보도했다. 이 악질적인 금융업자는 여학생을 대상으로 나체사진을 담보로 잡고 대출을 해준 다음 1주일 이자로 무려 30%를 받아내고 있다. 이 악덕 업자는 여학생들에게 자신의 나체 사진을 보낸 후 주 30% 등의 고리로 대출하고, 만기일까지 갚지 못할 경우 사진을 공개하겠다고 위협을 한다는 것이다. 한 여학생은 현지 언론에 많은 동급생이 피해를 보고 있지만, 모두 다른 사람들에게 말도 하지 못하고 있다면서 자신은 경찰에 신고하게 됐다고 밝혔다.[7]

직원들 뺨 때리고 기어 다니게 한 '초갑질' 회사

여성 직원이 반쯤 우는 얼굴로 남성 직원의 뺨을 때리고 있다. 오른쪽은 직원들이 땅을 기고 있는 모습[더선 캡처, 서울신문]

---

7) 뉴스타운(2016.06.22).

중국의 한 회사가 직원들에게 지나친 갑질을 하는 영상이 공개돼 빈축을 사고 있다. 중국 언론 매체 시나닷컴은 중국 후베이성 이창에 소재한 부동산 회사 직원들이 2018년 4월 월례 평가회의에서 저조한 업무성과에 대해 징계를 받는 영상을 2018년 5월 4일 공개했다. 영상에는 제복 차림의 여성이 한 줄로 서 있는 여섯 명의 남성 직원 뺨을 차례로 여러 번 때리는 모습이 담겨 있었다. 그 이후 회의실에서는 박수갈채가 터져 나왔다. 또한 책임자로 보이는 남성이 중간에 서 있고, 합창을 하는 동안 그 뒤로 수십 명의 직원들이 원을 그리며 강아지처럼 기어 다니기도 했다.

10개의 사무실과 160명 이상의 직원을 둔 기업 주는 현지 언론에 "직원들이 처벌을 선택한 것이다. 여섯 명의 남성 직원들이 고객을 유치하지 못했고, 당사에서 요구하는 임무를 제대로 수행하지 못했다. 주어진 요구 사항을 이행한 여직원이 동료들의 부탁을 받아 체벌을 행했다"고 말했다. 이어 "회사가 직원들을 너무 풀어줘서 그들의 실적이 저조한 것"이라며 "이번 사건을 통해 잘못된 점을 배웠고 경영을 개선할 것이다. 영상을 누가 유출했는지도 밝혀내려 애쓰고 있다"고 덧붙였다. 2년 전에도 비슷한 영상이 논란을 일으킨 적이 있다. 중국 지린성 바이산시에서 한 회사가 직원들이 판매 목표액을 충족시키지 못하자 공공장소에서 네 발로 기어 다니게 강요했다.[8]

---

8) 나우뉴스(2018.05.05).

5. 인도

인도의 '마녀사냥' … 친척들이 나체로 조리 돌려

　인도 북부 자르칸트주에서 마을의 두 모녀를 '마술'을 부린다는 죄로 나체로 조리 돌린 11명이 경찰에 체포됐다고 2018년 2월 19일 BBC(영국 공영 방송)가 보도했다. 65세의 어머니와 35세의 딸은 발가벗겨진 채 동네 곳곳을 걸어야 했고 또 사람 대변을 먹도록 강요받기도 한 것으로 알려졌다. 피해자 딸은 BBC에 그전부터 사람들이 마을에 병을 퍼트리고 있다고 자신들을 구박했다고 말했다. 여성을 타깃으로 한 '마녀사냥'은 인도 여러 지역에서 흔하게 자행되고 있다. 전문가들에 따르면 미신 외에도 과부들의 땅과 재산을 노리고 이런 일들이 행해진다.

　2월 15일 친척들이 문을 거세게 두드리고 발로 차면서 집에 들어와 모녀가 "나쁜 마술을 부렸다"고 윽박질렀다. 며칠 전 식구 중한 명이 갑자기 사망했는데 당시 모녀는 마을의 무자격 의료인에게 끌려갔다. 돌팔이 의사는 두 여자 때문에 식구가 죽었다고 말했다. 다음날 이 같은 조리돌림이 있었다고 모녀는 방송에서 말했다. 먼저 친척들은 이들을 화장장으로 끌고 가서 사람 오줌과 똥을 이들에게 뿌려대다가 입속으로 억지로 집어넣기까지 했다. 모녀는 머리를 삭발당했으며, 발가벗겨진 채 마을을 퍼레이드(parade, 행진)해야 했다. 마을 사람들이 큰 군중이 되어 이들을 에워싸고 앞으로 밀어댈 뿐 모녀를 도우려고 나서는 사람은 한 사람도 없었다.[9]

---

9) 뉴시스(2018.02.19).

6. 콜롬비아

교수의 상습적 성추행 여대생이 몰카로 증거 잡아

상습적으로 여제자를 성추행한 대학교수의 추태가 만천하에 공개됐다. 현지 일간 엘티엠포 등에 따르면 콜롬비아 국립대학에서 자연과학 박사과정을 밟고 있는 로레나 사브리나는 최근 언론에 교수의 성추행을 뚜렷하게 포착한 동영상 한편을 전달했다. 동영상에는 연구실에서 사브리나와 함께 있는 지도교수 프레디 알베르토 몬로이가 등장한다. 교수는 사브리나를 끌어안고 여러 차례 키스를 시도한다. 교수가 손을 내려 사브리나의 엉덩이를 만지는 모습도 그대로 녹화돼 있다. 사브리나가 문제의 교수를 알게 된 건 대학에서 박사과정을 시작하면서부터다. 지도를 맡은 교수는 사브리나의 연구 열정을 높이 평가하면서 격려를 아끼지 않았다. 돌이켜보면 이건 모두 호감을 사기 위한 엉큼한 교수의 접근법이었다.

교수의 성추행 장면[동영상 캡처, 서울신문]

사브리나는 "학생에게 큰 관심을 보이며 인간적인 신뢰를 얻는데 매우 능숙했다"고 말했다. 그랬던 교수가 본색을 드러낸 건 레이저실험을 한 어느 날이었다. 연구실에 사브리나와 둘이 있게 된 교수는 실험이 끝나자 갑자기 사브리나를 벽으로 밀어 붙이며 포옹했다. 사브리나는 분명한 거부 의사를 밝혔지만, 교수는 "너를 느끼게 해달라"며 키스를 시도했다. 손은 어느새 사브리나의 특정 부위에 가 있었다. 이후 문제의 교수는 "말을 듣지 않으면 네게 엄격한 사람이 될 수밖에 없다"며 사브리나를 압박했다. 계속된 압력에 심각한 우울증에 빠진 사브리나는 한때 박사과정 포기를 고민했지만, 용기를 내곤 학교에 지도교수 교체를 요구했다. 다행히 학교가 요청을 받아들이면서 사브리나는 교수의 굴레에서 벗어났지만, 최근 그는 다시 문제의 교수 밑으로 들어갔다.

이 교수에게 성추행을 당했다는 또 다른 학생의 사연을 알게 되면서. 사브리나는 "교수가 다시 덤벼들게 분명했지만, 확실한 증거를 잡아야겠다는 생각에 다시 그의 지도를 받기로 했다"고 말했다. "다시 몬로이 교수의 사무실로 찾아가면서 많이 울었지만, 증거를 확보하는 유일한 길이라는 생각에 용기를 냈다"고 덧붙였다. 예상은 빗나가지 않았다. 교수는 다시 찾아온 사브리나에게 다시 몹쓸 짓을 했다. 장면은 사브리나가 설치한 몰래카메라에 고스란히 담겼다. 사브리나는 "우월적인 지위를 이용한 성추행에 여학생들은 한없이 무기력함을 느낀다"며 "다시는 이런 일이 반복되지 않길 바라면서 사건을 폭로하기로 했다"고 말했다.[10]

---

10) 나우뉴스(2018.05.03).

제2절 국가 간 갑질 사례

1. 미국 국가 갑질

헤일리 美 유엔대사 "누가 찬성하나 명단 적겠다" … 유엔 회원국 '노골적 협박'

> Nikki Haley ✔
> @nikkihaley
>
> At the UN we're always asked to do more &
> give more. So, when we make a decision, at
> the will of the American ppl, abt where to
> locate OUR embassy, we don't expect those
> we've helped to target us. On Thurs there'll
> be a vote criticizing our choice. The US will be
> taking names.

니키 헤일리 미국대사는 20일 유엔 총회에서 미국의 예루살렘 이스라엘 수도 공인 반대 결의안 투표를 앞두고 자신의 트위터에 "미국은 (찬성하는 회원국의) 명단을 만들 것"이라고 회원국들을 압박했다.[헤일리 대사 트위터 캡처, 민중의소리]

'예루살렘 지위에 대한 어떤 결정도 거부한다'는 내용의 유엔 안전보장이사회(안보리) 결의안이 미국 혼자 거부권 행사로 무산된 가운데, 니키 헤일리 유엔주재 미국대사는 2017년 12월 20일, 자신의 트위터와 페이스북을 통해 "목요일(21일) 우리의 선택을 비판하기 위한 표결이 진행된다"며 "미국은 (찬성하는 회원국의) 명단을 만들 것"이라고 밝혔다. 그러면서 "우리가 대사관을 어디에 둘지 결정했을 때, 그동안 우리가 도와준 국가들이 우리를 겨냥하지 않기를 바란다"고 노골적으로 경고했다. 앞서 헤일리 대사는 거부권을 행사한 데 관해서도 "어떤 나라도 미국에 우리 대사관을 어디에 위치시킬지를 놓고 이래라저래라 할 수 없다"면서 "일부 회원국들이 자신들 의도를 이루기 위해 (트럼프) 대통령의 결정을 왜곡하고 있다"고 주장했다.

도널드 트럼프 미국 대통령도 20일, 각료회의에서 "우리나라에서 돈을 가져가는 나라들이 안보리에서 우리에 맞서 표를 행사하고, 유엔총회에서도 그럴 가능성이 있어 보인다"면서 "수십억 달러를 우리한테 가져가면서 우리를 반대하는 표를 던진다고 하는데, 어떻게 하는지 지켜보겠다"고 경고했다. 그는 이어 "반대표를 던질 테면 던져라. 그러면 우리는 그만큼 돈을 아끼게 될 것이다. 신경 안 쓴다"고 말했다. 그러면서 "미국에 반대하는 표를 던져도 우리가 수억 달러를 지원하던 시대는 지나갔다. 우리의 위대한 국민은 미국이 이용당하는 데 지쳤다"면서 "더는 이용당하지 않겠다"고 강조했다.

이에 관해 뉴욕타임스(NYT)를 비롯한 미 언론들은 "트럼프 대통령이 미국 지원금 삭감을 내세우며, 그의 최근 예루살렘 결정에 반대하는 유엔 회원국들을 협박했다(threatened)"고 보도했다. 앞서, 헤일리 대사는 "트럼프 대통령도 이번 표결을 면밀히 지켜볼 것"이라면서 "그는 나에게 어떤 나라들이 우리에 대해 반대하는 표를 행사하는지 보고해 달라고 요청했다"고 밝히기도 했다. 안보리와 달리 특정 국가가 거부권을 행사할 수 없는 193개국이 참여하는 유엔총회에 앞서, 안보리 표결에서도 거부권을 가진 미국을 제외하고, 14개국 상

임·비상임 이사국이 결의안에 찬성한다는 입장을 밝혔다.[11]

"명단을 만들겠다"는 미국 트럼프 행정부의 협박에도 불구하고 예루살렘 지위에 관한 어떤 결정도 거부한다는 '예루살렘 결의안'이 유엔 총회에서 압도적으로 통과됐다. 유엔 총회는 21일 본회의를 열고 예루살렘을 이스라엘 수도로 선언한 미국 정부의 결정을 반박하는 결의안을 128개국의 압도적인 찬성으로 통과했다. 35개국이 기권했고, 반대는 미국과 이스라엘을 포함해 9개국에 불과했다. 12개 국가는 표결에 참가하지 않았다. 유엔총회 결의안은 과반의 지지를 받으면 채택된다.[12]

2. 중국 국가 갑질

사드·갑질·출점 제로 … 올 유통·식품업계 웃을 날 없었다

중국의 사드 보복이 국내 유통업계의 최대 리스크(risk, 손해를 입을 우려)로 부상한 한해였다. 한중 수교 후 25년 동안 '기회의 땅'이던 중국은 이제 '최대 리스크 지역'이 돼버렸다. 유통업계의 시련은 2016년 9월 시작됐다. 정부가 사드[13] 배치 부지로 경북 성주군에 있는 롯데스카이힐 성주CC(country club)를 지정하면서다.

---

11) 민중의소리(2017.12.21).

12) 민중의소리(2017.12.22).

13) 종말고고도지역방어(終末高高度地域防禦, Terminal High Altitude Area Defense; THAAD, 사드)는 미국 육군의 탄도탄 요격유도탄 체계로, 단거리(SRBM), 준중거리(MRBM), 중거리(IRBM) 탄도유도탄을 종말 단계에서 직격 파괴로 요격하도록 설계되었다. 'terminal'은 종말 단계를 의미하며, 개칭 전에는 전구, 전역이란 뜻의 'theater'라 했다. 전역탄도미사일(TBM: theater ballistic missile)이란 사거리 350km 이상, 1,500km 이하인 탄도 미사일(SRBM, MRBM, IRBM)을 말한다.[위키백과]

사드 배치에 불쾌감을 드러내던 중국은 2017년 3월 한류 금지령(한한령)을 내리며 보복에 나섰다. 이후 중국이 한국 단체관광 금지, 국내 화장품, 식품 등에 반덤핑, 세이프가드(safeguard, 보호), 위생검역(SPS) 등의 보복 조치를 잇달아 취하며 유통업계가 치명상을 입었다.

중국 시장에 의존도가 높았던 업체들은 직격탄을 맞았다. 국내 화장품 업계 1위인 아모레퍼시픽의 2017년 2분기 영업이익은 2016년 대비 반 토막 났다. 중국 매출 부진으로 2017년 3분기 영업이익도 2016년보다 40%가량 급감했다. 현지 제과시장 2위 업체로 도약할 정도로 중국에서 승승장구하던 오리온도 사드 사태 여파로 2017년 상반기 영업이익이 2016년보다 64% 줄었다. 면세점 업계의 피해도 극심했다. 롯데면세점, 신라면세점 등 업체들은 매출이 매달 20~30%씩 곤두박질쳤다. 한화 갤러리아는 제주를 찾는 중국인 관광객이 80~90% 줄어들면서 임대료를 감당하지 못해 사업권을 조기 반납했다.

국방부에 사드 배치 장소를 제공한 롯데는 중국 정부의 '집중 표적이' 됐다. 중국 당국은 '소방법 위반'을 이유로 2017년 초 중국 내 롯데마트 점포 112개 중 74개 점포 영업을 중단시켰다. 대규모 영업손실을 기록한 롯데마트는 7,000억 원의 자금을 투입하며 버티다 결국 6개월 만에 중국 롯데마트를 매각하기로 했다. 면세점, 백화점, 마트 등 롯데의 주요 계열사들이 지금까지 사드 보복으로 입은 피해액만 1조 원이 훨씬 넘는 것으로 추산된다.[14]

---

14) 헤럴드경제(2017.12.26).

제3절 사회적 논란 대상이 된 주제별 갑질 논의

1. 괘씸죄

괘씸죄는 아랫사람이 윗사람이나 권력자의 의도에 거슬리거나 눈 밖에 나는 행동을 하여 받는 미움이다. 갑이 괘씸죄를 적용하여 사람을 괴롭히는 것은 이유가 있는 경우도 있지만, 이유가 없는 경우도 있다. 속된 말로 괴롭히는 사람 마음이라는 것이다. 화가 나거나 기분이 안 좋을 때는 물론 심심할 때 괜히 아랫사람에게 집적거리며 시비를 걸기도 한다. 그러므로 을은 자신이 괘씸죄에 걸렸는지 안 걸렸는지 잘 모르는 경우도 있다. 윗사람의 행동이 편파적으로 지속하고 괴롭힘이 반복될 경우 자신이 괘씸죄에 걸렸다고 보면 거의 틀림없다. 직장에서 괘씸죄에 걸린 사람과 걸리지 않은 사람을 대하는 상사의 행동을 몇 가지 예로 들어 보면 다음과 같다.

- 친한 사람은 잘못을 축소해가며 덮어주기 대 미운 사람은 잘못을 과장해가며 비난하기: 사람과의 유대관계만 좋으면 회사 측에 500만 원의 피해를 주었다 해도 팀장이 눈감고 모르는 일로 하자고 하면 넘어갈 수 있다. 하지만 미운 사람은 50원짜리 실수만 해도 다른 사람들 앞에서 큰소리로 면박하고 소리를 지르고 욕설을 하며 인간쓰레기 취급을 하는 곳이 갑의 횡포 하의 직장이다.

- 친한 사람은 사규를 어겨가며 휴가 길게 주기 대 미운 사람은 사규 내에서 휴가를 써도 안 된다며 지랄하고 우기기: 친한 사람은 안 아픈데 가짜 진단서를 떼어 와서 5~6주씩 병가를 쓰게 해준다. 이 인건비 400~500만 원은 부서장이 부담하는 게 아니라 정부나 기업의 손실로 돌아간다. 하지만 미운 사람은 4일 정도만 휴가를 연속해서 쓰려고 해도 '겁대가리 없이 휴가를 길게 써 가며 다른 사람들에게 피해를 준다'면서 욕을 해댄다.
- 직장 내 괴롭힘으로서의 무례함: 비꼬기, 비웃기, 조롱하기 목적의 악의적인 농담이 늘어난다. 정상적인 농담과의 차이점은 농담으로 받아치면 "내가 너 친구인 줄 아느냐" 등 증오 섞인 대답이 돌아온다.
- 회식에서 뺀다든지, 모임에 참석했을 때 네가 낄 자리가 아니라며 억지로 쫓아낸 뒤 예의가 없다며 화냄: 이유는 "앞뒤 구분을 못 하느냐, 위아래 파악을 못 하느냐, 질서를 모르느냐" 등을 달지만, 본질은 "내가 너를 싫어한다. 나대지 마라"라는 뜻이다.
- 부적절한 인사: 인사를 받지 않고, 컴퓨터 모니터를 쳐다보면서 받거나 서류를 쳐다보면서 받는다. 반면 다른 사람과의 관계에서는 정상적으로 얼굴을 쳐다보면서 화답한다.
- 인사고과에서의 불공평함.
- 포상, 우수 사원 추천, 내부 선발 등의 기회 박탈.
- 더 높은 상사에게 뒤 담화 시도: 한국 조직문화에서는 결재체계와 마찬가지로 인간관계가 형성되므로, 하급자가 상급자의 상급자에게 직접 애로사항을 표현하기 어렵다. 이 때문에 중간에서 거짓말을 꾸며내어 이간질한다.[15]

---

15) 나무위키.

2. 가혹행위

학대(虐待)는 몹시 괴롭히거나 가혹하게 대우함 또는 그런 대우, 가혹행위는 괴로움이나 아픔 따위의 정도가 지나치게 심하고, 성질이나 하는 짓이 인간의 도덕적 기준에 어긋나는 나쁜 행위를 말한다. 가혹행위죄는 검찰이나 경찰 등이 직무를 수행하면서 형사 피의자 또는 그 밖의 사람에게 폭행 따위의 가혹한 행위를 가함으로써 성립하는 범죄[16]이다. 대표적인 갑질 중 하나에 속하는 가혹행위는 언제 어디에서 시작되었는지 알 수 없다. 아주 오래된 유습 중 하나다. 단지 현재 상황을 놓고 볼 때, 우리나라의 경우 가혹행위가 가장 많이 일어나고 주로 시비와 논란 대상이 되는 대표적인 집단이 군대, 경찰, 검찰 등이라고 볼 수 있다. 가혹행위는 군형법에 그 처벌규정이 있다. 국방부에서는 가혹행위를 군기사고의 한 종류로 분류한다.

국방부 훈령 제1932호로 2016년 7월 1일 시행에 들어간 부대관리훈령 제4장 군기사고 예방 제1절 군기사고의 종류 제226조(군기사고의 종류) 군기사고의 종류는 다음 각 호와 같다. 4. 구타 및 가혹행위 사고: 사람의 신체에 가하는 일체의 행위로 인한 사고로써, 다음 각 목과 같은 행위를 말한다. 가. "구타"란 고의로 신체의 일부 또는 도구로 타인을 가격하여 통증을 유발하는 일체의 행위를 말한다. 나. "가혹행위"란 비정상적인 방법으로 타인에게 육체적·정신적인 고통이나 인격적인 모독을 주는 일체의 행위를 말하며, 비정상적인 방법이란 법규에 어긋나는 방법이나 일반적인 상식을 벗어

---

16) 네이버 국어사전.

난 지나친 방법 등을 말한다. 다. "언어폭력"이란 심한 욕설이나 인격모독적인 언어로 상대방에게 심리적 충격 및 피해를 초래하는 행위를 말하며, 여기에는 문자 메시지, 전자우편, 문서 등의 수단을 이용한 방법 등을 포함한다. 제2절 군기사고 예방대책 제229조(구타·가혹행위 및 언어폭력 근절) ① 국방 관서의 장, 합참의장 및 각 군 참모총장은 구타·가혹행위 및 언어폭력을 근절할 수 있는 근본대책을 수립하여 강력히 시행하여야 하며, 구타·가혹행위 및 언어폭력을 은닉한 사고자 및 관련자는 가중 처벌하여야 한다[17]고 규정하고 있다.

이러한 가혹행위를 했을 때는 군형법 제62조(가혹행위) ① 직권을 남용하여 학대 또는 가혹한 행위를 한 사람은 5년 이하의 징역에 처한다. ② 위력을 행사하여 학대 또는 가혹한 행위를 한 사람은 3년 이하의 징역 또는 700만 원 이하의 벌금을 부과한다.[18] 또 군형법 제10장 모욕의 죄 제64조(상관 모욕 등) ① 상관을 그 면전에서 모욕한 사람은 2년 이하의 징역이나 금고에 처한다. 제65조(초병 모욕) 초병을 그 면전에서 모욕한 사람은 1년 이하의 징역이나 금고에 처한다[19]고 규정하고 있다.

엄연하게 법규가 있음에도 군대 내에서는 심심찮게 가혹행위가 발생한다. 국방부 훈령에서는 구타와 언어폭력을 가혹행위와 구분하여 분류하고 있지만, 실제 가혹행위는 대부분 구타나 언어폭력으로 이루어진다. 구타나 언어폭력이 정도를 넘으면 모두 가혹행위가 된다. 그러므로 이들의 구분은 큰 의미가 없다. 문제의 심각성은 아

---

17) 배순도 변호사 블로그.
18) 군형법.
19) 군형법.

직 우리나라 군대에서 가혹행위가 뿌리 뽑히지 않고 있는 데다 사회 곳곳에 이러한 가혹행위 문화가 확산되어 있다는 점이다. 행정기관, 기업, 학교, 유치원은 물론 심지어 가정에서까지 우리나라의 웬만한 집단에서 정도의 차이는 있어도 공공연하게 가혹행위가 발생한다.

〈사례 3-1〉

운동장 뺑뺑이·오물 축하주 … 홍대 동아리 '28가지 가혹행위'

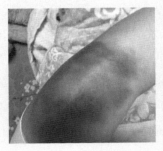

홍익대 응원단 아사달의 수습단원이었던 ㄱ 씨는 2018년 1월 응원단 연습을 하다가 무릎에 멍이 들었으나, 선배 단원들은 무릎보호대를 착용하는 것을 막았다고 주장했다.[ㄱ 씨 제공, 한겨레]

대학가의 오랜 악습 '군기잡기' 문화가 또다시 논란이 되고 있다. 피해자는 '갑질'의 종류가 28가지에 이른다고 증언했다. 2018년 3월 7일 새벽 사회관계망서비스(SNS) 페이스북의 '홍익대학교 대신 전해드립니다' 게시판에서 2017년 이 대학 응원 동아리 '아사달'에서 수습단원 생활을 했던 재학생이 가혹행위를 폭로했다. 이 글을 쓴 홍익대 17학번 ㄱ(20) 씨는 <한겨레>와 한 통화에서 "동기 한 명이 지각하면 동기 전체가 1분당 3바퀴씩 운동장을 뛰어야 했다"며 "선배들은 '체력 단련을 위해서'라고 하는데, 똑같이 무대에 서는 2학년들은 왜 체력 단련을 안 하는지 모르겠다"고 했다.

선배들의 '갑질'은 훈련 과정에도 이어졌다. 훈련 중에는 물 마시는 것이나 화장실에 가는 것도 선배들의 허락을 받아야 했다고 한다. 응원 특성상 무릎에 멍이 드는데 '계속 멍이 들어야 익숙해진다'며 보호대 착용을 막거나, 선배들의 이름·기수 등을 외우게 하고 시험을 보는 일도 있었다고 한다. ㄱ 씨는 또 선배들이 오물을 넣은 술을 강제로 마시게 했다고도 말했다. ㄱ 씨는 "정단원식 등 선후배들이 모이는 자리에서 사발에 술과 음식·쓰레기·가래침 등을 넣어 '원샷' 하도록 했다"고 말했다. 이 밖에도 ㄱ 씨는 여학생 후배에 대한 외모 평가도 일상적인 일이었다고 지적했다. ㄱ 씨는 "동기 전원이 응원단을 탈퇴했다. 18학번 새내기들은 이런 일을 겪지 않길 바라는 마음에 글을 썼다"고 말했다.[20]

---

20) 한겨레(2018.03.07).

3. 태움

간호사들 사이에서 은어로 통용되는 태움은 '영혼이 재가 될 때까지 태운다'라는 뜻이다. 영혼이 재가 될 때까지 태우면, 영혼은 존재하지 않고 껍데기인 몸만 존재하는 것이다. 괴롭힘의 극한이고 최고의 갑질이다. 갑질의 본질이 갑이 내 마음대로 하는 것이라는 점에 비추어보면 당연하다. 완전한 복종을 하려면 자신의 영혼은 없어져야 한다. 오로지 명령과 지시에 따라 요구하는 대로 움직여야 하기 때문이다. 그런데 수십 년 동안 이어져 온 태움이 2018년 설날 연휴 첫날인 2월 15일 아산병원의 신규 간호사 박 모 간호사가 송파구 한 아파트에서 투신자살하는 비극적인 사건이 발생[21]함으로써 사회적인 논란 대상으로 부상했다.

대한간호협회 조사 결과 간호사 10명 중 4명은 괴롭힘, 이른바 '태움'을 경험했다고 대답했다. 태움의 가해자로는 직속상관인 간호사가 30.2%로 가장 높은 비율을 차지했다. SBS가 서울 시내 대형 종합병원 7곳을 조사해 봤더니 신입 간호사는 짧게는 한 달, 길어봐야 석 달간 교육받은 뒤 간호사로 홀로 선다. 김소선 연세대학교 간호학과 교수는 "미국 같은 경우는 (간호협회에서) 신규 간호사의 수습 기간이 추천하는 게 1년입니다. 그걸 '레지던시 프로그램'이라고 하고요."

간호사가 인명을 다루는 업무를 한다는 걸 고려할 때 수습 기간이 턱없이 짧은 데다 교육 시스템도 문제이다. 교육 전담 간호사가 있는 병원은 7곳 중 4곳, 그 수도 10여 명에 불과하다. 대부분 3년 차 이상 현직 간호사가 자기 업무 보기도 벅찬 상황에서 일대일,

---

21) 노컷뉴스(2018.02.23).

신입 교육 업무까지 감당해야 하는 구조이다. 한 현직 간호사는 "진짜 밥도 못 먹으면서 정신없이 일하고 있는 와중에 어느 순간 너무 바빠서 가르칠 시간도 없고 … 거기서 못 따라오면 사람이 아무리 착해도 화가 날 수밖에 없게 돼요. 나는 똥줄이 타는데…"라고 말했다. 바로 이런 짜증이 태움으로 나타나는 것이다. 적은 간호 인력과 전근대적인 교육 방식, 이런 부분이 개선되지 않으면 태움은 근절되기 어렵다는 게 현장 간호사들의 생각이다.[22]

오마이뉴스에 보도된 문하연 씨의 체험담을 담은 기고 <사례 3-2>는 상관인 간호사의 자질과 리더십 문제는 물론 개선 노력 부족이 태움의 중요한 원인임을 지적하고 있다. 태움과 관련된 진단과 체험담에서 보듯이 우리는 대개 문제의 핵심을 스스로 잘 알고 있다. 또 '어떻게 해야 할 것인가'라는 점도 이미 알고 있다. 그런데도 각자 불편함을 감수하는 용기를 내고 잘못에 대해 반성하고 책임을 지고 개선하는 노력을 하기보다는 자기 편익을 고려하여 현실에 안주하며 문제가 계속 이어지고 확대되도록 방치하는 경향이 있다.

〈사례 3-2〉

"무조건 싹싹 빌어~" … 간호사 위한 '태움'
매뉴얼 더 나빠져야 살아남는 몹쓸 관습, 나는 이렇게 당했다.

글: 문하연(julia2201)

구정(설) 연휴, 서울 대형병원 간호사가 고층 아파트에서 투신했다는 뉴스를 봤다. 가슴이 쿵 하고 내려앉았다. 간호사들의 '태움' 때문이란다. 재가 될 때까지 태운다는 태움. 여전히 이렇구나. 나 또한 이런 이유로 밤잠을 설치고 출근 때마다 가슴이 두근

---

22) SBS(2018.03.04).

거리고 머리가 하얘졌던 기억들이 떠오른다. 1990년대 초에 간호사가 되고 나서 대형 병원 병동, 응급실, 수술실에서 내가 겪었던 일들. 어쩌면 내가 겪은 일은 진짜 태움에 비하면 '새 발의 피'일 수도 있다.

잊을 수 없는 그녀

졸업 후, 처음 대형 병원 산부인과 병동에서 일했다. 자연분만이나 제왕절개 같은 산모들과 자궁암 같은 여성 질환으로 입원한 환자들이 대부분이다. 이 병동에는 악명 높은 책임간호사가 있었다. 그녀의 말과 행동에 대처하는 매뉴얼(manual, 안내서)이 떠다닐 정도였다. 분만실에서 나온 산모의 혈압, 맥박, 호흡 등 바이탈(vital, 생명 유지에 필요함)을 점검하고 피 묻은 옷을 갈아입히고 있는데 나를 부르는 소리가 들린다. 그녀다. 하던 일을 멈추고 복도로 뛰어나가 보니 빨리 피검사 샘플을 검사실로 보내고 오란다.

병동은 2층이고 검사실은 지하 2층이다. 엘리베이터는 기다려야 하니 계단을 두세 개씩 건너뛰며 검사실을 뛰어갔다 오니 화가 단단히 난 얼굴이다. "내가 환자 옷까지 갈아 입혀야 하냐?"라며, 소리를 지른다. 검사실 심부름 시킨 건 안중에도 없다. 나는 거친 숨을 몰아쉬며 무조건 잘못했다고 싹싹 빌었다. 무조건 빌라는 매뉴얼대로. 모든 일은 아랫사람에게 다 시키고 정작 본인은 병실을 돌며 흠잡을 거리를 찾아다닌다. 수간호사나 병원장의 비위를 맞추고 평간호사의 흠집을 찾는 게 그녀의 일이다. 그렇게 함으로써 자신의 우위를 내세우는 일. 그때만 해도 실리콘 바늘보다 일반 쇠로 된 바늘이나 나비 모양 바늘이 일반적일 때이다.

다른 일하는 도중 환자가 몸을 움직여 주사 놓은 부위가 붓는 경우 일단 링거(ringer)를 잠가 놓는다. 그때그때 바로 다시 놔주면 좋겠지만 시간대별로 해야 할 일이 쌓여 있다 보니 일단 잠가놓고 한꺼번에 한 바퀴 돌며 다시 주사를 놓는다. 그렇게 하라고 가르친 사람도 그녀다. 바쁘게 일하는 나를 부르더니 몇 호실, 몇 호실 주사가 부어 있단다. "네, 선생님 알고 있어요. 빨리 바이탈 측정마저 끝내고 한꺼번에 다시 놓을게요." 그녀는 나를 똑바로 보지도 않고 옆 눈으로 흘겨보며 세상 참 좋아졌다고 한다. 자기가 신참일 때는 상상도 못 했는데 말대꾸를 따박따박 한다고 한다. 이게 무슨 상황인지 감조차 오지 않는다. 그녀가 원하는 건 '일 잘하는 실력 있는 간호사'가 아니라 자기 말에 무조건 '복종하는 간호사'인가 보다.

나만의 생존법

오전 근무가 걸리는 날이면 수간호사, 책임간호사, 나 이렇게 셋이 일을 한다. 위로 두 간호사는 인계가 끝나면 간식과 커피로 아침을 시작한다. 내게 권하지도 않지만 나는 인계가 끝나기가 바쁘게 뛰어다니며 약을 돌리고, 주사를 놓고, 바이탈을 측정하고 할 일이 태산이다. 점심시간이 돼도 소화가 안 된다거나 배가 안 고프다거나 하는 핑계로 점심을 건너뛰었다. 원래 밥을 빨리 먹지 못하는 나는, 먹고 와서 늦게 왔다고 혼나는 게 두려워 병원에서 밥을 포기했다. 그랬더니 "쟤는 밥을 안 먹고도 일을 잘해. 그래서 날씬한가?"라며 키득거린다. 둘이 느긋하게 밥을 먹고 걸어온다. 배에서 꼬르륵 소리가 날까 봐 물을 가득 한잔 마신다.

아침 7시가 오전 근무 교대 시간이지만, 나는 6시가 되기 전에 출근해서 밤샌 간호사들의 일을 돕고 오후 3시에 일이 끝나도 다음 근무 간호사들의 일을 한두 시간 돕다가 눈치 봐서 퇴근한다. 학교 선배들이 직장에서 예쁨 받고 잘 적응하려면 이래야 한다고 알려준 팁(tip, 유익한 조언)이다. 그래서 그래야 하는 줄 알았다. 첫 1년 동안은 오프(쉬는 날)를 신청한 적이 없다. 남들 다 쉬고 싶은 날 쉬고, 남는 날이 내가 쉬는 날이다. 교육을 빙자한 태움을 극복하기 위한 내 나름의 생존전략이다. 나의 목소리를 없애고 선배들 일까지 해내기.

응급실로 옮겼다. 응급실은 전쟁터와 비슷하다. 피가 낭자하고 때로는 고성이 오가고 목숨이 촌각에 달려 있으니 그 긴장감은 터지기 직전의 풍선 같다. 일의 강도로 보면 산부인과 병동과 비교가 되지 않을 정도로 힘들다. 하지만 응급실 수간호사 선생님은 이전 수간호사와 전혀 다르다. 우선 가장 지저분한 일을 직접 한다. 환자의 토사물을 치우고 행려환자로 들어와 온몸에서 썩은 생선 냄새가 나는 환자의 몸을 뜨거운 물을 떠다 닦아준다. 내가 도울라치면 "문 쌤은 다른 환자들 돌보세요. 여긴 내가 알아서 할게." 나의 간호사 생활 통틀어 가장 모범적이고 존경스러운 분이다.

일을 가르쳐줄 때도 하나하나 세심하게 설명해주고 내가 이해했는지 꼼꼼하게 점검한다. 내가 제대로 작동법을 읽지 못한 기계가 있으면 설명에 앞서 "이 기계가 참 어려워, 나도 숙달되는 데 오래 걸렸어. 그러니까 잘 모르겠으면 항상 물어봐도 괜찮아." 다른 선배들이 일을 가르칠 때도 말이 좀 심해진다 싶으면 어김없이 수간호사 선생님이 개입한다. "처음부터 잘하는 사람 없어. 너무 다그치면 잘할 수 있는 것도 더 못하게 되니 천천히 가르쳐줘. 일을 늦게 배우는 사람이 나중에는 더 꼼꼼히 잘하는 사람도 많아." 이전 병동에서는 내가 혼날 때마다 비웃던 수간호사 선생과는 달라도 너무 달랐다. 이런 자상함과 따뜻함이 아무리 일이 힘들어도 견디게 하는 원동력이 되었다. 모든 파트(part, 부서 또는 담당)가 수간호사의 성품을 따라간다. 그 밑에는 그런 사람들이 있다. 그 위치에 있는 사람이 중요한 이유다.

그때 더 극렬하게 저항했다면

졸업 후, 일하는 친구들과 만나면 10명 중 10명이 하는 말이 똑같다. '일이 힘든 건 참겠는데 사람이 힘든 건 못 참겠다'이다. 이건 간호사뿐 아니라 어떤 일도 마찬가지일 것이다. 일도 힘들고 태움은 지옥 같고, 그래서 일을 그만두는 간호사가 내 주변에도 천지다. 그러니 또 인력난에 다시 일이 힘들어지고 또 태우고. 힘들게 대학 가서 공부하고 면허증 땄지만, 자부심을 갖고 일하기는커녕 이직을 희망하는 간호사가 전체 일하는 간호사의 70%를 넘는다. 임신한 친구에게 '도대체 생각이 있냐'고 다그쳐 일을 그만두고, 왕따를 당해 아무도 말을 붙이지 않아 일을 그만두고, 친절하단 이유로 사람들 홀리고 다닌다고 매도당해 일을 그만두고, 성희롱에 일을 그만두고, 욕설에 못 이겨 그만두고, 맞아서 그만두고, 외모 비하, 부모까지 욕보이는 사람들…

더 나빠져야 살아남는 이 몹쓸 관습. 내가 당했기 때문에 돌려주고 말겠다는 일종의 복수의식. 대대로 내려오다 보니 죄의식조차 없다는 게 문제다. 태움으로 생을 마감해버린 간호사가 처음이 아니다. 은폐하고 축소하고 개인의 문제로 치부해왔을 뿐이다. 진실이 드러나고 공론화되고 그리하여 개선의 바람이 제발 좀 불었으면 한다.

그 길을 지나온 간호사로서 그때 더 극렬하게 저항하지 못하고 비굴한 선택을 한 내 행동이 이후의 후배들에게 힘든 길을 더 공고히 하는 데 기여한 게 아닌지. 다시는 이런 일이 일어나지 않길 진심으로 바란다.[23]

4. 따돌림

따돌림은 따돌리는 일을 뜻한다. '따돌리다'는 '밉거나 싫은 사람을 따로 떼어 멀리하다'라는 의미이다. 왕따와 은따가 대표적이다. 따돌림이 사회적 관심사가 되는 것은 주로 학교에서 일어나는 따돌림과 직장에서 일어나는 따돌림이다. 따돌림을 이해하기 위해 관련 내용을 살펴보면 다음과 같다.

일진

원래 일진(一陣)은 군사들의 한 무리라는 뜻이다. 오늘날에는 다른 학생들을 상대로 갈취를 하거나 폭력을 사용하는 학생 또는 그들로 이루어진 집단이라는 뜻으로도 사용된다. 갑질과 관련하여 사용되는 뜻은 후자이다. 1990년대 말 이전까지는 일진이라는 말보다는 폭력서클이라는 말이 훨씬 많이 쓰였다. 일진이라는 말이 언론에서 본격적으로 등장한 것은 1996년경이다. 어떤 학생들이 '일진회'라는 이름의 불량서클을 조직했다는 언론 보도를 통해 일진이라는 용어가 세상에 알려졌다. 일진들은 음주 및 흡연 등 청소년 신분에 금지된 행동을 하거나 폭력, 성범죄, 절도와 같은 청소년 범죄와 연관되어 사회 문제를 일으키기도 한다.[24]

---

23) 오마이뉴스(2018.02.19).

24) 나무위키.

이지메

이지메는 일본에서 크게 사회문제가 되고 있는 청소년들의 교내 폭력이나 집단 따돌림을 말한다. 일본어로 '괴롭히다, 들볶다'는 의미를 가진 동사인 이지메루(いじめる)를 명사화하여 만든 용어로 우리나라에서는 왕따라고도 한다. 학급이나 집단에서 다수의 구성원이 약자인 한 대상을 정해 놓고 집중적으로 괴롭히고 소외시키는 행위이다. 약하고 힘없는 대상을 괴롭히는 뚜렷한 이유는 없다. 가해자들의 감정, 생각, 자의적 판단 등에 따라 달라진다. 이지메를 당한 학생들은 육체적·정신적으로 깊은 상처를 입고 등교를 거부하거나 심지어 자살을 하기도 한다. 우리나라에서도 1990년대 들어서면서 집단 따돌림이 심각한 사회문제로 부상하였다.[25]

집단 괴롭힘

따돌림은 집단 괴롭힘의 한 형태이다. 따돌림은 법률 제14762호로 2017년 4월 18일 일부 개정하여 시행되고 있는 학교폭력예방 및 대책에 관한 법률(약칭: 학교폭력예방법)에 구체적인 내용이 명시되어 있다. 제2조(정의) 1. "학교폭력"이란 학교 내외에서 학생을 대상으로 발생한 상해, 폭행, 감금, 협박, 약취·유인, 명예훼손·모욕, 공갈, 강요·강제적인 심부름 및 성폭력, 따돌림, 사이버 따돌림, 정보통신망을 이용한 음란·폭력 정보 등에 의하여 신체·정신 또는 재산상의 피해를 수반하는 행위를 말한다. 1의 2. "따돌림"이란 학교 내외에서 2명 이상의 학생들이 특정인이나 특정 집단의 학생들을 대상으로 지속적이거나 반복적으로 신체적 또는 심리적 공

---

25) 시사상식사전.

격을 가하여 상대방이 고통을 느끼도록 하는 일체의 행위를 말한다. 1의 3. "사이버 따돌림"이란 인터넷, 휴대전화 등 정보통신기기를 이용하여 학생들이 특정 학생들을 대상으로 지속적, 반복적으로 심리적 공격을 가하거나, 특정 학생과 관련된 개인정보 또는 허위 사실을 유포하여 상대방이 고통을 느끼도록 하는 일체의 행위를 말한다.[26]

집단 괴롭힘은 여러 사람이 한 사람을 집중적·지속적으로 괴롭히는 범죄 행위이다. 입시 문제와 함께 대한민국 학생 자살의 중요 원인 중 하나로 꼽힌다. 극단적으로는 3명 이상인 모든 집단에서 나타날 수 있고, 가해자는 일진뿐만 아니라 누구나 될 수 있다. 심지어 옛날에 당했던 피해자들도 가해자가 되는 경우가 있다. 또 가장 심하게 나타나는 곳은 학교와 군대다. 직장에서도 많이 나타난다. 그 외에도 시골 마을, 반상회 모임, 경로당은 물론 심지어 온라인 커뮤니티에서도 발생한다. 인간이 모여 만든 집단이라면 어디에서나 나타날 수 있다.

집단 괴롭힘 현상이 나타나는 원인은 스트레스를 약자에게 풀고자 하는 심리, 다른 것에 대한 두려움과 이질감, 자신이 소수자에 속했을 때 핍박을 받았으니 모든 소수자 역시 핍박을 받아야 한다는 보상심리, 집단의 응집력 강화 수단 등 여러 가지가 있는 것으로 알려져 있다. 사회생활에서 집단 괴롭힘을 하는 가해자의 특성으로 지목되는 것은 질투, 경쟁심, 열등감, 분노, 자기 과실 은폐, 권한 과시, 남녀 관계 등이 있다. 예를 들어 권한 과시는 부조리를 강요해 놓고 약한 사람이 순응을 거부하면 그때부터 따돌림을 시작

---

26) 학교폭력예방 및 대책에 관한 법률.

한다. 직장인의 인간관계는 직장 동료들이 대부분인데, 따돌림을 당하면 관계가 대부분 끊기게 되어 정신적으로 괴로움을 느끼게 된다. 이런 일이 발생하면 가해자와 피해자뿐만 아니라 조직 전체에도 나쁜 영향을 미친다.[27]

파와하라(パワハラ, power harassment)는 권력(power)과 괴롭힘(harassment)을 합쳐 줄인 단어로 같은 직장에서 일하는 사람에게 직무상 지위 또는 직장 내 우위를 바탕으로 부당하게 권력을 행사하는 '직장 내 괴롭힘'을 지칭하는 일본의 신조어다. 일본 노동국에 따르면 2017년 일본 전역의 직장 내 괴롭힘 상담 건수는 7만 2,067건에 달하며, 이 중 88건은 피해자의 정신질환으로 이어져 산업재해로 인정됐다. 우리나라의 경우 국가인권위의 실태조사에서 10명 중 7명이 직장에서 괴롭힘을 당하고 있는 것으로 나타났다. 정부는 직장 내 괴롭힘으로 발생한 손실비용이 연간 4조 7,800억 원에 이른다고 발표했지만, 아직 직장 내 괴롭힘에 대한 분명한 정의와 법적 개념도 없는 상태. 세계 각국에서는 직장 내 괴롭힘이 사회적 문제로 대두되며 관련법이 속속 제정되는 추세다. 지구촌 어디에나 '갑질'은 존재한다. 우리나라 역시 조속한 대책 마련이 필요한 시점이다.[28]

집단 따돌림

집단 따돌림은 집단 내에서 다수가 특정인을 대상으로 위해를 가하는 행위를 일컫는다. 집단 따돌림은 범죄 행위이다. 한국청소년개

---

27) 나무위키.
28) 아시아경제 (2018.09.14).

발원에서는 학교에서 다수의 학생이 특정 학생을 대상으로 2주 이상의 기간에 걸쳐 심리적·언어적·신체적 폭력, 금품 갈취 등을 행하는 것을 집단 따돌림으로 정의한다. 이러한 집단 따돌림은 소위 왕따라고 불리는 특정 학생이 주변의 힘센 다수의 학생에게 일방적으로 상해를 당하는 병리적 현상을 말한다. 특정 집단 내에 존재하는 기준에서 벗어나는 언행을 하는 구성원을 벌주기 위한 의도적 행동, 특정인을 따돌리는 행동을 주도하는 구성원들의 압력에 동조하여 같이 괴롭히는 행동 등이 집단 따돌림의 행태이다. 흔히 왕따, 줄여서 '따', '따를 당하다'라고도 말한다. 학교 조직뿐 아니라 다른 사회 조직에서도 일어나는 현상이다.

왕따라는 단어는 1997년경 언론에 소개되었다. 피해자는 심리적으로 괴로움을 당하고 심하면 육체적으로도 피해를 보며 극단적인 경우에는 자살에 이르거나 묻지마 범죄의 원인이 되기도 한다. 우리나라의 경우 2003년 청소년보호위원회에서 조사한 바에 따르면, 초등학생의 10.7%, 중학생의 5.6% 그리고 고등학교 3.3%의 학생들이 집단 따돌림을 경험하였다고 한다. 한국EAP(근로자 지원 프로그램)협회에 따르면 직장 왕따의 대표적인 증상으로 꼽히는 개인의 정서·성격, 조직 내 갈등, 직무 스트레스 문제의 상담은 2011년 전체 상담 중 60.4%를 차지했다. 2012년 1월, 취업포털 <사람인>이 직장인 2,975명을 설문한 결과 45%는 '직장에 왕따가 있다'라고 답했고, 58.3%는 '왕따 문제로 퇴사한 직원이 있다'고 답해 직장 왕따가 학교 폭력 못지않게 심각한 것으로 나타났다.29)

왕따는 집단에서 특정 개인을 따돌리는 일 혹은 그 대상을 일컫

---

29) 위키백과.

는 말이다. 왕따는 '王'(왕: 으뜸, 크다)과 따돌림의 합성어로 따돌림 중에서 첫째가는 것 또는 큰 따돌림이라는 의미도 있다. 오늘날 따돌림을 나타내는 표현으로 널리 사용되는 것은 세 가지이다. 이 중에서 왕따가 가장 먼저 쓰였고 거기서 파생된 은따 그리고 그 후에 찐따라는 단어가 생긴 것으로 보인다. 그전에는 집단 괴롭힘 현상을 뜻하는 단어가 없었기 때문에 일본어 '이지메(いじめ)'를 쓰곤 했다. 그러나 '왕따'라는 단어가 등장함으로써 대체됐다.[30]

은따는 은근한 따돌림이다. '은근히'와 '따돌리다'가 합쳐진 은어의 하나로, 은근히 따돌린다는 의미를 내포하고 있다. 은따에서 직접적인 폭력이나 폭언은 일절 존재하지 않는다. 애초부터 은따를 하는 사람들은 은따를 당하는 사람에게 아무 짓도 하지 않는 것처럼 보일 수도 있다. 하지만 이게 정말 무서운 점이다. 말 그대로 그 자리에 있는 사람을 존재하지 않는 것처럼 취급한다는 것이다. 즉 '투명인간'으로 취급한다. 은따는 겉으로 보이지 않는 왕따이기 때문에, 이 사실을 물질적 증거로 잡기가 매우 어렵다. 사람들이 욕을 하거나 폭력을 행사하지 않기 때문이다. 하지만 이들 사이에서 완전히 무시당한다는 정신적 압박감은 왕따와 매우 유사하며, 피해자에게 엄청난 정신적 트라우마를 안겨주게 된다.

미성년자는 가치관이 아직 제대로 형성되지 못한 것도 있고, 지식이 부족해 폭력을 타인에게 휘두르거나 폭언을 하면 무슨 책임이 따르지 잘 인식하지 못하기 때문에 직접적인 폭력, 폭언 행위에 우발적으로[31] 가담하는 일이 종종 있다. 하지만 성인들은 폭력이나 폭

---

30) 나무위키.

31) 나무위키.

언은 법의 제재를 받을 수 있다는 점을 상대적으로 잘 알기에, 그런 행위를 하는 일은 아주 드물다. 교묘하게 사람을 괴롭힌다. 이러한 특성상 왕따와 같은 집단 괴롭힘은 주로 미성년자의 주도로 이루어지고, 은따는 성인층에서 이루어지는 경우가 대부분이다. 특히 은따가 자주 발생하는 곳은 사회생활의 최전선이라 불리는 직장이다.

왕따와 은따의 차이점은, 은따는 폭력 등 실제로 눈에 보이는 게 없으니 지원을 해주기 어렵지만, 왕따는 문자든 폭행이든 물증이 있어 누군가의 도움을 받기가 쉽다. 또 왕따는 다른 이들도 대부분 보고 느낄 수 있을 만큼 두드러지지만, 은따는 따돌림을 당하는 당사자인 피해자가 아니면 잘 알기 어려운 게 현실이다. 심지어 집단 따돌림 주동자를 제외한 몇몇 가해자들도, 돈을 뺏거나 폭력을 가한 적이 없기 때문에 자신이 피해자에게 하는 행동들이 피해자에게 얼마나 큰 타격을 주는지 잘 모르고 있다고 한다. 그 때문에 피해자가 주위 사람들에게 따돌림을 당하고 있다고 도움을 요청하더라도, 대부분 피해자가 너무 예민하다며 오해를 받기 십상이다.[32]

5. 똥군기

똥군기라는 말이 정확하게 언제 생겨났는지는 모른다. 다만 사회 문제에 대한 누리꾼들의 논의가 활발하게 이루어지기 시작한 2010년대 초에 인터넷에서 사용되던 말이 2015년경부터 언론 보도를 통해 사회 전체에 확산한 것으로 추정된다. 똥군기는 똥과 군기의

---

32) 나무위키.

합성어이다. 군기(軍紀)는 군대의 기강이다. 똥을 연상할 때 사람들은 일반적으로 '더럽다'는 말을 떠올린다. 그러므로 똥군기는 더러운 방법으로 기강을 잡는 것을 말한다. 즉 똥군기는 힘이 세거나 높은 지위에 있는 사람이 정도가 심하거나 지나친 방법으로 기강을 잡기 위해 횡포를 부리거나 부당행위 등을 하며 조건 없는 복종을 강요하는 행위를 말한다.

자신의 목적 달성을 위해 동기가 순수하지 못하고 추잡하거나 고약한 언행으로 상대가 불쾌함이나 모욕을 느끼도록 위세를 떨치는 일이 많다. 똥군기를 잡는 가장 대표적인 명분은 '정신 상태'이다. 그들은 '너희들은 정신 상태가 걸러 먹었다'며, 행동을 개시한다. 규정과 상관없이 자신들의 생각이나 마음, 감정이나 기분 또는 좋지 않은 집단의 관행을 내세워 원하는 행동이나 일을 하도록 상대에게 강요하는 것이 일반적이다. 좋은 전통을 유지하고, 법도와 규율을 지키게 하는 것과는 거리가 멀다.

군기는 가정에서는 부모가 자식에게 혹은 형이 동생에게, 학교에서는 교사나 교수가 학생에게 혹은 선배가 후배에게, 직장에서는 상사가 부하에게, 연장자가 연소자에게, 한 집단에서는 먼저 들어온 사람이 나중에 들어온 사람에게 등 주로 상급자가 하급자를[33] 대상으로 행해진다. 이 경우는 집단 내 질서 유지를 위한 상하관계와 관련된 상명하복이 갑질의 중요한 명분으로 작용한다. 이렇게 가까이는 가정에서부터 넓게 보면 국가까지 집단이라고 불리는 곳은 어디에나 군기가 존재한다. 또 동기끼리 행하는 빵셔틀[34]이나 왕따도 똥군기

---

33) 나무위키.

34) 셔틀(Shuttle)은 학교 폭력의 일종으로, 가해 학생들의 강요에 의해 심부름을 하는 학생들을 총칭하는 대한민국의 신조어이다.[위키백과] 빵 심부름을 하는 것을 빵셔틀이라고 한다.

의 일부라고 볼 수 있다. 왜냐하면 이것도 그 집단 내에서 힘센 자가 힘이 약한 자에게 똥군기를 가하는 것이나 마찬가지이기 때문이다.

집단에서 사회화를 위해 적절한 훈육은 필요하다. 하지만 아랫사람이 자신의 말을 듣게 하고, 그들을 교육한다는 명분을 내세워 단순한 훈육이나 체벌을 넘어서는 행위로 약자가 사망하는 사례까지 발생하게 하는 것은 문제다. 군기를 비롯한 위계질서를 강조하는 높으신 분들 측면에서 보면, 군기는 아랫사람을 통제하고 부리는 데 제법 편리한 방법이라 이를 조장하기도 한다. 실제로 군대에서 장교, 부사관 등의 상관이나 선임 병사들이 갑질을 하며 상대적으로 편한 생활을 할 수 있는 것은 군기 때문이기도 하다. 회사에서도 마찬가지이다. 군기로 체득된 태도로 말미암아 추가수당 없는 야근, 잔업 등의 노동착취에도 얌전히 순응하는[35] 사람이 적지 않다.

오늘날 똥군기 논란이 가장 많이 일어나는 대표적인 곳이 대학이다. 아직도 대학가에 남아 있는 선후배 간 악습과 폐습은 신입생들의 꿈과 부푼 기대를 한순간에 무너뜨리기도 한다. 악습의 종류도 복장 단속부터 금품 갈취, 군기 잡기, 얼차려, 집합 강요, 음주 강요와 음담패설까지 다양하다. 특히 신입생들이 가장 먼저 새로운 친구와 선배들을 만나고 친해지는 기회인 적응지도(orientation, OT)와 MT(Membership Training, 수련 모임)에서 이러한 악습이 여전히 성행하고 있다. 이 가운데 가장 흔하게 일어나는 일이 '음주 강요'다. 대학생의 음주 사망사고 관련 통계를 보면, 2016년까지 지난 10년간 폭음으로 인한 사망자는 무려 22명에 달했다.

상황이 이렇게 되자 OT는 물론, 여타 행사에서도 어떻게 하면

---

35) 나무위키.

건강한 음주 문화를 만들어갈 수 있을지를 놓고 진지하게 고민하는 대학들도 늘고 있다. 이를테면 '3무(無) 운동'이 그것이다. 무사고·무알코올·무박 세 가지 취지를 실행하려는 학교들의 움직임이 눈에 띈다.36) 이런 노력에도 불구하고 잊을 만하면 터져 나오는 것이 대학 내 똥군기 논란이다.

경남 창원의 한 대학교에서 벌어진 선배의 갑질로 일명 '똥군기 문화'가 또 도마 위에 올랐다. 페이스북의 한 페이지에서 'ㅇㅇ대학교 ㅇㅇ학과의 똥 군기, 부조리에 대해 밝히는 글입니다'라는 제목으로 익명으로 올라온 글에 따르면, 2018년 4월 MT에서 게임 중 18학번 학생이 14학번 선배를 다치게 한 것이 문제가 됐다. 14학번 선배가 다치자 13학번들이 18학번 학생을 찾아가 "네가 쐈냐 이 XX야"라며 머리를 때리는 등 1시간 동안 폭행이 이어졌다. 또 평소에는 머리 염색이나 파마 등을 금지하고, 여학생들은 치마를 입지 못하게 하는 등 두발과 복장에도 제한을 뒀다고 밝혔다. 말끝에는 '-요' 대신 '다' 혹은 '까'를 사용토록 강요했다는 부조리함도 지적했다.

대학 내 똥군기 악습은 잊을 만하면 터지고 있다. 사건이 발생할 때마다 대학 측은 재발 방지에 최선을 다하겠다는 견해를 밝히지만, 학내 가혹 행위는 끊이지 않고 있다. 한 구인·구직 포털 사이트가 2018년 초 전국 대학생 1,000여 명을 대상으로 '대학 군기 문화'에 대해 설문조사를 한 결과 57.6%가 선배의 갑질을 경험한 적이 있다고 답했다. 전문가들은 학생들이 군기문화가 나쁘다는 인식보다 전통이나 관행 정도로 여기는 것이 문제라고 지적한다.

자신이 같은 일을 겪었다는 이유로 죄의식이 옅어지고, 피해 정

---

36) 매일경제(2017.02.20).

도가 심하지 않은 갑질 행위의 경우에는 법을 위반하는 범죄 행위도 아니기 때문에 경각심이 들기 어렵다. 또 후배들은 선배의 갑질을 참아내는 것이 당연하다는 인식까지 더해져 사회 전반적인 갑질 문화를 고질적으로 만드는 계기가 된다는 것이다. 실제로 선배에게 갑질을 당했다는 응답자 가운데 해당 일에 대해 이의를 제기하거나 관련 기관에 신고한 사람은 매우 적었다. 54%가 '참고 버텼다'고 했고, 동기들과 뭉쳐 해결했다는 의견은 15.7%, 관련 기관에 신고한 사람은 3.9%에 그쳤다.

이의를 제기할 수 없는 환경도 문제다. 교육문화체육관광위원회가 전국 237개 대학을 대상으로 인권센터 설치 현황을 조사한 결과 설문에 응한 97개 대학 중 19개 교만이 인권센터를 설치한 것으로 나타났다. 사실상 피해자가 대응하고 싶어도 문제를 해결할 수 있는 전담기구가 없다는 점이, 학내 갑질 논란이 소셜 네트워크 서비스(SNS)를 통해 확산하는 이유이기도 하다. 또 정부의 건전한 대학 문화 조성을 위한 근절 대책이 신학기에 집중된 점도 학내 갑질 문제를 제대로 짚어내지 못한 것으로 지적되고 있다. 선배 갑질을 당한 대학생 대부분은 평소에도 일어난다고 토로한다. 인사 강요, 복장 제한, 메신저(messenger) 이용에 대한 제재 등을 많이 당했다는 설문조사 결과에서 알 수 있듯 학내 갑질 문제는 수시로 일어나기 때문에 선제적 예방대책을 마련하고 제대로 된 전화 신상 상담 서비스(hotline)를 개설해야 한다는 목소리가 커지고 있다.

서울 소재 한 대학교에 다니고 있는 A 씨(24)는 "학내 선배들의 갑질은 일상에서 수시로 일어난다"며 "대리출석을 시키거나, 과제를 대신하라고 하는 등 사소한 괴롭힘이 주로 일어나고 이런 것은 문제를 제기하기도 어렵다"라고 했다. 그러면서 "정부가 실제 대학에서 일어나고 있는 상황을 파악해 이에 맞는 제도적인 장치를 마련해야 한다"라고 지적했다.37)

6. 낙하산 인사

낙하산(落下傘)은 채용이나 승진 따위의 인사에서, 배후의 높은 사람의 은밀한 지원이나 힘을 비유적으로 이르는 말이다. 낙하산 인사는 해당 기관의 직무에 대한 능력이나 자질, 전문성과 관계없이 권력자가 특정인을 중요 직책에 임명하는 것이다. 권력자가 자신의 성향에 맞는 사람을 임명한다는 의미에서 '코드 인사'로도 불린다.38) 코드(code) 인사(人事)는 정치·이념 성향이나 사고 체계 따위가 똑같은 사람을 관리나 직원으로 임명하는 일 또는 그런 인사,39) 능력 자질 도덕성 그리고 국민의 뜻과 관계없이 인사권자가 정치적 이념이나 성향 등이 비슷하거나 학연 지연 등으로 맺어진 인물을 공직에 임명하는 것을 말한다. 낙하산 인사라고도 한다.40)

낙하산 인사의 일반적인 의미는 직장생활에서 배후의 높으신 분들의 간택을 통해 기존의 조직계통을 무시하고 연줄로 외부에서 들어오는 사람을 말한다. 낙하산을 타고 내려오듯 위에서 툭 하고 떨어져 왔다는 게 맞아떨어져서 낙하산이라고 부른다. 당연히 비하용

---

37) 아시아경제(2018.05.09).

38) 한경 경제용어사전.

39) 네이버 국어사전.

40) 한경 경제용어사전.

묘사이다.[41] 낙하산 인사는 내외부의 특정인이나 특정 조직의 인위적인 힘의 작용에 의해, 집단 자체의 고유한 절차를 무시한 인사가 이루어진다는 것이 특징이다.

낙하산 인사는 주로 두 가지 형태로 많이 나타난다. 첫째는 정치권에서 당선되는 데 일정한 도움이 된 사람을 대상으로 시행하는 수장과 그가 소속된 정당의 보은인사이다. 주로 청와대 등 비서실 직원과 정부 정무직[42] 공무원 임명, 공기업 임원 임명 등에 낙하산 인사가 많이 이루어진다. 공공기관을 포함한 공기업과 대기업에 정치판 출신 인사들이 낙하산으로 오는 유형은 대개 다음과 같다. 정권 창출에 공을 세웠으나 청와대 및 행정부에 꽂아 넣기는 능력이나 경력이 애매한 경우, 오래 직업으로 정치를 하였으나 선거에 낙선한 경우를 들 수 있다. 특히 직업 정치인 중 계파 싸움에 밀려 한직으로 좌천되는 경우가 대표적이다.

일반적으로 대선을 기준으로 설명하면 이렇다. 대선을 준비하기 위해서는 대선캠프가 꾸려진다. 종료된 후 당선자가 결정되고 나면 대통령직인수위원회가 꾸려진다. 대선은 국민이 투표하여 후보자를 뽑고 국정 운영을 맡기는 것이다. 하지만 현실적인 관점에서 정치를 하기 위해서는 필연적으로 다른 사람들의 도움 없이는 진행될 수 없다. 따라서 이런 경우에 대선 캠프(camp) 및 인수위원회에서 활동한 인원들에게 보은성 대가를 준다. 그것이 금품이 아니고 주요한 자리가 되면 낙하산 인사가 되는 것이다. 선거에 낙선하거나 계파 싸움에서 밀린 경우는 생활안정이라는 측면이 강하게 작용한다. 어

---

41) 나무위키.

42) 정무직(政務職)은 선거에 의하여 취임하거나 임명에 국회의 동의가 필요한 특수 경력직의 한 종류이다.[네이버 국어사전]

찌 됐건 사회 전체의 투명성과 효율성을 낮추는 잘못된 행위임은 분명하다.

공공기관, 각종 공공 위원회의 경우 사장과 상임이사는 대부분 외부에서 임명한다. 새 정권이 임명하는 인사들이 공수되므로 기존 정권에서 임명한 각종 공기업 및 공공위원회의 낙하산 출신 높으신 분들은 정권이 바뀌면 모조리 잘려나간다. 이렇게 정권이 바뀔 때마다 집권 정당의 정치성향에 맞는 사람들이 자리마다 강하하는 모습을 볼 수 있다. 어지간한 공기업이나 공공위원회 장들의 약력을 보면 대부분 밑에서부터 실무를 거쳐 승진한 사람이 아니라 집권 정당 출신인 것을 확인할 수 있다.

대기업 역시 이런 식으로 이사를 임용한다. 특히 대형 금융그룹의 경우 공공연히 매번 집권한 권력자와 동향, 동문 등 인맥이 있는 인사를 각 계열사의 사장으로 앉힌다. 각종 귀찮은 규제를 피하고 특혜를 얻기 위함이다. 어차피 회장은 변함없으니 이들은 활용 대상이다. 물론 정권 바뀌면 이런 사람들은 바로 옷을 벗는다. 그리고 새로운 낙하산이 강하한다. 그래서 금융계 기업들을 보면 대통령 선거에 맞춰 사장 및 임원이 바뀌는 회사가 수두룩하다. 일반인의 경우 임원급까지 승진하지 않는 한 이런 인사에 영향을 받는 일이 적다. 다만 취업이 점점 어려워지면서 고위직이 아니더라도 경력직 채용이나 신규 채용 등에 친인척이나 지인 등을 끼워 넣는 경우가 많아져 구직자들에게 영향이 가는 경우도 생긴다.[43]

둘째는 힘 있는 분들의 가족에 대한 불공정 채용과 승진이다. 보통 사장이나 대표의 아들, 딸인 경우가 많지만 친척이나 부모인 경

---

43) 나무위키.

우도 있다. 일자리 숫자가 적은 소규모 기업에서도 흔히 나타나는 형태이다. 2010년에 외교통상부 유명환 장관의 딸 특채사건이 대표적인 사례이다. 논란이 극심해지자, 결국 아버지인 장관이 옷을 벗는 사태까지 갔다. 사기업에서 재벌 2세는 낙하산 인사를 하는 일이 많다. 대개 첫 입사부터 과장~부장급이며, 30살쯤 되면 다들 임원을 달아준다. 협력업체 고위직의 친족을 자기네 회사에 취업시켜 협력업체와 협상에서 좀 더 좋은 조건을 받아내기도 하고, 귀빈(Very Important Person, VIP) 거래처의 친족은 채용절차를 통과하지 못해도 취업시켜 뇌물성 기여를 하기도 한다.

공공기관의 불공정 채용도 여기 해당한다. 지방 공공기관에서는 더 심한 편이다. 운전기사나 사무보조 같은 직렬은 필기시험으로 뽑는 게 아니라 면접으로 뽑기 때문에 내정자 위주로 채용되고 배경(background)이 없는 사람은 면접에 가봤자 다리 힘만 낭비하게 된다. 사립학교 교사 역시 내정자 채용이 심한 편이다. 열심히 공부한 사람은 탈락하고 이사장 딸은 합격한다든지 하는 일이 있다. 대학에서도 이런 짓들을 하다 국정감사에 걸리기까지 했다. 2016년 경남지역 한 국립대 학과장이 교육·연구 경력이 미달하는 본인 자녀를 시간강사로 직접 추천해 채용한 사실이 적발44)된 사례도 있다.

낙하산 인사의 문제는 정상적인 인사체계에 따른 승직이나 임명절차를 무시하고 힘으로 인사가 결정된다는 점이다. 실력이나 경력 등의 직무 수행 능력과 직무적성 검증을 제대로 거치지 않고 힘으로 채용이나 임명이 강행됨으로써 논란 대상이 된다. 힘을 통해 인사가 이루어진다는 점에서 갑질이 분명하다. 또 내부 승진의 경우

---

44) 나무위키.

특별하게 뛰어난 점이 없는데도 수장이나 배경의 힘을 통해 인위적으로 고속 승진시키는 것도 마찬가지이다. 낙하산으로 임용된 사람들이 모두 무능한 사람들은 아니다. 무능한 사람도 있고, 더러는 유능한 사람도 있다. 낙하산 인사에 대해 유사분야에 종사한 경력이 있는 사람에 대해서는 반발이 상대적으로 덜하지만, 전혀 다른 분야에서 공기업이나 사기업 임원으로 임명되는 경우에는 내부 반발과 저항이 적지 않다.

7. 미투 운동

미투 운동(Me Too Movement)은 2006년 여성 사회운동가 타라나 버크(Tarana Burke)가 미국에서도 가장 약자인 소수인종 여성, 아동들이 자신의 피해 사실을 드러낼 수 있도록 독려해주고 피해자들끼리 서로의 경험을 통해 공감하고 연대하며 용기를 내어 사회를 바꿔갈 수 있도록 창안한 것이다. 처음에는 익명으로 조심스럽게 시작되었으나 운동이 확산함에 따라 조금씩 피해자들이 용기를 내어 자신을 드러내기 시작하게 되었다.[45]

현재와 같은 양상으로 확대된 결정적인 계기는 미국 뉴욕타임스가 2017년 10월 하비 웨인스타인(Harvey Weinstein, 영화기획자)이 여배우와 여직원들을 상대로 갖가지 성추행 및 성희롱을 한 사실을 보도하면서부터다. 이후 앤젤리나 졸리(Angelina Jolie), 귀네스 팰트로(Gwyneth Paltrow), 애슐리 저드(Ashley Tyler Ciminella) 등 세

---

45) 나무위키.

계적인 스타 여배우들이 성추행을 당한 과거를 털어놓으며 미국은 물론이고 전 세계로 미투 운동이 확산됐다.46) 미투 운동의 구호로 널리 사용되는 미투(Me Too)는 '나도 당했다', 위드유(With You)는 '너와 함께하겠다'는 의미이다. 성폭력 및 성희롱 행위를 비난하기 위해 피해자들이 트위터, 페이스북 등 소셜 네트워크 서비스(SNS)에서 해시태그(#Me Too)를 달아 피해 사실을 폭로47)하는 방식으로 많이 이루어지지만, 피해 사실을 언론을 통해 공개하기도 한다.

한국의 미투 운동은 2016년 문화예술계를 중심으로 시작됐다. 하지만 당시에는 관련 분야의 관심을 촉구하는 수준에 머물면서 '찻잔 속 태풍'에 그쳤다. 현재와 같은 폭발력을 갖게 된 결정적인 계기는48) 2018년 1월 29일 서지현 검사가 JTBC(제이티비씨)에 직접 출연해 상사로부터 성추행을 당한 사실을 폭로한 이후, 미투(Me Too) 운동은 연극, 연예 등의 문화계, 체육계, 문학계, 정관계를 막론하고 우리 사회의 모든 분야에서 커다란 물결을 형성하며 들불처럼 번져 나갔다. 이러한 미투 운동의 힘이 결집하는 상황에서 이에 대한 저항 또한 집요하고 강하게 이루어지고 있다. 미투 운동에 대한 2차 피해가 발생하고, 가해자가 버젓이 활개를 치고 있는 것이 현실이기도 하다. 이러한 상황이 발생하는 이유는 가해자들이 기득권을 잃지 않기 위해 자신들이 가지고 있는 권력을 이용하여 저항하고 있기 때문이다.

미투 운동이 시작된 이후 가장 충격적인 폭로는 2018년 3월 5일 역시 같은 JTBC에서 있었던 김지은 씨의 안 모 충청남도 도지사에

---

46) 동아일보(2018.03.03).
47) 아시아경제(2018.03.02).
48) 동아일보(2018.03.03).

의한 성폭행 폭로였다. 그녀의 나지막한 목소리는 현재 우리 사회 여성의 지위를 대변하는 것이었으며, 국민에게 자신을 지켜 달라고 애원하던 떨리는 목소리는 정치권력에 대한 두려움의 발로였다. 피해자인 그녀가 자신의 생존을 걱정하는 상황에서 가해자인 안 전 지사는 측근을 동원하여 '합의에 의한 성관계'라는 가장 공격적인 어조로 그녀를 몰아붙였다. 우리나라의 왜곡된 권력 구조가 적나라하게 나타나는 순간이었다.[49] 이 사건은 2018년 8월 1심 재판에서 혐의 입증 부족으로 무죄 판결이 내려져 여성계를 중심으로 반발이 일어나는 등 한동안 사회적 논란의 대상이 되기도 했다.

8. 집값 담합

괴롭힘과 횡포에는 직접적인 것과 간접적인 것이 있다. 집값 담합은 빈자에 대한 강자의 은연중 괴롭힘이자 강한 횡포이다. 그리고 정부의 가장 무책임한 직무유기 중 하나이다. 보통 사람은 누구나 상대적인 우위를 차지할 힘이나 재능이 있다. 각 개인의 측면에서 보면, 사회질서 유지와 공존공영을 위해 법규로 자신의 힘이나 재능을 제약하는 것이 너무 많고 억울하다. 상거래도 마찬가지이다. 대기업의 독과점은 허용하면서, 대리점이나 상인의 매점매석은 공공연하게 법규로 금지하고 단속한다. 담합도 마찬가지이다. 그런데도 집값 담합은 그대로 둔다. 집값 담합 문제는 단순하게 가진 자들의 불로소득이나 폭리만의 문제가 아니다. 그것은 곧바로 대학생, 이제

---

49) 일요서울(2018.03.09).

막 사회에 진출하는 젊은 직장인, 신혼부부는 물론 저소득층으로 자기 집을 갖지 못한 모든 사람의 전세와 월세 문제와 직결된다.

가진 사람들은 집을 가졌다는 이유로 담합을 통해 불과 몇 년 사이에 수억 원씩 집값을 올려놓는 경우도 있다. 하지만 직장에 막 취직한 사람이나 서민이 수억 원이라는 돈을 모으기 위해서는 몇 년이 걸릴지 알 수 없는 노릇이다. 우리나라의 집값 담합은 김대중 정부 시절 서울 강남의 모 아파트 부녀회에서 시작된 것으로 알려졌으며, 노무현 정부 시절인 2006년에 특히 집값 담합이 극심했다. 2002년 8·9 부동산 안정대책을 기준으로 하더라도 우리나라의 집값 담합은 그 역사가 16년이 넘는다. 여러 번 논란이 있었지만, 정부의 방조 속에 서울과 경기도의 주요 도시에서 집값 담합은 일상화되었다. 이러한 집값 담합은 때로는 내 집 마련의 기회를 얻기 위해 노력하는 젊은이와 서민들의 꿈을 좌절시키고, 저출산의 중요한 요인 중 하나로 작용하고 있다. 심지어는 젊은이들 사이에서 헬조선이니 N포 세대니 하는 신조가 양산되는 배경이 되고 있다. 그런데도 정부의 대책은 너무 미흡하고 안이하다. 집값 담합의 이해를 돕기 위해 언론 보도 내용을 요약해 인용하면 다음과 같다.

8·9 부동산 안정대책 후속조치 뭘 담았나?

정부가 2002년 8월 27일 건설교통부 차관의 주재로 관계 부처 1급 등이 참석한 가운데 8·9 부동산 시장 안정대책 추진상황 점검회의를 열어 내놓은 후속조치는 서울 강남뿐만 아니라 가격 상승세가 확산되고 있는 강북 및 수도권의 집값과 그린벨트 및 개발예정지의 땅값을 모두 묶겠다는 뜻을 담고 있다. 재건축 추진 등으로 이상 급등 현상을 보여 8·9 대책의 조준사격 대상이었던 강남 아파트값이 진정 조짐을 보이지만, 상승세 여파가 파도처럼 강북 등의 아파트와 개발을 앞둔 지역의 땅으로 옮겨가고 있다고 판단했기 때문이다. 부녀회 등의 아파트 가격 담합행위에 대한 공정거래위원회 조사도 강남 6개, 송파 2개, 서초 1개 지역을 대상으로 진행되고 있으나 필요할 경우 조사 기간을 연장하고 대상도 다른 지역으로 확대하는 방안을 강구하기로 했다.[50]

확산일로 아파트값 담합 … 정부 땜질 처방이 부채질

부천 등 경기도 내 곳곳에서 아파트값 담합이 확산하고 있는 가운데 국토해양부가 땜질식 '집값 담합' 단속으로 일관, 오히려 담합을 부추기고 있다는 목소리가 높아지고 있다. 2010년 2월 21일 국토해양부와 공정거래위원회 등에 따르면 국토부는 집값 담합이 기승을 부리던 지난 2006년 6월에 '집값담합신고센터'를 홈페이지에 개설하고 9개월간 대대적인 단속에 나섰다.

국토부는 당시 '유인물과 현수막 게시, 구내방송 등으로 집값 상승을 조장하는 행위', '부녀회 등에서 매물을 접수하여 특정 중개업

---

50) 경기일보(2002.08.28).

자에게 매도 의뢰하는 행위' 등에 대한 집중단속을 벌여 수도권을 중심으로 담합 아파트 리스트(list, 명단)를 언론에 공개, 세간에 긴장감을 불어넣었다. 하지만 아파트 부녀회 등을 중심으로 한 아파트값 담합 움직임이 소강상태를 보이자 8개월 만에 집값담합신고센터를 폐지했다. 국토부는 이어 2008년 4월께 아파트값 담합이 또다시 사회문제로 부각되자 '집값담합신고센터'를 설치, 홈페이지 등에 단속 홍보를 하는 등 단속에 나섰다가 여론이 무심해진 2009년 11월 신고센터를 폐지했다.

이처럼 국토부가 집값 담합에 대한 단속을 여론의 흐름에 따라 실적 위주의 보여 주기용 단속으로 일관, 아파트값 담합을 부채질했다는 비난을 사고 있다. 특히 국토부는 2010년 2월 중순 집값 담합 취재에 들어가자 공정거래위원회로 업무가 이관됐다며 책임을 떠넘겼다가 공정위의 반발을 사기도 했다. 공정위 카르텔(<독> Kartell) 총괄과 관계자는 "공정위는 집값 담합 움직임이 대부분 부녀회나 입주자 대표회의 등 비법인이 추진, 단속 권한이 없고 소관 사항도 아니다"며 오히려 "집값 담합 업무가 언제 이관됐냐"라고 되묻기도 했다. 국토부 관계자는 "2009년 11월 더는 집값 담합과 관련된 신고가 접수되지 않아 홈페이지 개편과 함께 신고센터를 폐지했다"라고 밝혔다.[51]

아파트 부녀회 '집값 담합' 조장 … 6년 전과 판박이

아파트 부녀회가 집값 담합을 조직적으로 조장하는 일이 6년 만에 반복되고 있다. 특히 집값이 많이 내린 수도권 아파트 단지를

---

51) 경기일보(2010.02.22).

중심으로 이런 현상이 두드러진다. 2012년 9월 24일 금융권에 따르면 경기도 용인시의 A 아파트에는 최근 이 아파트 부녀회 이름으로 '33평 주택을 3억 원 이하에 내놓지 말자'는 게시물이 붙었다. 이 아파트의 시세는 33평(105㎡) 기준으로 3억 1천만 원이다. 2011년 10월 3억 5천만 원이던 게 1년 만에 11.4% 하락했다. 부녀회는 그러면서 '급전이 필요하면 연 2.5%의 저금리로 빌려주겠다'라고 했다고 이 아파트 입주자들은 전했다.

서울 관악구의 B 아파트 부녀회는 2012년 9월 열린 반상회에서 40평(132㎡) 기준으로 6억 원 밑으로 내놓지 말자는 주장을 폈다. 2012년 초 7억 원을 호가하던 게 9월에는 5억 5천만 원에 급매물이 나올 정도로 가격이 많이 내려갔기 때문이다. 부녀회의 이런 조직적인 담합행위를 현행 공정거래법으로 처벌할 수는 없다. 공정거래위원회 관계자는 "공정거래법은 담합 행위의 주체를 사업체나 사업자 단체로만 규정하고 있다"라고 말했다.

부녀회의 집값 담합은 6년 전인 2006년에도 사회적으로 문제가 됐다. 당시에는 수도권 집값이 폭등하자 부녀회가 주변 단지와 비교해 '얼마 이하에는 팔지 말자'라며 선동했다. 단지 게시판, 엘리베이터, 인터넷 카페 등에 급매를 자제하자는 '가이드라인'을 제시하고 급매물을 내놓은 입주자를 직접 만나 매물을 거둬들이도록 종용했다. 용인시의 한 부동산 중개업자는 "2006년에는 집값이 뛸 때이고, 지금은 집값이 추락하는 것을 제외하면 똑같은 현상이 벌어지는 것"이라고 평가했다.

2006년 말 9억 원에 거래되던 용인시의 164㎡짜리 L 아파트는 최근에는 5억 원으로 내렸다. 경기도 고양시 130㎡짜리 J 아파트도

이 기간 7억 원에서 4억 원으로 내렸다. 매매 가격이 반 토막 나는 등 아파트 가격이 많이 내렸다는 점이 알려지지 않도록 부녀회가 인근 상가의 부동산 중개업소를 공공연히 압박하는 일도 재현됐다. 단지 주변에서 큰 사고가 발생하는 등 집값의 '악재'가 터지면 이런 사실이 알려지지 않도록 단속하는 일도 비일비재하다. 경기도 성남시의 부동산 중개업소 대표는 "요즘 매물 가격을 붙여놨다간 부녀회의 항의에 장사를 접어야 할 지경"이라며 "부녀회가 가격까지 정한다"고 말했다. 부녀회 담합이 판치던 지난 2006년 경기도의 한 부동산 중개업소가 부녀회의 담합에 항의해 집단 (임시)휴업한 안내문52)을 붙이는 일도 있었다.

"집 나온 것도 서러운데" ⋯ 대학생 주거문제 공동대응

'등록금 1,000만 원 시대'에 '전세난'으로 치솟는 주거비 부담까지 겹친 대학생들이 연대해 공동대응에 나서고 있다. 2011년 5월 9일 대학가에 따르면 연세대에서는 주택문제 해결을 도모하는 청년 모임 '민달팽이 유니온(www.snailunion.com)'이 2011년 5월 5일 총회를 열고 정식 출범했다. 민달팽이 유니온이라는 이름은 홀로 거주하는 대학생들이 기존 협동조합과 유사한 모임을 만들었다는 취지에서 지어졌다.53)

강남 집값 담합은 대책도 없나

강남 재건축 아파트값이 천정부지로 치솟고 있다. 하지만 '가격이

---

52) 연합뉴스(2012.09.24).
53) 머니투데이(2011.05.09).

오르고 있다'는 이 말에는 실체가 없다. 아파트를 팔려고 내놓는 이들이 없기 때문이다. 인터넷 포털사이트나 부동산정보 제공업체 검색을 통해 나오는 강남 재건축 아파트 가격은 실제로는 '허수'다. 강남 부동산 중개업소에 전화를 걸어 그 가격에 해당 아파트를 사고 싶다고 의사를 표시해보라. 십중팔구 "그 매물은 지금은 집주인

송파구 잠실주공5단지 아파트에 '집값 담합'을 유도하는 유인물(온라인 커뮤니티 캡처, 노컷뉴스)

이 거둬들인 지 오래"라는 답변을 듣게 될 것이다. 그래서 강남의 재건축 아파트가 실제 거래 체결로 연결되는 경우는 극히 드물다.

이들 집주인이 집을 안 팔겠다고 마음을 바꾸는 이유는 간단하다. '오르고 있다'는 세간의 말 때문이다. 이 말들이 강남 재건축 아파트 소유자들에게 어디까지 오를지 모른다는 기대심리를 키우고 있다. 이는 '담합'을 통해 더욱 견고해진다. 2017년 12월 말 화제가 된 '잠오 집값 지키기 운동본부'의 유인물을 보면 송파구 잠실주공 5단지 소유자들은 "현재 강남 아파트에서는 가격담합을 통해 매주 1억 원씩 집값을 올리고 있다"며 "우리 단지도 일정 가격 이하로 집을 팔지 않기로 결의했다"고 담합을 공식화했다.

문제는 이런 담합 행위를 막을 수 있는 '제도적 수단'이 없다는 점이다. 앞서 참여정부 시절 고강도 부동산 대책에도 담합에 의해 집값이 급등하자 건설교통부(현 국토교통부), 공정위가 합동 단속에

나선 적이 있다. 아파트 담합이 확인되면 한 달간 각종 부동산정보 제공업체에 해당 아파트 시세 게시를 막는 조치까지 내렸지만 허사였다. 특히 공정거래법상 담합 행위의 주체는 사업체이기 때문에 입주자대표회의나 부녀회 등을 처벌할 근거가 없다. 공정위 관계자는 "담합에 따른 피해를 특정하기도 어렵다"고 설명했다.[54] 하지만 이 말은 핑계에 불과하다. 우리나라 대통령, 정부, 여당, 공무원은 자신들에게 이익이 되고 자신들이 하고 싶은 일은 야당 등 다수 국민의 반대에도 불구하고 없는 법도 만들어가며 기를 쓰고 한다.

---

54) 파이낸셜뉴스(2018.01.16).

참고문헌

• **사전**

21세기 정치학대사전	실무노동용어사전
교육학용어사전	심리학용어사전
군사용어사전	위키백과
나무위키	질병백과
네이버 국어사전	초등국어 개념사전
네이버 영어사전	통합논술개념어사전
다음 (백과)사전	트렌드 지식 사전
다음 국어사전	표준국어대사전
대중문화사전	한경 경제용어사전
두산백과	한국근현대사사전
매경 시사용어사전	한국민족문화대백과사전
시사경제용어사전	HRD 용어사전
시사상식사전	

• **언론**

건강과 생명	국민일보
경기일보	나우뉴스
경향신문	노컷뉴스

뉴스1
뉴스타운
뉴스포스트
뉴스핌
뉴시스
대전일보
데일리경제
데일리그리드
데일리한국
동아일보
매일경제
머니투데이
민중의소리
브릿지경제
비즈한국
서울신문
성결신문
세계일보
신동아
아시아경제
아시아타임즈
연합뉴스
오마이뉴스

이데일리
이코노믹리뷰
이투데이
인사이트
일요서울
조선뉴스프레스
조선일보
중앙일보
천지일보
철학사전
쿠키뉴스
통플러스
파이낸셜뉴스
한겨레
한겨레21
한국경제
한국일보
헤럴드경제
JTBC
KBS
MBN
SBS

- **기타**

강준만(2008), 『선샤인 지식노트』, 인물과사상사.

강준만(2014), 『감정독재』, 인물과사상사.

김아네스·최선혜(2009), 『고교생이 알아야 할 한국사 스페셜』, 신원문화사.

김종성(2013), 『조선 노비들, 천하지만 특별한』, 예담(위즈덤하우스).

대한신경정신의학회, 『정신이 건강해야 삶이 행복합니다』, HIDOC.

이다지(2015), 『이다지 한국사』, 브레인스토어.

이동귀(2017), 『상식으로 보는 세상의 법칙: 심리편』, 북이십일 21세기북스.

이재현(2013), 『멀티미디어』, 커뮤니케이션북스.

이정은(2005), 『사람은 왜 인정받고 싶어하나』, 살림출판사.

군인의 지위 및 복무에 관한 기본법

군인의 지위 및 복무에 관한 기본법 시행령

군형법

부대관리훈령

학교폭력예방 및 대책에 관한 법률

12manage

국가건강정보포털 의학정보

배순도 변호사 블로그

한국리더십컨설팅 인재양성연구소(블로그)

이진호(李津鎬)

한중씨아이티 품질보증팀장 역임
귀뚜라미그룹 기술아이디어 경진대회 동상 수상
(가정용 가스보일러 연도 폐가스 누출방지용 이음장치)

부산대학교 대학원 졸업(석사)
부경대학교 행정학 박사과정 수료

저서
≪그대여, 사색의 시간을 가져라≫
≪독도 영유권 분쟁 과거 현재 그리고 미래≫
≪박정희 독재와 민주화운동 그 실체와 허구성≫
≪부정부패 원인과 대책≫
≪한국 공교육 위기 실체와 해법≫
≪한국사회 대립과 갈등 진단≫
≪현명한 부모의 자녀교육≫ 외

한국사회와 갑질문화
모든 갑질은
청와대에서 시작된다

초판인쇄 2018년 10월 31일
초판발행 2018년 10월 31일

지은이 이진호
펴낸이 채종준
펴낸곳 한국학술정보㈜
주소 경기도 파주시 회동길 230(문발동)
전화 031) 908-3181(대표)
팩스 031) 908-3189
홈페이지 http://ebook.kstudy.com
전자우편 출판사업부 publish@kstudy.com
등록 제일산-115호(2000. 6. 19)

ISBN 978-89-268-8579-6 03330